民國文化與文學^{研究}文叢

二 編

李 怡 主編

第14冊

精神與形式：詩性書寫的民國資源

張 桃 洲 著

國家圖書館出版品預行編目資料

精神與形式：詩性書寫的民國資源／張桃洲 著—初版—新
北市：花木蘭文化出版社，2013〔民102〕

目 4+276 面；19×26 公分

（民國文化與文學研究文叢 二編：第 14 冊）

ISBN：978-986-322-317-7（精裝）

1. 新詩　2. 詩評

541.26208　　　　　　　　　　　　　　　102012325

特邀編委（以姓氏筆畫為序）：

ISBN-978-986-322-317-7

丁　帆	王德威	宋如珊
岩佐昌暲	奚　密	張中良
張堂錡	張福貴	須文蔚
馮　鐵	劉秀美	

9 789863 223177

民國文化與文學研究文叢
二　編　第十四冊　　　　　　ISBN：978-986-322-317-7

精神與形式：詩性書寫的民國資源

作　　者　張桃洲
主　　編　李　怡
企　　劃　四川大學現代中國文化與文學研究中心
　　　　　民國文學與海外漢學研究中心（籌）
　　　　　北京師範大學民國歷史文化與文學研究中心
總 編 輯　杜潔祥
印　　刷　普羅文化出版廣告事業
出　　版　花木蘭文化出版社
發 行 人　高小娟
聯絡地址　235 新北市中和區中安街七二號十三樓
　　　　　電話：02-2923-1455／傳真：02-2923-1452
網　　址　http://www.huamulan.tw 信箱 sut81518@gmail.com
初　　版　2013 年 9 月
定　　價　二編 22 冊（精裝）新台幣 38,000 元

精神與形式：詩性書寫的民國資源

張桃洲　著

作者簡介

張桃洲，1971 年生於湖北天門，2000 年 12 月在南京大學獲文學博士學位，現為首都師範大學文學院教授、博士生導師，中國詩歌研究中心專職研究員。主要從事中國現當代詩歌研究與評論、中國現代文學及思想文化研究。在《中國社會科學》、《文學評論》等刊物發表學術論文 80 餘篇，出版《現代漢語的詩性空間——新詩話語研究》（北京大學出版社，2005 年）、《「個人」的神話：現時代的詩、文學與宗教》（武漢出版社，2009 年）、《語詞的探險：中國新詩的文本與現實》（社會科學文獻出版社，2012 年）等論著。獲首屆唐弢青年文學研究獎（2003 年）、北京市第九屆哲學社會科學優秀成果獎（2006 年）等。入選 2011 年度教育部新世紀優秀人才支持計劃。

提　　要

　　本書致力於探討「民國」時期文學（主要是詩歌）在其生成與發展過程中獲取的精神和形式資源。全書根據討論內容和問題的相關性分為三卷：第一卷的 6 章從思潮流變的角度，分別梳理了對新詩產生重要影響的若干因素如宗教、歌謠、朗誦、理論、音律以及古典與現代的張力等，參與新詩發展的過程和情形，辨析了這些因素對於新詩特性之形成的功能與作用；第二卷的 7 章通過分析新詩史上 7 位有代表性的詩人（魯迅、馮至、廢名、沈從文、林庚、穆旦、鄭敏）的詩觀或創作，探討了新詩歷史進程中面臨的困境和擇取詩學資源的不同向度；第三卷的 4 章從更廣泛的層面和更廣泛的詩性書寫的意義上，考察了宗教與文學浪漫主義的關係、1940 年代文學言說苦難的樣態、文學作品中「個人」觀念的中西分野、現代文學的歷史形象與自身傳統等議題。著者認為，精神和形式兩個層面最能深透地彰顯這一時期文學的「民國」內涵與意義。

就「民國機制」與民國文學答問
——《民國文化與文學研究文叢》第二輯引言

李　怡

文學的「民國機制」是什麼

周維東：我注意到，最近有一些學者提出了「民國文學史」研究的問題，例如張福貴先生、丁帆先生、湯溢澤先生等等。而在這些「文學史」重新書寫的呼聲中，您似乎更專注於一個新的概念的闡述和運用，這就是文學的「民國機制」，您能否說明一下，究竟什麼是文學的「民國機制」呢？

李怡：「民國機制」是近年來我在中國現代文學史研究中逐漸感受到並努力提煉出來的一個概念。形成這一概念大約是在 2009 年，爲了參加北京大學召開的紀念五四新文化運動 90 周年研討會，我重新考察了「五四文化圈」的問題，我感到，五四文化圈之所以有力量，有創造性，根本原因就在於當時形成了一個砥礪切磋、在差異中相互包容又彼此促進的場域，而這樣的場域所以能夠形成，又與「民國」的出現關係甚大，中國現代文學之有後來的發展壯大，在很大程度上得力於當時能夠形成這個場域。在那時，我嘗試著用「民國機制」來概括這一場所表現出來的影響文學發展的特點。〔註1〕我將五四時期視作文學的「民國機制」的初步形成期，因爲，就是從這個時期開始，推動中國現代文化與文學健康穩定發展的基本因素已經出現並構成了較爲穩定的「結構」。〔註2〕

〔註 1〕李怡：《誰的五四：論五四文化圈》，見《中國現代文學研究叢刊》2009 年 3 期。

〔註 2〕李怡：《「五四」與現代文學「民國機制」的形成》，《鄭州大學學報》2009 年

　　2010 年，在進一步的研究中，我對文學的「民國機制」做出了初步的總結。我提出：「民國機制」就是從清王朝覆滅開始在新的社會體制下逐步形成的推動社會文化與文學發展的諸種社會力量的綜合，這裏有社會政治的結構性因素，有民國經濟方式的保證與限制，也有民國社會的文化環境的圍合，甚至還包括與民國社會所形成的獨特的精神導向，它們共同作用，彼此配合，決定了中國現代文學的特徵，包括它的優長，也牽連著它的局限和問題。爲什麼叫做「民國機制」呢？就是因爲形成這些生長因素的力量醞釀於民國時期，後來又隨著 1949 年的政權更迭而告改變或者結束。新中國成立以後，眾所周知的事實是，政治制度、經濟形態及社會文化氛圍及人的精神風貌都發生了重大改變，「民國」作爲一個被終結的歷史從大陸中國消失了，以「民國」爲資源的機制自然也就不復存在了，新中國文學在新的「機制」中轉換發展，雖然我們不能斷言這些新「機制」完全與舊機制無關，或許其中依然包含著數十年新文化新文學發展無法割斷的因素，但是從總體上看，這些因素即便存在，也無法形成固有的「結構」，對於文化和文學的發展而言，往往就是這些不同的「結構」在發生著關鍵性的作用，所以我主張將所謂的「百年中國文學」、「二十世紀中國文學」分段處理，不要籠統觀察和描述，它們實在大不相同，二十世紀下半葉的中國文學應該在新的「機制」中加以認識。〔註3〕

　　周維東：「民國機制」與同時期出現的「民國文學史」、「民國史視角」有什麼差別？

　　李怡：「民國文學史」提出來自當代學人對諸多「現代文學」概念的不滿，據我的統計，最早提出以「民國文學史」取代「現代文學史」設想的是上海的陳福康先生，陳福康先生長期致力於現代文獻史料的發掘勘定工作，他所接觸和處理的歷史如此具體，實在與抽象的「現代」有距離，所以更願意認同「民國」這一稱謂，其實這裏有一個值得注意的現象：真正投入歷史的現場，你就很容易發現文學的歷史更多的是一些具體的「故事」，抽象的「現代」之辨並不都那麼激動人心，所以在近現代史學界，以「民國史」定位自己工作者先前就存在，遠比我們觀念性強的「文學史」界爲早。繼陳福康先生之後，又先後有張福貴、魏朝勇、趙步陽、楊丹丹、湯溢澤、丁帆等人繼續闡

---

4 期。

〔註 3〕李怡：《民國機制：中國現代文學的一種闡釋框架》，《廣東社會科學》2010
　　　年 6 期。

述和運用了「民國文學史」的概念，尤其是張福貴和丁帆先生，更以「國務院學位委員」特有的學科視野為我們論述和規劃了這一新概念的重要意義與現實可能，我覺得他們的論述十分重要，需要引起國內現代文學同行的高度重視和認真討論。在一開始，我也樂意在「民國文學史」的框架中討論現代文學的問題，因為這一框架顯然能夠把我們帶入更為具體更為寬闊的歷史場景，而不必陷入糾纏不清的概念圈套之中，例如借助「民國文學史」的框架，我們就能夠更好地解釋「大後方文學」的複雜格局，包括它與延安文學的互動關係。〔註4〕

不過，「民國文學史」主要還是一個歷史敘述的框架，而不是具體的認知視角和研究範式，或者說他更像是一個宏闊的學科命名，而不是「進入」問題的角度，我們也不僅僅為了「寫史」，在書寫整體的歷史進程之外，我們大量的工作還在對一個一個具體文學現象的理解和闡釋，而這就需要有更具體的解讀歷史的角度和方法，我們不僅要告訴人們這一段歷史「叫做」什麼，而且要回答它「為什麼」是這樣，其中都有哪些值得注意的東西，對後者的深入挖掘可以為我們的文學研究打開新的空間，「機制」的問題提出就來源於此。

周維東：我也意識到這一問題。「民國文學史」提出的學理依據和理論價值，在於它一時間化解了「中國現代文學史」框架中許多難以解決的難題，譬如中國現代文學的「起點」問題，中國現代文學的「包容度」問題，中國現代文學史寫作的價值立場問題等等。但「化解」並不等同於「解決」，當我們以「民國」的歷史來界分中國現代文學時，我們依舊需要追問「現代」的起源問題；當我們不在為中國現代文學的包容度而爭議時，如何將民國文學錯綜複雜的文學現象統攝在同一個學術平臺上，又成了新的問題；我們可以不為「現代」的本質而煩擾，但一代代中國現代知識份子的文化追求還是會引發我們思考：他們為什麼要這樣而不是那樣？

李怡：還有一個概念也很有意思，這就是秦弓先生提出的「民國史視角」，〔註5〕「視角」的思路與我們對其中「機制」的關注和考察有彼此溝通之處，

〔註4〕 李怡：《「民國文學史」框架與「大後方文學」》，《重慶師範大學學報》2009年1期。

〔註5〕 秦弓先後發表《從民國史的角度看魯迅》（《廣東社會科學》2006年4期）、《現代文學的歷史還原與民國史視角》（《湖南社會科學》2010年1期）。

我們都傾向於通過對特定歷史文化的具體分析為文學現象的解釋找到根據。在我們的研究中，有時也使用「視角」一詞，只是，我更願意用「機制」，因為，它指涉的歷史意義可能更豐富，研究文學現象不僅需要「觀察點」，需要「角度」，更需要有對文化和文學的內在「結構性」因素的總結，最終，讓二十世紀中國文學上下半葉各自區分的也不是「角度」而是一系列實在內涵。

　　周維東：「民國機制」的研究許多都涉及社會文化的制度問題，這與前些年出現的「中國現當代文學制度研究」有什麼差別呢？

　　李怡：最近一些年出現的「中國現當代文學制度研究」為中國文學的發生發展尋找到了豐富的來自社會體制的解釋，這對過去機械唯物主義的「社會反映論」研究具有根本的差異，我們今天對「民國機制」的思考，當然也包含著對這些成果的肯定，不過，我認為，在兩個大的方面上，我們的「機制」論與之有著不同。首先，這些「制度研究」的理論資源依然主要來自西方學術界，這固然不必指責，但顯然他們更願意將現代中國的各種「制度現象」納入到更普遍的「制度理論」中予以認識，「民國」歷史的特殊性和諸多細節還沒有成為更主動的和主要的關注對象，「民國視角」也不夠清晰和明確，而這恰恰是我們所要格外強調的；其次，我們所謂的「機制」並不僅是外在的社會體制，它同時也包括現代知識份子對各種體制包圍下的生存選擇與精神狀態。例如民國時期知識份子所具有的某種推動文學創造的個性、氣質與精神追求，這些人的精神特徵與國家社會的特定環境相關，與社會氛圍相關，但也不是來自後者的簡單「決定」與「反映」，有時它恰恰表現出對當時國家政治、社會制度、生存習俗的突破與抗擊，只是突破與抗擊本身也是源於這個國家社會文化的另外一些因素。特別是較之於後來極左年代的「殘酷鬥爭、無情打擊」，較之於「知識份子靈魂改造」後的精神扭曲，或者較之於中國式市場經濟時代的信仰淪喪與虛無主義，作為傳統文化式微、新興文明待建過程中的民國知識份子，的確是相對穩健地行走在這條歷史的過渡年代，其中的姿態值得我們認真總結。

　　周維東：經過您的闡述，我可不可以這樣理解：「民國機制」包含了一種全新的文學理解方式，「民國」是靜態的歷史時空，而「機制」則是文化參與者與歷史時空動態互動中形成的秩序，兩者結合在一起，強調的是在文學活動中「人」與「歷史時空」的豐富的聯繫，這種聯繫可以形成一種類似「場域」的空間，它既是外在的又是內在的。通過對「文學機制」的發現，文學

研究可以獲得更大的彈性空間，從而減少了因爲理論機械性而造成的文學阻隔。單純使用「民國」或「制度」等概念，往往會將文學置於「被決定」的地位，它值得警惕的地方在於，我們既無法窮盡對「民國」或「制度」全部內容的描述，也無法確定在一定的歷史時空下就必然出現一定的文學現象。

李怡：可以這樣理解。

爲什麼是「民國機制」

周維東：應該說，目前中國現代文學研究已經相當成熟了，各種研究模式、方法、框架都取得了引人注目的成就，在這個時候，爲什麼還要提出這個新的闡述方式呢？

李怡：很簡單，就是因爲目前的種種既有研究框架存在一些明顯的問題，對進一步的研究形成了相當的阻力。我們最早是有「新文學」的概念，這源於晚清「新學」，「新文學」也是「新」之一種，顯然這一術語感性色彩過強，我們必須追問：「新」旗幟的如何永遠打下去而內涵不變？「現代」一詞從移入中國之日起就內涵駁雜，有歐洲文明的「現代觀」，也有前蘇聯的十月革命「現代觀」，後者影響了中國，而中國又獨出心裁地劃出一「當代」，與前蘇聯有所區別，到了新時期，所謂「與世界接軌」也就是與歐美學術看齊，但是我們的「現代」概念卻與人家接不了軌！到 1990 年代，「現代性」知識登陸中國，一陣恍然大悟之後，我們「奮起直追」，「現代性」概念漫天飛舞，但是新的問題也來了：如何證明中國文學的「現代」就是歐美的「現代」？如果證明不了，那麼這個概念就是有問題的，如果真的證明了，那麼中國文學的獨立性與獨創性還有沒有？我們的現代文學研究真的很尷尬！提出「民國機制」其實就是努力返回到我們自己的歷史語境之中，發現中國人在特定歷史中的自主選擇，這才是中國文學在現代最值得闡述的內容，也是中國文學之所以成爲中國文學的理由，或者說是中國自己的真正的「現代」。

周維東：我在想一個問題，「民國機制」的提出在很大程度上來自對目前「現代」概念的質疑和反思，這是不是意味著，我們從此就確立了與「現代」無關的概念，或者說應該把「現代」之說驅除出去呢？

李怡：當然不是。「現代」概念既然可以從其知識的來源上加以追問，借助「知識考古」的手段釐清其中的歐美意義，但是，在另外一方面，「現代」

從日本移入中國語彙的那一天起，就已經自然構成了中國人想像、調遣和自我感性表達的有機組成部分，也就是說，中國人已經逐步習慣於在自己理解的「現代」概念中完成自己和發展自己，今天，我們依然需要對這方面的經驗加以梳理和追蹤，我們需要重新摸索中國自己的「現代經驗」與「現代思想」，而這一切並不是 1990 年代以後自西方輸入的「現代性知識體系」能夠解釋的，怎麼解釋呢？我覺得還是需要我們的民國框架，在我們「民國機制」的格局中加以分析。

周維東：也就是說，只有在「民國機制」中，我們才可以真正發現什麼是自己的「現代」。

李怡：就是這個意思，「現代」並不是已經被我們闡述清楚了，恰恰相反，我覺得很多東西才剛剛開始。

周維東：「民國」一詞是中性的，這是不是更方便納入那些豐富的文學現象呢？例如舊體詩詞、通俗小說等等。提出「民國機制」是否更有利於現代文學史的「擴軍」？也就是說將民國時期的一切文化文學現象統統包括進去？

李怡：從字面上看似乎有這樣的可能，實際上已經有學者提出了這個問題。但是，對於這個問題，我卻有些不同的看法，實際上，一部文學史絕對不會不斷「擴容」的，不然，數千年歷史的中國古典文學今天就無法閱讀了，不斷「減縮」是文學史寫作的常態，文學經典化的過程就在減縮中完成。這就為我們提出了一個問題：一種新的文學闡釋模式的出現從根本上講是為了「照亮」他人所遮蔽的部分而不是簡單的範圍擴大，「民國」概念的強調是為了突出這一特定歷史情景下被人遺忘或扭曲的文學現象，舊體詩詞、通俗小說等等直到今天也依然存在，不能說是民國文學的獨有現象，而且能夠進入文學史研究的一定是那些在歷史上產生了獨立作用和創造性貢獻的現象，舊體詩詞與通俗小說等等能不能成為這樣的現象大可質疑，與唐宋詩詞比較，我們現代的舊體詩詞成就幾何？與新文學對現代人生的揭示和追求比較，通俗小說的深度怎樣？這都是可以探討的。實際上，一直都由學者提出舊體詩詞與通俗小說進入「現代文學史」，與新文學並駕齊驅的問題，呼籲了很多年，文學史著作也越出越多，但仍然沒有發現有這麼一種新舊雜糅、並駕齊驅的著作問世，為什麼呢？因為兩者實在很難放在同一個平臺上討論，基礎不一樣，判斷標準不一樣。我認為，提出文學的「民國機制」還是為了更好地解

釋那些富有獨創性的文學現象,而不是爲了擴大我們的敘述範圍。

周維東:文學史研究從根本上講,就不可能是「中性」的。

李怡:當然,任何一種闡述本身就包含了判斷。

「民國機制」何爲

周維東:在文學的「民國機制」論述中,有哪些內容可以加以考察?或者說,我們可以爲現代中國文學研究開拓哪些新空間呢?

李怡:大體上可以區分爲兩大類:一是對「民國」各種社會文化制度、生存方式之於文學的「結構性力量」的考察、分析,二是對現代作家之於種種社會格局的精神互動現象的挖掘。前者可以展開的論題相當豐富,例如民國經濟形態所造就的文學機制。從 1913 年張謇擔任農商務部總長起,在大多數情形下,鼓勵民營經濟的發展已經成了民國的基本國策,中國近現代的出版傳播業就是在這樣的格局中發展起來的,這賦予了文學發展較大的空間;至少在法制的表面形態上,民國政府表現出了一系列「法治」的努力,以「三民主義」和西方法治思想爲基礎民國法律同樣也建構著保障民權的最後一道防線,雖然它本身充滿動搖和脆弱。這表層的「法治」形式無疑給了知識份子莫大的鼓勵,鼓勵他們以法律爲武器,對抗獨裁、捍衛言論自由;多種形態的教育模式營造了較大的精神空間,對國民黨試圖推進的「黨化」教育形成抵制。後者則可以深入挖掘現代知識份子如何通過自己的努力、抗爭調整社會文化格局,使之有利於自己的精神創造。

周維東:這些研究表面上看屬於社會體制的考察,其實卻是「體制考察與人的精神剖析」相互結合,最終是爲了闡發現代文學的創造機能而展開的研究。

李怡:對,尋找外在的社會文化體制與人的內部精神追求的歷史作用,就是我所謂的「機制」的研究。

周維東:這樣看來,民國機制的研究也就帶有鮮明的立場:爲中國現代文學的創造力尋求解釋,深入展示我們文學曾經有過的歷史貢獻,當然,也爲未來中國文學的發展挖掘出某些啓示。所以說,「民國機制」不是重新劃範圍的研究,不是「標籤」與「牌照」的更迭,更不是貌似客觀中性的研究,它無比明確地承擔著回答現代文學創造性奧秘的使命。

　　李怡：這樣的研究一開始就建立在「提問」的基礎上，是未來回答現代文學的諸多問題我們才引入了「民國機制」這樣的概念，因爲「提問」，我想我們的研究無論是在文學思潮運動還是在具體的作家作品現象方面都會有一系列新的思維、新的結論。例如一般認爲 1930 年代左翼作家的現實揭弊都來源於他們生活的困窘，其實認眞的民國生活史考察可以告訴我們，但凡在上海等地略有名氣的作家（包括左翼作家）都逐步走上了較爲穩定的生活，他們之所以堅持抗爭在很大程度上還是來自理想與信念。再如目前的文學史認爲茅盾的《子夜》揭示了民族資產階級在現代中國沒有前途，但問題是民國的制度設計並非如此，其實民營經濟是有自己的生存空間的，尤其 1927～1937 被稱作民國經濟的黃金時代，這怎麼理解？顯然，在這個時候，茅盾作爲左翼作家的批判性佔據了主導地位，而引導他如此寫作的也不是什麼「按照生活本來面目加以反映」的 19 世紀歐洲的「現實主義」原則，而是新進引入的馬克思主義的階級觀念。民國體制與作家實際追求的兩相對照，我們看到的恰恰是民國文學的獨特景象：這裏不是什麼遵循現實主義原則的問題，而是作家努力尋找精神資源，完成對社會的反抗和拒斥的問題，在這裏，文學創作本身的「思潮屬性」是次要的，構建更大的精神反抗的要求是第一位的。在這方面，是不是存在一種「民國氣質」呢？

　　周維東：根據您的闡述，我理解到「民國機制」所要研究的問題。過去我們研究文學史，也注重了歷史語境的問題，但從某個單一視角出發，就可能出現「臆斷」和「失度」的現象，這也就是俗話中的「只知其一不知其二」。「民國機制」研究民國「社會文化制度、生存方式之於文學的『結構性力量』」，實際還強調了歷史現場的全景考察。其次，「現代作家之於種種社會格局的精神互動現象」在過去常常被認爲作家的個體想像，您在這裏特別強調這種互動的集體性和有序性，並試圖將之作爲結構文學史的重要基礎。

　　李怡：是這樣的。過去我們都習慣用階級對抗在解釋民國時代的「左」、「中」、「右」，好像現代文學就是在不同階級的作家的屬性衝突中發展起來的，其實，就這些作家本身而言，分歧和衝突是一方面，而彼此的包容和配合也是不容忽視的一面，更重要的是，他們意見和趣味的分歧往往又在對抗國家專制統治方面統一了，在面對獨裁壓制的時候，都能夠同仇敵愾，共同捍衛自己的利益。當整個知識份子階層形成共同形成精神的對抗之時，即便是專制統治者也不得不有所忌憚，例如擔任國民黨中宣部部長的張道藩就在

1940 年代的「文學政策」論爭中無法施展壓制之術。民國文學創作的自由空間就是不同思想取向的知識份子共同造成的。

周維東：這樣看來，「民國機制」還有很多課題值得挖掘。譬如民國時期知識份子與大眾傳媒關係問題，過去我們基本從「稿費」和「經濟」的角度理解這一現象，不過如果我們注意到這一時期的「零稿費」現象、「虧本經營」現象，以及稿件類型與稿酬水平的關係問題等等，就可以從單純的經濟問題擴展到民國文人、民國傳媒的趣味和風尚問題，進而還能擴展到民國知識份子生存空間的細枝末節。這樣研究文學史，真可謂「別有洞天」呀！

作為方法的「民國機制」

周維東：我覺得，提出文學的「民國機制」不僅可以為我們的學術研究開闢空間，同時它也具有方法論的價值。

李怡：我以為這種方法論的意義至少有三個方面：一是倡導我們的現代文學學術研究應該進一步回到民國歷史的現場，而不是抽象空洞的「現代」，即便是中國作家的「現代」理念，也有必要在我們自己的歷史語境中獲得具體的內容；二是史料考證與思想研究相互深入結合，近年來，對現代文學史料的重視漸成共識，不過，究竟如何認識「史料」卻已然存在不同的思路，有人認為提倡史料價值，就是從根本上排除思想研究，努力做到「客觀」和「中性」，其實，沒有一種研究可以是「客觀」的，從來也不存在絕對的「中性」，最有意義的研究還是能夠回答問題，是具有強烈的問題意識的研究。如何將史料的考證和辨析與解答民國時期文學創造的奧秘相互結合，這在當前還亟待大家努力。第三，正如前面我們所強調的那樣，我們也努力將外部研究（體制考察）與內部研究（精神闡釋）結合起來，以「機制」的框架深入把握推動文學發展的「綜合性力量」，這對過去「內外分裂」的研究模式也是一種突破。

周維東：最近幾年，中國出現了「民國熱」，談論民國，想像民國，出版民國讀物，蔚為大觀，有人擔心是否過於美化了那一段歷史？

李怡：這個問題也要分兩重意義來說，首先是為什麼會出現這樣的「熱」？顯然是我們的歷史存在某種需要反省的東西，或者將那個時候的一切統統斥之為「萬惡的舊社會」，從來沒有正視過歷史的應有經驗，或者是對我們今天——市場經濟下虛無主義盛行，知識份子喪失理想和信仰的某種比照，在這

樣兩種背景上開掘「民國資源」，我覺得都有明顯的積極意義，因為它主要代表了我們的不滿足，求反思，重批判，至於是否「美化」那要具體分析，不過，在「民國」永遠不會「復辟」的前提下，某些美好的想像和誇張也無需過分擔憂，因為，「民國」資源本身包含「多元」性，左翼批判精神也是民國精神之一，換句話說，真正進入和理解「民國」，就會引發對民國的批判，何況今天分明還具有太多的從新體制出發抨擊民國的思想資源，學術思想的整體健康來自不同思想的相互抵消，而不是每一種思想傾向都四平八穩。

周維東：的確是這樣。所謂「美化」的背後其實是缺失和批判。學術史上又太多類似的「美化」，屈原、陶淵明、李白、杜甫等文化名人形成的光輝形象，不正是研究者「美化」的結果嗎？魯迅也曾經「美化」過魏晉。在研究者「美化」歷史人物和歷史時期時，我想他（她）不是諂媚也不是褒貶，而是在更大的文化空間上，揭示我們還缺少什麼，我們如何可以過的更好。

李怡：還有，也是更主要的一點，我們的「民國機制」研究與目前的「民國熱」在本質上沒有關係。我們要回答的是民國時期現代文學的創造秘密，這與是否「美化」民國統治者完全是兩回事，我們從來嚴重關切民國歷史的黑暗面，無意為它塗脂抹粉，恰恰相反，我們是要在正視這些黑暗的基礎上解答一個問題：現代知識份子如何通過自己的抗爭和奮鬥突破了思想的牢籠，贏得了民國時期的文學輝煌，我們把其中的創生力量歸結為「民國機制」，但是顯而易見，民國機制並不屬於那些專制獨裁者，而是根植於近代以來成長起來的現代知識份子群體，根植於這一群體對共和國文化環境與國家體制的種種開創和建設，根植於孫中山等民主革命先賢的現代理想。

周維東：「民國機制」不是民國統治者的慈善，不是政治家的恩賜，而是以知識份子為主體的社會力量主動爭取和奮鬥的結果，在這裏，需要自我反省的是知識份子自己。

李怡：「民國機制」的提出歸根結底是現代文學學術長期發展的結果，絕非當前的「風潮」鼓動（中國是一個充滿「風潮」的社會，實在值得警惕），近三十年來，中國現代文學研究一直在尋找一種更恰當的自我表達方式，從1980 年代「二十世紀中國文學」在「走向世界」中抵消政治意識形態的干預到1990 年代「現代性」旗幟的先廢後存，尷尷尬尬，我們的文學研究框架始終依靠外來文化賜予，那麼，我們研究的主體性何在？思想的主體性何在？我曾經倡導過文學研究的「生命體驗」，又集中梳理過中國現代文學批評的術

語演變，這一切的努力都不斷將我們牽引回中國歷史的本身，我們越來越真切地感受到更完整地返回我們的歷史情境才有可能對文學的發展作進一步的追問。對於現代的中國文學而言，這一歷史情境就是「民國」，一個無所謂「美化」也無所謂「醜化」的實實在在的民國，回到民國，才是回到了現代中國作家的棲息之地，也才回到了中國文學自身。

周維東：最後一個問題，我們研究民國時期的文學，是否也應該考慮當時歷史狀況的複雜性，比如是不是民國時代的所有文學都從屬於「民國機制」？比如解放區文學、淪陷區文學？除了「民國機制」，當時還存在另外的文學機制沒有？

李怡：這樣的提問就將我們的問題引向深入了！我一向反對以本質主義的思維來概括歷史，社會文化的內在結構不會是一個而是多個，當然，在一定的歷史時期，肯定有主導性的也有非主導性的，有全局性的也有非全局性的。在「民國」的大框架中，也在特定條件下發展起了一些新的「機制」，但是民國沒有瓦解，這些「機制」的作用也還是局部的。延安文學機制是在蘇區文學機制的基礎上發展起來的，軍事性、鬥爭性和一元性是其主要特徵，但這一機制全面發揮作用是在「民國」瓦解之後，在民國當時，延安文學能夠在大的國家文化體系中存在，也與民國政治的特殊架構有關，在這個意義上，也可以說是民國機制在特殊的局部滋生了新的延安機制，並最終為發展後的延安機制所取代。至於淪陷區則還應該仔細區分完全殖民地化的臺灣以及置身中國本土的東北淪陷區、華北淪陷區和上海孤島等，對於完全殖民地化的尚未光復的臺灣，可能基本置於「民國機制」之外，而對其他幾個地區，則可能是多種機制的摻雜，雖然摻雜的程度各不相同。但是，從總體上看，我並不主張抽象地籠統地地議論這些「機制」比例問題，我們提出「民國機制」最終還是為了解決現代中國文學發生發展的若干具體問題，只有回到具體的文學現象當中，在分析解決具體的文學問題之時，「民國機制」才更能發揮「方法論」的作用，啟發我們如何在「體制與人」的交互聯繫中發掘創造的秘密。我們無需完成一部抽象的「民國機制發展史」，可能也完成不了，更迫切的任務是針對文學具體現象的新的符合中國歷史情境的闡述和分析。

周維東：對，我們的任務是進入具體的文學問題，將關注「民國機制」作為內在的思想方法，引導對實際現象的感受和分析。

目

次

緒言：作爲精神與形式之資源的「民國」

一

　　近年來，在秦弓、李怡等先生的倡導和闡釋下，「民國文學」這個概念再次悄然進入了研究者的視野。之所以說是「再次」，是因爲早在上世紀 90 年代中期，「民國文學」的概念即被提出並運用在研究中，出現了《中國民國文學史》〔註1〕等著述。當時囿於觀念和論述框架，這一概念並未促成對已有的研究實行實質性突破。毋庸諱言，相較於海內外已經非常豐富的政治、經濟、文化、歷史、教育、軍事等領域中的「民國」議題的研究，文學中的「民國」的探討是很滯後的。有理由相信，「民國文學」的再次提出將有助於改變這一滯後狀況，並對現有的文學史研究產生積極的學術意義。

　　不過，在筆者看來，在文學研究中重新啓用「民國文學」這一概念，其意義不僅僅在於論者所看重的研究疆域的擴展。誠然，「民國文學」的引入，有助於將這一時期的通俗文學、舊體詩詞等「被遮蔽」的對象以及更多因素，以客觀的方式納入研究視域。可是，任何研究的眞正推進，並不完全倚仗研究範圍的擴大、研究材料的增加，而更有賴研究觀念和方法的更新。因此，當有論者把「民國文學」指認（或還原）爲一個時間概念，並從中國古代朝代序列（從秦至清）著眼將「民國」看作後者更具「合理性」的延伸，實則未能彰顯這一概念的內在效力。這樣，從時間概念來看，「民國文學」是否必

〔註1〕葛留青、張占國《中國民國文學史》，人民出版社，1994年版。

然優於某些似乎已淡出人們視野的「二十世紀中國文學」這樣的概念，其實是需要進一步辨析的。論者在強調「民國文學」之「民國」可能蘊藏的豐富內涵時，或許忽略了「二十世紀中國文學」在出現之初的合法性及曾經產生的重要功用。眾所周知，「二十世紀中國文學」的提出，除了意在整合處於「分隔」狀態的現、當代文學外，還試圖將近代以來中國文學的發展，同中國及世界歷史進程中的「二十世紀」具有的開闊而特別的意味勾聯起來，況且這一概念的理路與其得以生成的 1980 年代文化場域密切相關〔註2〕。雖然這個概念的缺陷顯而易見，且有著明顯的「非文學」〔註3〕性質，但這種「非文學性」不是用一個與之相對的「本體」思路就能夠去除的。

另一方面，研究中將通俗文學、舊體詩詞等納入，把研究時限上溯至 1911 年（或 1912 年）等擴展疆域的舉動，並非全然得益於「民國文學」的提出。表面上看，「民國文學」的概念確實賦予了 1912～1917 年（或 1919 年）間文學獲得深究的「合法性」地位，但對這一階段的文學的探究顯然並非始自這個概念。從觀念來說，近年來王德威的「被壓抑的現代性」、「沒有晚清，何來五四」等說法仍是重要的「催化劑」。在研究實踐上，上世紀 90 年代後期出版的劉納先生的《嬗變——辛亥革命時期至五四時期的中國文學》今天讀來，依舊是一部富於啟發性、令人充滿敬意的力作〔註4〕；該著「不但把 1912～1919 年的文學作為辛亥革命時期文學與五四時期之間的環鎖，而且作為一個重要的文學時期」，認為這一時期「出現了空前活躍而發達的文學局面，中國古典文學的各種文體都有了一次迴光返照般的繁榮，一個沒有名目的歷史時期成為了文學歷史上不應被忽視的階段」〔註5〕，從而凸顯了這一時期文學的價值。這是較早有意識地拓展研究疆域並進行系統研究的著述，頗具開創之功。

在一些論者那裏，提出「民國文學」的動因和理由之一在於，現有的概念如「新文學」、「現代文學」由於執守「新」、「現代」的理念，造成了對舊

〔註2〕 更詳細的討論，可參閱賀桂梅《「新啟蒙」知識檔案——80 年代中國文化研究》第四章「20 世紀·中國·文學」，北京大學出版社，2010 年版。

〔註3〕 吳炫《一個非文學性的命題——「二十世紀中國文學」觀局限分析》，《中國社會科學》2000 年第 5 期。

〔註4〕 據劉納先生在「後記」中說，該書的寫作早在 1984 年即已開始，於 1993 年完成。此可謂「十年磨一劍」。

〔註5〕 劉納《嬗變——辛亥革命時期至五四時期的中國文學》，中國社會科學出版社，1998 年版，第 14～15 頁。

派文學、通俗文學的壓抑和摒棄。這樣的論斷有值得商榷之處。以「現代文學」為例，一些研究者或許為研究目的和研究意識所限，在各自的論述中確實表現出「漠視」、「排斥」舊派文學和通俗文學的傾向，但這並不意味著全部。另一些研究者則顯出極為宏闊的眼光和開放的態度，比如上世紀 90 年代現代文學研究的代表性論著之一《中國現代文學三十年》（修訂本）雖秉持鮮明的「現代」理念與維度，認定：「『現代文學』，即是『用現代文學語言與文學形式，表達現代中國人的思想、感情、心理的文學』」〔註 6〕，但它並未將通俗文學排除在外，而是認識到其「由舊文學向現代性的新文學緩慢過渡的一面」，認為通俗文學「已融入了新文學之中，成為新文學內部的現代通俗文學的一部分」〔註 7〕。由此可見，「現代文學」所依據的「現代」或「現代性」，其內在的理論指向並非在所有研究中都如論者指責的那樣，是狹隘和單一的，而同樣體現出了包容性和多面性〔註 8〕。換言之，問題的關鍵不在於是否或能否使用「現代」，而在於如何重新對「現代」進行闡釋與使用；或者進一步說，不是要指陳「現代」被誤認作一種單向度價值標準，而是要追問「現代」在什麼情形下及何以成為一種準則。儘管「現代」這個來自西方的詞語充滿歧義、倍受質疑，但對於古典已經式微的中國文學來說，對「現代」的矢志不渝的探求當是其發展的根本動力（與現代民族國家的構建一道），這是無可否認的。有論者以為：「『民國文學史』概念的提出，使得中國文學史敘述不再終結於清代文學，而是繼續到中華民國文學和中華人民共和國文學，使得中華民國文學與中華人民共和國文學僅僅成為整體的中國文學史的兩個階段，從而突破了傳統的中國文學史敘述的不連續性與不完整性」〔註 9〕；「以『民國文學』來命名 20 世紀文學的發展，實現了這一時期文學與整個中國文學內在一致性，也彌合了『現代文學』帶來的斷裂……同時在整個中國文學的歷史序列裏，與整個中國文學有了整體上的連接」〔註 10〕。殊不知這種不

〔註 6〕 錢理群、溫儒敏、吳福輝《中國現代文學三十年》（修訂本）「前言」，北京大
　　　　 學出版社，1998 年版。
〔註 7〕 同上，第 70 頁。
〔註 8〕 中國現代文學之「現代性」的多面性早已為研究者所覺識，其通俗的說法即
　　　　 是：既有魯迅的現代性，又有茅盾的現代性；既有沈從文的現代性，也有張
　　　　 愛玲的現代性，還有趙樹理的現代性，等等。
〔註 9〕 陳學祖《重建文學史的概念譜系——以「民國文學史」為例》，《學術界》2009
　　　　 年第 2 期。
〔註 10〕 王學東《「民國文學」的理論維度及其文學史編寫》，《中國現代文學研究叢刊》

存在的「連續性」、「完整性」和「一致性」，以及想當然的「連接」，實乃有意忽視晚清以來中國文學內部發生的根本性突變，抹殺了「現代」等因素在這一突變過程中所起到的巨大作用。

不難看到，「民國文學」概念及部分闡釋的背後，隱含著新一輪「重寫文學史」過程中命名的焦慮和一種強烈的概念取代（而非轉換）意圖，這從論者作出的「從『現代文學』到『民國文學』」、「『民國文學史』替代『新文學史』」等表述即可見出。這種意圖顯然陷入了非此即彼的二元對立思維，從而限制了「民國文學」的闡釋空間。實際上，研究中出現的諸如「新文學」、「現代文學」、「當代文學」、「二十世紀中國文學」等概念，雖然有著各自的局限以至顯得「過時」，但在使用中經常會出現並行不悖甚至彼此交叉的情形，因為它們代表了不同時期對近百年中國文學予以認識和理解的不同方式與層面，具有明顯的階段性特徵。相比之下，李怡先生談論「民國文學」的觀點更具理性和辯證色彩：「『民國文學史』的命名不必刻意強化我們與其他歷史命名的尖銳對立，更不能將彼此的分歧誇大到『水火不容』的地步，因為，那樣一來，我們就必須面對一個徹底顛覆一系列基本文學稱謂的敘述尷尬之中：新文學、現代文學以及已經有了二十多年歷史的『二十世紀中國文學』，它們既是研究者的學術命名，同時也不斷成為文學當事人自我認同、自我展開的某種方式，要從一切的敘述領域乃至思想領域中徹底『清除』，事實上已無可能，而且也沒有必要，我們最終尋求的主要是解釋歷史的一種更合理的間架結構，而不是改變歷史當事人本身的思想和語言習慣，甚至，也不必因此取消其他歷史概念敘述者的價值。既然新的以回歸民國社會歷史為追求的研究是為了更豐富地呈現細節，那麼我們所發現的細節就不是以否定和排斥過去歷史敘述的細節為目標，今天的新發現的歷史細節本來就與過去的細節相互補充；我們也不必一味在研究模式的獨特性方面與過去一較短長，過去關於現代文學的各種判斷、分析和追求也可以融入今天的研究」〔註11〕。因此，研究中保持如許態度是恰切的：「注意到各種文學史闡釋的階段性與有限性。任何一種文學史敘述都只表明了在某一社會思潮下闡釋對象的可能，都無法自居為惟一的合法性。因此，不同時期的研究工作也絕非彼此的替代關

2011 年第 4 期。

〔註11〕 李怡《從歷史命名的辨正到文化機制的選擇——我們怎樣討論中國現代文學的「民國」意義》，《文藝爭鳴》2011 年第 7 期。

係，而是相互借鑒、相互補充。」〔註 12〕這裏不妨將「民國文學」當作新的研究條件下進入現代文學史的一種視角，不必急於以之取代已有的各種概念，甚至取消那些已經獲得認可的研究成果的價值。

　　事實證明，研究中多種概念的相異共存和互相激發，將會豐富和推進研究的展開，加深對概念本身的理解。再以聚訟紛紜的「新詩」概念爲例，誠如詩人臧棣所言：「有很多時刻，我都覺得有必要感謝『新詩』這個冠名。白話詩，現代詩，現代漢詩，新詩，人們用這許多稱謂來指陳同一種詩歌現象，並認爲它們之間的每一次差別都標誌著對詩的本質的回歸。可以說，每一次新的命名，都提供了看待中國新詩的新的角度；並且，這些角度也確乎在某種程度上涵容了對詩的自覺」；他坦承「鍾愛『新詩』這個稱謂」，「特別看重這個命名所包含的差異性。每一種詩歌，都應該爲它自身的『詩歌之新』提供充分的可能性。詩歌之新，是詩歌得以永恒的最主要的動力」〔註 13〕。這無疑是關於「新詩」的極爲個性化的詮釋。雖然臧棣對「新詩」這個概念情有獨鍾，但他同時意識到其他概念提供了不同的看待「新詩」的角度。在實際研究中，除「白話詩」因有明確的歷史涵義而不具備普遍性外，另幾個概念均得到了頻率較高的使用，只不過各有所側重，如「現代詩」（有狹義和廣義之別）更加注重新詩的「現代」趨向乃至「先鋒」品質，「現代漢詩」突出的是新詩的現代漢語特性，等等。這些概念顯然不能互相替代，它們不僅寄寓著不一樣的意義指向，而且在使用過程中呈現了各自得以「出場」的語境。正由於此，它們共同體現了「新詩」內涵的複雜性。

二

　　當「民國文學」成爲論者所期待的某種「可以包羅萬象的時間容器」時，這個概念面臨的最大難題或許恰恰是，無法確定一個像「現代文學」的「現代」那樣的理論支撐點。一旦一個文學史概念是「包羅萬象」的，它就會因爲邊界過於寬泛而使內質變得模糊。就此而言，李怡先生提出的「民國機制」不失爲一個能夠起到糾偏作用、具有理論可操控性的概念。據李怡先生解釋，「民國機制」「就是從清王朝覆滅開始在新的社會體制下逐步形成的推動社會

〔註12〕張鴻聲《現代文學史敘述中的記憶與遺忘》，《文藝報》2004 年 12 月 28 日。
〔註13〕臧棣《無焦慮寫作：當代詩歌感受力的變化》，《江漢大學學報》（人文科學版）2008 年第 2 期。

文化與文學發展的諸種社會力量的綜合，這裏有社會政治的結構性因素，有民國經濟方式的保證與限制，也有民國社會的文化環境的圍合，甚至還包括與民國社會所形成的獨特的精神導向，它們共同作用，彼此配合，決定了中國現代文學的特徵，包括它的優長，也牽連著它的局限和問題」〔註14〕，亦即中國現代文學歷史進程中「各種力量（政治體制、經濟模式、文化結構、精神心理氛圍等等）的因緣際會」〔註15〕。這也就是秦弓先生在其系列討論中提出的進行「歷史還原」後需要呈現的「生態環境」、「生態系統」〔註16〕的具體內容。應該說，「民國機制」的提出承續了現代文學研究的新近進展並顯示了其走向縱深的可能。例如，《中國現代文學三十年》（修訂本）就指出：「不僅現代政治（其核心是國家的文化體制，國家與政黨的文化政策、意識形態）、經濟（特別是市場經濟所產生的商業文化與消費文化）、軍事（包括現代戰爭），而且現代出版文化、現代教育、學術與現代科技都深刻地影響與制約著」〔註17〕中國文學邁向「現代」的進程。或許受到了這樣的意識的促動，近些年的「現代文學」研究也引入了政治、經濟、軍事、出版、教育、科技等多重因素，逐步走向開闊與深入〔註18〕。

正如李怡先生所提醒的，「民國機制」不同於近年來備受研究者關注的現當代文學制度，這是因為，「所謂的『機制』並不僅是外在的社會體制，它同時也包括現代知識分子對各種體制包圍下的生存選擇與精神狀態。例如民國時期知識分子的所具有的某種推動文學創造的個性、氣質與精神追求，這些人的精神特徵與國家社會的特定環境相關，與社會氛圍相關，但也不是來自後者的簡單『決定』與『反映』，有時它恰恰表現出對當時國家政治、社會制度、生存習俗的突破與抗擊」〔註19〕。而在筆者看來，在研究中凸顯各種體制性因素對文學發展的影響固然十分必要，考察這些制度性因素之間的「關

〔註14〕 李怡、周維東《文學的「民國機制」答問》，《文藝爭鳴》2012年第3期。

〔註15〕 李怡《從歷史命名的辨正到文化機制的選擇——我們怎樣討論中國現代文學的「民國」意義》，《文藝爭鳴》2011年第7期。

〔註16〕 秦弓《現代文學的歷史還原與民國史視角》，《湖南社會科學》2010年第1期；《三論現代文學與民國史視角》，《文藝爭鳴》2012年第1期。

〔註17〕 錢理群、溫儒敏、吳福輝《中國現代文學三十年》（修訂本）「前言」。

〔註18〕 黃修己《從「學以致用」走向「分析整理」——20世紀90年代中國現代文學研究取向》，《中山大學學報》2000年第4期。另參閱錢理群《關於20世紀40年代大文學史研究的斷想》，《中國現代文學研究叢刊》2005年第1期。

〔註19〕 李怡、周維東《文學的「民國機制」答問》，《文藝爭鳴》2012年第3期。

係」及其作用於文學的方式似乎更爲重要。在此意義上，「民國文學」之「民國」的獨異性才獲得了被探掘的維度和可予把握的面向；秦弓等先生提及的民國風範、民國精神、民國氣質等，就不必僅止於浮泛的追念，而是可以落實到學理層面的探討的。

譬如，民國時期作家對「國」的想像或建構、認同或呈現，以及「民國」內涵的演化與遷變，就值得結合詳實的材料和具體的文本進行探究。誠如美國學者卡爾·瑞貝卡觀察到的，「1898 年以後，就在許多中國知識分子開始拋棄曾作爲『中國』不可避免的形式和保證人的王朝結構，而去設法尋求解決中國與日俱增的危機的辦法的時候，他們也首次開始將現代世界視作一段進行中的歷史過程」〔註 20〕。在這轉折之際，一批批智識者面向世界找尋新的資源重新勾畫「國」的形象，「民國」的構想亦在其中。例如，有著中西文化背景和視野、被朱自清稱爲「抗戰以前」「唯一有意大聲歌詠愛國的詩人」聞一多，他的不少詩作便包含了具有「近代」性質的「國」的意識，如《一個觀念》：

> 你雋永的神秘，你美麗的謊，
> 你倔強的質問，你一道金光，
> 一點兒親密的意義，一股火，
> 一縷縹緲的呼聲，你是什麼？
> 我不疑，這因緣一點也不假，
> 我知道海洋不騙他的浪花。
> 既然是節奏，就不該抱怨歌。
> 啊，橫暴的威靈，你降伏了我，
> 你降伏了我！你絢縵的長虹──
> 五千多年的記憶，你不要動，
> 如今我只問怎樣抱得緊你⋯⋯
> 你是那樣的橫蠻，那樣美麗！

朱自清分析此詩認爲：「這裏國家的觀念或意念是近代的；他愛的是一個理想的完整的中國，也是一個理想的完美的中國」，「『一個觀念』超越了社稷和民族，也統括了社稷和民族，是一個完整的意念，完整的理想；而且不但『提

〔註20〕卡爾·瑞貝卡著、高謹等譯《世界大舞臺──十九、二十世紀之交中國的民族主義》，三聯書店，2008 年版，第 21 頁。

示』了，簡直『代表』著，一個理想的完整的國家。這種抽象的國家意念，不必諱言是外來的，有了這種國家意念才有近代的國家。詩裏形象化的手法也是外來的，卻象徵著表現著一個理想的完美的中國」。朱自清還結合寫這篇文章的抗戰語境，特別提到：「抗戰以來，第一次我們獲得了眞正的統一；第一次我們每個人都感覺到中國是自己的。完整的理想已經變成完整的現實了，固然完美的中國還在建造中，還是一個理想」〔註21〕。而另一位詩人卞之琳寫於抗戰初期的一組「慰勞信」詩篇，正面稱頌了這種「國」之「建造」的行爲，儘管「國」在卞氏那裏有著另外的含義：

> 保衛營，我們也要設空中保衛營，
> 單保住山河不夠的，還要保天宇。

> 我們的前方有後方，後方有前方，
> 我們的土地被割成了東一方西一方。
> 我們正要把一塊一塊拼起來，
> 先用飛機穿織成一個聯絡網。

—— 《修築飛機場的工人》

> 你們辛苦了，血液才暢通，
> 新中國在那裏躍躍欲動。
> 一千列火車，一萬輛汽車
> 一齊望出你們的手指縫。

—— 《修築公路和鐵路的工人》

這大概也屬於朱自清呼喚的「歌詠」「英雄」的詩篇（雖然不是他所說的「現代史詩」）。在朱自清看來：「我們現在在抗戰，同時也在建國……目前我們已經有許多制度，許多群體日在成長中……這些制度，這些群體，正是我們現代的英雄。我們可以想到，抗戰勝利後，我們這種群體的英雄會更多，也更偉大。這些英雄值得詩人歌詠」；不過他認爲「建國的成績似乎還沒有能夠吸引詩人的注意，雖然他們也會相信『建國必成』。但現在是時候了，我們迫切的需要建國的歌手。我們需要促進中國現代化的詩」〔註22〕。稍稍合乎朱自清期盼而顯示出某種「現代史詩」迹象的，是杜運燮的《滇緬公路》——在

〔註21〕朱自清《愛國詩》，見《新詩雜話》，三聯書店，1984 年版，第 52、53、54頁。

〔註22〕朱自清《詩與建國》，見《新詩雜話》，第 44～45 頁。

該詩中，「路」被賦予了厚重的象徵意蘊：「穿過一切阻擋，走出來，走出來，／給戰鬥疲倦的中國送鮮美的海風，／送熱烈的鼓勵，送血，送一切」，「遠方的星球被轉下地平線，／擁擠著房屋的城市已到面前，／可是它，不能停，還要走，還要走，／整個民族在等待，需要它的負載」。

聞一多、卞之琳、杜運燮的詩作和朱自清的論析，彙入了近代以來知識分子對「國」的想像與建構的潮流，體現了「民國文學」之「民國」性的某些側面。上述例子表明，「民國文學」提出後，應該從「民國」的歷史情境、精神氣質和特定內涵出發，抽繹出一些內蘊於其間的具體命題並加以探討，因爲它不是一次簡單的概念置換，也並非爲了重新塑造這一時期文學中的新與舊、雅與俗、中心與邊緣等相對峙的格局。

三

本書輯錄的篇章所討論的全部對象和問題，其時段限定在「民國」時期，在議題上致力於探討這一時期文學（主要是詩歌）在生成與發展過程中獲取的精神和形式資源。之所以將議題集中在精神和形式兩個層面，是因爲在筆者看來，這兩方面最能深透地彰顯文學的「民國」內涵與意義。全書根據討論對象和問題的相關性大致分爲三輯：第一卷的 6 篇論文從思潮的角度，分別梳理了對新詩產生重要影響的若干因素如宗教、歌謠、朗誦、理論以及古典與現代的張力等，參與新詩發展的過程和情形，辨析了這些因素對於新詩特性之生成的功能與作用；第二卷的 7 篇論文從幾個有代表性的個案分析入手，著眼於新詩歷史進程中所面臨的困境和擇取各種資源的不同向度；第三卷的 4 篇論文從更廣泛的層面和更寬泛的詩性書寫的意義上，探討了宗教與浪漫主義的關係、苦難言說的樣態、「個人」觀念的中西分野、現代文學的自身傳統等。

在思潮的整理方面，《早期新詩中的宗教印痕》一文通過考察一些早期新詩文本中的宗教印迹，分析了宗教影響早期新詩的兩個方面：增加了詩人想像世界的方式，使新詩無論在題材還是主題上都有可能向某個更開闊的空間遷移；局部地改變了詩人的抒情方式和言述方式，這更多地體現在句式、語調等文本形態上；由此指出宗教不僅潛在地構成一些詩人的精神資源，而且爲新詩誕生初期的主題路向、語言材料及詩人的詩思方式、表達習慣，提供了某種可能的向度。《歌謠作爲新詩自我建構的資源：譜系、形態與難題》一

文縷理了新詩發展過程中歌謠參與新詩尋求文類合法性、探索風格多樣化和更新文本與文化形態的具體情形，認爲種種與歌謠相關的詩學活動，可被視爲新詩在自我建構過程中求「新」、趨「變」的舉措。《音韻的探測：詩歌朗誦的功能與意義》一文在梳理1920～40年代之間詩歌朗誦三個重要階段和方式的基礎上，剖析了詩歌朗誦兩個主要著眼點：一是通過朗誦來試驗新詩語言、進而探索新詩的節奏與韻律，一是將之視爲詩歌大眾化的手段和一個方面，同時留意朗誦之於新詩的塑造功能。《導引、偏移與形塑：理論的效應及其局限》一文檢討了新詩發展中出於不同動機、針對新詩而作出的理論言說和表述，認爲它們實際上參與了新詩自身的建構，所有零星的或成體系的理論，不僅加入到新詩的外部機制中，對新詩生長和後來的新詩評價起到了規範、導引的作用，而且潛在地修改或重塑了新詩的內質，從而成爲新詩內部政治的一部分；而在理論倡議與寫作實踐之間、在關於歷史的想像和理論總結與歷史的斑駁印痕之間，難免存在偏移、疏離、錯位等情形，其複雜性有必要用心清理和辨析。《〈少年中國〉的形式詩學——以新詩「發生」爲背景的考察》一文探討的是《少年中國》雜誌的詩學貢獻，指出該刊同人在當時普遍的詩歌「新」與「舊」對峙的格局中，增添了一些後來被反覆討論的向度，如詩的音律、詩與「非詩」、詩的本體、詩與散文等，其形式詩學也因較多社會文化理想的融入而溢出了新詩自身的邊界。《古典與現代之辨：新詩的第三條道路——以1940年代淪陷區詩人爲中心》一文關注了1940年代華北淪陷區詩人在作取向上的一個顯明之點，即：通過向內心開掘，以低沉的充滿哲思的「吟哦」和「沉重的獨語」，展示現代人在嚴酷年代裏所感受到的迷惑與孤苦，他們詩歌的諸多主題與西方「現代派」詩有很多相通之處，從而在淪陷區詩壇掀起了一股不小的現代主義詩潮；另一方面，他們又表現出對中國古典詩歌裏的意境、情調乃至語彙的眷戀，因而他們的某些作品在氣息上又顯出與古典詩歌的相通。

在個案分析方面，《魯迅與中國新詩的境遇》一文從考察魯迅與中國新詩的某種關聯出發，認爲魯迅詩學不僅是新詩進程中「繞不開」的議題，而且在語言和精神層面對新詩發展有著特別的意義：他對於新詩所作的鞭闢入裏的剖析，似較一些「個中人」更能讓人從某些側面窺見新詩在整個新文學（乃至文化）中的境遇，繼而清醒地尋索重建新詩的途徑。《馮至〈十四行集〉的存在之思》一文對馮至創作於1940年代的重要詩集《十四行集》進行了全面

剖解，認爲他早年的詩歌經驗和西方詩人里爾克等的薰染構成了這部詩集的精神性前提；該詩集以「沉思」的筆觸展現了戰爭狀態下詩人對「生命的暫住」、存在意義的深入思索，呼應著中國古代和西方現代的某些精神傳統。《「散文性」：重解廢名的新詩觀》一文從廢名詩論的文本出發，結合廢名的詩作和1930 年代的詩學氛圍，對廢名的新詩觀重新作出了申說，認爲廢名關於新詩詩質的要求體現爲兩點：一是詩的「當下」性，一是詩的「完全」性，他的講稿和詩作印證了這兩個特點；而廢名更爲可貴的貢獻在於，他充分地覺識到了新詩語言的「散文化」特性，指出應該依據現代漢語的這種特性建構新詩的形式。《沈從文新詩中的苗文化因素》一文從沈從文創作所受的苗文化薰染入手，通過考察沈從文搜集、整理湘西民間歌謠及其對沈從文新詩創作的影響，分析了沈從文新詩題材、主題以至風格和筆法等方面的特點，探討了其詩歌文本的語詞、句法、體式等的別致之處；沈從文新詩中未經雕琢、接近生命本眞狀態的口語化表達，連同其「優美，健康，自然」的文學（詩學）觀，無疑會給人帶來啓示。《林庚自然詩理念的生成與意義》一文探討了集詩人與學者於一身的林庚在創作上經歷的從自由詩到格律詩再到自由詩的過程，對他提出的試圖涵納這兩種體式和概念的範疇——自然詩——進行了辨析，認爲作爲一種詩學理念，自然詩並不執於表面的自由或格律之一端，而是力求在思維和來源上融彙新舊、接納古今，以使自身具有超越一般形式本體的更寬闊的意義。《穆旦「新的抒情」與「中國性」》一文從考察穆旦「新的抒情」得以出現的錯雜語境入手，通過分析這一主張的意向及其在 1940 年代文本實踐中的具體情形，探討它所包蘊的現實性和「中國性」，指出在新詩中並不存在先驗的本質化的「中國性」，只有不斷豐富、拓展因而變化的「中國性」；穆旦的探索表明，新詩的「中國性」絕非與「西方」、「現代」相對，在討論相關問題時值得警惕的恰恰是二元思維引導下的對「本土」、「傳統」的強調，所謂中國新詩的「主體性」，其來源也不僅僅限於單一的「本民族的文化傳統」，而是充滿了諸多駁雜的異質因素。《從里爾克到德里達：鄭敏詩學的兩翼》一文梳理了鄭敏詩學資源的「兩翼」即里爾克和德里達對鄭敏詩歌創作的影響：前者主要體現在詩思方式、生命體驗等方面，爲鄭敏詩風（尤其是早期）確立起到了不可磨滅的作用，後者在鄭敏詩學探索後期扮演了非常重要角色，其解構思想促成了鄭敏在思維模式、文化觀念等方面的轉變；儘管鄭敏在探索過程中不時顯出主體身份的焦慮，但她在里爾克、德里達等

西方詩哲影響下所進行的詩學探索，其努力是出於自身乃至中國新詩自我建構的目的。

從更寬泛的詩性書寫來說，文學中的浪漫主義無疑是一個值得探討的議題，《宗教與中國現代文學的浪漫品態》一文從中國現代文學的宗教書寫即現代文學與宗教的關係這一維度，考察中國現代文學的浪漫品態及其情感質地、言述方式和審美特徵，試圖透過中國現代文學的宗教書寫，在那片神秘世界裏體察到一種別具一格的浪漫精神，浪漫精神與宗教具有更為內在的相通性，一種宗教體驗或情懷本質上就是一種飽含著浪漫激情的心理狀態：一方面，就宗教體驗所蘊含的情感特徵和這種情感的強烈程度來說，它總是顯出濃烈的浪漫主義氣質；另一方面，就宗教體驗表現的從此岸塵世抵達彼岸世界的超越性特點來說，它又折射著鮮明的浪漫理想化色彩；此外，宗教世界特有的神秘美感，在外形上與浪漫精神保持了一致。而 20 世紀上半葉文學中的苦難言說同樣引人關注，正是苦難意識的加入，才使得文學離現實社會人生靠得更近，也更能以一種憂患的意緒去思索民族的命運和民眾的生活，但由於寫作者生存境遇、生活視野及寫作旨趣的差異，導致文學對苦難的書寫呈現出不同的面貌。《1940 年代文學對苦難的言說》一文的題旨並不在於，依照一般文學史關於 1940 年代文學「三大版塊」的論述模式，去考察作家們對於苦難的言說及其表現，而是剖析處身在不同境遇中的作家們，如何立足於時代的普遍的苦難意識，展開對於自我（個體）和時代的積極吟唱，如何在這種吟唱中以迥異的方式和風格，顯示出漢語文學具有的生命強力。在此，作家自我（個體）與時代的內在張力，構成他們以吟唱朝向苦難而使之得以嶄露的驅動力，這一內在張力的強度的不同，則是區別作家們言說方式的重要標識。與此關聯的是中國現代文學中「個體」意識的差異，《「個人」的神話——〈駱駝祥子〉與〈約伯記〉的比較分析》一文對從中國近現代文化文學傳統伸發出來的《駱駝祥子》和從西方基督教——《聖經》思想文化文學傳統衍生出來的《約伯記》這兩份經典文本進行了比較分析，指出二者立足於各自的歷史語境，都對「個人」的境遇及其歸宿進行了探索，對「個人」觀念的確立與意義作出了強有力的質詢和反思；而它們自成體系的「個人」話語模式，其出發點、指向和言路迥乎不同，文中將兩份文本置於中西「個人」觀念的分界處，通過辨析它們的差異和歧義，來省察這種差異的生成原因，從而獲得建立中國「個人」觀念和話語的啟示。而《「九葉詩派」的歷史

形象》在詳細梳理作爲流派的「九葉詩派」之歷史形象的基礎上，提出了新詩乃至現代文學自身的傳統的問題。在以往研究中，由於人們過分強調 1980 年代與五四在思想和文學形態方面的同構性，因而在一定程度上忽略了從文學的細部考察各個歷史斷代之間的相互承傳與變異，比如 1980 年代初期的「朦朧詩」運動所掀起的詩學革新並非從天而降，而是有深厚的本土資源的——這種資源之一便是「九葉詩派」。「九葉詩派」參與了 40 年代新詩「詩性」傳統的建構，這是一種新的詩學傳統，這種傳統之所謂「新」顯然是相對於五四傳統而言，或者更準確地說，這是一種在五四大傳統輻射之下的相對獨立的「小傳統」。

由「九葉詩派」彰顯的關於本土資源的探討，引發了一些需要進一步思考的問題：新詩如何在不同時期形成了各自的「詩性」傳統？它們對五四傳統進行了什麼樣的拓展與變異？這些「詩性」傳統的「經典」內涵和「現時」意義分別是什麼？對這些問題的解答只好留待今後的研究了。

卷　一

第一章　早期新詩中的宗教印痕

一、宗教與新詩：關聯的可能

　　宗教在現代中國人的生活和思想中究竟占據怎樣的位置，是一個並未得到深究的問題。從歷史的角度看，中國人之與宗教發生關聯，主要體現在信仰和學理兩個層面。就後一層面而言，中國人（尤其是知識分子）對宗教所持的是某種微妙的悖謬態度：既想將之作爲社會或個體的精神支持引入，又因種種現實或觀念的原因不得不對之拒斥。民國初年出現的聲勢浩大的「非宗教運動」，以及「美育代宗教」等學說的興起，多少昭示了現代中國人對宗教的矛盾心理。儘管宗教與中國人相糾結的情形十分複雜，但無可否認的是，各類宗教已經或隱或顯地參與了近現代以來中國社會進程，特別是知識分子人格結構和精神氣質的塑造，而成爲一種不容忽視的文化和思想資源。[註1] 謝扶雅在 1927 年出版的《宗教哲學》中指出：「自海通以後，西學東漸，譯名之最不幸者，莫過於『宗教』二字矣。考今日西方所用 Religion

---

〔註 1〕 相關討論可參閱：李向平《救世與救心：中國近代佛教復興思潮研究》（上海人民出版社，1993 年版）、顧衛民《基督教與近代中國社會》（上海人民出版社，1996 年版）、雷立柏《論基督之大與小：1900～1950 年華人知識分子眼中的基督教》（社會科學文獻出版社，2000 年版）、史靜寰、王立新《基督教教育與中國知識分子》（福建教育出版社，1998 年版），以及王治心《中國宗教思想史大綱》（東方出版社，1996 年版）的部分內容。有關中國現代文學與宗教關係的討論，可參閱譚桂林《百年文學與宗教》（湖南教育出版社，2002 年版）、王本朝《20 世紀中國文學與基督教文化》（安徽教育出版社，2000 年版）、馬麗蓉《20 世紀中國文學與伊斯蘭文化》（安徽教育出版社，2000 年版）等。

一語，與我國所謂『宗教』者，實大有出入」〔註2〕。許地山認為宗教可以分為三類：「(1)巫祝的宗教，(2)恩威的宗教，(3)情理的宗教」〔註3〕。而在胡適看來，「一個宗教會有三個部分：一是它的道德教訓，二是它的神學的理論，三是它的迷信」〔註4〕。顯然，不同的人會按照各自的目的對宗教做出不同的理解和擇取。值得探討之處在於：宗教在現代的漢語語境內遭遇了什麼樣的期待視野？漢語知識界以何種方式過濾、接受或轉化了各類宗教？

作為五四新文化運動宏大構想之一部分的新詩，在誕生之初和之後的相當長時間裏，所受到的各種薰染是非常駁雜的。其中宗教即被視為一種重要的外來養分受到重視，如周作人於1920年發表的著名演講《聖書與中國文學》中，就認為「《聖書》與中國新文學的關係，可以分作精神和形式的兩種」，「形式的一方面，《聖書》與中國文學有一種特別重要的關係，這便因他有中國語譯本的緣故。本來兩國文學的接觸，形質上自然的發生多少變化，不但思想豐富起來，就是文體也大受影響，譬如現在的新詩及短篇小說，都是因了外國文學的感化而發生的……希伯來古文學裏的那些優美的牧歌（Eidyllia＝Idylls）及戀愛詩等，在中國本很少見，當然可以希望他幫助中國的新興文學，衍出一種新體」〔註5〕。誠然，「周作人對於基督教傳統與對於《聖經》的解釋主要是從文學的角度……他對《聖經》的看法似乎是一種完全『詩化』的看法」，或許有一定的「局限性」〔註6〕，但從新文學建設的角度來說，周作人對於《聖經》之於新文學（新詩）語言、形式等方面的意義，所表現出的敏銳的觀察和覺識，仍然是十分必要的。至於近來有研究者把周作人的陳述指責為一種「認識上的延誤」，說「這種認識上的延誤實際上造成了文學革命同英國聖公會等機構所頒布和認可的白話的《聖經》（即官話本）失之交臂。這次失之交臂……使得中國現代文學錯過了一個機會，現代漢語錯過了一種可能性，依存於語言的現代漢語詩歌失去了一個方向。因而才有徹頭徹尾世

〔註2〕 謝扶雅《宗教哲學》（重印本），山東人民出版社，1998年版，第204頁。

〔註3〕 許地山《我們要什麼樣的宗教？》，原載1923年4月14日《晨報副刊》。

〔註4〕 胡適《基督教與中國》，原載《生命月刊》第2卷第7冊（1922年）。

〔註5〕 周作人《聖書與中國文學》，見周作人《藝術與生活》，河北教育出版社，2002年版，第39、41頁。

〔註6〕 雷立柏《論基督之大與小：1900～1950年華人知識分子眼中的基督教》，第36頁。

俗的胡適用庸俗進化論發明本土的『白話文學史』說，用詞曲風格的白話詩樹立現代漢語詩歌的原型和榜樣」〔註7〕，是否合乎新詩發生的歷史實際和詩學邏輯，則是一個需要詳加辨析的問題。

令人疑惑的是，《聖經》的漢譯必然會對現代漢語詩歌產生「方向」性的影響？包括《聖經》在內的宗教典籍在進入漢語語境之時起就被接受為「文學」文本嗎？事實上，各類宗教進入漢語語境特別是文學表達的過程和方式曲折而複雜，二者難以構成一一對應的因果關係，而是充滿了大量的錯位與「誤讀」。正如朱自清指出：「有人追溯中國譯詩的歷史，直到春秋時代的《越人歌》(《說苑・善說篇》) 和後漢的《白狼王詩》(《後漢書・西南夷傳》)……這兩首歌只是為了政治的因緣而傳譯。前者是古今所選誦，可以說多少增富了我們的語言，但翻譯的本意不在此。後來翻譯佛經，也有些原是長詩，如《佛所行讚》……這種長篇無韻詩體，在我們的語言裏確是新創的東西，雖然並沒有在中國詩上發生什麼影響。可是這種翻譯也只是為了宗教，不是為詩。近世基督《聖經》的翻譯，也增富了我們的語言……但原來還只是為了宗教，並且那時我們的新文學運動還沒有起來，所以也沒有在語文上發生影響，更不用說在詩上」〔註8〕。雖然周作人（在朱自清所說的「五四運動後」）機智地指明了新文學（新詩）面對《聖經》等資源時所獲具的某種可能性，但這並不意味著漢譯《聖經》或其他宗教典籍是現代漢語和新詩語言的惟一而必須的源頭。

如同對現代文學中任何外來影響的審理最終應該落實到作品一樣，對於新詩所受的宗教影響的考察，也需以具體的文本分析為基本依據。本文對新詩與宗教之關聯的剖析集中於早期新詩〔註9〕。可以發現，在新詩的早期階段，即新詩的文體尚處於初步建立之際，有關新詩的議論、設想和實踐，不免與一定的社會、文化乃至語言變革的命題纏繞在一起，新詩的文體和它的

〔註7〕劉皓明《聖書與中國新詩》，《讀書》2005 年第 4 期。

〔註8〕朱自清《譯詩》，見朱自清《新詩雜話》，三聯書店，1984 年版，第 69 頁。

〔註9〕這裏「早期新詩」大致指 1920 年代中期以前的新詩寫作。在筆者看來，梳理各類宗教留在這一時期詩歌中的斑駁的印迹，似乎更具發生學的意義，讓我們看到：宗教不僅潛在地構成一些詩人的精神資源，而且為新詩誕生初期的主題路向、語言材料以及詩人的詩思方式、表達習慣，提供了某種可能的向度。至於 1930～40 年代的艾青、穆旦、阿壟等詩人作品中更為明顯、成熟的宗教影響，及其與這些詩人的寫作乃至當時詩歌的關係，需另專文分析。

功能同時得到了強調，譬如「文學工具論」者胡適就說，只有「詩體的解放」以後，「豐富的材料，精密的觀察，高深的理想，複雜的感情，方才能跑到詩裏去」〔註10〕。這大概是因爲：參與新詩草創的詩人往往具有多重身份和駁雜的文化背景，像胡適、劉半農、沈尹默、俞平伯、郭沫若及周氏兄弟等，在關注新詩時總會帶入他們自己的文化理想或旨趣，而非僅僅出於詩歌本身的考慮（胡適把詩視爲舊文化體制「最難攻克的壁壘」即是一例，更不用說自稱寫新詩只是「敲敲邊鼓」的魯迅了）。在這樣的情形下，宗教便有可能作爲一種文化資源和個體意識滲入早期的新詩寫作，暗中參與新詩早期形態的構成（當然，這種滲透是在詩的意義上進行的）。總的來說，宗教對於早期新詩的影響主要體現在兩個方面：其一，增加了詩人想像世界的方式，使得新詩無論在題材還是主題上都有可能向某個更開闊的空間遷移；其二，局部地改變了詩人的抒情方式和言述方式，這一點更多地體現在句式、語調等新詩的文本形態上。後一點也許更爲重要，但從早期新詩的具體實踐來看，宗教的影響（主要通過漢譯宗教典籍和作品的傳閱）似乎尙未成爲新詩文本建構的支配性力量，這是由於早期新詩文本特徵的一個重要成因是語言，而現代漢語的來源是相當蕪雜的——畢竟，宗教典籍和作品的漢譯僅是其中之一。

二、轉化、過濾與融匯

在近代以來的迻譯西學的熱潮中，宗教（典籍與作品）的翻譯的確是相當重要的一部分，這種翻譯產生的影響隨著 1919 年官話和合本《聖經》的面世而逐漸明朗。有必要指出的是，較早的宗教著作的翻譯（主要指基督教）大多是在傳教士主持下完成的，這使得包括《聖經》在內的諸宗教書籍最初並非被作爲文學資源引入。不過，這並不妨礙中國近現代作家以文學的眼光閱讀和接受《聖經》等宗教著述。其實，「《聖經》在中國的傳播和流行有一個從教會到社會，從宗教到文學的趨勢，它獨特的文學魅力引起了中國作家的興趣，成了他們的閱讀對象和閱讀經驗」〔註11〕。魯迅、周作人、郭沫若、巴金、曹禺、沈從文等許多作家都有收藏並文學性地閱讀《聖經》的經歷。

〔註10〕 胡適《談新詩》，《中國新文學大系·建設理論集》，上海文藝出版社，1981
年影印本，第 295 頁。
〔註11〕 王本朝《20 世紀中國文學與基督教文化》，第 270 頁。

一方面是閱讀經驗的累積，另一方面是所受教育的薰陶（如冰心、許地山、林語堂、盧隱、陸志韋、梁宗岱、陳夢家等均曾在教會學校學習），潛在地構成了他們進行文學創造的思想和情緒的發酵源。

　　值得注意的是，身處於各種文化交彙之中的中國現代作家詩人們，在接受某一文化影響的同時，其自身還保留著其他一種或數種文化的「積習」。按照法國社會學家布迪厄的說法，「積習」作為「一種社會化了的主觀性」，和一種「結構形塑機制」（structuring mechanism），是「深刻地存在在性情傾向系統中的、作為一種技藝（art）存在的生成性……能力」〔註12〕。除根深蒂固的儒家文化之外，一部分作家詩人的「性情傾向系統」中還強烈地滲透著佛、道等宗教的因子，當他們遭遇另外的宗教（如基督教）的洗禮時，這中間發生的個體經驗的交錯與融合是格外耐人尋索的。這也使得早期新詩在意象的擇取、經驗的傳達等方面，顯出較為混合的趨向。典型的如王獨清《聖母像前》把「聖母」「馬利亞」與傳為孔子之母「顏氏女」的形象交疊在一起，西式外殼內包裹著濃重的東方情結。王統照《悲哀的喊救》裏，「悲哀是藏在蓮花的萼裏」中的「蓮花」意象，既勾連著佛教語彙，又散發著中國古典詩意；此詩共三節，每節句式相同，末句都由「哦！上帝的護持！」起頭，可謂多種文化的混合。冰心的《迎神曲》、《送神曲》等詩篇，充滿了機巧和禪意；她的小詩，總是雜糅著佛教的空靈和基督教的博愛，讓人領悟其詩思的多重來源。

　　這裏確乎可能出現所謂的宗教「本色化」或本土化的問題，但就不同作家詩人應答各類宗教浸染的方式和情形來說，是否有一體的「本色化」命題是可疑的。當然，很多作家詩人在考量自己所受的宗教影響時，難免會受到各自現實語境的牽扯，從而把不同宗教文化納入自己的問題框架之中。譬如聞一多 1920 年代初在給友人的信中寫到：「現實的生活時時刻刻把我從詩境拉到塵境來。我看詩的時候可以認定上帝——全人類之父，無論我到何處，總與我同在。但我坐在飯館裏，坐在電車裏，走在大街上的時候，新的形色，新的聲音，新的臭味，總在激刺我的感覺，使之倉皇無措，突兀不安」〔註13〕。正是在這樣的心境下，身為基督徒的聞一多在他詩裏如此吁歎：

〔註12〕布迪厄、華康德《實踐與反思》中譯本（李猛、李康譯），中央編譯出版社，
　　　　1998 年版，第 165 頁。
〔註13〕見《聞一多詩全編》，浙江文藝出版社，1995 年版，第 423 頁。

啊，主呀！我過了那道橋以後，

你將怎樣叫我消遣呢？

主啊！願這腔珊瑚似的鮮血

染成一朵無名的野花，

這陣熱氣又化些幽香給她，

好攢進些路人底心裏烘著吧！

只要這樣，切莫又賞給我

這一副腥穢的軀殼！

主啊！你許我嗎？許了我吧！

————聞一多《志願》

在某種意義上，聞一多的這首詩，表達的是他面對新的文化困境和抉擇的個人「志願」；他試圖引入一個至高無上的「他者」作為拯救的力量，但這個「他者」卻又是有現實指向的。在長詩《南海之神——中山先生頌》（包括《神之降生》、《紀元之創造》、《祈禱》三個部分）中，聞一多以熱忱的呼喚與禮讚，將孫中山稱譽為「行天的赤日，光明的輸送者」。無獨有偶，朱湘《哭孫中山》也表達了類似的思緒：「看哪：救主耶穌走出了墳墓，／華夏之魂已到復活的辰光」。在當時，這種對「救主」的期盼具有一定的代表性。「上帝」用語在早期新詩中的頻繁出現，體現的正是這種對超然力量的渴望與尊崇：「為什麼我不知何為上帝，我在心靈中，卻有個秘密與神奇的崇敬？」（王統照《為什麼》）；「萬有都蘊藏著上帝，／萬有都表現著上帝」（冰心《嚮往——為詩人歌德九十年紀念作》）。這些包含了明顯宗教情緒的表述，在另一些詩人筆下則成為一種對光明的希冀與對新生的想像的交織，例如周作人就如此「祈禱」：「小孩呵，小孩呵，／我對你們祈禱了。／……用了你們的笑，／你們的喜悅與幸福。／用了得能成為真正的人的矜誇。／在你們的前面，有一個美的花園，／從我的上頭跳過了」（《對於小孩的祈禱》）。最終，這種飽含宗教般激情的期待和「祈禱」，轉化為對新的民族國家的熱切憧憬：

朋友啊！

在黑陰陰的夜裏，

燦爛的繁星，

綴成了光明的燭球！

照著那美麗的花園。

朋友啊！

拿你的血淚去改造粉飾那荒蕪的花園。

朋友啊！

假如你遇見些活潑安琪兒：

你怎樣安慰她啊！怎樣導引她啊？

我相信宇宙間：最快樂歡欣的，

是我把上帝的心，告訴我可愛的人。

———石評梅《微細的回音》

此詩的末句「燃兩枝愛真理愛自由的紅燈——照著——前途的成功建設」，是石評梅「微細的回音」所潛隱的強大心聲。在另一首《我願你》中，石評梅也嚮往著：「自然之美與你造理想之國，／人類之愛與你建創造之塔」。在此，宗教彷彿一條通道，沿著它詩人們把自己的個體感受向外擴展為一種更闊大的群體「志願」。石評梅的「上帝的心」，在蔣光慈那裏則被「普照的紅光」所取代：「阿彌陀佛！一聲去了，／為人類，為社會，／為我的兄弟姊妹，／還問前途有甚危險呢？」（《西來意》）。無論「上帝」抑或「佛」，它們的功能其實是相同的，都被詩人們用來表明對「革命」、「改造」、「新生」等主題的關注。

　　與這種通過宗教把個體感受向「外」投射和擴展的做法不同，一些詩人更願意向「內」開掘，其敏銳的詩思捕捉到宗教的神秘、靜謐的一面，他們將得自宗教的體驗進行反覆玩味。如徐志摩的《常州天寧寺聞禮懺聲》，在空曠而安詳的「佛號」的感染下，詩人開始沉溺於自己的幻覺，慢慢體味「無量」、「因果」、「涅槃」等的內涵。曾多少受到佛教薰染的宗白華，在述及自己與詩的因緣時充滿了虔敬之感：「同房間裏一位朋友，很信佛，常常盤坐在床上朗誦楞嚴經。音調高朗清遠有出世之概，我很感動。我歡喜躺在床上瞑目靜聽他歌唱的詞句，楞嚴經詞句的優美，引起我閱讀它的興趣。而那莊嚴偉大的佛理境界投合我心裏潛在的哲學的冥想」；在這樣的「冥想」中，「內心的孤迴，也希望能燭照未來的微茫，聽到永恒的深秘節奏，靜寂的神明體會宇宙靜寂的和聲」〔註14〕。於是，他的內心裏會有「一些無名的音調，把

─────────────────

〔註14〕宗白華《我和詩》，見《宗白華全集》第二卷，安徽教育出版社，1994年版，第150～151、154頁。

捉不住而呼之欲出」：

> 我們並立天河下。
>
> 人間已落沉睡裏。
>
> 天上的雙星
>
> 映在我們的兩心裏。
>
> 我們握著手，看著天，不語。
>
> 一個神秘的微顫。
>
> 經過我們兩心深處。

——宗白華《我們》

宗白華的「流雲」小詩，大多因哲思與詩情的融合而呈現幽微的風致，他的《夜》、《築室》、《解脫》等詩篇，將傳統的自然觀、現代的「泛神論」和佛禪等宗教意緒糅合在一起，顯得別具一格。宗白華所感受到的「神秘的微顫」，與郭沫若體會的「神經」「戰栗」遙相呼應：「十里松原中無數的古松，／盡高擎著他們的手兒沉默著在讚美天宇。／他們一隻隻的手兒在空中戰栗，／我的一枝枝的神經纖維在身中戰栗」（《夜步十里松原》）。無疑，他們更重視宗教情境對內在隱秘體驗的激發。

應該說，詩人們宗教感受的向外發散或向內收縮，顯示的是兩種不同的文化姿態和人生態度。這一定程度上也造成了他們詩歌風格的分野。但宗教進入詩人的視野後，引發的不管是向外的大聲疾呼，還是向內的喃喃低語，都為早期新詩增添了某些浪漫氣息。

三、態度與主題的雙重性

對於各類宗教影響的接受，中國現代知識分子總是表現出情與理、感性認同與學理評價、個體意趣與公眾取向矛盾交織的複雜態度。這在有關基督教的認識上似乎體現得格外明顯。中國現代作家詩人對基督教顯示了兩種相異的態度：對作為一種象徵的基督精神的情感上的親近，和對作為制度與儀式的教會（及教會人士）的反感乃至控訴。這從徐玉諾的《與現代的基督徒》一詩可見一斑：

> ——我並不是個基督徒，
>
> 但是我卻不像基督帽巾那樣
>
> > 摧殘基督。

顯然，徐玉諾並不看重信教與否等外在形式，在他看來，有些所謂教徒說不定會曲解基督的精神，而有些非基督徒恰好可能領悟基督精神的眞諦；他以人格爲標尺，視耶穌爲令人景仰的人格楷模，因爲耶穌有著「憎與愛的熱烈感情，／和爲喜愛與憎惡的犧牲精神」。正如石評梅所說：「一個人到了失敗絕望無路可走人力不可爲的時候，總幻想出一個神靈的力量來拯救他，撫慰他，同情他，將整個受傷的心靈都奉獻給神，泄露給神，求神在這失敗絕望中，給他勇氣，給他援助……」〔註15〕。可以說，中國現代作家詩人從各類宗教那裏汲取的一個重要養分，是一種精神的力量，一種關乎個體內心的動力。

　　上述作家詩人對宗教的雙重態度，使得他們在援引某些宗教資源進行創作時，呈現兩股旨趣大相逕庭的主題路向：承擔、救贖和鞭笞、懺悔。一方面，對宗教的精神性理解與認同，促成了早期新詩中較普遍的擔當意識。詩人們偏好在詩裏塑造獲得了某種神性力量的承擔者的形象，如徐玉諾《有仗恃的小孩們》中的「他」：「他帶著上帝的熱力和反抗力，／他鼓著勇氣……／也只有奇怪，怒，心急……」；《夜的詩人》中的「詩人」：「披著他那寬大的黑衣，／徘徊在花影裏」，「他並不歌唱或吟哦，／他的心脈低微又低微」；以及《淚膜》中給傷心的人們帶來福音的「博愛的巡視者」和「送花團的安琪兒」。當然，「詩人」被賦予某種神力而擔當抒寫民生疾苦的責任，不只是那個年代獨有的現象。在早期新詩人中，徐玉諾是一位充滿宗教的悲憫情懷的詩人，面對深重的生存苦難，他除了表達悲慨與憤懣之外，更多的是雖哀婉但不無虔誠地祈求擔負苦難的勇氣。他的《我的神》這首篇幅不長的詩，以詩劇樣式展示了一個在黑暗中用手杖摸索前行的趕路者的決心——在該詩中，趕路者得以戰勝浮囂和空虛的動力源於無形的「神」的支撐，這具有很強的象徵意義。

　　另一方面，詩人們善於借助宗教意象表達現實生活中的苦悶、憂慮與憤怒，從而將宗教的原罪、懺悔等主題帶入了詩歌。徐志摩的詩較多地涉及這類主題，他寫過兩首以《罪與罰》爲題的詩作，他的《白旗》以先知般的口吻陳述：「在眼淚的沸騰裏，在嚎慟的酣徹裏，在懺悔的沉寂裏，你們望見了上帝永久的威嚴」，這首詩與《毒藥》、《嬰兒》一起構成總題爲《一首不

〔註15〕石評梅《再讀〈蘭生弟日記〉》，見《石評梅選集》，山西人民出版社，1983
　　　　年版，第 407 頁。

成形的詩，詛咒的，懺悔的，想望的》的長詩，「懺悔」的題旨十分鮮明。置身於新舊文化的交替與衝撞之中，現代詩人們所見到的是「幻象破，／上帝死」（徐志摩《悲觀》）的景象，感受到的是一個「上帝早已失卻了他的莊嚴」的世界，詩人們「徘徊在禮拜堂前」，發現「巍巍的建築好像化作了一片荒原」（馮至《北遊》）。他們說：「我送給上帝唯一的禮物，便是現時代的悲哀」（徐雉《送給上帝的禮物》）。「悲哀」似乎成了那個時代情緒的揮之不去的旋律：

> 上帝呀！
> 用你的手，悲哀的磁石，攝去人間一切的悲哀罷。
> 攝去河水裏的悲哀，
> 教他只可琤琤琮琮地唱吧。
> 攝去紅葉裏的悲哀，
> 只許他得意揚揚地舞，翩翩翻翻地飛吧。
> 攝去我筆裏的悲哀，
> 教他只能寫人間的歡愉吧。

——劉延陵《悲哀》

這「悲哀」是如此巨大，以至詩人們祈求：「但願有力之神，／滅絕了我的天真，／塞住了我知覺之路。／我再也不能對這寂寞的南京城，／像那加加利人，／望著耶路撒冷而哭」（陸志韋《冬至日朝陽門外》）。這其實是萬般無奈之下的「禱告」與「哀求」：「強設那空中有那萬能的上帝」，「把我心也閉了」，再也不見那世俗的「沉臉和冷笑」、「譏諷和惡罵」、「惡臭和血腥」（胡思永《禱告》）；「神啊！／給我一杯奇異的濃酒吧！／使我忘掉一切的罪惡……／使那陰沉沉觸目傷心的世界，／不再來驚擾我吧」（徐玉諾《哀求》）。詩人們略帶酸澀的反諷語氣，映襯出其內心悲苦之深和對現實鞭笞之甚。

總體上看，過於濃厚的現實訴求導致早期新詩中的宗教意涵，與宗教本應具有的超越性、超驗性構成緊張關係。此外，由於現代思想命題的紛繁多樣，詩人們總會從不同宗教那裏找到契合自己意緒的「點」。於是，從早期新詩那些受宗教浸染的作品中，既可以看到憤慨與悲戚的情緒的兩極，也可以發現家國與情愛等主題的相互交織。比如，「上帝」這個詞，有時成為詩人莫名「苦惱」的出口：「假使有個上帝，／以其慈悲之心憐憫世人之慘痛，／我亦不願得其同情之眼淚，／因我不能離開我之苦惱」（胡也頻《假使有個上

帝》）。更多時候，則被當作詩人呼喚愛情的「藉口」：「夜深了，神啊——／引我到那個地方去吧！／我要狂吻那柔弱的花瓣，／在花兒身邊長息！」（馮至《夜深了》）；「假如我有戀人，／我可以不信上帝，／因為那時／她將做我唯一的心的主宰者」（徐雉《孤獨者的煩悶》）。詩人甚至把「上帝」與人的形象進行比擬，藉此烘托他心目中「她」的完美：

> 人說上帝是個勇士的形相，
> 　一身多少英雄氣概；
> 我說上帝像個嬰孩的模樣，
> 　一心滿是天真的愛；
> 不然上帝怎能創造她的心，
> 　除非把自己的心靈作模型。
>
> 　　　　　　　——楊子惠《她》

在這樣的情形下，「上帝」已脫離其宗教含義得以生成的原初語境，而歸於表達意圖的個人性和即時性。或許，這是某種意義的宗教「本土化」？

四、形態與樣式

毫無疑問，早期新詩的部分作品，因宗教的屬入而呈現出頗為別致的品性和狀貌。大致說來，早期新詩在形態上所受宗教的影響主要體現在三個方面。其一，宗教在改變一些詩人思維方式的同時，還為其詩歌寫作提供了某些特別的語式。像前述的「主呀」、「神啊」等呼告語式是宗教所特有的，它們夾雜在詩句間增強了詩的感染力。有一類以「祈禱」為標題的詩篇格外醒目，比如冰心的兩首《晚禱》、梁宗岱《晚禱》、陸志韋《向晚》、於賡虞《晚禱》等等，都是宗教「禱告」體的直接移用。一般而言，「祈禱」涉及宗教的懺悔與超昇的主題。對於這些題為「祈禱」的詩篇來說，這種體式除給予它們相似的宗教主題外，還造就了它們趨於古典的情懷和細密的抒情風格，從而在氣質上與同代的詩歌產生了微妙的差異：

> 我獨自地站在籬邊。
> 主呀，在這暮靄的茫昧中。
> 溫軟的影兒恬靜地來去，
> 牧羊兒正開始他野薔薇的幽夢。
> 我獨自地站在這裏，

悔恨而沉思著我狂熱的從前，
痴妄地採擷世界的花朵。
我只含淚地期待著——
期望有幽微的片紅
給暮春闌珊的東風
不經意地吹到我的面前：
虔誠地，靜謐地
在黃昏星懺悔的溫光中
完成我感恩的晚禱。

——梁宗岱《晚禱——呈敏慧》

更為重要的是，「祈禱」往往設置了一個不在場的對話者，使詩的句式富於變化。如李金髮的《月夜》：「我便呆坐階前綠蔭下，／沉默地凝視著，如向聖母的祈禱，／如向權威者哀求赦宥。／將我的懊悔，遺憾，羨慕，追求，疑惑，／細訴於你的光輝」，就有一個人稱逐步轉換的過程，最後將「細訴」朝向了「你」。

其二，宗教的素材豐富了新詩的語言資源，這不僅體現在語料上，而且也反映在語言的色彩、樣態等方面。一些以宗教題材入詩的作品，在表現樣式上顯得靈活多變。徐志摩擅長「改寫」宗教故事，在詩中構築富有情趣的戲劇場景，如《人種由來》對《創世紀》的故事的巧妙改寫；他的《卡爾佛里》以一個無名看客的口吻，重述了「耶穌受難」的情景，其中充滿了戲謔、微諷的多聲部的語氣：「嘿！看熱鬧去，朋友！在那兒？／卡爾佛里，今天是殺人的日子；／兩個是賊，還有一個——不知到底／是誰？有人說他是一個魔鬼；／有人說他是天父的親兒子，／米賽亞……看那就是，他來了！」這首詩技法嫻熟、語調圓潤，堪稱新詩歷史上較早嘗試「戲劇化」的成功詩作之一。

其三，宗教的某些特殊表達方式如複沓、押韻等，也在早期新詩的韻律構造上有所表現，如于賡虞的《晚禱》、楊子惠的《她》等。那麼，講求聲律效果的宗教表達是否有助於新詩格律的形成？1940年代初，朱維之在他的《基督教與文學》中提出設想：

二十多年來，中國新詩出版了不少種數，還有人懷疑它底基礎不穩固，連新詩人中也有些自己懷疑自己起來，轉身走回舊詩的路上

去：因爲他們以爲詩是不能沒有規律的，過分自由的詩，究竟算不算詩，終是一個問題。這種懷疑是合理的，可是轉身走回老路去也是死路一條，不如進一步把新詩底基礎鞏固起來，修築一條新的生路。

新體詩底穩固基礎，必須建築在新音樂上面。不合樂的詩在形式上看起來和散文相差不遠，就是豆腐乾式的方塊詩形，也不過是作繭自縛，不能說是得體。只有合樂的新詩，才可說是得體的詩歌。二十多年來的新詩壇太少注意合樂的詩，這個缺陷一天不克服，新詩一天不能有穩固的基礎。

聖歌在中國也漸漸進步了，在中國新詩中自然也該占一席地，並且能夠補足上面所說的缺陷，至少可以說，它可以給中國新詩一個啓示，導引新詩走上合樂的路上去。……〔註16〕

從理論上說，「合樂」不失爲建設新詩詩體的一個方案。不過，在後來新詩發展過程中，「合樂」的思路已經經受了實踐的不斷檢驗、質疑與調整。無數探索新詩音樂性的成功或不成功的例證表明，新詩格律的確立尙需充分考慮現代漢語和新詩文體的特性。

〔註16〕朱維之《基督教與文學》，上海書店，1992 年影印本，第 139 頁。

第二章　歌謠作爲新詩自我建構的資源：譜系、形態與難題

　　關於新詩與民間歌謠的議題歷來不乏關注者，論者多著眼於文體形式借鏡、文藝大眾化、民間文化轉換等角度，探討二者的複雜聯繫〔註1〕。筆者認爲，從新詩歷史進程來看，歌謠從一開始就參與了新詩尋求文類合法性、探索風格多樣化和更新文本與文化形態的過程：早在新文學誕生之初，歌謠就作爲重要的民間文化和文藝樣態而受到重視，從1920年代胡適、劉半農、周作人等人的倡導與嘗試，到1930年代沈從文、中國詩歌會詩人的不同擇取，再到1940年代「民歌體」的實踐和1950年代後期「新民歌運動」的極端推舉，及至1980～90年代大眾文化浪潮中「新民謠」的變奏，有一條線索分明的脈絡伴隨著新詩的發展，雖然其間存在著分化、交錯的情形。這裏，除1980～90年代的「新民謠」溢出本文論閾外，上述種種與歌謠相關的詩學活動，可被視爲新詩在自我建構過程中求「新」、趨「變」的舉措——在這一過程中，歌謠所獲得的認同和遭遇的困境同樣是富於啓示意義的。

一、歌謠徵集運動及其取向

　　在五四新文化運動時期，各種民間文化和文藝資源構成了新文學革命的動力之一。比如，胡適認定：「一切新文學來源都在民間，民間的小兒女、村夫農婦、痴男怨女、歌童舞妓、說書的，都是文學上的新形式與新風格的創

〔註 1〕　最近的討論可參見賀仲明《論民歌與新詩發展的複雜關係》（《中國現代文學研究叢刊》2008年第4期），該文的基本視點是新文學與「農民文學」、「民間文學傳統」的關係。

造者」〔註2〕，故他的發難之作《文學改良芻議》提到的「八事」中，就有「不
避俗字俗語」一條。正如魯迅所描述的：「舊文學衰頹時，因爲攝取民間文學
或外國文學而起一個新的轉變，這例子是常見於文學史上的。」〔註3〕魯迅本
人也十分看重民間文化和文藝的作用，在教育部任職時他曾提議：「當立國民
文術研究會，以理各地歌謠，俚諺，傳說，童話等；詳其意誼，辨其特性，
又發揮而光大之，並輔翼教育。」〔註4〕不過，他的倡議得到眞正響應，還是
在五四新文化運動期間。這一時期，有組織、成規模並產生廣泛影響地整理
歌謠的，是劉半農、周作人等發起的歌謠徵集運動。〔註5〕

　　1918 年 2 月，北京大學設立歌謠徵集處，由沈尹默等四人「分任其事：
沈尹默主任一切，劉復擔任來稿之初次審訂，錢玄同、沈兼士考訂方言」；該
徵集處發布的《北京大學徵集全國近世歌謠簡章》，對徵集歌謠的方法、資格、
要求等進行了詳細說明，要求「歌辭文俗一仍其眞，不可加以潤釋，俗字俗
語亦不可改爲官話」〔註6〕。不久，周作人加入歌謠徵集處，與劉復（半農）
一起「擔任撰譯關於歌謠之論文及記載」。1920 年冬，歌謠徵集處改爲歌謠研
究會，並於 1922 年底開始出版《歌謠》（周刊）〔註7〕。

　　這場歌謠徵集運動從發起之時起就明確了兩方面的目的：一是對民間歌
謠進行系統整理和學術研究，一是爲新文學尤其是新詩提供某種滋養。對於
後者，當時一些詩人、學者多有表述。郭沫若聲稱：「抒情詩中的妙品最是俗
歌民謠」〔註8〕。雖然他的語氣不免誇張，卻也代表相當一部分人的觀點。俞

〔註 2〕 胡適《白話文學史》（上），新月書店，1928 年版。胡適的觀點其時爲不少人
　　　　所認同，如胡懷琛在其《中國民歌研究》（商務印書館，1925 年）中開頭就説：
　　　　「一切詩皆發源於民歌」。

〔註 3〕 魯迅《門外文談》，見《魯迅全集》第 6 卷，人民文學出版社，1981 年版，第
　　　　95 頁。

〔註 4〕 《擬播布美術意見書》，載 1913 年 2 月《編纂處月刊》第 1 卷第 1 期。

〔註 5〕 對民間歌謠的徵集（採集）與整理，是現代文化、學術和文藝等活動中一項
　　　　重要內容，不同時期出現了規模不等、目的各異的歌謠徵集（採集）活動。
　　　　這裏格外值得一提的是：1938 年，西南聯大學生劉兆吉在參加學校旅行團從
　　　　長沙到昆明的遷徙途中（爲期近三個月），獨自搜集了二千多首歌謠，後整理
　　　　其中數百首於 1946 年由商務印書館出版。

〔註 6〕 《北京大學徵集全國近世歌謠簡章》（1918 年 2 月 1 日）。

〔註 7〕 該刊出至 1925 年 6 月停刊，共出 97 期，增刊 1 期；曾於 1936 年由胡適等主
　　　　持短暫復刊。

〔註 8〕 郭沫若《致宗白華》（1920 年 2 月 16 日），見《三葉集》，亞東圖書館，1920
　　　　年版，第 45 頁。

平伯應和說：「其實歌謠——如農歌，兒歌，民間底艷歌，及雜樣的謠諺——便是原始的詩，未曾經『化裝遊戲』（Sublimation）的詩」，「若按文學底質素看，並找不著詩和歌謠有什麼區別，不同的只在形貌，真真只在形貌啊」〔註9〕。這也正是胡適感到頗爲遺憾的原因：「做詩的人似乎還不曾曉得俗歌裏有許多可以供我們取法的風格與方法」，「至今還沒有人用文學的眼光來選擇一番，使那些真有文學意味的『風詩』特別顯出來，供大家的賞玩，供詩人的吟詠取材」〔註10〕。

周作人在爲《歌謠》周刊擬訂的《發刊詞》中，引用意大利學者衛太爾《北京歌唱》序言裏的「根據在這些歌謠之上，根據在人民的真情感之上，一種新的『民族的詩』也許能產生出來」，指出搜集歌謠的目的之一是「不僅是在表彰現在隱藏著的光輝，還在引起當來的民族的詩的發展」〔註11〕。此前，周作人就已經意識到：「新詩的節調，有許多地方可以參考古詩樂府與詞曲，而俗歌——民歌與兒歌——是現在還有生命的東西，他的調子更可以拿來利用」〔註12〕；在上述認識的基礎上，他進一步提出：「民歌與新詩的關係，或者有人懷疑，其實是很自然的，因爲民歌的最強烈最有價值的特色是他的真摯與誠信，這是藝術品的共通的精魂，於文藝趣味的養成極是有益的。吉特生說，『民歌……有那一種感人的力，不但適合於同階級，並且能感及較高文化的社會。』這個力便是最足供新詩的汲取的」〔註13〕。對於周作人等人看待歌謠的觀點，當時就有人稱之爲「文藝派」：「他們見歌謠音節，顏色，神情，配合的美和別的好詩一樣，以研究詩的態度，研究歌謠」〔註14〕。不管怎樣，他們的觀點在當時還是得到了較爲普遍的認同的：「我們固不必把新詩建築於民歌或童謠的基礎上，但加以研究觀摩，我更相信對於新詩的前途至少也有幾分利益和幫助」〔註15〕。

由於剛剛誕生的新詩是一種變動不居的文體，其合法性尚受到質疑，因

〔註9〕俞平伯《詩底進化的還原論》，載1922年1月《詩》第1卷第1號。

〔註10〕胡適《北京的平民文學》，載1922年10月1日《努力周報》增刊《讀書雜志》第2期。

〔註11〕《發刊詞》，載1922年12月17日《歌謠》第1號。

〔註12〕周作人《兒歌》「附記」，載1920年10月26日《晨報》。

〔註13〕仲密（周作人）《自己的園地（十一）·歌謠》，載1922年4月13日《晨報副鐫》。

〔註14〕衛景周《歌謠在詩中的位置》，載1923年12月17日《歌謠週年紀念增刊》。

〔註15〕青柳《讀〈各省童謠集〉第一冊》，載1923年5月27日《歌謠》第20號。

此，對歌謠的文學價值的發掘和對新詩取法歌謠之可能性的探求，一直是這批新詩人極為看重的。以至《歌謠》於 1936 年復刊時，胡適仍這樣說：「我以為歌謠的收集與保存，最大的目的是要替中國文學擴大範圍，增添範本。我當然不看輕歌謠在民俗學和方言研究上的重要，但我總覺得這個文學的用途是最大的，最根本的。……我們深信，民間歌唱的最優美的作品往往有很靈巧的技術，很美麗的音節，很流利漂亮的語言，可以供今日新詩人的學習師法」；「我們現在做這種整理流傳歌謠的事業，為的是要給中國新文學開闢一塊新的園地。這園地裏，地面上到處是玲瓏圓潤的小寶石，地底下還蘊藏著無窮盡的寶礦。聰明的園丁可以徘徊賞玩；勤苦的園丁可以掘下去，越掘的深時，他的發現越多，他的報酬也越大。」〔註 16〕至於新詩如何借鑒民間歌謠，除了周作人提出的「節調」（「調子」）之說外，詩人們還在其他方面進行了深入討論。譬如，何植三不大同意新詩過分倚重歌謠的「韻」：「現在做新詩的人，不能因為歌謠有韻而主有韻，新詩正應不必計較有韻與否；且要是以韻的方面，而為做新詩的根據，恐是捨本逐末，緣木求魚罷」，他認為「歌謠所給新詩人的：是情緒的迫切，描寫的深刻」〔註 17〕。所有這些都表明，以《歌謠》為核心陣地的徵集歌謠運動及相關探討，並沒有流於浮泛，而是頗具學理的深度和實踐的意義。

當然，早期新詩人之所以重視歌謠，其取向是複雜的。雖說新詩人們普遍認同的是後來研究者所總結的一點：「民間謠曲從本源上說是一種『口裏活著』的文學，語言上是口語化的，內容上不大受正統道德規範和文人價值規範的約束，因而能給『白話詩』注入清新活潑的意趣和口語化、現實化的品格」〔註 18〕，但這種語言、風格的潛力還只是他們關注的一個方面，從另一方面來說他們或許更注重歌謠的「民間」特性，進而言之即是一種民眾性、平民性。比如，當時孫俍工就如此評價歌謠徵集運動：「這種運動的成績很有客觀……可以算是民眾文學勃興的福音，將來的成功不可限量」〔註 19〕。孫俍工做出的「民眾文學」的判定可謂頗具代表性，應和著當時調子不低的「詩是平民的」（如周作人、俞平伯等）的呼聲。1922 年 12 月 31 日出刊的《歌

〔註 16〕胡適《復刊詞》，載 1936 年 4 月 4 日《歌謠》第 2 卷第 1 期。
〔註 17〕何植三《歌謠與新詩》，載 1923 年 12 月 17 日《歌謠週年紀念增刊》。
〔註 18〕王光明《現代漢詩的百年演變》，河北人民出版社，2003 年版，第 84 頁。
〔註 19〕俍工（孫俍工）《最近的中國詩歌》，見《星海》（上），商務印書館，1924 年版。

謠》第三號連載了常惠《我們爲什麼要研究歌謠》一文，開篇就說：「現在文學的趨勢受了民間化了」，「歌謠是民俗學中的主要分子，就是平民文學的極好材料。我們現在研究他和提倡他，可是我們一定也知道那貴族的文學從此不攻而破了」〔註20〕，在這一表述的背後實則隱含著詩歌之平民與貴族的觀念分野。

　　一直到 1940 年代，鍾敬文在認定歌謠與詩的緊密聯繫（「歌謠不但是詩的母體，而且永遠是它的乳娘」）時，仍然格外強調前者的「民間」性質：「我們詩歌史上，許多重要體式的來源，大都可以或必需追溯到民間的製作那裏去。歌謠差不多是我們一切詩歌體式的發源地。在另一方面，民間韻語對於一般詩人作品在詞語等方面的影響也是很深重的」，「現在，我們一部分先進的詩人和理論家正在想竭力造成一種眞正的民族風格的詩篇。爲要達到這種目的，深入地學習民間製作的表現法，甚至於攝取它的某些情趣或題材，是很必要的」；儘管鍾敬文十分留意歌謠的藝術風格和形式特點（「在歌謠形式上那些優美的特徵中，尤其值得我們注意的，是音節上的諧美……這一點，是值得今天的新詩人們特別注意的」），但他顯然更看重歌謠背後的「民眾」的生活狀態和精神蘊涵：「歌謠是一種野生的詩。它是一種發散著特殊的光彩和芬芳的藝術」，「民眾的一般詩作，跟他們的生活形式和精神態度相照應，跟他們的詩學傳統和傳遞過程相關聯，那形式上的主要特徵，是質樸，是明快，是簡練。它沒有奢侈的裝飾，沒有故意的朦朧，沒有那種厭人的拖泥帶水，或可笑的忸忸怩怩」〔註21〕。

　　這實際上暗示著新詩人們在取法歌謠進行創作時的兩種不同向度：或偏重於語言形式的借鏡，或偏重於民間精神內涵的探掘與汲取。不過，在後來種種取法歌謠的實踐過程中，對民間藝術形式的挪用或對民間精神內涵的詮釋和發揮，均不同程度地出現了變異或轉移。

二、音韻的調試與別樣風格

　　在五四時期，積極投身於詩歌歌謠化實踐或其詩歌有明顯歌謠化傾向的詩人，有周作人、劉半農、俞平伯（代表作《吳聲戀歌十解》）、劉大白（代

〔註20〕常惠《我們爲什麼要研究歌謠》，載 1922 年 12 月 31 日《歌謠》第 3 號。
〔註21〕鍾敬文《詩和歌謠》，引自鍾敬文《蘭窗詩論集》，北京師範大學出版社，1993年版，第 126 頁及以下。

表作《賣布謠》）、沈玄廬（代表作《十五娘》）等，其中以劉半農用心用力為最。

　　周作人向來重視兒歌的搜集、整理和製作，他的《兒歌》一詩便有著鮮明的兒歌特徵：「小孩兒，你為什麼哭？／你要泥人兒麼？／你要布老虎麼？／也不要泥人兒，／也不要布老虎。／對面楊柳樹上的三隻黑老鴰，／哇兒哇兒的飛去了。」其童稚的語氣、簡單的語詞、反覆的句式，活脫脫地的一首「兒歌」。他為劉半農《瓦釜集》所作的序歌，就是一首地道的「用紹興方言」寫成的歌謠：「半農哥呀半農哥，倷眞唱得好山歌，一唱唱得十來首，倷格本事直頭大」，雖有戲擬的意味，卻也顯示了他們這群人對歌謠入詩的極大興致。

　　劉半農的《瓦釜集》的確是當時新詩中的大膽之作。作為五四時期歌謠徵集運動的主要推動者之一，劉半農對歌謠的價值有系統的認識：「研究歌謠，本有種種不同的趣旨：如顧頡剛先生研究《孟姜女》，是一類；魏建功先生研究吳歌聲韻類，又是一類；此外，研究散語與韻語中的音節的異同，可以別歸一類；研究各地俗曲音調及其色彩之變遞，又可以另歸一類；……如此等等，舉不勝舉，只要研究的人自己去找題目就是。」在此基礎上，他明確提出：「我自己的注意點，可始終是偏重在文藝的欣賞方面的。」〔註22〕他還十分形象地描述歌謠的特殊意義：「我以為若然文藝可以比作花的香，那麼民歌的文藝，就可以比作野花的香。要是有時候，我們被纖麗的芝蘭的香味熏得有些膩了，或者尤其不幸，被戴春林的香粉香，或者是 Coty 公司的香水香，熏得頭痛得可以，那麼，且讓我們走到野外去，吸一點永遠清新的野花香來醒醒神罷。」〔註23〕這也正是劉半農勉力搜集其家鄉江陰的民歌和創作《瓦釜集》的動機。

　　《瓦釜集》包括兩個部分：前半部分是 22 首劉半農自己創作的歌謠，分為「情歌」、「農歌」、「悲歌」、「漁歌」、「船歌」、「牧歌」、「滑稽歌」等多種類型，每首之後有對歌中方言字句的詳細解釋；後半部分是 19 首「手攀楊柳望情哥詞」，乃劉半農自認為所搜集民歌中「最有趣味的」，多為青年男女間表達「私情」的情歌。整部詩集從語彙到句式都散發著樸質的鄉野之氣，特別是劉半農「用江陰方言」創作的那些歌謠，近於原汁原味。《瓦釜集》出版

〔註22〕劉半農《國外民歌譯・自序》，北新書局，1927 年版。
〔註23〕劉半農《瓦釜集》，北新書局，1926 年版，第 89 頁。

後，雖然劉半農做好了「正對著一陣笑聲，罵聲，唾聲的雨」〔註24〕的準備，
但其實獲得了相當積極和肯定的反應。其中有一位署名「渠門」的讀者寫信
給予了極高的評價：「你是在中國文學上用方言俚調作詩歌的第一人，同時也
是第一個成功者」，「你在江陰方言與『四句頭山歌調』兩重限制之下，而能
很自如的寫一些使人心動的情歌，使人苦笑的滑稽歌，使人不忍卒讀的女工
歌，使人瀟然神往的車夜水歌，你的頗大的文藝天才，使我不得不承認是一
個『詩人』」〔註25〕。

　　與《瓦釜集》同年面世的《揚鞭集》中，也收錄了劉半農自己創作的十
多首山歌和「擬兒歌」。此外，該詩集中還有不少詩作潛在地受到了歌謠的
影響，如被趙元任譜曲的《教我如何不想她》，其情調、韻味無不浸潤著歌
謠的薰染；而《一個小農家的暮》展現的具有濃郁、純樸鄉村氣息的景象，
簡直就是一曲舒緩寧靜的牧歌：「她在竈下煮飯，／新砍的山柴／必必剝剝
的響。／竈門裏嫣紅的火光，／閃著她嫣紅的臉，／閃紅了她青布的衣裳。
／／他銜著個十年的烟斗，／慢慢地從田裏回來；／屋角裏掛去了鋤頭，／便
坐在稻床上，／調弄著只親人的狗。」這給稚嫩的新詩壇帶來了一股清新
之氣。

　　《揚鞭集》出版後也廣受贊譽，趙景深、李薦儂等寫專文評介。以至
1930 年代沈從文總結說：「劉復在詩歌上試驗，有另外的成就……他有長
處，爲中國十年來新文學作了一個最好的試驗，是他用江陰方言，寫那種方
言山歌，用並不普遍的文字，並不普遍的組織，唱那爲一切成人所能領會的
山歌，他的成就是空前的……用微見憂鬱卻仍然極其健康的調子，唱出他的
愛憎，混合原始民族的單純與近代人的狡猾，按歌謠平靜從容的節拍，歌熱
情鬱怫的心緒，劉半農寫的山歌，比他的其餘詩歌美麗多了」〔註26〕。藉此
沈從文還舉出他本人搜集的湘西民間歌謠的例子，認爲：「關於疊字與複韻巧
妙的措置，關於眩目的觀察與節制的描寫，這類山歌，技術方面完成的高
點，並不在其他古詩以下。對於新詩有所寫作，欲從一切形式中去試驗，發
現，完成，使詩可以達到一個理想的標準，這類歌謠可取法處，或較之詞曲
爲多的」〔註27〕。這也促使沈從文沿著劉半農等人的路子，自覺地將民間歌

〔註24〕劉半農《瓦釜集・代自序》，第4頁。
〔註25〕渠門《讀瓦釜集以後捧半農先生》，載《北新》1926年第1卷第9期。
〔註26〕沈從文《論劉半農〈揚鞭集〉》，載1931年2月《文藝月刊》第2卷第2號。
〔註27〕沈從文《論劉半農〈揚鞭集〉》，載1931年2月《文藝月刊》第2卷第2號。

謠引入新詩，成為 1930 年代新詩取法歌謠的有力踐行者。

　　沈從文從 1920 年代中期開始，有計劃地對其故鄉湘西的民間歌謠進行收集和整理，寄居北京的他多次委託表弟代為搜集、抄錄家鄉鎮箪（即鳳凰縣城）的山歌，並整理後以《箪人謠曲》、《箪人謠曲選》為題，先後連載於《晨報副刊》。這些歌謠發表時，沈從文不僅寫了「前文」，詳細介紹其對歌謠發生興趣及搜集歌謠的過程，而且為每首歌謠配置了長短不一的說明文字。在沈從文看來，這些歌謠「類乎芹茱蘿葡的不值錢的土儀」和「肥壯的」、「大紅薯」〔註 28〕，包含了豐富的地方風俗和鄉民天然質樸的情感。除搜集、整理民間歌謠外，沈從文甚至設想，「在一兩年內能得到一點錢，轉身去看看，把我們那地方比歌謠要有趣味的十月間還儺原時酬神的喜劇介紹到外面來。此外還有苗子有趣的習俗，和有價值的苗人的故事。我並且也應把苗話全都學會，好用音譯與直譯的方法，把苗歌介紹一點給世人」〔註 29〕。

　　基於大量的歌謠搜集，沈從文認為：「在讚美裸著樣自然的一切時，用樸質的謠曲較之更文雅一點的詩歌是尤其適當」〔註 30〕。這樣，對湘西民間歌謠滿懷熱情的搜集與整理，極大地影響了沈從文的詩歌創作，這種影響主要體現在兩個方面：其一，湘西民間歌謠中濃郁的苗族風土人情，成為沈從文詩歌的題材、主題乃至情調的重要來源；其二，沈從文因受民間歌謠的耳濡目染，其詩作常常借用或轉化歌謠的某些表達方式，從而形成了一種清新、別致的風格和筆法。

　　可以看到，沈從文在整理、發表《箪人謠曲》、《箪人謠曲選》期間所寫的詩，受民間歌謠的影響最為明顯。其中，《鄉間的夏》這一「與詩約略相似（一律用中國字，一樣的用了點韻）的東西」，被沈從文命名為「鎮箪土話」，和《鎮箪的歌》這首詩一道，確乎是以方言對鄉村景象和對白的直錄，其間還夾雜著鎮箪山歌；《春》採用了類於山歌的男女對唱的形式，有些段落即是原汁原味的山歌；《還願》係「擬楚辭之一」，《伐檀章今譯》是用鎮箪「土音」

〔註 28〕沈從文《箪人謠曲・前文》，見《沈從文全集》第 15 卷，北嶽文藝出版社，2002 年 12 月版，第 19～20 頁。
〔註 29〕沈從文《箪人謠曲・前文》，見《沈從文全集》第 15 卷，北嶽文藝出版社，2002 年 12 月版，第 20 頁。
〔註 30〕沈從文《箪人謠曲・前文》，見《沈從文全集》第 15 卷，北嶽文藝出版社，2002 年 12 月版，第 17 頁。

對《詩經・伐檀》的「試譯」，《黃昏》照搬了苗族男女在黃昏「分手時節對唱的歌」——這些，都是沈從文有意對歌謠的模仿或改寫之作，詩中有不少是對苗人生活風習和場景的原生態的描繪。

　　與上述有意識的仿寫或改寫相應，沈從文這一時期詩中的鄉村題材十分突出。沈從文一向自稱「鄉下人」，早年的鄉村生活不僅是他小說素材的「倉庫」，也成爲他詩之思的不竭源泉。例如，《薄暮》以活潑的筆調、富於情趣的畫面，寫月下的鄉野：「一塊綢子，灰灰的天！／貼了小的『亮圓』；——／白紙樣剪成的『亮圓』！／我們據了土堆，／頭上草蟲亂飛」；《月光下》也是對月下鄉村風景的生動刻畫：「月兒穿上雲的衣裳我便不動了，／大家歇歇你不跑時我也不跑：／我同蚱蜢願自來靜靜的接禾上露水，／老頭兒鷺鷥卻一翅飛去眞是見神見鬼」，詩中的「接禾上露水」、「老頭兒鷺鷥」、「見神見鬼」等說法給人奇異之感，押韻的長句式和戲謔的語氣無疑沾染了歌謠的味道。而從詩的形式來說，沈從文的詩歌也留有民間歌謠的痕迹。湘西民間歌謠不管是「單歌」還是「對唱歌」，對話的特徵都十分明顯，這一點似可用來解釋沈從文詩歌中對話（傾訴）語氣、對話形式或對話段落大量出現的原因。還有湘西的許多方言詞彙，如「亮圓」、「不有」、「橫順」、「當到」、「希奇」等，以及一些口語化表達的羼入，則爲沈從文的詩歌平添了一絲拙樸的情趣。

　　值得一提的是，縱觀新詩在前二十年的創作歷程可以發現，因重視民間歌謠而興起的「方言」入詩，幾乎形成了新詩的一個小小的傳統。不僅上述看重歌謠的詩人致力於此，而且一些文人化色彩較濃的詩人也多有嘗試，如新月派詩人中徐志摩的硤石方言詩系列、蹇先艾早期帶著濃重貴州方言的詩作、聞一多的夾雜鄂東方言的部分詩作，在當時從一個側面補充了新月派詩人關於新詩格律（特別是語調）的討論和實踐，並開啓了其後諸如卞之琳的「戲擬」（parody）等技法。當然，對於中國新詩而言，並不存在能夠成爲普遍法則的「方言」寫作（實則直接用方言寫作的局限很大），「方言」更多地是作爲一種實現變化（縮減、削弱或重組）的方式被徵用，潛在地形成了詩歌風格、音調的一道底色。很多時候，「方言」是在隱喻的意義上受到詩人們的青睞的，因爲它首先意味著顚覆——對於以雅言爲根底的詩學體系的顚覆。

三、從大眾化到民歌體

如果說從劉半農到沈從文的取法於歌謠的詩歌創作，體現的是新詩中偏重於以歌謠豐富語言形式的一種努力〔註31〕，那麼 1930 年代之後，還有另一種對待歌謠的態度和方式，表現出了強勁的態勢。隨著歷史情勢的變化，後者的影響逐漸擴大，直至 1940 年代中後期，一種新的詩歌體式——民歌體——得以最終確立，並在其後一個時期裏占據了新詩詩體的主流。

成立於 1932 年、前後活動時間不到五年的中國詩歌會〔註32〕，無疑是 1930 年代在推行詩歌歌謠化方面最不遺餘力、且產生了廣泛影響的群體。該會成立後次年創辦的會刊《新詩歌》，在創刊號的《發刊詩》（穆木天執筆）中如此倡議：「我們要用俗言俚語，／把這種矛盾寫成民謠小調鼓詞兒歌，／我們要使我們的詩歌成為大眾歌詞，／我們自己也成為大眾的一個。」可以說這一倡議既是他們創作詩歌的標準，又是他們共同努力的方向。對於這些積極投身於革命的詩人來說，以歌謠充實甚至取代詩歌的願望是那麼迫切：「時代的不住的變化，使我們感到詩歌之歌謠化是一天比一天必要了」，「歌謠的創作，總是我們的努力之主要的方向之一」〔註33〕。

中國詩歌會詩人們創作的主要目標和動力在於詩歌的「大眾化」，包括詩歌內容和形式的「大眾化」。他們將形式的「大眾化」理解為對民間歌謠和舊

〔註31〕 這方面的突出例子還可舉出朱湘，他的《採蓮曲》、《搖籃歌》等留有歌謠的印迹。而在當代，或許僅有昌耀（曾編選青海民歌集《花兒與少年》）、海子（鍾情於西班牙詩人洛爾加的謠曲）等少數詩人沿此路向汲取歌謠，如昌耀的《邊城》（1957）：「邊城。夜從城樓跳將下來／蹦蹦原野。／／——拜噶法，拜噶法，／你手帕上繡著什麼花？／／（小哥哥，我繡著鴛鴦蝴蝶花。）／／——拜噶法，拜噶法，／別忙躲進屋，我有一件／美極的披風！／／我從城垛跳將下來。／跳將下來跳將下來蹦蹦原野。」；海子的《亞洲銅》（1984）：「亞洲銅，亞洲銅／祖父死在這裏，父親死在這裏，我也將死在這裏／你是唯一的一塊埋人的地方／／亞洲銅，亞洲銅／愛懷疑和愛飛翔的是鳥，淹沒一切的是海水／你的主人卻是青草，住在自己細小的腰上，守住野花的手掌和秘密」。

〔註32〕 關於中國詩歌會解散的時間，一說是 1936 年（「1936 年……春天，中國左翼作家聯盟解散，中國詩歌會也隨之解散」，見范泉主編《中國現代文學社團流派辭典》，上海書店，1993 年版，第 85 頁），一說是 1937 年（「一九三六年春，中國左翼作家聯盟解散後，中國詩歌會並未宣告解散。……一九三七年四、五月間，經過籌備的中國詩人協會終於在上海正式成立了……中國詩人協會的成立，即宣告了中國詩歌會的解散」，見賈植芳主編《中國現代文學社團流派》下卷，江蘇教育出版社，1989 年版，第 832～833 頁）。

〔註33〕 穆木天《關於歌謠之製作》，載 1934 年 6 月《新詩歌》第 2 卷第 1 期。

形式的利用：「事實上舊形式的詩歌在支配著大眾，爲著教養、訓導大眾，我們有利用時調歌曲的必要……所以，不妨是：『泗洲調』、『五更歡』、『孟姜女尋夫』……」，他們認爲：「採用歌謠的形式——歌謠在大眾方面的勢力，和時調歌曲一樣厲害，所以我們也可以採用這些形式」〔註34〕。1934 年 6 月，《新詩歌》還推出了一期「歌謠」專號，提出「借著普遍的歌謠、時調諸類形態，接受他們普及、通俗、朗讀、諷誦的長處，引渡到未來的詩歌」〔註35〕的構想，由此更明確和強化了中國詩歌會詩人們「新詩歌謠化」的意願。不僅如此，他們還從理論上探討詩歌歌謠化的原理與方法，其中最爲系統的是王亞平的長文《中國民間歌謠與新詩》，該文從「民間歌謠是新詩的搖籃」、「歌謠的音節美」、「民間歌謠的創作形式」、「中國歌謠與西洋歌謠之特色」、「中國新詩與歌謠的合流」五個方面〔註36〕，全面闡述了作者對民間歌謠與新詩之關係的看法，頗具代表性。

中國詩歌會的主要成員均積極投身於歌謠化詩歌的創作，產出了大量歌謠體或歌謠化特徵十分明顯的作品，如蒲風的《牧童的歌》、《搖籃歌》、《行不得呀哥哥》，穆木天的《外國士兵之墓》，任鈞的《婦女進行曲》、《祖國，我要永遠爲你歌唱》，楊騷的《雞不啼》，王亞平的《兩歌女》、《車夫曲》，石靈的《現代民歌》、《新譜小放牛》，溫流的《打磚歌》、《搭棚工人歌》，柳倩的《舟子謠》、《救亡歌》，林木瓜的《新蓮花》，葉流的《國難五更調》，宋寒衣的《南洋謠》等。其中《現代民歌》、《新譜小放牛》、《新蓮花》、《國難五更調》、《南洋謠》是典型的舊曲「新譜」或新唱。即便是一些沒有採用歌謠之調的詩作，也因其整飭的句式、鏗鏘的節奏和通俗的語言而顯出歌謠化傾向：「青紗帳，／新的青紗帳！／咱們鋼的城牆！／守住咱們的田地，／守住咱們的家鄉；／咱們要用血，用肉，／讓它長得堅固，久長」（溫流《青紗帳》）。

不過，雖然穆木天曾希望「詩歌之歌謠化是要去採用活的歌謠形式」〔註37〕，但其實中國詩歌會詩人的很多作品，在總體上對歌謠的套用較爲隨

〔註34〕同人等《關於寫作新詩歌的一點意見》，載 1933 年 2 月《新詩歌》（旬刊）第 1 卷第 1 期。
〔註35〕《我們底話》，載 1934 年 6 月《新詩歌》第 2 卷第 1 期。
〔註36〕王亞平《中國民間歌謠與新詩》，收入王亞平等《新詩源》，中華正氣出版社，1943 年 2 月。
〔註37〕穆木天《關於歌謠之製作》，載 1934 年 6 月《新詩歌》第 2 卷第 1 期。

意和表面，未能考量歌謠與主題的恰適與否，因而難免趨於簡單化乃至公式化。誠如朱自清後來總結的：「歌謠以重疊爲生命，腳韻只是重疊的一種方式。從史的發展上看，歌謠原只要重疊，這重疊並不一定是腳韻；那就是說，歌謠並不一定要用韻。韻大概是後起的，是重疊的簡化。現在的歌謠有又用韻又用別種重疊的，更可見出重疊的重要來。重疊爲了強調，也爲了記憶」〔註 38〕。然而，由於過分倚重歌謠的這些特點，中國詩歌會的歌謠化作品在形式上顯得有些單調：無節制的複沓、鋪排，直抒胸臆的宣洩和高亢的「歌唱」姿勢（有不少作品的標題即帶有「歌唱」字眼），由此某些看似有力的表達往往流於空泛，缺乏眞正的震撼力。

另一方面，中國詩歌會詩人企求借歌謠來推動某種「新詩歌」產生的意願，極大地受制於其詩歌的內容和主題。他們爲自己「新詩歌」的內容規定了「三種要件：（一）理解現制度下各階級的人生，著重大眾生活的描寫；（二）有刺激的，能夠推動大眾的；（三）有積極性的，表現鬥爭或組織群眾的」〔註 39〕。這些規定，在他們的相當部分作品中得到了實行。他們以歌謠著力表現底層民眾深重苦難或展示革命鬥爭宏大場面的做法，似乎正合了同一時期胡適在《〈歌謠周刊〉復刊詞》中所期待的：「現在高喊『大眾語』的新詩人若想做出這樣有力的革命歌，必須投在民眾歌謠的學堂裏，細心靜氣的研究民歌作者怎樣用漂亮樸素的語言來發表他們的革命情緒」；胡適還特地提到一首明代末期的革命歌謠，說「眞不能不誠心佩服三百年前的『普羅文學』的技術的高明」〔註 40〕。不過，中國詩歌會詩人大多只是視歌謠爲工具，缺乏對字句的錘鍊，其作品中歌謠形式可能帶來的語感意味，往往被強大的革命鬥爭主題所淹沒，因此難掩直白、粗疏之弊。

作爲當時左翼文學運動的一部分，中國詩歌會所推行的「新詩歌謠化」及其創作的頗具時效性的作品產生了很大的反響，並助長了詩歌大眾化、通俗化趨勢的蔓延。中國詩歌會解散後，部分成員以《高射炮》（王亞平等編輯）、《時調》（穆木天等編輯）、《中國詩壇》（蒲風等主編）等刊物爲陣地，繼續倡導歌謠化創作。譬如《高射炮》創刊號（1937 年 8 月）的編者後記裏

〔註38〕 朱自清《歌謠裏的重疊》，載 1948 年 1 月 2 日《華北日報・俗文學》周刊第 27 期。

〔註39〕 同人等《關於寫作新詩歌的一點意見》，載 1933 年 2 月《新詩歌》（旬刊）第 1 卷第 1 期。

〔註40〕 胡適《復刊詞》，載 1936 年 4 月 4 日《歌謠》第 2 卷第 1 期。

說：「本刊打算運用鼓詞、小調、唱本、民謠種種形式，寫出抗戰歷程中新聞式的詩歌，貢獻給鑒賞力較低的大眾」。抗戰爆發之初，創刊於上海的《救亡日報》從第 5 期起，闢出版塊刊載套用「唱春調」、「五更調」、「孟姜女調」、「鳳陽歌」等曲調，填進有關抗戰內容的作品，穆木天、王亞平、辛勞、包天笑等參與了製作，各地以民謠、山歌、兒歌調子創作反映抗戰的歌謠蔚然成風。1938 年 3 月，全國文協發出「文章下鄉，文章入伍」號召後，一股以通俗易懂、服務抗戰爲目的，用民歌和鼓詞、唱本、快板等進行創作的浪潮驀然高漲了起來，甚至出現了像柯仲平的《邊區自衛軍》、《平漢鐵路工人破壞大隊的產生》和老舍用鼓詞寫成的《劍北篇》之類的長篇巨製。

　　此際的借鑒民歌和鼓詞、唱本等舊形式帶有很強的即時性，其重心在於宣傳抗戰、鼓舞士氣。這種「舊瓶裝新酒」之舉，在 1940 年代的「民族形式」討論中受到了稱讚：「將以大眾爲主體的抗戰建國新內容與民間文藝的舊形式相結合，通過批判的運用道程而引出的，不是內容的被歪曲被桎梏，而是形式的被揚棄被改造」〔註41〕，並一直延續到 1940 年代解放區的詩歌創作之中。〔註 42〕由於政策的引導以及各級政權的大力動員，解放區「用群眾運動的方式，開展了工農兵群眾性的新歌謠的創作運動。所謂『新歌謠』就是在民間傳統歌謠形式中注入革命的內容，以達到宣傳、教育、普及革命思想的目的。歌頌革命、革命政黨、政權、領袖與軍隊，就成爲新歌謠的基本主題」〔註 43〕。這些，與中國詩歌會及其後種種對待歌謠的態度和方式是一脈相承的。

　　這裏有必要提及對解放區詩歌發展不可或缺的兩個背景。一是一股新的搜集民歌風氣的興起：1939 年 3 月，延安魯迅藝術學院音樂系學生發起成立「民歌研究會」（後更名「中國民間音樂研究會」），其主要任務是民歌的採集、出版和研究；他們先是在延安周邊進行民歌採集活動，隨後採集範圍擴

〔註41〕 向林冰《論「民族形式」的中心源泉》，載 1940 年 3 月 24 日《大公報》（重慶）副刊《戰線》。

〔註42〕 對此有所跟進但略爲不同的是，在 1940 年代國統區，倍受關注的歌謠體諷刺詩集——袁水拍的《馬凡陀山歌》（1944），辛辣嘲諷了當時荒誕、腐敗的社會現實，其以歌謠反映和介入現實的路數與中國詩歌會的作品無異，但它的筆鋒犀利而不失詼諧（有別於後者高亢的控訴語氣），雖然難免有油滑之嫌。

〔註43〕 參閱錢理群等《中國現代文學三十年》（修訂本），北京大學出版社，1998 年版，第 454 頁。

大到河北、山西以及陝西各地，在數年間整理或出版了《綏遠民歌集》等民歌集近 20 種。〔註 44〕如此大規模的民歌採集活動，雖然其主旨在於保存民間音樂資料，但對推動解放區的歌謠化創作實在功不可沒。另一個是新秧歌劇的演出：由延安魯藝組織的秧歌隊多次深入各地進行演出，他們採用當地群眾所「喜聞樂見」的秧歌、花鼓、小車、旱船等形式，加入現實生活和革命鬥爭的內容，受到了普遍的熱烈歡迎並帶動了群眾的積極參與，於是「秧歌成了既爲工農兵群眾所欣賞而又爲他們所參加創造的眞正群眾的藝術行動」〔註 45〕。自茲之後，「走向民間」便成爲解放區文藝增強自身影響力、與時代主題結合的必然之途。

解放區的詩人們服膺如下倡導：「鮮明的大眾詩歌的旗幟，招展在華北迤邐的山坡和廣漠的平原……詩歌民族形式的創造，是今後敵後現實所給予我們詩歌工作者的任務。這就要求我們每個詩歌工作者，不去再彈老調，並且努力汲取與提煉大眾語言的精華，學習西洋某些優秀成分，採用民歌民謠某些優美的情調，而創造出素樸的、自然的、口語化的、非矯揉造作的民族的新風格」〔註 46〕。詩人們雖然也意識到了「學習西洋某些優秀成分」，但對他們來說，採用「大眾語言」、「民歌」「情調」無疑是更爲迫切的原則和方法。在「文藝爲工農兵服務」口號作爲方向性原則被提出後，詩歌的歌謠化更發展爲一股群體性浪潮。在這股浪潮的推動下，催生了一批民歌體新詩的果實，其中包括被茅盾譽爲「卓絕的創造」、「『民族形式』的史詩」〔註 47〕的《王貴與李香香》。

《王貴與李香香》甫一問世即得到交口稱讚。這首詩在《解放日報》連載後不久，時任中共中央宣傳部長的陸定一就在該報發表專文予以肯定，認爲它「用豐富的民間語彙來做詩，內容形式都好的」，是一次「新民主主義文藝運動對於封建的買辦的反動的文藝運動的勝利」，並以此呼籲「革命的文藝」「學會自己的民族形式」〔註 48〕。隨後，這首長詩的單行本被周而復收入其

〔註 44〕 參閱王培元《抗戰時期的延安魯藝》，廣西師範大學出版社，1999 年，第 142 ～146 頁。

〔註 45〕 周揚《表現新的群眾的時代——看了春節秧歌以後》，載 1944 年 3 月 21 日《解放日報》。

〔註 46〕 袁勃《詩歌的道路》，載 1941 年 7 月 7 日《新華日報》華北版《新華增刊》。

〔註 47〕 茅盾《再談「方言文學」》，載 1948 年 2 月《大眾文藝叢刊》第 1 輯。

〔註 48〕 陸定一《讀了一首詩》，載 1946 年 9 月 28 日《解放日報》。

主編的「北方文叢」，由香港海洋書屋出版，郭沫若和周而復分別為之寫了序言與後記。郭沫若在序言中稱他從這首長詩「看出了天足的美，看出了文學的大翻身」，是「由人民意識中發展出來的人民文藝」〔註49〕；周而復指出該詩「從第一行起，到最後一行，洋溢著豐富的群眾的感情，生動而有地方色彩，作者給我們描繪出一幅邊區土地革命時的農民鬥爭圖畫」，把它贊為「中國土壤裏生長出來的奇花，是人民詩篇的第一座里程碑」〔註50〕。鍾敬文在稍後的評論中也高度評價了這首長詩，他將該詩的意義概括為幾個方面：「它反映了中國歷史轉換期的偉大現實；它完成了我們多年來所期望的藝術和人民的深密結合；它創立了一種詩歌的新型範」〔註51〕。由此，人們期待已久的真正的民歌體新詩應運而生。

實際上，《王貴與李香香》取得成功的原因之一在於，它巧妙地將三種主題元素——愛情、復仇、革命鬥爭——糅合在一起，確切地說，就是將普通老百姓所「樂見」的愛情和復仇主題，恰如其分地融入到當時歷史情勢所需要的「革命」主題之中，前者的曲折通向了後者的勝利並藉此烘托後者的必然性。正如鍾敬文留意到的，這首長詩雖說是「道地的民謠」，但詩中「白軍」、「革命」、「同志」、「平等」、「赤衛軍」、「少先隊」、「自由結婚」等等新詞的運用，開闢了民謠的「新」境界〔註52〕。這也符合解放區一貫的對「新歌謠」創作的要求。

當然，這首長詩更值得關注的是它的體式，它通篇採用了流行於陝北民間歌謠中的「信天遊」，這種兩行一節的形式有效地將古老的比、興手法吸納到詩裏並有機地結合在一起，從而極大地增強了詩的感染力，同時其具有親和力的民歌體式擴大了受眾的範圍。儘管鍾敬文認為長於抒情的「信天遊」被用在長篇敘事詩裏存在單調的弱點（「在必要的地方，突破只以兩句為單位去安排語意和押韻的慣例，特別在整段敘事的地方要避免連用比興法」），但他仍然覺得這首長詩「在詞彙上、語句上，都是非常大眾化而又藝術化的」，

〔註49〕此序言亦載 1947 年 3 月 12 日《華商報》。

〔註50〕引自李小為編《李季作品評論集》，時代文藝出版社，1986 年版，第 10～12 頁。

〔註51〕鍾敬文《談〈王貴與李香香〉——從民謠角度的考察》，原載香港《海燕》1948 年 5 月號，引自《蘭窗詩論集》，北京師範大學出版社，1993 年版，第 233 頁。

〔註52〕鍾敬文《談〈王貴與李香香〉——從民謠角度的考察》，引自《蘭窗詩論集》，北京師範大學出版社，1993 年版，第 238 頁。

「各方面都跟自然的民謠那樣神形畢肖」；他尤其盛贊了詩的音節：「它不但比那些歐化新詩的音節更自然，也比那些傳統舊詩的音節更活潑。它沒有固定的平仄，沒有刻板的音步和抑揚，可是吟詠起來卻使人感到一種奇異的美妙。它是作者靈巧地應用了許多能構成悅耳的音響元素創造出來的。疊音、半諧音、句尾韻、句中韻以及那些相當合理的傳統腔調……這一切造成了這篇劃時期的長篇敘事詩的音樂效果」〔註53〕。這種形式上的圓熟克服了自1930年代中國詩歌會以來，眾多書寫「革命」主題的歌謠化詩歌生硬、粗糙的毛病，使全詩達到了「自然」、自如的狀態。

總之，《王貴與李香香》因其形式與內容的「完美」結合，而成為1940年代乃至整個新詩歷史上民歌體新詩的典範之作。它所產生的影響是廣泛的。比它晚幾年面世、也常被一併提及的長詩《漳河水》（阮章競，1949），雖然同樣嫻熟地調用了各種民間歌謠，並被認為「在藝術表現上……比之《王貴與李香香》單用信天遊形式，更自由靈活，富於變化」〔註54〕，但就詩內詩外的影響而言，尚不及《王貴與李香香》。

四、困境與難題

進入1950年代以後，文學創作的基本路向被解放區文學觀念所主導，詩歌也不例外，作為解放區文學特色之一的民歌體，自然被當作新詩發展的一個主要方向得到強力推進，其極端表現便是1958年的「新民歌運動」。這場運動肇始於1958年4月14日《人民日報》社論《大規模地收集全國民歌》，在強大的行政指令的支配下，一場全民參與、聲勢浩大的舊民歌搜集運動，很快演變成規模更大的「新民歌」創作運動，各地層出不窮、難以計數的民歌相繼集中出版，堪稱現代文化、文藝史上的奇觀。〔註55〕這場運動所展現的以民歌趨附現時意識形態的狀貌，顯然是1930年代中國詩歌會歌謠化創作、1940年代解放區「新歌謠」製作和民歌體新詩創作的延續，其中隱含著深刻的詩學及超乎詩學之外的癥結性難題，凸顯了新詩與民間歌謠之關係的

〔註53〕 鍾敬文《談〈王貴與李香香〉──從民謠角度的考察》，引自《蘭窗詩論集》，北京師範大學出版社，1993年版，第234、235、237頁。

〔註54〕 見錢理群等《中國現代文學三十年》（修訂本），北京大學出版社，1998年版，第456頁。

〔註55〕 在當時，關於「新民歌」的頌揚之聲此起彼伏，同樣難以計數；「新民歌運動」的第二年即有天鷹《一九五八年中國民歌運動》（上海文藝出版社）等進行全面闡述的論著出版。

內在困境。

　　眾所周知，「新民歌運動」背後的基本理念，來自毛澤東關於在「古典」和「民歌」基礎上發展新詩的提議。據說，毛澤東這一形成於延安時期的觀念，與時在延安參與文藝工作的蕭三密切相關。後者曾在《論詩歌的民族形式》一文中指責「中國的新詩直到現在還沒有『成形』」，「它只是歐化的，洋式的，這不能說是中國的新形式。它不是中國的民族形式」；他認爲「唱本，彈詞，大鼓詞……之類是民間習慣了的調子，是『老百姓所喜聞樂見的』，是大眾文學形式之一種，是民族形式的東西，是『成形』了的」；因此，他主張「發展詩歌的民族形式應根據兩個泉源：一是中國幾千年來文化里許多珍貴的遺產，《離騷》、詩、詞、歌、賦、唐詩、元曲……二是廣大民間所流行的民歌、山歌、歌謠、小調、彈詞、大鼓詞、戲曲……」〔註56〕可以說，蕭三的意見在很大程度上促動了 1950 年代新詩中「古典+民歌」模式的確立。在1950 年代三次關於新詩形式問題的討論中，尤其在 1958 年「新民歌運動」的熱潮中，雖然有郭沫若、何其芳等持「民歌體限制說」，但仍然無法阻擋民歌體得到強勢的推舉並最終獲得唯我獨尊的地位。

　　反觀從中國詩歌會到「新民歌運動」的承傳與演變歷程可以發現，自 1930年代起，新詩對歌謠的徵用因其現實意識的增強而一直試圖解決兩方面的問題：一是如何評估五四以來新詩的歷史成就進而確定新詩的未來發展方向，一是不斷調整民間歌謠（及滲透於其中的平民意識、現實意識）在新詩中的位置從而使之更具合法性。就前一問題而言，新詩的價值和前途在 1930 年代即受到質疑：與五四時期新詩在「舊－新」（或「傳統－現代」）框架中受到的質疑不同，1930 年代新詩受到的質疑主要來自大眾化詩學觀念，按照這種觀念，五四以來的新詩顯示出越來越脫離大眾的趨向，乃是因爲它存在著兩種弊端——過於歐化（洋化）和過重的知識分子氣（文人氣）〔註 57〕。在這種觀念的引導下，源於民間的、在內容和形式上經過改造（以更加貼近大眾）的歌謠，就成了消除上述兩種弊端並由此使新詩步入健康發展之途的「良方」。1930 年代及其後沿著大眾化這一路向推進的歷次新詩歌謠化舉動，均體

〔註56〕蕭三《論詩歌的民族形式》，載 1939 年 6 月 25 日《文藝突擊》新 1 卷第 2
　　　　期。
〔註57〕例如《中國詩歌會緣起》中說：「一般的人鬧著洋化，一般人又還只是沉醉在
　　　　風花雪月裏……把詩歌寫得與大眾十萬八千里，是不能適應這偉大的時代
　　　　的」。

現了鮮明的讓新詩走向民間、趨於平民化的意圖，及至「新民歌運動」，歌謠（「新民歌」）完全取代了其他體式而成為新詩中唯一的「正」體。這個轉換過程中無疑有許多值得檢討的議題。

不難看到，相較於 1920～30 年代劉半農、沈從文等偏重於從新詩內部形式發掘歌謠的意義，1930～40 年代中國詩歌會和李季等更願意從新詩的外部關係開掘歌謠的價值。不過，儘管上述詩人想像歌謠及其與新詩之聯繫的方式和取向不同，但其實他們都是以對歌謠的潛在功能的期許為前提的，他們對歌謠入新詩的缺陷的認識不充分均須予以省思。在此，朱自清關於歌謠及歌謠與新詩之聯繫的談論頗具代表性，有助於辨析新詩與歌謠發生關聯的可能性和限度。

對歌謠素有研究〔註 58〕的朱自清雖然承認：「新詩雖然不必取法於歌謠，卻也不妨取法於歌謠，山歌長於譬喻，並且巧於複沓，都可學」，「我們主張新詩不妨取法歌謠，為的是使它多帶我們本土的色彩；這似乎也可以說是利用民族形式，也可以說是在創作『一種新的「民族的詩」』」〔註 59〕；但同時他也指出，「從新詩的發展來看，新詩本身接受的歌謠的影響很少」，即便是作出《瓦釜集》的劉半農和作出《吳聲戀歌十解》的俞平伯，也「只是仿作歌謠，不是在作新詩」〔註 60〕。因此更多時候他表達的是某種疑慮：「歌謠以聲音的表現為主，意義的表現是不大重要的。所以除了曾經文人潤色的以外，真正的民歌，字句大致很單調，描寫也極簡略、直致，若不用耳朵去聽而用眼睛去看，有些竟是淺薄無聊之至。固然，用耳朵聽，也只是那一套的靡靡的調子，但究竟是一件完成（整）的東西；從文字上看，卻有時竟粗糙得不成東西。」〔註 61〕他甚至認為：「歌謠的音樂太簡單，詞句也不免幼稚，拿它們做新詩的參考則可，拿它們做新詩的源頭，或模範，我以為是不

〔註 58〕 朱自清於 1929 年春在《大公報・文學周刊》上連續兩期發表《中國近世歌謠敘錄》，同年暑假過後在清華大學開設「歌謠」課程，講稿後來編成專書《中國歌謠》（分為六章：《歌謠的釋名》、《歌謠的起源與發展》、《歌謠的歷史》、《歌謠的分類》、《歌謠的結構》、《歌謠的修辭》）。

〔註 59〕 朱自清《真詩》，作於 1943 年，見《新詩雜話》，三聯書店，1984 年版，第 87、88 頁。

〔註 60〕 朱自清《真詩》，作於 1943 年，見《新詩雜話》，三聯書店，1984 年版，第 81、79 頁。

〔註 61〕 朱自清《羅香林編〈粵東之風〉序》，載 1928 年 11 月 28 日《民俗》周刊第 36 期。

夠的」〔註62〕。朱自清看到歌謠可取之處的同時，更意識到了歌謠及其入新詩的不足。

與朱自清持相似觀點的是梁實秋，他把 1920 年代的歌謠徵集運動視爲一種浪漫主義舉動：「歌謠因有一種特殊的風格，所以在文學裏可以自成一體，若必謂歌謠勝於作詩，則是把文學完全當作自然流露的產物，否認藝術的價值了。我們若把文學當做藝術，歌謠在文學裏並不占最高的位置。中國現今有人極熱心的搜集歌謠，這是對中國歷來因襲的文學一個反抗……歌謠的採集，其自身的文學價值甚小，其影響及於文藝思潮者則甚大。」〔註63〕1930年代，蘇雪林在評論劉半農的《揚鞭集》時也認爲：「民歌雖具有原始的渾樸自然之美，但粗俗幼稚，簡單淺陋，達不出細膩曲折的思想，表不出高尚優美的感情，不能叫文學。我們從它擴充發展……另創新作，才是正當的辦法」〔註64〕，她顯然覺識到了歌謠與新詩之間不可避免的齟齬，所提議的「另創新作」不失爲一種良性的方案。

誠然，不管是五四時期歌謠徵集運動對歌謠「節調」的重視，還是劉半農、沈從文等從「技術方面」取法歌謠，抑或蒲風、任鈞、李季等對歌謠之現實功能的凸顯，甚至「新民歌運動」對民歌體的極端推舉，他們的目的之一仍在於增強新詩表現的活力。不過，其間涉及的根本問題或許在於，從詩學層面而言，歌謠之於新詩體式建構的功用究竟如何？對於這一點，1950 年代數次關於新詩發展問題討論中何其芳的表述依然富於啓發性。何其芳反覆聲明：「民歌體雖然可能成爲新詩的一種重要形式，未必就可以用它來統一新詩的形式，也不一定就會成爲支配的形式，因爲民歌體有限制」，「民歌體的限制，首先是指它的句法和現代口語有矛盾……其次，民歌體的體裁是很有限的」〔註65〕；並且，「用民歌體和其他類似的民間形式來表現今天的複雜的

〔註62〕朱自清《唱新詩等等》，作於 1927 年，見《朱自清全集》第 4 卷，江蘇教育出版社，1990 年版，第 222 頁。在另一處他也強調：「在現代，歌謠的文藝的價值在作爲一種詩，供人作文學史的研究；供人欣賞，也供人模仿——止於偶然模仿，當作玩藝兒，卻不能發展爲新體，所以與創作新詩是無關的……」，朱自清《歌謠與詩》，作於 1937 年，見《朱自清全集》第 8 卷，江蘇教育出版社，1993 年版，第 276 頁。
〔註63〕梁實秋《現代中國文學之浪漫的趨勢》，見《浪漫的與古典的》，新月書店，1927 年版，第 37 頁。
〔註64〕蘇雪林《〈揚鞭集〉讀後感》，載 1934 年 12 月《人間世》第 17 期。
〔註65〕何其芳《關於新詩的百花齊放問題》，載《處女地》1958 年第 7 期。

生活仍然是限制很大的，一個職業的創作家絕不可能主要依靠它們來反映我們這個時代」〔註 66〕。何其芳敏銳地從語言、時代生活等方面指明了歌謠的局限，這種局限大概是現代性語境中，與新詩創作一度緊密、對新詩發展曾起到一定作用的歌謠無可改變的命運。

〔註 66〕何其芳《關於現代格律詩》，載《中國青年》1954 年第 10 期。

第三章　音韻的探測：詩歌朗誦的
　　　　功能與意義

　　在某種意義上，新詩的誕生導致中國詩歌進入了一個「非朗誦」時代。自從那場顛覆性的詩學變革，將適於吟唱的律絕詞調驅逐出歷史的舞臺，中國詩歌就開始變得「喑啞無聲」了。在此，詩歌的「非朗誦」意味著，詩歌不宜、不能也無法用來朗誦。而這一取代了整飭律絕形式的新體詩歌，所面臨的最大問題就是朗誦的難以實施。在上世紀 40 年代，朱自清曾經準確地指出了漢語新詩之難以誦讀的原因：「新詩的語言不是民間的語言，而是歐化的或現代化的語言。因此朗讀起來不容易順口順耳」；除此以外，「新的詞彙、句式和隱喻，以及不熟練的朗讀的技術，都可能是原因」〔註1〕。

　　不過，新詩的「喑啞無聲」並不能阻止種種讓它發聲的嘗試。幾乎與新詩的誕生同步，便有一股試圖改變這種「喑啞無聲」局面的力量，將新詩的探索途徑逐漸從視覺轉向聽覺、從「看詩」演變為「聽詩」，這股力量有如涓涓細流一直綿延到今天。1920 年代後期就有人樂觀地說：「聽覺在詩裏，真是多美麗而瑋化」，「在舊格調的束縛中，好的詩聲，仍會那麼豐富；則新詩這麼自由，我們豈不是更可以得到多方面的發展麼？」〔註2〕這種努力，顯然是為了克服新詩語言——現代漢語——的某種先天限制，最終賦予新詩能與古典詩詞相媲美的聲律和詩形。而朗誦正是顯現這種努力成效的途徑之一，所

〔註1〕　朱自清《朗讀與詩》，見朱自清《新詩雜話》，三聯書店，1984 年版，第 95、97 頁。
〔註2〕　定生《詩的聽入》，樸社，1929 年版，第 5、47 頁。

以在不同時期受到程度不一的重視。當然，新詩聲律的獲得並不必然通向朗誦，詩歌的朗誦也不僅僅是語言、形式的問題，其功能也不僅僅限於音韻、聲律的檢驗。

從 1920 年代中期起，一部分詩人開始自覺地從事詩歌朗誦活動，不過這一時期的朗誦主要集中在文人「書齋」裏，朗誦僅作爲一種試驗新詩語言的工具，爲新詩的格律化提供了實踐和可借鑒的經驗；而在 1930 年代，由一些詩人組織的「讀詩會」則承前啓後，他們展開的朗誦所關涉的層面更加豐富，其目的在於探索新詩的節奏與音韻，並引發相關的理論探討；1940 年代興起了聲勢浩大的「朗誦詩」運動，「爲朗誦而作詩」的需求使得新詩的語言趨於口語化，朗誦詩占據了詩壇的主流。

一、書齋裏的朗誦：新詩語言的試驗

早在新詩初創期，詩人們就表現出「在誦讀上將個人視覺欣賞轉而爲多數人聽覺的欣賞」的朦朧願望。據沈從文的追溯，大膽嘗試白話入詩的胡適「是一個樂於在客人面前朗誦他新作的詩人。他的詩因爲是一種純粹的語言，由他自己讀來，輕重緩急之間見出情感，自然還好聽。可是輕輕的讀，好，大聲的讀，有時就不免令人好笑，由於過分淺露，不易給人留下印象」〔註 3〕。顯然，由於純粹詩歌語言在聽覺上被「放大」，早期白話詩普遍存在的「過分淺露」的弱點就明顯地暴露在聽者面前。當時詩人們普遍面臨著一個難題：新詩應該如何寫？由於新詩沒有建立語言的統一標準，所以詩人們對新詩語言的探索尚處於試驗階段。於是，在新詩發展過程中自然而然地產生了兩種向度的需求：一方面，詩人們需要形成一個「場域」來探討新詩未來的創作；另一方面，已經創作出的新詩需要在某種「氛圍」中進行評價，從而檢驗其語言是否可行。而隨著朗誦活動的漸成風氣，這樣的場域和氛圍也得以形成。

讓新詩的朗誦活動眞正具備一定規模的，是因《晨報副刊·詩鐫》而形成的一個詩人群體，包括聞一多、徐志摩、朱湘、劉夢葦、饒孟侃、孫大雨、楊子惠、朱大楠等。他們的詩歌朗誦活動是一種「書齋」裏的朗誦。當時的活動據點主要有兩個：一個是劉夢葦的家，一個是聞一多的家。在劉夢葦家

〔註 3〕沈從文《談「朗誦詩」》，載 1938 年 10 月 1～5 日《星島日報·星座》第 62～66 期。

裏，聞一多、朱湘、饒孟侃等詩人經常聚會，「相互傳閱和朗誦他們的新作，間或也討論一些新詩上的問題，在探尋新詩的形式與格律的道路」，儼然成了「活躍的小詩會」〔註4〕。稍後，這些詩人更多地聚到聞一多「那間小黑房子裏，高高興興的讀詩，或讀他人的，或讀自己的，不但很高興，而且很認眞。結果所得經驗是，凡看過的詩，可以從本人誦讀中多得到一點妙處，明白用字措詞的輕重得失。凡不曾看過的詩，讀起來字句就不大容易明白，更難望明白它的好壞。聞一多的《死水》、《賣櫻桃的老頭子》、《聞一多先生的書桌》，朱湘的《採蓮曲》，劉夢葦的《軌道行》，以及徐志摩的許多詩篇，就是在那種能看能讀的試驗中寫成的」〔註5〕。

　　在這些朗誦活動當中，詩人們並不把重心放在「朗誦」上，而是通過朗誦來試驗新詩的語言，探索新詩的發展方向，使語言符合視覺和聽覺的雙重標準——「能看能誦」。聞一多關於詩的「三美」原則也正是從視覺和聽覺兩方面提出的：在視覺方面，要求一首詩的節與行整齊、勻稱（即建築美）；在聽覺方面，要求一首詩在音步、韻律等方面協調（即音樂美），以「三美」原則規範新詩的形式實爲「調馴詩歌的語言」（沈從文語）的工作。聞一多本人的《死水》一詩堪稱體現「三美」原則的典範，該詩在詩行上採用西方詩歌中分行的寫法，全詩都是九字行，詩節和詩句勻稱，詩形整飭；從用韻上看，在一、二、四行押韻，這種押韻方式在中國古典詩歌中比較普遍，音節循環往復，詩情連貫流暢，音韻和諧；從節奏上看，全詩都用雙音節結尾，這是因爲古代漢語以單音節爲主，現代漢語以雙音節爲主，所以舊體詩都是單音結尾，而新詩多是雙音結尾，即每行的末尾是兩個字，比較接近人們的口語習慣，易於誦讀，這是新詩區別於舊詩之處；從字尺上看，全詩交替排列「二字尺」和「三字尺」，譬如「也許｜銅的｜要綠成｜翡翠，鐵罐上｜銹出｜幾瓣｜桃花」，上半句的字尺是「二、二、三、二」，下半句的字尺是「三、二、二、二」，雖然字尺的位置略微有所變化，但總數不變，這樣能保持字數整齊，音節一致。當聞一多給大夥兒朗誦《死水》時，聽者無不覺得「悅耳動聽，富有音樂氣息」〔註6〕。

　　這裏格外值得一提的是《詩鐫》同人中另一位熱衷於朗誦的詩人朱湘，

〔註4〕　寒先艾《〈晨報詩刊〉的始末》，《新文學史料》1979 年第 3 輯。
〔註5〕　沈從文《談「朗誦詩」》，載 1938 年 10 月 1～5 日《星島日報・星座》第 62 ～66 期。
〔註6〕　寒先艾《〈晨報詩刊〉的始末》，《新文學史料》1979 年第 3 輯。

據說他特別喜歡當著友人的面朗誦自己的詩作，朱自清回憶：「最早提倡讀詩會的是已故的朱湘先生……作者曾聽他朗讀他的《採蓮曲》。那是誦，用的是舊戲裏的一種『韻白』。他自己說是試驗。」〔註7〕以朗誦來測試音律的意圖在朱湘那裏是明顯的，他本人曾打算舉辦一場個人作品朗誦會（後來因故未果），其動機十分明確：「如今在新詩上努力的人，注意到音節的也不少，但是這些致力於音節的人怎樣才能知道他們的某種音節上的試驗是成功了，可以繼續努力，某種音節上的努力是失敗了，應當停止進行呢？讀詩會！讀詩會便是解決這個問題的方法」〔註8〕。這可見出朱湘等將朗誦與新詩語言、詩藝聯繫起來的思路。

在《詩鐫》同人們醉心於詩歌朗誦活動的背後，寄寓著鮮明的詩觀和對詩藝的體悟，他們苦心孤詣，力圖通過語詞的反覆推敲、打磨而鍛造完美的詩形。如徐志摩宣稱：「我們信我們自身靈性裏以及周遭空氣裏多的是要求投胎的思想的靈魂，我們的責任是替它們搏造適當的軀殼，這就是詩文與各種美術的新格式與新音節的發見；我們信完美的形體是完美的精神唯一的表現」〔註9〕；他還認為，「一首詩的秘密也就是它的內含的音節，勻整與流動」，「正如字句的排列有待於全詩的音節，音節的本身還得起原於真純的『詩感』。再拿人身作比，一首詩的字句是身體的外形，音節是血脈，『詩感』或原動的詩意是心臟的跳動。有它才有血脈的流轉」〔註10〕。饒孟侃則提出：「新詩的音節要是能達到完美的地步，那就是說要能夠使讀者從一首詩的格調，韻腳，節奏和平仄裏面不知不覺的理會出這首詩的特殊情緒來；——到這種時候就是有形的技術化成了無形的藝術」〔註11〕。稍後的「新月派」詩人陳夢家也說：「詩，也要把最妥帖最調適最不可少的字句安放在所應安放的地位：它的聲調，甚或它的空氣（Atmosphere），也要與詩的情緒相默契」〔註12〕。這種悉心揣摩「語感」、著力鍛造詩情的過程和手段中，無疑包含了朗誦。

〔註 7〕 朱自清《論朗讀》，見《朱自清全集》第二卷，江蘇教育出版社，1988 年版，第 56 頁。
〔註 8〕 朱湘《我的讀詩會》，載 1926 年 4 月 24 日《晨報副刊》第 1382 號。
〔註 9〕 徐志摩《詩刊弁言》，載 1926 年 4 月 1 日《晨報副刊·詩鐫》第 1 號。
〔註10〕 徐志摩《詩刊放假》，載 1926 年 6 月 10 日《晨報副刊·詩鐫》第 11 號。
〔註11〕 饒孟侃《再論新詩的音節》，載 1926 年 5 月 6 日《晨報副刊·詩鐫》第 6 號。
〔註12〕 陳夢家《〈新月詩選〉序言》，新月書店，1931 年版。

　　正如沈從文總結說，《詩鐫》同人們的試驗「既成就了一個原則，因此當時的作品……修正了前期的『自由』，那種毫無拘束的自由，給形式和詞藻都留下一點地位……新詩寫作原則，共同承認是賴形式和音節作傳達表現，因此幾個人的新詩，都可讀可誦」〔註 13〕。由此詩人們達成了幾點基本共識：第一，新詩要達到可看可誦，就應當在音節與形式上多花氣力，「試驗新詩或白話詩的音節，看看新詩是否有它自己的音節，不因襲舊詩而確又和白話散文不同的音節，並且看看新詩的音節怎樣才算好」〔註 14〕，成為那時期詩歌朗誦的一個重要目的；第二，新詩不能無限地「自由」下去，必須受到一定限制才能「適於朗誦，便於記憶，易於感受」〔註 15〕；第三，「靠朗誦」成為衡量新詩語言是否成功的標準，通過朗誦，可以「看那感情和思想跟音節是否配合得恰當，是否打成一片，不漏縫兒」〔註 16〕。此番朗誦試驗糾正了新詩過分自由的弊病，促動新詩進入「戴著腳鐐跳舞」的新格律詩時期，新詩的語言沿著「均勻一路走」（朱自清語），氣象也為之一變。

二、讀詩會：探索新詩的節奏與韻律

　　在一定程度上承續了《詩鐫》同人們書齋朗誦活動的，是朱光潛 1930 年代中後期組織的「讀詩會」。1933 年秋，朱光潛從國外歸來，受聘為北京大學教授，與梁宗岱同住在北平地安門裏的慈慧殿三號，先後組織了「讀詩會」（1934～35 年）和「新詩座談會」（1936～37 年）。這些讀詩會活動在北平的文人圈中影響極大，見諸朱自清、顧頡剛等的日記和不少當事人的回憶文字，有效地推動了 1930 年代關於新詩音韻的理論探討及實踐可能。

　　促使朱光潛舉辦讀詩會的動因，一方面是他的在國外參加讀詩會的經歷：「我在倫敦時，大英博物館附近有個書店專門賣詩，這個書店的老闆組織一個朗誦會，每逢周四為例會，當時聽的人有四五十人。我也去聽，覺得這種朗誦會好，詩要能朗誦才是好詩，有音節，有節奏，所以到北京以後也搞

〔註13〕沈從文《談「朗誦詩」》，載 1938 年 10 月 1～5 日《星島日報・星座》第 62　～66 期。

〔註14〕朱自清《論朗誦詩》，見《朱自清全集》第三卷，江蘇教育出版社，1988 年版，　第 253 頁。

〔註15〕沈從文《談「朗誦詩」》，載 1938 年 10 月 1～5 日《星島日報・星座》第 62　～66 期。

〔註16〕朱自清《論朗誦詩》，見《朱自清全集》第三卷，江蘇教育出版社，1988 年版，　第 253 頁。

起了讀詩會」〔註 17〕。另一方面與朱光潛本人長期對詩歌誦讀以及相關的節奏、韻律問題的興趣和深入思考有關，他的讀詩習慣是：「一首詩到了手，我不求甚解，先把它朗誦一遍，看它讀起來是否有一種與眾不同的聲音節奏」〔註 18〕；他認爲詩的節奏包含「音樂的」和「語言的」兩種，「誦詩的難處和做詩的難處一樣，一方面要保留音樂的形式化的節奏，另一方面又要顧到語言的節奏，這就是說，要在牽就規律之中流露活躍的生氣」，而「中國人對於誦詩似不很講究，頗類和尚念經，往往人自爲政，既不合語言的節奏，又不合音樂的節奏。不過就一般哼舊詩的方法看，音樂的節奏較重於語言的節奏，性質極不相近而形式相同的詩往往被讀成同樣的調子……新詩起來以後，舊音律大半已放棄，但是一部分新詩人似乎仍然注意到音節……就大體說，新詩的節奏是偏於語言的」〔註 19〕。朱光潛的這些旨趣和觀念決定了「讀詩會」的取向。

當時參加讀詩會的人員十分廣泛，「長於填詞唱曲的俞平伯先生，最明中國語體文字性能的朱自清先生，善法文詩的梁宗岱、李健吾先生，習德文詩的馮至先生，對英文詩富有研究的葉公超、孫大雨、羅念生、周煦良、朱光潛、林徽因諸先生，此外還有個喉嚨大，聲音響，能旁若無人高聲朗誦的徐芳女士，都輪流讀過些詩。朱周二先生且用安徽腔吟誦過幾回新詩舊詩，俞先生還用浙江土腔，林徽因女士還用福建土腔同樣讀過一些詩。」〔註 20〕讀詩會上的一個核心議題，便是討論新詩的可誦讀性：「這些人或曾在讀詩會上作過有關於新詩的談話，或者曾把新詩、舊詩、外國詩當眾誦過、讀過、說過、哼過。大家興致所集中的一件事，就是新詩在誦讀上，究竟有無成功可能？新詩在誦讀上已經得到多少成功？新詩究竟能否誦讀？」〔註 21〕當然，隨著朗誦活動的開展，讀詩會的議題早已不限於此。

通過詩歌朗誦與研討，詩人們最終意識到：「新詩若要極端『自由』，就

〔註17〕 轉引自商金林《朱光潛與中國現代文學》，安徽教育出版社，1995 年版，第91～92 頁。

〔註18〕 朱光潛《給一位寫新詩的青年朋友》，見朱光潛《詩論》，安徽教育出版社，1997 年版，第 253 頁。

〔註19〕 朱光潛《詩論》，安徽教育出版社，1997 年版，第 119、121 頁。

〔註20〕 沈從文《談「朗誦詩」》，載 1938 年 10 月 1～5 日《星島日報·星座》第 62～66 期。

〔註21〕 沈從文《談「朗誦詩」》，載 1938 年 10 月 1～5 日《星島日報·星座》第 62～66 期。

完全得放棄某種形式上由聽覺得來的成功打算」；反之，「想要從聽覺上成功，那就得犧牲一點『自由』」〔註22〕。這意味著，如果不對語言加以節制而任其「自由」，新詩的語言將趨於「晦澀」和「不可解」，必然損害聽覺上的效果。廢名的詩便是沈從文所說的「一個極端的例子」，如《十二月十九夜》：「深夜一支燈，／若高山流水，／有身外之海。／星之空是鳥林，／是花，／是魚，／是天上的夢，／海是夜的鏡子，／思想是一個美人，／是家，／是日，／是月，／是燈，／是爐火，／爐火是墻上的樹影，／是多夜的聲音。」全詩呈現的景象有如一個在深夜孤燈獨坐的詩人精騖八極、心遊萬仞的思緒，形式極為自由，意象跳躍性很大，由此導致其令人費解，朗誦起來很難取得成功。相較之下，卞之琳、何其芳等幾位詩人則努力讓新詩在視覺效果和聽覺效果上達到總體的平衡，如卞之琳的《圓寶盒》：「我幻想在哪兒（天河裏？）／撈到了一隻圓寶盒，／裝的是幾顆珍珠：／一顆晶瑩的水銀／掩有全世界的色相，／一顆金黃的燈火／籠罩有一場華宴，／一顆新鮮的雨點／含有你昨夜的歡氣……」運用三句六行排比來說明圓寶盒裏幾顆珍珠的美麗和珍貴，增強了詩歌的視覺效果，從而彌補了聽覺上的不足。而馮至、林徽因等詩人在斟酌詞藻、形式等方面花了氣力，因而他們的詩歌更適合朗誦，更易於取得聽覺上的效果，如林徽因的《你是人間的四月天》：「我說你是人間的四月天／笑響點亮了四面風；輕靈／在春的光艷中交舞著變。／你是四月早天裏的雲烟，／黃昏吹著風的軟，星子在／無意中閃，細雨點灑在花前。」全詩音節舒緩自然，對偶和複沓的手法交錯運用，詩形既自由又收斂，朗誦起來別具韻味。

　　讀詩會上的另一議題就是為《大公報・文藝・詩特刊》組稿，詩人們以此為園地，將屋子裏口頭的詩學討論延伸到了紙面上，甚至擴散到同時期的報刊（如戴望舒等主編的《新詩》）上。他們感興趣的話題之一自然是與詩歌朗誦相關的新詩節奏、韻律、用字等問題，參加讀詩會的朱光潛、梁宗岱、羅念生、葉公超、孫大雨、周煦良等都參與了討論，有時彼此之間的觀點相去甚遠，卻也不能妨礙下次聚會大家坐在一起繼續討論。

　　梁宗岱在其主編的《大公報・文藝・詩特刊》創刊號上，發表了題為《新詩底十字路口》的「發刊辭」，提出「除了發見新音節和創造新格律，我

〔註22〕沈從文《談「朗誦詩」》，載 1938 年 10 月 1～5 日《星島日報・星座》第 62
　　～66 期。

們看不見可以引我們實現或接近我們底理想的方法」，因爲「從創作本身言，節奏，韻律，意象，詞藻……這種種形式底原素，這些束縛心靈的鐐銬，這些限制思想的桎梏，眞正的藝術家在它們裏面只看見一個增加那鬆散的文字底堅固和彈力的方法」〔註 23〕。他的這一觀點爲「詩特刊」的討論確定了基調。羅念生率先對此作出了回應，他根據法語詩歌依輕重音而形成節奏的特點，提出新詩的節奏應該以輕重音而不是舊體詩的平仄爲著眼點；他還認爲，詩歌是時間的藝術，一首詩只要每行的節拍相同，而不必字數相同。〔註 24〕梁宗岱對羅念生的回應進行了反駁，認爲平仄乃漢語自身的特性，可以作爲創建新詩節奏的依據，此外，「一首詩裏是否每行都應具同一的節拍？我以爲這要看詩體而定。純粹抒情的短詩可有可無，而且，我國底詞和西洋許多短歌都指示給我們，多拍與少拍的詩行底適當的配合往往可以增加音樂底美妙」〔註 25〕；他贊成孫大雨「根據『字組』來分節拍，用作新詩節奏底原則」。葉公超也不認同羅念生過分強調字音的說法，指出「一個字的聲音與意義在充分傳達的時候，是不能分開的，不能各自獨立的，它們似乎有一種彼此象徵的關係，但這種關係只能說限於那一個字的例子：換句話說，脫離了意義（包括感情，語氣，態度，和直接事物等等），除了前段所說的狀聲字之外，字音只能算是空虛的，無本質的」〔註 26〕。葉公超的觀點又引起了梁宗岱的一番辨析，他們的觀點相互交叉、分歧較大，形成了多聲部的討論格局。

與此論題相同、幾乎同時展開的另一場論辯，是由朱光潛發表在《新詩》上的兩篇文章引發的。朱光潛《論中國詩的頓》一文中提到：「近來論詩者往往不明白每頓之長短無定律的道理，發生許多誤會。有人把『頓』看成『拍子』，不知道音樂中一個拍子有定量的長短，詩的音步或頓沒有定量的長短，不能相提並論。此外又有人以爲每頓字數應該一律，不知道字數一律時，長短並不一定一律，反之，長短一律時，字數也可以不一律」〔註 27〕，其中的「有人」顯然有所指。果然羅念生提出了不同意見：「說起音步對於音節的影

〔註 23〕梁宗岱《新詩底十字路口》，載 1935 年 11 月 8 日《大公報・文藝・詩特刊》創刊號。

〔註 24〕羅念生《節律和拍子》，載 1936 年 1 月 10 日《大公報・文藝・詩特刊》。

〔註 25〕梁宗岱《關於音節》，載 1936 年 1 月 31 日《大公報・文藝・詩特刊》。

〔註 26〕葉公超《音節與意義》，載 1936 年 4 月 17 日《大公報・文藝・詩特刊》。

〔註 27〕載 1936 年 12 月《新詩》第 3 期。

響我認為有相當的重大，因為音步的作用是在組成一個整齊的時間，整齊的時間的本身是含有音樂性的」；他重申：「有許多人不承認我們的節奏是一種輕重節奏，因為他們不承認我們語言裏有輕重音。其實我們的輕重音是很分明……輕重音裏音勢的成份且較時間的成份為大，至於音高的成份卻是很少的」〔註28〕。對此朱光潛的反應十分強烈而直接：「他的話有許多地方我認為不很妥當。對於同一個很簡單的問題，他的意見和我的相差有那麼遠，令我一方面失去自信，一方面也感覺到關於詩的音律節奏問題，某一個人的意見十分靠不住，須由多數人細心檢討」；他認為羅念生的《韻文學術語》中諸多定義出現失誤，導致羅「發生許多對於詩的音節的誤解」，「不明白舊詩遞化為新詩，就形式說，是由有規則的『節律』變到無規則的『節奏』」〔註29〕。在隨後的再次回應中，羅念生針對朱光潛的批評逐一作出了辯解，並就某些概念進行了澄清，比如他用「『節律』二字來代替詩裏的『嚴格的節奏』，把『節奏』兩字當作散文裏的『不很嚴格的節奏』」；他堅持認為，「音樂裏的時間是整齊的，新詩如有整齊的音步，即可望有整齊的時間，與音樂相似。……『時間整齊』的詩行不一定就有節奏，我們的節奏還需要一點時間以外的成分來組織，可見我所說的『音樂性』決定不是指『節奏』」〔註30〕。最終，兩人對「節奏」的理解未能達成一致，他們的論辯連同發表論辯的刊物出版由於時代風雲變幻戛然而止。

　　上述激烈的理論探討無疑是整個讀詩會的有機組成部分，與詩歌朗誦活動中的研讀、切磋互相呼應。這群詩人的詩學努力，不僅構成 1930 年代豐富的詩歌圖景的一個側面，而且成為 20 世紀新詩格律問題探索的重要一環。

三、朗誦詩運動：「為朗誦而作詩」

　　稍晚於朱光潛組織的「讀詩會」，「以北大歌謠學會，燕大通俗讀物編刊社，北平研究院歷史語言系三個單位作中心，有個中國風謠學會產生。……參加者有胡適之、顧頡剛、羅常培、容肇祖、常惠、佟晶心、吳世昌諸先生，楊剛、徐芳、李素英諸女士。集會中有新詩民歌的誦讀，以及將民間小曲用新式樂器作種種和聲演奏試驗。集會過後還共同到北平說書唱曲集中地天橋，去考察現代藝人表演各種口舌技藝的情形。並參觀通俗讀物編刊社所編

〔註28〕羅念生《與朱光潛先生論節奏》，載 1937 年 1 月《新詩》第 4 期。
〔註29〕朱光潛《答羅念生先生論節奏》，載 1937 年 2 月《新詩》第 5 期。
〔註30〕羅念生《再與朱光潛先生論節奏》，載 1937 年 5 月《新詩》第 2 卷第 2 期。

鼓詞唱本表演情形」〔註31〕。這個集會在旨趣上與朱光潛組織的「讀詩會」迥然不同，他們試圖爲新詩開掘別樣的資源——民俗、方言、歌謠等，拓展另一條發展的路子。從1930年代後期開始，由於歷史情勢的峻急，那種躲在文人書齋裏的詩歌朗誦活動漸漸消散，取而代之的是一種普通大眾能夠參與、廣場式的朗誦詩運動的訴求：「詩歌朗誦，要只是沙龍裏的玩藝兒，那是沒有意義的。詩歌朗誦，是要使詩歌成爲大眾的東西才行。詩歌朗誦，是必須深入民眾，使詩歌從詩歌作者的書齋裏，到了街頭，才行」〔註32〕。「朗誦詩」逐漸占據了詩壇的主流地位，新詩的發展進入了「爲朗誦而作詩」的階段，走上了一條大眾化、口語化的道路。

事實上，作爲一種運動的「朗誦詩」的興起除有時代因素的推動外，因時代催迫而產生的新詩自身變革的需求，也是其重要的內在動力。早在1930年代前期，中國詩歌會的詩人們就提出將朗誦納入他們詩歌大眾化的手段，其骨幹成員任鈞曾將朗誦的功用概括爲「直接的感動性」、「大眾的普及性」、「集團的鼓動性」〔註33〕三個方面。他後來回顧說：「中國詩歌會的詩人們，一方面爲要將自己的作品直接送到大眾當中去以期獲得特定的效果；另一方面，也爲要使在當時差不多已經完全變成了視覺藝術的新詩歌，慢慢地還原爲聽覺的藝術起見，曾經非常注意到詩歌的朗誦（當時稱爲朗讀）問題。……不過，這一運動，雖然已經開了端，但卻沒有好好地展開；直到抗戰爆發後，才給重新提起，而獲得飛躍的發展。」〔註34〕戰事的來臨的確爲朗誦詩運動提供了某種契機。抗戰甫一爆發，馮乃超即創作了極具鼓動性的詩作《詩歌的宣言》〔註35〕，呼籲詩人們：「不要關在沙龍裏再逞幻想／詩歌的世界就是現實的疆場」，「讓詩歌的觸手伸到街頭，伸到窮鄉，／讓它吸收埋藏土裏未經發掘的營養，／讓它啞了的嗓音潤澤，斷了的聲帶重張，／讓我們用活的語言作民族解放的歌唱」。在民族危難中詩人們獲得了一種普遍的意識：「面臨這樣偉大的時代，作爲一個人類心靈的技師的詩人，可不是消遣與風雅的

〔註31〕沈從文《談「朗誦詩」》，載1938年10月1～5日《星島日報・星座》第62～66期。

〔註32〕穆木天《詩歌朗讀與詩歌大眾化》，載1937年12月《時調》第3號。

〔註33〕森堡（任鈞）《關於詩的朗讀問題》，載1933年2月《新詩歌》第1卷第2期。

〔註34〕任鈞《關於中國詩歌會》，見任鈞《新詩話》，新中國出版社，1946年版，第81頁。

〔註35〕載1937年9月《文藝》第5卷第3期。該詩亦以《宣言》爲題，作爲1937年11月創刊的《時調》詩刊的發刊辭。

時候了。詩人是有著更大的任務。他的詩歌應該是戰鬥的詩歌，他的詩歌音響是和所有的戰鬥的音響相配合，他應該和進步的人群一同邁進，他不再是自我的吟哦自我的表現，而是反抗者和戰鬥者的歌聲」〔註36〕。

　　1937 年 9 月，漢口的《文藝》和《大公報·戰線》先後發表錫金以「朗誦詩」為名的詩作《胡阿毛》、高蘭的朗誦詩作《向八百壯士致敬禮》等，掀起了創作朗誦詩的熱潮。同年 10 月，在武漢文化界召開的紀念魯迅逝世週年集會上，舉行了首次詩歌朗誦活動，當時給眾人留下深刻印象的是柯仲平的「引吭高歌」，「柯仲平先生的高歌，是身體的動作，熱情，聲音，互相調和，互相一致的⋯⋯由於柯仲平先生的高歌朗讀，事實上證明了詩歌朗讀的強有力的效果」；集會上演員王瑩朗誦了高蘭的詩作《我們的祭禮》，也得到了充分的肯定：「在哀悼裏邊，沒有陰暗，徹底地去發揮它積極性，雖然沒有能在文字上成為更流暢的口語，讀起來還有些不大上口，不過，這種嘗試已經是一個很大的跳躍了」〔註37〕。隨之各地的詩歌朗誦活動蓬勃開展起來，較有影響的如戰歌社在延安舉辦的多場朗誦會、中國詩壇社在廣州發起的不同形式的詩歌朗誦活動、「文協」在重慶組織「詩歌朗誦隊」進行的巡迴朗誦（包括一年一度的「詩人節」）等。持續的朗誦詩創作和詩歌朗誦實踐及其產生的強烈反響，引發了關於朗誦詩運動的理論探討。

　　1940 年代的朗誦詩探討主要朝兩個向度展開：一是將朗誦詩運動作為詩歌大眾化的一種方式，凸顯其面向大眾、宣傳抗戰的功能，比如穆木天就明確提出：「在抗戰建國的大時代，我們的一切的詩歌作品，都應當是成為能夠朗讀的，都是應當成為朗讀詩。因為，一首詩必須是能夠朗讀，或者是能夠歌唱，才能夠有大眾性，才能接近大眾，才能為大眾所吸收」〔註38〕，「必須在詩歌大眾化的實踐中，把詩歌朗讀的工作執行起來，才能使詩歌朗讀運動收到它的真正的效果」〔註39〕；李廣田也認為：「今天的朗誦詩，是從抗日戰爭以來，一直發展下來的一個新運動，而這一運動是適應了現實的大眾要求而產生的。今天的朗誦詩，它既不配舞，也不配樂，既不是關在書齋裏的自賞，也不是沙龍中少數人的共賞。朗誦詩的作者必須是群眾之一人，而詩朗

〔註36〕高蘭《詩的朗誦與朗誦的詩》，載 1945 年 2 月《時與潮文藝》第 4 卷第 6 期。
〔註37〕穆木天《詩歌朗讀和高蘭先生的兩首嘗試》，1937 年 10 月 23 日《大公報》（漢口版）。
〔註38〕穆木天《論詩歌朗讀運動》，載 1938 年 12 月《戰歌》第 1 卷第 4 期。
〔註39〕穆木天《詩歌朗讀與詩歌大眾化》，載 1937 年 12 月《時調》第 3 號。

誦的對象也必須是群眾」，他還要求「一般的非朗誦詩也必須具備朗誦詩的優點，那就是，它必須強調詩的政治效能，必須表現現實的人民大眾的思想與情感，而且是用了人民大眾可以接受的語文形式去表現。這樣的詩，可能是好詩，非然者，可能就是壞詩」〔註40〕。這些主張延續的是 1930 年代中國詩歌會的思路。另一是探討朗誦對新詩創作的影響，尤其是在語言、形式上起到的塑造作用，朱自清、錫金、王冰洋等的論述側重於這一方面，其中不乏對朗誦詩特性與不足的深刻洞見。此外，還有從技術角度分析詩歌朗誦原理的著述，如洪深《戲的念詞與詩的朗誦》（美學出版社，1943 年版）、徐遲《詩歌朗誦手冊》（桂林集美書店，1942 年版）等。

應該說，從語言、形式層面對朗誦詩進行理性的剖析，構成了朗誦詩探討中極有價值的部分。朱自清在他的綜論性長文《論朗誦詩》中，首先肯定了朗誦詩：「這是一種聽的詩，是新詩中的新詩」；他敏銳地覺察到：「朗誦詩是群眾的詩，是集體的詩。寫作者雖然是個人，可是他的出發點是群眾，他只是群眾的代言人。他的作品得在群眾當中朗誦出來，得在群眾的緊張的集中的氛圍裏成長。那詩稿以及朗誦者的聲調和表情，固然都是重要的契機，但是更重要的是那氛圍，脫離了那氛圍，朗誦詩就不能成其為詩。……它活在行動裏，在行動裏完整，在行動裏完成」，從形形色色的朗誦中體悟出「氛圍」的重要性與朗誦的「行動」屬性，無疑是相當透闢的辨察；他進一步指出：「宣傳是朗誦詩的任務，它諷刺，批評，鼓勵行動或者工作。它有時候形象化，但是主要的在運用赤裸裸的抽象的語言；這不是文縐縐的拖泥帶水的語言，而是沉著痛快的，充滿了辣味和火氣的語言。這是口語，是對話，是直接向聽的人說的，得去聽，參加集會，走進群眾裏去聽，才能接受它，至少才能瞭解它」〔註41〕，準確地點明了朗誦在語言（「抽象」「口語」、「對話」）方面的特性及其對新詩語言的改造。

詩人錫金也側重於對朗誦詩的語言進行分析，在他看來，朗誦詩是從「文字的詩」中脫胎出來的「語言的詩」，所以「朗誦必須要讀出來聽得懂，則朗誦的詩必須在用語上格律上和我們的原有的僵死的文字的新詩有所不同。朗誦詩的終極該是語言的詩而不是文字的詩，文字僅是記錄著而已」，顯然「我

〔註40〕 李廣田《詩與朗誦詩》，載 1948 年 4 月 13 日《新生報·語言與文學》第 78 期。

〔註41〕 朱自清《論朗誦詩》，見《朱自清全集》第三卷，江蘇教育出版社，1988 年版，第 254～256 頁。

們的朗誦詩當也可以造成許多新的自己的格律的」；然而令他頗感遺憾的是，「目下的朗誦詩還不夠在語言上完成聽覺上的誘惑」，「新的格律固然沒有，卻又沿習了一種鋪敘的風尚。一層層的鋪敘開去，固然層次井然，然而卻缺乏起伏奔落的氣勢。節奏也常是很遲緩，便顯得感情散漫沒有凝聚的焦點或高潮，結果也不能十分的感動人了」；因此，他期待未來的新詩「更要在朗誦裏，逐漸的吸收更多的活的語言。這樣，可使它在數千年已經僵死的文字裏解放出來，充實和活潑了它的內容。再經過新的詩的言語，詩人們要爲民族創造新的言語」〔註42〕。而朗誦詩與一般新詩的區別、朗誦詩及朗誦活動對新詩形式（音韻等）的塑形，也爲當時的論者所覺識：「群眾的聽覺，在音律節奏方面是用民謠小調評詞鼓書及土戲養成的，對於新詩的音響慣律隔膜得很，這裏朗誦詩需要根本的改變，即使不機械的純用歌謠小調評唱鼓書的音響結構，也應批判的採取它們，留其相宜而汰其不稱」〔註43〕；黃藥眠則更深一層，認爲朗誦詩「可以使詩歌的本質改進，無論是結構方面，用字造句方面，節奏方面」〔註44〕。這些無疑都是富有見地和建設性的闡述，惜乎未能被有效地吸收進那些運動式的詩歌朗誦活動中。

值得注意的是，在一片熱烈的詩歌朗誦聲浪中，也有「不和諧」的質疑之音。比如，梁宗岱便不贊成甚至抵制朗誦，他認爲詩歌朗誦缺乏自身的合法性依據，原因在於：一則，「詩底朗誦可以有幾分彷彿演說……朗誦之能吸引或感動聽眾與否，全視你善於不善於駕馭你底材料和工具：你所要朗誦的詩，和你底聲音，表情，及動作。至於二者的區別——一個無論怎樣接近散文，畢竟保存韻律的底色；一個無論怎樣抑揚頓挫，畢竟是散文底節奏——在現在一般蔑視格律的『朗誦詩人』手裏，早已泯滅無餘了」；再則，「『朗誦詩』一方面既不能有戲劇底內容（因爲那便是戲劇或劇詩而不是『朗誦詩』），另一方面又拼命脫離歌唱底源泉（節律和音韻），它對於民眾的訴動力固可以計算，它底前途也就可以想像了」〔註45〕。林庚也對朗誦詩表示了疑慮，他意識到：「朗誦詩的確是一種形式，但不是詩的形式。朗誦詩非特需要朗誦，而且需要表情，它可以說彷彿是一個戲劇中的獨白。朗誦詩之所以富有一種

〔註42〕錫金《朗誦的詩和詩的朗誦》，載 1938 年 6 月《戰地》第 1 期。
〔註43〕王冰洋《朗誦詩論》，載 1939 年 1 月 15 日《時事新報・學燈》第 33 期。
〔註44〕黃藥眠《我對於朗誦的意見》，載 1938 年 3 月 15 日《新中華報・邊區文化》第 2 期。
〔註45〕梁宗岱《我也談談朗誦詩》，1938 年 10 月 11 日《星島日報・星座》第 72 期。

激動的效果，正因爲它是戲劇性的；戲劇與詩的效果原是兩個型，而各有所長；戲劇的效果是緊張的，詩的效果是自然的……朗誦詩的起來，正顯示著詩壇對於形式的迫切需要，正因爲詩自己還沒有形式，所以才只好借用戲劇的形式來替代」〔註46〕。當然，這些質疑之聲，並沒有能夠阻擋朗誦詩創作和運動的迅猛展開，並將其影響力擴散到未來。

綜上所述，20 世紀上半葉（1920～40 年代）的詩歌朗誦主要著眼於兩方面：一是通過朗誦來試驗新詩語言、進而探索新詩的節奏與韻律，一是將之視爲詩歌大眾化的手段和一個方面，同時留意朗誦之於新詩的塑造功能。1950年代之後，詩歌朗誦仍然在延續、以不同方式進行著（可參閱《詩刊》等報刊的專欄和討論），此際的朗誦由於受制於當時的歷史條件和環境，更多被當作社會運動的一部分。1980 年代以降，朗誦也一度成爲社會文化的一種元素，直至近些年才有所改變，顯出某些具有個性風格的特徵，其功能與意義已經發生了很大變化。

〔註46〕林庚《再論新詩的形式——詩的明朗性與新音組》，載 1948 年 8 月《文學雜誌》第 3 卷第 3 期。

第四章　導引、偏移與形塑：理論的效應及其局限

　　在中國新詩發展過程中，理論有其特殊的功用和意義。這裏所說的「理論」包括兩個方面：一是理論倡議，主要指詩人和理論家就新詩發表的「觀點」、「意見」，他們或強或弱的呼聲多是爲倡導某種新的寫作風尚；一是理論總結，指關於新詩現象或歷史的評價、敘述和「規律」探索，其目的顯然在於構造新詩歷史和未來的秩序。可以說，出於各種不同動機、針對新詩而作出的理論言說和表述，實際上已經參與了新詩自身的建構。所有零星的或成體系的理論，不僅加入到新詩的外部機制中，對新詩生長和後來的新詩評價起到了規範、導引的作用，而且潛在地修改或重塑了新詩的內質，從而成爲新詩內部政治的一部分。當然，在理論倡議與寫作實踐之間、在關於歷史的想像和理論總結與歷史的斑駁印痕之間，難免會存在偏移、疏離、錯位等情形，其間的複雜性值得用心清理和辨析。

一、理論倡議的效應

　　如果俄國形式主義者所說的「陌生化」，的確是一種新的詩歌出現的動力和依據；如果美國理論家布魯姆（H. Bloom）喜歡引用的克爾凱戈爾（S. Kierkegaard）的名言「願意工作的人將生下他自己的父親」，確實是詩歌領域的一條法則——那麼，周作人在 1920 年代的某些言論和舉動，似乎恰好體現了這一點。

　　周作人是五四新文化運動的領軍人物之一，但他對由這場運動所催生的新詩是不滿足的，甚至可以說他對初期新詩的不思進取產生了深深的失望，

這種意緒在他寫於 1921 年的一篇短文裏有所流露：

> 現在的新詩壇，眞可以說消沉極了。幾個老詩人不知怎的都像晚秋
> 的蟬一樣，不大作聲，而且叫時聲音也很微弱，彷彿在表明盛時過
> 去，藝術生活的彈丸，已經向著老衰之阪了。新進詩人，也不見得
> 有人出來。……詩的改造，到現在實在只能說到了一半，語體詩的
> 眞正長處，還不曾有人將他完全的表示出來，因此根基並不十分穩
> 固。〔註1〕

幾年後，周作人借爲劉半農的詩集《揚鞭集》作序之機，更是明確地指出：

> 中國的文學革命是古典主義（不是擬古主義）的影響，一切作品都
> 像是一個玻璃球，晶瑩透澈得太屬害了，沒有一點兒朦朧，因此也
> 似乎缺少了一種餘香與回味。正當的道路恐怕還是浪漫主義，——
> 凡詩差不多無不是浪漫主義的，而象徵實在是其精意。這是外國的
> 新潮流，同時也是中國的舊手法，新詩如往這一路去，融合便可成
> 功，眞正的中國新詩也就可以產生出來了。〔註2〕

在周作人看來，初期新詩不但沒有展現「語體詩的眞正長處」，反而落了個淺
白無味的弊端；另一方面，新詩雖說得力於異域詩學的滋養，但在對後者的
借鑒中並未得其要領。於是，他對「象徵」表現出濃厚的興趣，期待它的「朦
朧」能夠增加新詩的「餘香與回味」。對於周作人來說，「象徵」正是新詩的
「陌生化」，這一偏好自有其來源：早在他自己的詩作《小河》（1919）完成
時，周作人就在該詩的小序裏提到了法國象徵派詩人波德萊爾；兩年後，他
在《三個文學家的紀念》一文裏稱讚波氏詩中病態的美實在是「貝類中的眞
珠」，次年他譯出波氏的兩首詩作，其中《窗》是波氏詩歌中譯的首例；他譯
的果爾蒙《死葉》（1920）也是法國象徵派詩歌的最早中文譯作，後來他將果
爾蒙《西蒙尼》十一首作品全部譯出。〔註3〕大概正是抱著某種不滿足和期待
的心理，當 1923 年的某一天周作人收到遠在他鄉的李金髮的兩部詩稿時，竟
有相見恨晚之感，立即推薦出版。值得一提的是，在周作人寫《〈揚鞭集〉序》

〔註 1〕 周作人《新詩》，見《周作人批評文集》，珠海出版社，1998 年版，第 99 頁。
〔註 2〕 周作人《〈揚鞭集〉序》，見《周作人批評文集》，珠海出版社，1998 年版，第
223 頁。
〔註 3〕 參閱孫玉石《中國初期象徵派詩歌研究》，北京大學出版社，1983 年版，第
54 頁以下；金絲燕《文學接受與文化過濾》，中國人民大學出版社，1994 年
版，第 112 頁以下。

的 1926 年，穆木天的《譚詩》、王獨清的《再譚詩》以及聞一多的《詩的格律》、徐志摩的《詩刊弁言》《詩刊放假》等文章也不約而同地相繼出現，均倡言對初期新詩實行變革——這些，顯然絕非偶然。

　　上述情景，構成了早期新詩謀求新變與李金髮詩歌之遇合，從而促成中國象徵主義詩歌出現的基本內容，因而也被確定為 1920 年代中期新詩發生轉型的歷史情勢。這一歷史情勢的某些細節，在多年後李金髮本人的回憶中得到了展示：

> ……不知不覺已積了許多詩稿，自己很有信心，寫得比康白情的「草兒在前牛兒在後」好，也比胡適的「牛油麵包真新鮮，家鄉茶葉不費錢」較有含蓄，較有內容，竟毛遂自薦，直接寫給當時五四運動的老前輩周作人，他看了很能賞識，即將《微雨》編為新潮社叢書……〔註4〕

這段回憶透露的幾點信息是值得尋索的：其一，李金髮自感其寫作已超越了初期新詩人胡適、康白情等的寫作，暗示它們將契合當時處於「無治狀態」的中國新詩界的變革期待〔註5〕；其二，李金髮自認的其詩作的特性（「較有含蓄，較有內容」），算是開了一時風氣之先，稍後的穆木天、王獨清等對此都有系統的闡發；其三，李詩之進入新詩界，與周作人的大力推介不無關係，後者恰好充任了李詩與 1920 年代中期新詩界的結合點。

　　沒有人會忽視周作人的舉薦對於李金髮之出場的意義。按照布魯姆的說法，「一部詩的歷史就是詩人中的強者為了廓清自己的想像空間而相互『誤讀』對方的詩的歷史」〔註6〕。倘若對布魯姆的言下之意稍加延伸，我們不難發現詩歌歷史上一個堪稱普遍的程序：詩人們為了反叛固有的詩歌秩序、探求一種新的寫作方式，總是會找到合適的先驅並將之楷模化，從而獲得自身理論與實踐的「合法性」。在此，不必從中外詩歌史中為周作人之推舉李金髮找出一些不恰當的類比（例如艾略特〔T. S. Eliot〕對十七世紀「玄學

〔註4〕《李金髮回憶錄》（陳厚誠編），東方出版中心，1998 年版，第 56 頁。

〔註5〕《微雨》出版後，評論者即多從新詩界的狀況出發討論它的可能意義，例如鍾敬文說，「像這樣新奇怪麗的歌聲，在冷漠到了零度的文藝界，怎不叫人頓起很深的注意呢？」（《李金髮底詩》）；黃參島的《〈微雨〉及其作者》裏也有相似表述。這是被後來研究者一再提及的兩篇文章，黃參島概括的「對於生命欲揶揄的神秘，及悲哀的美麗」為朱自清所認可，被引述在《中國新文學大系·詩集·導言》裏。

〔註6〕布魯姆《影響的焦慮》中譯本（徐文博譯），三聯書店，1989 年版，第 3 頁。

派」詩人的「發掘」與闡釋），其實在周作人那裏，並不需要煞費苦心地「生出」一個「自己的父親」，因爲他心目中那種寫作的踐行者（也許並非完全稱心）已在「不經意間」闖入自己的視野，他所要做的不過是把這位踐行者納入自己的理論說明之中。李金髮首部詩集《微雨》面世之際，在周作人參與編輯的《語絲》上就有廣告，稱讚「其體裁，風格，情調，都與現實流行的詩不同，是詩界中別開生面之作」〔註7〕；隨著更多的評論者的介入，李金髮被冠以「國中詩界的晨星」、「東方之鮑特萊」等名號，引來了一批模仿者〔註8〕。

在一定意義上，李金髮只是象徵主義詩歌的一位並不自覺的實踐者，雖然後來他也有過零星的理論表述〔註9〕，但眞正具有自覺理論意識的還是穆木天、王獨清等人。也許出於對新詩界的隔膜，李金髮在事隔多年後回憶說，「還有穆木天，王獨清，亦發表了不少作品，惜乎我們沒有聯絡，沒有互相標榜，否則可以造成一次更有聲有色的運動」〔註10〕。事實上，他沒有注意到，穆木天的《譚詩》和王獨清的《再譚詩》（堪稱中國象徵主義詩歌理論的兩份經典文獻）彼此唱和，已經與周作人對「象徵」的推崇及他本人的寫作實踐形成一種共振，一齊推動了「象徵」之風在新詩界的蔓延，造就了一場聲勢不小的「運動」。

雖然，中國象徵主義詩歌在 1920 年代中期興起的背景和實際過程，比此處描述的情景也許要複雜得多，但是，從周作人對李金髮的舉薦到穆木天、王獨清等的唱和，顯示的正是貫穿整個新詩進程的一個基本事實：理論倡議之於新詩寫作的導向作用。可以發現，以胡適當年被奉爲「金科玉律」的《談新詩》（1919）爲起端，理論表述與寫作實踐的如影隨形就成爲新詩發展的重要特徵之一。新詩在每一階段歷經的遷變，無不伴隨著激烈的理論聲辯、詮釋或總結，有時甚至出現理論聲音壓倒、取代寫作實踐的情形。且不說穆木

〔註 7〕 根據李金髮的回憶，周作人的熱情洋溢的覆信中也有「別開生面」等語。參閱孫玉石《中國初期象徵派詩歌研究》，北京大學出版社，1983 年版，第 64、69 頁。

〔註 8〕 侯汝華、胡也頻、石民等是其中的佼佼者；李金髮在爲侯汝華詩集《單峰駝》作序時，頗爲自得地認爲侯詩「全充滿我的詩的氣息」。參閱孫玉石《中國初期象徵派詩歌研究》，北京大學出版社，1983 年版，第 149 頁。

〔註 9〕 參閱吳思敬《李金髮與中國象徵主義詩學》，《首都師範大學學報》2003 年第 1 期。

〔註 10〕《李金髮回憶錄》，東方出版中心，1998 年版，第 58 頁。

天的《譚詩》、王獨清的《再譚詩》、袁可嘉的《新詩現代化》《新詩現代化的再分析》（1947）等已經具備體系的論文，即便像葉公超的《論新詩》（1937）、金克木的《論中國新詩的新途徑》（1936）這樣偶一爲之的文章，也都不是無足輕重的孤零零的理論表述，而是與當時的寫作實踐有著緊密的關聯。及至1980年代以後，理論倡議之聲更是此起彼伏了。

二、寫作實踐對理論的偏移

　　理論倡議無疑對一定時期的詩歌風習、詩藝趨向產生了很大影響，倡議者往往根據自己的審美趣味，通過揚此抑彼的理論表述來引導某種寫作潮流。譬如，在新詩初期，胡適以他一貫的「白話」詩觀認爲：「詩固有淺深，倒也不全在露與不露。李商隱一派的詩，吳文英一派的詞，可謂深藏不露了，然而究竟遮不住他們的淺薄」〔註11〕；他的倡導得到康白情等人的響應，由此掀起了一股追求平白如話的「白話」詩潮，以至於「收入了白話，放走了詩魂」（梁實秋語）。然而，數年後詩歌風氣逆轉，廢名針鋒相對地提出：「胡適之先生所認爲反動派『溫李』的詩，倒似乎有我們今日新詩的趨勢」，「我的意思不是把李商隱的詩同溫庭筠的詞算作新詩的前例，我只是推想這一派的詩詞存在的根據或者正有我們今日白話新詩發展的根據了」〔註12〕。這番話，恰好成爲1930年代「現代派」詩人進行詩學探索的一個注腳。這種各執一詞的理論「分歧」情形，在新詩歷史上實屬常見。

　　不過，另一方面，理論倡議並非總是產生倡導者所期待的效應，有時甚至收效甚微。在某種理想化的理論表述和具體的寫作實踐之間，常常會出現較大的偏移，導致實踐的成果與理論的構想大相徑庭。作爲中國象徵主義詩歌理論的系統表述，穆木天的《譚詩》所嚮往的「純詩」相當精妙，他要求「詩是數學的而又音樂的東西」，「喜歡用烟絲，用銅絲織的詩」，認爲「詩要兼造型與音樂之美。在人們神經上振動的可見而不可見可感而不可感的旋律的波，濃霧中若聽見若聽不見的遠遠的聲音，夕暮裏若飄動若不動的淡淡光

〔註11〕　胡適《〈蕙的風〉序》，見《中國新詩集序跋選》（陳紹偉編），湖南文藝出版社，1986年版，第88頁。

〔註12〕　馮文炳（廢名）《談新詩》，人民文學出版社，1984年版，第27、28頁。同一時期，鄭振鐸在寫《插圖本中國文學史》時，也給予溫、李極高的評價：「我們的抒情詩的一體，所謂『詞』者，其在五代與宋之間的造就，無疑的乃是我們的詩史裏的偉大的一個成就。而溫、李卻是他們的『開天闢地』的盤古、女媧！」見該著上冊，北京出版社，1999年版，第398頁。

線，若講出若講不出的情腸才是詩的世界」；他忍不住設想：

> 我忽的想作一個月光曲，用一種印象的寫法，表現月光的運動與心
> 的交響樂。我想表漫漫射在空間的月光波的振動，與草原林木水溝
> 農田房屋的浮動的調和及水聲風聲的響動的振漾，特在輕輕的紗雲
> 中的月的運動的律的幻影。〔註13〕

可是，穆木天本人和他的同道們的寫作實踐，卻無力達到其所暢想的那般「玄
妙」。僅以穆木天的代表作《蒼白的鐘聲》為例，作者意在通過疊詞、擬聲等
手段，傳達出與「蒼白的鐘聲」相宜的特殊效果，其實並不盡如人意：

> 蒼白的　鐘聲　衰腐的　朦朧
> 疏散　玲瓏　荒涼的　濛濛的　谷中
> ──衰草　千重　萬重──
> 聽　永遠的　荒唐的　古鐘
> 聽　千聲　萬聲
>
> 古鐘　飄散　在水波之皎皎
> 古鐘　飄散　在灰綠的　白楊之梢
> 古鐘　飄散　在風聲之蕭蕭
> ──月影　逍遙　逍遙──
> 古鐘　飄散　在白雲之飄飄

這裏除了音節間的「蒼白」的回響外，似乎沒有給讀者帶來更多的「振漾」；
即使就「旋律」而言，太多生硬的詞語組合和腳韻也令人難以領略其「音樂
之美」。個中的原因，大概在於王獨清所說的「中國底語言文字，特別是中國
這種單音的語言與構造不細密的文字」；所以，王獨清也意識到了理想與現實
之間的可能罅隙：「這類做法實在不是一回容易事，稍一粗糙，便成了不倫不
類的東西」〔註14〕。在這一意義上，後人指出的「象徵詩派之於中國現代主
義詩歌乃至整個新詩史其主要貢獻在於藝術法則而不是藝術成就」〔註15〕，

〔註13〕穆木天《譚詩──寄沫若的一封信》，原載《創造月刊》第 1 卷第 1 期（1926
　　　　年），見《穆木天文學評論選集》，北京師範大學出版社，2000 年版，第 135
　　　　頁以下。

〔註14〕王獨清《再譚詩──寄給木天、伯奇》，原載《創造月刊》第 1 卷第 1 期（1926
　　　　年），見《中國現代詩論》（楊匡漢、劉福春編）上編，花城出版社，1985 年
　　　　版，第 104～105 頁。

〔註15〕王毅《中國現代主義詩歌史論》，西南師範大學出版社，1998 年版，第 59 頁。

是不無道理的。

　　與此極其相似的例子是 1980 年代的「非非」詩派。作爲一個內部藝術取向並不一致的詩歌群體，「非非」詩派的影響力無疑更多地來自理論表述。這個詩派的理論代言人周倫祐、藍馬相繼推出《反價值》、《變構：當代藝術啓示錄》、《前文化導言》、《非非主義詩歌方法》等頗具體系的長篇論文，提出了三大「還原」（即感覺還原、意識還原、語言還原），語言的非兩值定向化、非抽象化、非確定化，以及「前文化」、「超語義」、「反價值」和「語暈」等概念。周倫祐後來在回顧「非非」詩派的理論倡議時，曾有幾分自信地說：「『非非』對理論的重視是基於中國新詩理論的缺乏，以及『朦朧詩』自身的理論不足。我們受固於轉述成風和『尋根』初熱的理論氛圍中，立志創立中國本土的，獨立於世界文化思潮的當代詩學和價值理論。」〔註 16〕但他的這番自我判定並未得到認同。比如，徐敬亞在「非非」出現之初就敏銳地意識到，後者的理論僅僅是「一種戰略的目光」，「他們顯然缺少對清晰的創作原則的興趣。而布道式的宣言，又將這種不清晰的體會，表達得更加神秘。……他們的文章不僅僅是詩歌理論文章，也是文藝理論文章、哲學文章、玄學文章。所以對很多寫詩的青年來說，它們很可能是一個比太陽還遙遠，比太陽的直徑還大的美麗光環」〔註 17〕。人們很快發現了「非非」們的「超語義」、「還原」理論的「悖論和困境」：「當詩人們以反叛的姿態背叛語言的時候，他仍要呈現另一種語言狀態；當他反叛語義、超越語義的時候，他的語言卻又無法擺脫另一種語義；當他決定反理性的時候，他的詩歌卻又極具理性……因而，迄今爲止，『前文化還原』也只能是一種美妙的幻覺而已」〔註 18〕。不能不說，「『非非』的構想基本上只能停留在理論假想這一層面，『非非』詩人實際上沒有也不可能提供出名實相符的作品，他們的詩作往往於『非非』理論相去甚遠」〔註 19〕；甚至有人認爲：「『非非』的理論建構顯得過於輝煌，而創作又顯得那麼疲弱、無力，這就構成了極大的反差，使人們對其終極目標不免產生懷疑」〔註 20〕。

〔註 16〕周倫祐《異端之美的呈現》，《詩探索》1994 年第 2 輯。
〔註 17〕徐敬亞《圭臬之死（下篇）》，見《崛起的詩群》，同濟大學出版社，1989 年版，第 189 頁。
〔註 18〕吳開晉等著《新詩期詩潮論》，濟南出版社，1991 年版，第 234 頁。
〔註 19〕李振聲《季節輪換》，學林出版社，1996 年版，第 72 頁。
〔註 20〕吳開晉等著《新詩期詩潮論》，濟南出版社，1991 年版，第 234 頁。

　　儘管周倫祐對此作出辯解：「某些批評家以非非『理論的輝煌』而降低非非詩歌作品的貢獻，卻是片面的和不公允的」，並指明了「非非」詩歌作品的開拓性（如他自己的《自由方塊》《頭像》的解構性寫作、楊黎《街景》《高處》的物化描述性寫作、藍馬《世的界》的超語義寫作等）〔註21〕，但仍然不能消除人們心目中如此印象：「『凌空虛蹈』的理論和口號，讓『非非』詩人付出了『理論先行』而『創作滯後』的沉重代價」〔註22〕。或許，「非非」們陷入的正是這樣的窘境：「當他潛心設計理論時，他淡忘了他的詩，而當他埋頭於他的詩時，他又忘了他的理論設計的有關條例」〔註23〕。「非非」們試圖建造一座在語言內部抵制語言、運用語義來超越語義的理論大廈，而這一宏大構想在付諸實踐時即面臨著自我瓦解：

　　　　水與水一位一體
　　　　手與水二位一體
　　　　走船
　　　　走水
　　　　走鴿子
　　　　　　　　　　——藍馬《世的界》

這種支離破碎大概正是「非非」們追求的；作為精心營構的文本，諸如此類的書寫也許隱隱透露出另外方面的意味〔註24〕，但它們無法印證那些玄妙的「語彙」理論。

　　事實上，在新詩的整個進程中，除部分理論倡議具有一定的建構意義外，還有很多理論言述僅僅是策略性的。一些詩人和理論家往往以驚世駭俗的口吻，以十分極端的姿態，亮出他們極具破壞性和顛覆性的觀點。在很大程度上，他們看重的不是理論本身（嚴密、適用）而是其「效應」：倘若那些誇張

〔註21〕周倫祐《異端之美的呈現》，《詩探索》1994年第2輯。
〔註22〕程光煒《中國當代詩歌史》，中國人民大學出版社，2003年版，第303頁。
〔註23〕李振聲《季節輪換》，學林出版社，1996年版，第71頁。
〔註24〕詩人柏樺如此詮釋《世的界》的意義：「破壞世界的基礎形容詞、破壞世界的結構動詞、破壞世界的元素名詞、破壞世界的綿延和場所數詞、副詞、度量詞，總之破壞世界一切的語言制度，破壞所有對語言的記憶制度，從這些制度中把一切解放出來，解放從『世的界』開始，世界不再是世界而是『世的界』，這個小小的『的』字在此起到了一個革命性的作用，世界的面貌由此改觀。」見柏樺《非非主義的終結》，《中國詩歌》1996年第1期，第369～370頁。

的眾聲喧嘩的口號、宣言，相互矛盾而不乏真知灼見的陳述，激起了人們的震驚或憤怒，反對或追捧，困惑或詆毀，那麼這恰好是他們所需要的。這尤其體現在 1980 年代中期「詩群大展」的眾多宣言中。另一方面，對於某些好喋喋不休的詩人而言，他們蓬勃的理論表達欲望主要源於「詩歌寫作的『晦澀難懂』所導致的閱讀、批評的『失效』」和「對一般的讀者和批評家的不信任」，以及「時間上的焦慮」所催生的「強烈的『文學史意識』」〔註 25〕。因此，在某些含混的、似是而非的理論表達中，其實包含了通過理論言述重新構造歷史的衝動。

三、錯位：在歷史與敘述之間

在中國象徵主義詩歌興起的情景中，另一個饒有興味的事實是：儘管周作人依照自己的願望向詩界舉薦了李金髮，李的「象徵」之作也的確產生了反響，但是在李金髮身前身後的數十年間，關於他的成就和地位的判定一直是充滿爭議的。顯然，令評論者感到困惑的不僅在於：「李金髮，是以他的詩名而留在新文學史上的，但是，在他一生七十六個年頭裏，狂熱於新詩創作，為時不過一年多」〔註 26〕；而且更在於，究竟哪些力量導致了李金髮的倍受爭議（包括他自身的某些因素）？其間隱含著怎樣的詩學秘密或歷史邏輯？後面的疑惑恰恰更加值得追問。可以說，迄今為止，「李金髮是誰」這一問題似乎仍然顯得晦暗不明。此處關涉的便是理論評價、敘述和總結的問題。

其實，詢問「李金髮是誰」就是探詢李金髮之何以成為李金髮。雖然在 1980 年代對於李金髮的一片「重估」聲中曾有如此說法：「中國話不大會說，不大會表達，文言書也讀了一點，雜七雜八，語言的純潔性沒有了。引進象徵派，他有功，敗壞語言，他是罪魁禍首。」〔註 27〕但李金髮之被尊為中國象徵主義詩歌先驅的形象並未遭到動搖。李金髮的這一形象早在 1930 年代即已經確立，這除了有賴於周作人的舉薦，同代的鍾敬文、黃參島、蘇雪林等的評介，以及李金髮本人的陳述而外，還有一個相當關鍵的因素——作為文

〔註 25〕洪子誠、劉登翰《中國當代新詩史》（修訂版），北京大學出版社，2005 年版，
　　　　第 249 頁。
〔註 26〕周良沛《「詩怪」李金發》，見《李金髮詩集》，四川文藝出版社，1987 年版，
　　　　第 4 頁。
〔註 27〕孫席珍語，引自周良沛《「詩怪」李金發》，見《李金髮詩集》，第 10 頁。

學史家的朱自清的定性與定位。無疑，一位詩人何以成其自身——他的位置和形象的確立——並非自然而然地完成的，而是各種條件和多重因素共同作用的結果。

朱自清對李金髮的定性與定位，主要體現在他的兩部重要著述中：其一是 1929 年編寫的《中國新文學研究綱要》，在這部「最早用歷史總結的態度來系統研究新文學的成果」（王瑤語）的著作裏，朱自清闢專節剖析李金髮詩歌的特點，足見其重視的程度〔註 28〕；另一是 1935 年為《中國新文學大系‧詩集》所寫的導言。近年來，《中國新文學大系》對現代文學學科建制、知識秩序所產生的深遠影響，漸漸受到關注。〔註 29〕眾所周知，正是在《中國新文學大系‧詩集‧導言》的結尾處，朱自清「欽定」般地提出：「若要強立名目，這十年來的詩壇就不妨分為三派：自由詩派，格律詩派，象徵詩派」〔註 30〕；他在隨後的《新詩的進步》一文裏強化了這一劃分，並贊同一位朋友所說的「這三派一派比一派強，是在進步著的」，給予象徵詩派的「遠取譬」方法很高的評價〔註 31〕。也正是在這樣的敘述框架下，朱自清沿用蘇雪林的說法（他在「大系」的《詩話》裏介紹李金髮時，徵引了蘇雪林的「近代中國象徵詩至李氏而始有」等觀點），將李金髮指認為新詩中引入象徵的「第一個人」，從而凸顯了李的詩歌史地位。他關於詩派的劃分和對李金髮的論析，多為後來的評論者所承襲。

不過，越來越多的研究者傾向於把對李金髮的詩歌史定位和文本價值區分開來。例如，有論者針對長期以來在李金髮評價問題上的爭執不休，認為：「只要認真研讀一下李金髮的文本，爭論便可休矣，詩怪之謎的形成，很大

〔註 28〕 見《朱自清全集》第 8 卷，江蘇教育出版社，1993 年版，第 93～94 頁。正如有論者指出：「這是繼周作人之後對李金髮詩歌做出的準確而完整的評價，確認了李金髮詩歌的文學史意義」。見王本朝《中國現代文學制度研究》，西南師範大學出版社，2002 年版，第 190 頁。

〔註 29〕 參閱溫儒敏《論〈中國新文學大系〉的學科史價值》，《文學評論》2001 年第 3 期；劉禾《〈中國新文學大系〉的製作》，見《跨語際實踐》，三聯書店，2002 年版，第 309～341 頁；羅崗《解釋歷史的力量——現代「文學」的確立與〈中國新文學大系（1917～1927）〉的出版》，《開放時代》2001 年第 5 期。關於現代文學學科建制，可參閱溫儒敏等《中國現當代文學學科概要》，北京大學出版社，2005 年版。

〔註 30〕 朱自清《中國新文學大系‧詩集‧導言》，上海文藝出版社，1981 年影印本，第 8 頁。

〔註 31〕 朱自清《新詩雜話》，三聯書店，1984 年版，第 7 頁以下。

程度上在於脫離文本和空洞評說。非文學力量製造了這一現象，卻讓文學承受其後果，這並不公平」〔註32〕。實際上，詩歌史定位和文本價值之間的分歧似乎永無休止之日，既然它們提供了兩套相互衝突的評價方式與標準。而對於聚訟紛紜的中國新詩來說，這種分歧非常普遍和明顯，在李金髮之外還可舉出很多詩人。這裏需要辨析的是詩歌史作爲一種所謂「非文學力量」的實質——從某個角度來說，一部詩歌史可被視爲一種理論倡議的擴展和延伸，即一種經過強化後的觀念的集中顯現，它往往是倚靠「敘述」才得以實現的。按照美國學者海登·懷特（Hayden White）的說法，「『歷史』只有通過語言才接觸得到，我們的歷史經驗與我們的歷史話語是分不開的，這種話語在作爲『歷史』被消化之前必須書寫出來，因此，歷史書寫本身有多少種不同的話語，就有多少種歷史經驗」〔註33〕。在此意義上，對一位詩人所作的詩歌史定位，就成了一種「敘述」（描述、評價、判定）支配下的產物；詩歌史的意向和功能並不在於對一件具體的文本進行形式分析，而是借助於「敘述」進行理論總結，建構某種知識秩序和歷史「效應」。

　　作爲一部較爲系統的文學史著作，朱自清《中國新文學研究綱要》體現的正是上述功能，其對早期新詩所作的濃墨重彩的梳理，無疑潛藏著一定的理論申辯和建構秩序的深意。王瑤充分體會到了這一點，曾如此解釋道：「在《綱要》『各論』的五章中，我們可以看到論『詩』的一章最爲豐富，這一方面是因爲朱先生自己是詩人，他一向關注新詩的成長……另一方面，新詩在五四文學革命中是首先結有創作果實的部門，爭議最多，受到的壓力也最大；而且由於受到不同的外國詩的影響，風格流派也最多，因此在總結它的發展過程時，自然就需要更多的筆墨了」〔註34〕。也許，相對於後來眾多文學史和新詩史著述而言，《中國新文學研究綱要》算不上十分系統，但朱自清在此著中確立的論述框架，連同他在《中國新文學大系·詩集·導言》裏進行的詩派劃分，以及在《新詩雜話》裏展開的大量「解詩」實踐，都在很大程度上具有「範式」的意義，其深刻影響是不容低估的。

　　毫無疑問，具有「敘述」特性、發揮著理論總結作用的詩歌史造成了雙

〔註32〕張同道《探險的風旗》，安徽教育出版社，1998年版，第146頁。
〔註33〕海登·懷特《後現代歷史敘事學》中譯本（陳永國譯），中國社會科學出版社，2003年版，第292頁。
〔註34〕王瑤《先驅者的足迹》，見《朱自清全集》第8卷，江蘇教育出版社，1993年版，第130頁。

重後果：一方面，它將眾多詩人、作品、現象、事件等，按照一定的方式進行排列、組合，試圖建立某種可以把捉的邏輯秩序，構築一幅便於觀察的發展圖景〔註 35〕；另一方面，它對細節的省略和對結論的強調，致使它抹掉了歷史發展的豐富與駁雜，從而喪失了歷史本身的具體生動性。就新詩而言，詩歌史可能帶來的致命「危險」是：人們對於新詩的瞭解和理解，很容易建基於一些教科書式的「敘述」之上並受制於後者；種種關於新詩的泛泛而談的批評、人云亦云的議論，不僅給予接受者某些似是而非的印象或影像，而且導致他們頭腦裏滋生某種「先見」乃至偏見——那些「自明」的對新詩評價問題作出的判斷甚至指責，便由此而出現。

實際上，一部詩歌史多少意味著一種形塑機制的確立。不難發現，在許多敘述者筆下，新詩的歷史形象（如「盛」或「衰」、「豐富」或「貧瘠」、「成型」或「不成型」等等）不是其本身如何，而是更多地取決於他的觀念的取向、眼界的高低、個人的心性乃至敘述語氣的微妙變化。這樣，在關於歷史的敘述和實際的歷史之間就出現了某種錯位。正如洪子誠指出：「我們關於歷史的敘述，其實是在不斷修改，總是處在很不穩定的狀態之中……歷史敘述的變化，它的巨大的不穩定，不僅是評價上的不同，而且有歷史事實、歷史細節的不斷更易」〔註 36〕。常常，歷史的「刪除」行為是借助於「敘述」來完成的，通過有意的迴避或凸顯，一批詩人既從現實裏消失、又在歷史的線索中被抹去，另一批詩人卻被推到了前臺（最典型的是 1950 年代「權威」敘述者對新詩歷史的「重述」），而歷史的真實則被掩蓋了。這種「敘述」所導致的後果及其隱含的深層理論問題，格外值得省思。

〔註35〕在此意義上，詩歌選本具有相似的效力，人們顯然十分清楚：「經典，一如所有的文化產物，從不是一種對被認爲或據稱是最好的作品的單純選擇；更確切地說，它是那些看上去能最好地傳達與維繫佔主導地位的社會秩序的特定的語言產品的體制化」（美國學者 A. Krupat 語，引自余寶琳《詩歌的定位——早期中國文學的選集與經典》，見樂黛雲、陳珏編選《北美中國古典文學研究名家十年文選》，江蘇人民出版社，1996 年版，第 276 頁）。朱自清編選的《中國新文學大系·詩集》即是顯著的一例；1990 年代末幾部詩歌選本引發的爭論，也說明了這一點，這裏不擬展開討論。相關的論述可參閱姜濤《「新詩集」與中國新詩的發生》第六章第三節「選本中的新詩想像：對『分類』的揚棄」，北京大學出版社，2005 年版。此外，各種「年表」、「大事記」的撰寫，同樣擔當了一定的詩歌史功能，茲不贅述。

〔註36〕洪子誠《問題與方法：中國當代文學史研究講稿》，三聯書店，2002 年版，第 21 頁。

　　縱觀 20 世紀新詩的歷程可以看到，理論通過各種方式參與、介入甚至改變新詩自身的建構，已成爲一種令人觸目驚心的現象。的確，讓人感到困惑的是，相對於現代文學的其他文類而言，新詩發展過程中伴隨著太多的「意見」、「看法」、「心得」及評價、總結等理論的規約，這些理論規約中的某些「強勢」聲音（它們往往外在於詩歌），甚至強制性地與新詩的寫作實踐和歷史形象糾纏在一起，並且很容易上升爲一種普泛的程序或「規範」。從上述分析可以看出，在新詩寫作實踐中對某種理論構想的偏移，和理論總結與歷史眞實之間出現的錯位，在一定意義上是「同質」的，都體現了理論所遭受的「誤用」。當然，指出這一點並不是爲了取消理論，而是提請人們辯識各種理論言述與新詩發生關聯的複雜性。

第五章　《少年中國》的形式詩學
——以新詩「發生」爲背景的考察

　　在現有關於新詩「發生」及其後續發展的描述中，一種頗爲常見的言路是：以胡適倡導的白話詩爲起端（標誌是《嘗試集》），這股白話——自由詩潮在康白情、俞平伯等的推波助瀾下，至郭沫若《女神》達到顛峰後，遭到了以聞一多、徐志摩爲代表的「新格律詩」派，和穆木天、王獨清、李金髮等象徵派詩人的雙重反叛，自此「非詩化」的「白話詩」開始走上「藝術化」的「新詩」的道路。這種看似脈絡清晰、給出幾個重要節點的描述，實則隱含著某種「條理化」〔註1〕之後的簡化傾向，因而不可避免地造成了一種後果：對歷史複雜性和構成這種複雜性的其他節點的忽視。

　　在那些被忽略的節點之中，以《少年中國》雜誌（1919.7～1924.5）爲陣地所進行的詩學探索顯示了特別的意義。儘管這份雜誌一些重要詩人（如宗白華、康白情等）的創作，在 1980 年代以來特別是近年的新詩研究著作裏，得到過零星的評析〔註2〕，但這些評析要麼相對孤立地看待《少年中國》的詩

〔註 1〕　誠如姜濤敏銳地意識到的：「當《嘗試集》與《女神》之間的『共時』差異被拉成『歷時』進化，新詩發生期多種可能性紛呈的複雜局面隨之被條理化了，張力結構中的『對話』關係，也變成兩個階段的更迭」。見姜濤《〈新詩集〉與中國新詩的發生》，北京大學出版社，2005 年版，第 256 頁。

〔註 2〕　令人疑惑的是，關於《少年中國》的詩歌創作，在 1980 年代尚有錢光培《現代詩人及流派瑣談》（人民文學出版社，1982 年版）、祝寬《五四新詩史》（陝西師範大學出版社，1987 年版）等著闢專章介紹（雖不免簡略），而 1990 年代以後出版的多部現代詩歌史卻鮮有論及；近年來，這份雜誌的詩學探索漸漸受到重視，出現了陳旭光《論〈少年中國〉的象徵主義譯介與早期新詩的期待視野》（《文藝理論研究》1998 年第 5 期）、陳學祖《〈少年中國〉與中國

學成就，要麼因受制於線性思維而僅將之納入某種縱向的歷史敘述中——惜乎沒有把《少年中國》的詩學探索置於更開闊的關聯域加以考察，故未能全面彰顯這些詩學探索得以生成的歷史情境和其所蘊涵的駁雜取向。

本文認爲，《少年中國》的詩學討論和創作理應被看作充滿異質話語的早期新詩場域的一部分，它們不僅豐富了新詩「發生」的情景，而且補充了人們對於新詩的想像。這些詩學探索，在當時普遍的詩歌「新」與「舊」對峙的格局中，增添了一些後來被反覆討論的向度，如詩的音律、詩與「非詩」、詩的本體、詩與散文等。也許，《少年中國》同人們的所有努力旨在建構一種「形式詩學」。可是，正如下面即將分析的，他們表述中的「形式」，雖然帶著明顯的音韻元素，但其意旨並不僅僅限於單純的文體層面，即爲新詩爭取一種文體合法性，而更在於在詩中融入他們宏深的文化理想，力圖重新定義一種「詩」。

一、音律：形式意識的凸顯

在新詩草創之際，雖不是專門文學刊物的《少年中國》，卻刊載了大量的詩學討論文章和詩歌作品，其同人們對詩的熱情之高、態度之專注、所討論的詩學議題之廣泛實屬少見〔註3〕。不過，他們最初有關詩的談論並無明確的詩學指向，其言述在觀念和理路上還僅僅是對當時風起雲湧的白話——自由詩潮的呼應。例如，發表在《少年中國》創刊號上的田漢長文《平民詩人惠特曼的百年祭》，所呼喚的即是惠特曼式的「少年中國的解放文學自由詩」；該文臨近末尾，專用一節討論「惠特曼的自由詩與中國的 Renaissance」，其中某些觀點與當時的自由詩理論如出一轍：「現代事象之繁複，不是腐舊的詩形所能包容；現代詩人內部生命之豐富，也不是腐舊的詩形所能表現，其結果非至於打破一定的韻律與詩形不可……中國現今『新生』時代的詩形，正是

新詩審美形式觀念的確立》（《江西社會科學》2003 年第 1 期）等論文。值得一提的是，解志熙《「和而不同」：新形式詩學探源》（《文學評論》2001 年第 4 期）在追溯 1920 年代中期至 1930 年代初的「新形式運動」發展過程時，強調了《少年中國》幾位詩人在新詩形式探討方面的貢獻。

〔註 3〕據統計，《少年中國》共發表詩論（含譯介）19 篇（格外引人注目的是連續兩期「詩學研究號」）、詩作 162 首（含譯作和少量舊體詩詞，不包括上述詩論及其他文章徵引的 80 餘首譯詩和詩作），另「會員通訊」中也偶有關於詩的討論（最著名的當屬郭沫若致宗白華的兩封信）。這足見該刊同人對「詩」的重視。

合於世界的潮流，文學進化的氣運」〔註4〕。這顯然附和著當時的白話——自由詩觀念，是借世界詩歌潮流趨勢為新起的白話詩張目。即便兩期看似精心籌劃的「詩學研究號」（第 1 卷第 8、9 期），也沒有集中或一致的論題與取向，而其中宗白華《新詩略談》和康白情《新詩底我見》二文雖然頗具系統性（詳後），但仍留有較多胡適自由詩主張之影響的印迹〔註5〕。至於《少年中國》上較早刊發的詩作，有不少（如康白情的《送客黃浦》、《暮登泰山西望》，周無的《去年八月十五日》、《黃蜂兒》，田漢的《黃昏》等）採用的是與周作人《小河》相似的散文化句子。

隨著討論的深入和問題的累積，《少年中國》上日漸增多的詩學文章中，某種值得注意的共同趨向和議題確乎開始展露出來。其中一個突出的趨向便是詩的形式問題，尤其詩的韻、律等引起了詩人們的重視。比如，周無就覺察到：即便是散文詩，「除了主情想像主觀以外，還有幽渺自然的節韻的」；在詩中，「律聲是補助節韻，節韻是用來引起美情。是音律——和聲律節韻言——為美情，並非美情為音律。甚麼叫音律，全以能否引起美情為斷」〔註6〕。似乎是不約而同地，田漢如此表述他對詩的認識：

> 詩的內容以情感為生命！詩的形式與韻律相聯屬！……以詩歌和音樂比，同屬人類內部活動之音律的表出，而音樂以聲音之暗示suggest 而獨立，詩歌以言語之表象 symbolize 而獨立！……我們情動於中而發於外的時候，其為言為動必帶多少節奏，以助成其形式美。所以詩歌有格律。

不過，他也意識到：「若專重格律，而不重情感，或以格律而束縛其情感，都不算真正的詩歌。所以詩歌者，是託外形表現於音律的一種情感文學！！是自己內部生命與宇宙意志接觸時一種音樂的表現！！」基於此，他作出了一個詩的定義：「詩歌者有音律的情緒文學之全體」，或者「詩歌者以音律的形式寫出來而訴之情緒的文學」；他還特別指出：「這個『有音律』和『訴之情

〔註4〕 田漢《平民詩人惠特曼的百年祭》，載 1919 年 7 月《少年中國》第 1 卷第 1 期。

〔註5〕 此外，詩的新舊之辯也還在進行，如易家鉞《難道這也應該學父親嗎？》如此表白：「我現在決計不作舊體詩：（一）因為舊詩是『死文學』，（二）作舊詩帶有奴隸性質……」見 1920 年 2 月《少年中國》第 1 卷第 8 期。

〔註6〕 周無《詩的將來》，載《少年中國》1920 年 2 月第 1 卷第 8 期。在早先一封給友人的信中，周無還倡議探討「『民國美文』的建設問題」，見 1919 年 11 月《少年中國》第 1 卷第 5 期「會員通訊」。

緒』兩件事情，是詩歌定義中不可缺的要件。詩歌之目的純在有情緒，詩歌的形式不可無音律」〔註7〕。這樣，一種以「音律」爲內核的形式意識，在《少年中國》同人們的詩學討論中得以凸顯。

將詩的形式與內容並舉甚至強調形式的重要性，顯示了對初期白話——自由詩潮的偏離。這在康白情的《新詩底我見》和宗白華的《新詩略談》二文中也有所體現。兩篇文章都試圖從兼顧內容與形式的角度重新定義詩。康文給出的定義是：「在文學上把情緒的想像的意境，音樂的刻繪寫出來，這種的作品就叫做詩」〔註8〕。宗文則把詩分爲「形」與「質」兩方面，其給出的定義是：「用一種美的文字——音律的繪畫的文字——表寫人底情緒中的意境」，並進一步解釋說：「這能表寫的，適當的文字就是詩的『形』，那所表寫的『意境』，就是詩的『質』。換一句話說：詩的『形』就是詩中的音節和詞句的構造詩的；『質』就是詩人的感想情緒」；「詩形的憑藉是文字。而文字能具有兩種作用：（一）音樂的作用。文字中可以聽出音樂式的節奏與協和。（二）繪畫的作用。文字中可以表寫出空間的形相，與彩色」，「我們對於詩，要使他的『形』能得有圖畫底形式的美，使詩的『質』（情緒思想）能成音樂式的情調」〔註9〕。儘管兩篇文章都有著白話——自由詩觀念的烙印（如康文：「首先要打破的就是格律」，「丟掉那些鏗鏘的音調，工整的對仗，濃麗的詞華，精巧的字眼兒，庶幾眞正的新詩可得而創造了」；宗文：「新詩的創造，是用自然的形式，自然的音節，表寫天眞的詩意與天眞的詩境」），但它們對於新詩形式要素（音樂性、韻律、美感）的看重是十分明確的：「以熱烈的感情浸潤宇宙底事事物物而令其理想化，再把這些心象具體化了而譜之於只有心能領受底音樂，正是新詩底本色呵」〔註10〕。

而更爲明確、具體地探討新詩形式問題的是李思純。大概與自己所學的史學專業有關，李思純十分關注中國傳統文化問題，曾自言「在四川治國故的時代，最喜音韻一部……什麼『廣韻集韻』『切韻指南』『六書音韻表』『四聲切韻表』……等，終日研究」，留學法國期間「頗想以餘力涉獵一點發音學、比較語言學與文字學」〔註11〕；他在《少年中國》上發表《國語問題的

〔註 7〕田漢《詩人與勞動問題》，載 1920 年 2 月《少年中國》第 1 卷第 8 期。
〔註 8〕康白情《新詩底我見》，載 1920 年 3 月《少年中國》第 1 卷第 9 期。
〔註 9〕宗白華《新詩略談》，載 1920 年 2 月《少年中國》第 1 卷第 8 期。
〔註10〕康白情《新詩底我見》，載 1920 年 3 月《少年中國》第 1 卷第 9 期。
〔註11〕李思純致康白情，見 1921 年 1 月《少年中國》第 2 卷第 7 期「會員通訊」。

我見》、《漢字與今後的中國文字》等文，參與當時關於漢字存廢、拼音文字
等問題的討論。1920 年 9 月，李思純寫成《詩體革新之形式及我的意見》（後
刊於《少年中國》第 2 卷第 6 期），提出了關於新詩形式問題的較全面的見
解。他首先對時人「於詩的形式」「存而不論」表示了不滿，指出「現在的所
謂新詩，藝術的方面，盡有使我懷疑之點」，主要表現爲三點：「太單調」、「太
幼稚」、「太漠視音節」；同田漢、康白情和宗白華一樣，他也從思想（內容）
與藝術（外象）兩方面理解詩的構成，認爲內容即精神、外象即形式，二者
不可分離，「精神與形式，不過一物的兩方面，並非截然可分的二物。……新
詩的創造，豈僅能以精神勝於舊詩自豪。換言之，若藝術方面的形式上遠遜
舊詩，那麼，精神方面，何能離形式而獨完呢」；因此，他提出：「新詩的音
節，固然可以不必像舊詩那樣鏗鏘，但自然的音節、幫助他的適當之美的音
節，卻不可不要」，「我們不希望詩體的變革，永遠爲幼稚粗淺單調的新詩，
而希望他進步成爲深博美妙複雜的新詩」；此外他還通過比較「中國詩的形式
與歐美詩的形式」、追溯「詩體革新之歷史及現在的成績」，提出了今後解決
新詩形式問題的兩條途徑──「多譯歐詩輸入範本」、「融化舊詩及詞曲之藝
術」〔註 12〕。

　　李思純不愧爲倡議建立新詩形式的急先鋒〔註 13〕，他與周無、田漢等《少
年中國》同人圍繞「音律」、對新詩形式問題的討論，既開闢了一條反思、修
正初期白話──自由詩觀念的路徑，又間接地啓發了其後陸志韋、饒孟侃等
對韻腳、節奏的重視。在隨後幾年裏，詩的「音律」逐漸成爲一個顯著的話
題，如李璜在《法蘭西詩之格律及其解放》中認爲：「詩的功用，最要是引動
人的情感，這引動人的情感的能力，在詩裏面，全靠字句的聰明與音韻的入
神」〔註 14〕；成仿吾在其著名的《詩之防禦戰》（1923）中指出：「抒情詩的

〔註 12〕李思純《詩體革新之形式及我的意見》，載 1920 年 12 月《少年中國》第 2 卷
　　　　第 6 期。

〔註 13〕李思純稍後寫的《抒情小詩的性德及作用》（載《少年中國》第 2 卷第 12 期）
　　　　一文，亦對「情緒是詩的唯一要素」的「失之過愚」現象多有指責。數年後，
　　　　在《與友論新詩書》（載 1923 年 8 月《學衡》第 20 期）中，他仍對新詩之無
　　　　韻憂心忡忡：「竊以文學所本在於文字，吾國舊詩之所以有平仄音律五七言，
　　　　蓋本於漢字之特質……若夫在單音獨體之漢字下，而強用之以造作拼音文字
　　　　之詩，則去常識已遠。……今新詩之興三四年，成品何可勝數，顧屈指計之，
　　　　其能留於吾人之記憶而可琅琅上口，較之彈詞中『曉行夜宿無多話，不日已
　　　　到北京城』實爲遠遜。此其故可深長思矣」，其觀點已明顯趨於保守。

〔註 14〕李璜《法蘭西詩之格律及其解放》，載 1921 年 6 月《少年中國》第 2 卷第 12 期。

眞諦在利用音律的反覆引我們深入一個夢幻之境」〔註15〕；梁實秋也說：「主張自由詩者以爲音韻是詩的外加的質素，詩可以離開音韻而存在。這種說法完全是沒能瞭解詩的音韻的作用」，「有些人很懷疑白話根本沒有合詩的音韻的可能，這實在是不對的」〔註16〕。以至發展爲 1920 年代中期之後一場聲勢浩大的「新格律詩」運動。

　　《少年中國》同人們的詩學探討在他們的創作實踐中獲得了一定的印證。儘管總體而言，他們的詩歌作品難以避免地帶著新舊交替期的痕迹（如生澀的白話、較多散文化和自由體等），但從形式意識來說依然顯示了某些值得總結的特點。其一，音律元素如韻脚、節奏的合理運用，如發表在第 1 卷第 2 期上周無的《過印度洋》，雖被胡適認爲「很可表示一半詞一半曲的過渡時代」〔註17〕，尚不能代表新詩形式的「自覺」，但該詩具有某種頗能引起讀者共鳴的情調，顯然與詩中一韻到底的韻脚所激起的富於意味的旋律有關（此詩後經趙元任譜曲而被傳唱）；韻脚的有效價值在《問祖國》（宗白華）、《問心》（黃仲蘇）、《嶺上的羊》（李大釗）等詩作中得到了發揮。其二，注重句式的錘鍊和情調的鎔鑄，這在田漢的詩作中有較多體現，《少年中國》第 4 卷第 1、2 期的詩歌欄目堪稱田漢的「專場」，他發表在這兩期上的詩作（選自其詩集《江戶之春》），句式一改此前的散漫不拘（如第 2 卷第 2 期上的《黃昏》），而變得凝練、整飭：

　　　玉雪兒無聲
　　　飛滿了東都
　　　東都無限樹
　　　樹樹白珊瑚
　　　　　　——《珊瑚之淚》（節錄）

時人稱田漢的詩「富有才情，而音調亦很諧美，於每句音數多少的一定，亦頗有嘗試。總之，他很注重詩的形式和技巧」〔註18〕，大概是從上述兩期作品得出的結論。其三，詩體建構的初步施行，這方面除田漢的《秋之朝》、《暴雨後的春朝》等短行「樓梯」體的嘗試外，還有西方詩體「十四行」體（sonnet）

〔註15〕 成仿吾《詩之防禦戰》，載 1923 年 5 月 13 日《創造周報》第 1 號。
〔註16〕 梁實秋《詩的音韻》，載 1923 年 1 月 12 日《清華文藝增刊》第 5 期。
〔註17〕 胡適《談新詩——八年來一件大事》，載 1919 年 10 月《星期評論》「雙十節紀念專號」。
〔註18〕 陳炳坤（陳子展）《最近三十年中國文學史》，上海太平洋書店，1930 年版。

的引入，如刊於第 2 卷第 2 期上東山（鄭伯奇）的《贈臺灣的朋友》，採用的是謹嚴的意大利彼特拉克體，爲新詩史上第一首中文十四行詩；鄭伯奇後來提出一種觀點：「形式上的種種制限，都是形式美的要素，新文學的責任，不過在打破不合理的制限，完成合理的制限而已。就詩而言，絕律試帖之類不合理的制限，是應該打破的，流動的 melodie，鏗鏘的 rithme，乃至相當調和整齊的 forme，都是應該更使之完美的制限」〔註 19〕，也算是對他何以引入十四行體的一種解釋。

二、譯介中的理論滲入

《少年中國》同人們將詩學討論的重心相對集中地放在新詩形式問題上，不能不說有其可予追溯的來源：除潛在的古典詩學的浸潤外，一個不可忽視的因素便是對外國文藝思潮的譯介。在五四時期，《少年中國》與《新青年》、《小說月報》等刊一道，成爲介紹外國文藝思潮最用力的重要陣地之一。該刊譯介雖涉及自然科學、政治、經濟、社會、哲學、宗教等諸多領域，但其中文藝佔了不小的份額。

1920 年 6 月，身處法國的李思純在寫給宗白華的信中談到：「我對於新詩的意見，除了勸國內作詩的人，留意詩人的修養外，其次便是輸入『範本』，多譯和多讀歐美詩人模範的名作」〔註 20〕；在隨後發表的《詩體革新之形式及我的意見》一文中他提出，新詩「今後之要務」之一是「多譯歐詩，輸入範本」，並詳細分析了歐美詩的音節格律等形式要素，包括「節音」（Sallable）、「叶韻」（Ryhme）、「叶律」（Metre）、「駢句」（Couplet）、「分段」（Stanza）、「首韻」（Alliteration）、「止音」（Pause）、「抑音」（Cadence）、「格調」（Style）等，藉此他對於「現在的新詩，完全否認文字音韻上的『平仄清濁』『一字一音』爲不成問題，顯然是莫有與音韻諧合的趨向」〔註 21〕之境況表示了憂慮，其借鏡西詩以建設新詩形式的意願十分迫切。李思純的意見並非孤立，黃仲蘇也說：

> 目前中國新詩的發展雖是十分幼稚，然而偉大的將來已經在許多創
> 作裏有些期望的可能隱隱約約的表示出來；但是新詩之完成所需要

〔註 19〕鄭伯奇《新文學之警鐘》，載 1923 年 12 月 9 日《創造周報》第 31 號。
〔註 20〕見《少年中國》1920 年 9 月《少年中國》第 2 卷第 3 期「會員通訊」。
〔註 21〕李思純《詩體革新之形式及我的意見》，載 1920 年 12 月《少年中國》第 2 卷第 6 期。

的元素太多，我們當從各方面著手，例如外國詩之介紹——不僅譯
述詩家之創作，尚須敘論詩的各種派別，某派的主義，某詩家的藝
術，都值得我們精微的研究——放大我們對於詩的眼光，提高我們
對於詩的概念，都是其中刻不容緩的一種重要工作。〔註22〕

這種以「精微的研究」對待外國詩的態度，促進了外國詩學觀念的良性滲
入。

《少年中國》同人們譯介外國文藝思潮的興趣頗為廣泛，不過他們似乎
對法國象徵主義情有獨鍾——「當時沒有任何一家期刊能如《少年中國》那
樣給予法國詩歌、法國象徵主義詩歌以極大的重視」〔註23〕，從而使這份刊
物成為五四時期介紹象徵主義詩歌的重鎮——這大概得自一些當時在法國留
學的少年中國學會成員的推動（如周無、李思純、黃仲蘇、李璜等）。在其介
紹法國文學的 12 篇文章中，有 6 篇是專門論述法國詩歌的：吳弱男女士《近
代法比六大詩家》、易家鉞《詩人梅德林》、李璜《法蘭西詩之格律及其解
放》、黃仲蘇《一八二〇年以來法國抒情詩之一斑》、田漢《惡魔詩人波陀雷
爾的百年祭》、黃仲蘇《詩人微尼評傳》。而這 6 篇文章裏，有 5 篇述及或完
全以法國象徵主義詩歌與詩人作為論述的重心。此外，周無《法蘭西近世文
學的趨勢》、田漢《新羅曼主義及其他——復黃日葵兄一封長信》、李思純《抒
情小詩的性德及作用》以及李璜編的《法國文學史》（係「少年中國學會叢書」
之一種）等，也都花了較多筆墨討論法國詩歌及象徵主義。不僅如此，周無
還譯出法國象徵主義代表詩人魏爾倫的兩首詩《秋歌》和《他哭泣在我心裏》，
並在詩前對魏爾倫作了介紹。

那麼，他們為何這般關注法國象徵主義詩歌？這一方面或許因為象徵主
義作為一種新興的十分強勁的詩潮吸引了置身其間的他們，另一方面則出
於他們對象徵主義的理解和對新詩的期望，他們試圖從中找到二者可能的契
合點。

有必要指出，《少年中國》同人們關於象徵主義的解釋並不完全一致，其
對象徵主義的認識有一個遷變的過程。他們中的一部分人，是把象徵主義與
自由詩聯繫在一起加以討論的。如李璜《法蘭西詩之格律及其解放》在描述

〔註22〕黃仲蘇《一八二〇年以來法國抒情詩之一斑》，載 1921 年 10 月《少年中國》
第 3 卷第 3 期。

〔註23〕金絲燕《文學接受與文化過濾——中國對法國象徵主義詩歌的接受》，中國人
民大學出版社，1994 年版，第 127 頁。

法國詩歌格律消長歷程之前，表達了自己對格律的看法：「格律是爲詩而創設，詩不是因格律而發生。照詩的歷史看來，是從自由漸漸走入格律的範圍，近世紀又漸漸從範圍裏解放出來」；他先是將象徵主義看作自由詩興起的一種動力，認爲象徵主義創始詩人波德萊爾「有意完全解放格律詩，開始做自由詩」，其後繼者魏爾倫也從五個方面「解放詩的格律」，分別是：「取消陰陽韻腳之配合」、「取消同音異寫之制限」、「可以作單音長言的句子」、「取消母音相遇 hiatus 之禁例」、「算字以音不以字母」；繼而認爲象徵派是自由詩派的一個分支，「一些自由詩人狠喜歡做象徵體，以聲形色，以色形聲，思想狠是細緻」〔註 24〕。這樣，李璜實際上就把象徵主義詩歌納入自由詩的範疇了。顯然，李思純在給宗白華的一封信裏，稱讚周無的詩「洗淨了從前舊詩的精神面貌，他用細密的觀察，自然的詩筆，去寫出『自然』與『象徵』的詩」，並將周無的帶有象徵主義趨向、句式完全散文化的詩作《黃蜂兒》贊爲「新詩中最好的」〔註 25〕，也是潛在地認同自由詩與象徵主義的承續關係的。其實，當時不惟《少年中國》同人如此看待象徵主義與自由詩的關係，在其他相當一部分對象徵主義感興趣的詩人眼裏，「自由詩是與象徵主義連帶而生，他倆是分不開的兩件東西：因爲詩底精神既已解放，嚴刻的格律不能表現的自由的精神，於是遂生出所謂自由詩了」〔註 26〕。當然，這種認識應該與當時的白話──自由詩風尚不無聯繫。

　　儘管如此，象徵主義詩歌和詩人身上所具有的另一些特質，卻也被《少年中國》同人們留意與發掘。譬如，李璜雖然把象徵主義詩歌視爲自由詩的形態之一，但他同時也留意到：象徵主義代表詩人馬拉美「每有新作，必定要同當時有名音樂家德比喜士 Debucis 互相研究音節，日日往返，經音樂的一番經驗，更覺音韻不在乎格律」〔註 27〕，這是因爲，馬拉美「要在音樂上找出詩歌的新價值來……他曾說，『靈魂的全體就是正在尋連絡一串聲響』……他有意用音樂的意味去將這種非物質的響聲接引過來」〔註 28〕；而

〔註 24〕 李璜《法蘭西詩之格律及其解放》，載 1921 年 6 月《少年中國》第 2 卷第 12 期。

〔註 25〕 見《少年中國》1920 年 9 月《少年中國》第 2 卷第 3 期「會員通訊」。

〔註 26〕 劉延陵《法國詩之象徵主義與自由詩》，1922 年 4 月《詩》第 1 卷第 4 號。

〔註 27〕 李璜《法蘭西詩之格律及其解放》，載 1921 年 6 月《少年中國》第 2 卷第 12 期。

〔註 28〕 李璜《法國文學史》，上海中華書局，1922 年初版。

另一位象徵主義重要詩人福爾喜歡做有韻的文字，他「講究音響，比較做自由詩的還要十分細密：因為他是一個研究音樂的人，他對於這啞音的 e 字，輕重高低，在字句中間，據他說來，真耐人研究」，「保祿佛爾說：音調的一高一低，天然與我們情感相應，我們在這高低音調中表示出我們許多的意思，所以不能不講究；愈講究得細，愈表示得深」。在此，主張詩「全靠字句的聰明與音韻的入神」的李璜，對「音韻」與「格律」進行了嚴格的區分：「字句的聰明與音韻的入神都與詩的格律沒有多大關係」〔註 29〕。由這種區分併聯繫前述田漢、李思純等對「音律」的界說，可知《少年中國》同人們所期待的詩的「音律」並非傳統詩歌形式系統中的「格律」，也與後來聞一多等倡導的「格律」不甚相同。不妨說，他們從「解放詩的格律」的象徵主義那裏發現了一種不拘於傳統格律的「音韻」或「音律」，這種偏向音調、格調或情調的「音律」，似乎更契合以白話——自由詩為起端的新詩在形式方面的籲求。

正如強調自由詩與象徵主義「連帶而生」的劉延陵所觀察到的：象徵主義「主要的條件在於抒寫情調」，「以象徵情調為中心，由此生出（一）氣味底渾漠（二）音節底崇尚兩個附屬性質」；他也承認：「自由詩不是不重音節，乃是反對定型的音節，而要各人依自家性情、風格、情調與一時一時的情緒而發與之相應的音節」〔註30〕。1920 年 3 月《少年中國》第 1 卷第 9 期「詩學研究號」上發表的吳弱男女士《近代法比六大詩家》，是該刊首篇系統介紹法國象徵主義詩歌的專文。這篇文章在對魏爾倫、馬拉美之後的六位象徵主義詩人逐一評介時，格外留意他們如何將「詩體由古典十二言變為有韻的自由句」（凡爾哈倫），並善於「用有韻的自由句 Vers libre 及音韻 Cadenne」（雷尼埃），他們中有的「精通音韻和美學」（果爾蒙），有的寫詩「多合於 Chamber Music 樂譜和十八世紀的管絃合奏 Orchestras」（沙曼），還有的在詩中極力調合「古典十二言詩體 Alexanderine 和巴黎土語 Ile de France，把散文做成詩體式的，又把詩句寫成散文或論文的體式」（福爾）〔註31〕。這表明，象徵主義詩歌的音韻特徵很早就為《少年中國》同人所覺識。此外，易家鉞

〔註29〕李璜《法蘭西詩之格律及其解放》，載 1921 年 6 月《少年中國》第 2 卷第 12 期。

〔註30〕劉延陵《法國詩之象徵主義與自由詩》，1922 年 4 月《詩》第 1 卷第 4 號。

〔註31〕吳弱男女士《近代法比六大詩家》，載 1920 年 3 月《少年中國》第 1 卷第 9 期。

《詩人梅德林》（載《少年中國》第 1 卷第 10 期）從梅特林克作品中提煉出「情調」，田漢《惡魔詩人波陀雷爾的百年祭》（載《少年中國》第 3 卷第 4、5 期）讚歎波德萊爾詩歌「美的極致」，均爲領悟了象徵主義詩歌之深層特性的表現。

　　的確，從西方象徵主義詩歌前後近百年的發展歷程來看，詩人們無論在理論抑或實踐上都極爲重視音韻或情調的鍛造。比如，被梁實秋在呼籲詩的音韻時所引述的愛爾蘭象徵主義詩人夏芝（W. B. Yeats，通譯葉芝）《詩裏的表象主義》一文中云：「音韻的主旨就是延長沉思的時期（the moment of contemplation），在這時期裏，我們是在睡眠而又清醒的狀態之下，這就是創造的時期」〔註 32〕。波德萊爾《死尸》一詩中的「像是夕陽餘燼裏反射出來的青芒——遼遠的，慘淡的，往下沉的」「音調與色彩」爲徐志摩所激賞，徐志摩說波氏的詩「眞妙處不在他的字義裏，卻在他的不可捉摸的音節裏」〔註 33〕，可謂一語中的。一定程度上，象徵主義所蘊含的音韻這一層面，被早期新詩人探掘並引入後，打開了他們的眼界，爲新詩隨後所進行的自我反思與修正提供了必要的鋪墊。

　　1926 年 3 月，創造社成員穆木天、王獨清發表《譚詩——寄沫若的一封信》、《再譚詩——寄給木天、伯奇》〔註 34〕這兩篇中國象徵主義詩歌的宣言書，以象徵主義理論展開了對胡適白話——自由詩理念與創作的反撥，他們格外看重象徵主義「用很少的字數奏出和諧的音韻」。穆木天後來在闡釋「什麼是象徵主義」時指出：「象徵主義的自由律，是爲的適應於音樂性而打破各種規律的」，認爲象徵主義的特徵之一是「輕蔑律動（Rhythme）和追求旋律（Melodie）」〔註 35〕。在 1930 年代，對象徵主義深有研究的梁宗岱總結說：「把文字來創造音樂，就是說，把詩提到音樂底純粹的境界，正是一般象徵詩人在殊途中共同的傾向」；他所推崇的象徵主義後期代表詩人梵樂希（P. Valéry，通譯瓦雷里）「是遵守那最嚴謹最束縛的古典詩律的」，「他所以採用舊詩底格律，並不是一種無意識的服從，他實在有他底新意義和更深的

〔註 32〕梁實秋《詩的音韻》，載 1923 年 1 月 12 日《清華周刊・文藝增刊》第 5 期。
〔註 33〕徐志摩譯《死尸「Une Charogne」》「小引」，載 1924 年 12 月 1 日《語絲》第 3 期。
〔註 34〕兩文均發表於 1926 年 3 月《創造月刊》第 1 卷第 1 期。
〔註 35〕穆木天《什麼是象徵主義》，見鄭振鐸、傅東華編《文學百題》，生活書店，1935 年版。

解釋」，「這些無理的格律，這些自作孽的桎梏，就是賜給那鬆散的文字一種
抵抗性的」〔註36〕。這些表述，都與《少年中國》同人們對象徵主義詩歌之
音韻特質的發掘一脈相承，並以這種意識參與到新詩形式的建設中。

三、早期新詩壇的雜語共生

　　胡適那篇被朱自清稱為當時「詩的創造和批評的金科玉律」的《談新
詩》中所提出的「詩體大解放」、「自然的音節」、「具體的做法」等主張，奠
定了「新－舊」對峙格局中的白話——自由詩理論的基石。據朱自清觀察，
胡適的這些主張在當時「大體上似乎為《新青年》詩人所共信；《新潮》、《少
年中國》、《星期評論》，以及文學研究會諸作者，大體上也這般作他們的詩」
〔註37〕。不過，這樣的判斷大概只是源於朱自清的印象，未免存在偏誤。實
際上，早期新詩壇在「大體」趨同的背後，隱藏著此起彼伏的雜沓語聲。

　　比如，當時兼為《新潮》骨乾和《少年中國》活躍分子的康白情，向來
被視為胡適白話——自由詩觀念的最切近的「同調」（朱自清語）者。然而，
仔細比較胡、康的主張，特別是胡適《談新詩》和康白情《新詩底我見》（後
者也常被視作前者的直接應和）會發現，二者的觀點在部分趨近的同時顯示
了較多分歧。首先，康白情在關於新詩的談論中表現出與胡適不一樣的視野
和立足點，他的《新詩底我見》起首是：「劈頭一個問題，詩究竟是什麼？」
這一追問所隱含的本體論視點，使其與胡適從歷史和現實出發為新詩正名的
做法區別開來。可以看到，《新詩底我見》通篇都是著眼於理論層面的探討，
很少涉及具體現象和個案的分析，這篇文章不時提到的「新詩」，與其說是胡
適意義上的「新詩」，不如說是康白情構想中的本體意義的「新」「詩」——
這種「詩」或許應該與「舊詩」相對，但更要緊的是確立自身的邊界：在與
散文的區分中，規劃它在形式和內容上的要素、它的特性以及它的創造方
法。其次，兩人談論新詩的重心不同，表面上《新詩底我見》多處附和了胡
適的白話——自由詩觀，認為「新詩以當代人用當代語，以自然的音節廢沿
襲的格律，以質樸的文詞寫人性不為一地底故實所拘，是在進化底軌道上走
的」，但更多時候該文的討論似乎游離於這些觀點之外，大談「『平民的詩』
是理想，是主義；而『詩是貴族的』，卻是事實，是真理」，並用了相當的篇

〔註36〕梁宗岱《保羅梵樂希先生》，見《詩與真》，商務印書館，1935年版。
〔註37〕朱自清《中國新文學大系・詩集・導言》，上海良友圖書印刷公司，1935年
　　　　版。

幅談詩人的修養。〔註38〕

　　與康白情《新詩底我見》在表述策略上有些相似的是宗白華的《新詩略談》，這篇短文同樣是在呼應胡適白話──自由詩觀的表象之下，隱含著一種強烈的對詩本體的訴求。宗文徑直切入關於「新體詩」的本體探討，提出：「『詩』有形質的兩面，『詩人』有人藝的兩方」〔註39〕。這兩篇文章先後發表在《少年中國》的兩期「詩學研究號」上，形成相互唱和的態勢。它們談論「新詩」的路數迥然有別於胡適的《談新詩》，提供了不同於後者白話──自由詩理念的另一種維度。

　　更早些時候，正當胡適以《談新詩》確定其白話──自由詩理念之際，與該文面世的同月，俞平伯在《新潮》上發表了《社會上對於新詩的各種心理觀》，歷數社會上對於新詩的反對之聲，並分析了造成這種局面的原因。從中不難看出胡、俞的差別。關於新詩生存狀況，與胡適充滿樂觀的總結姿態不同，俞平伯更多地表示了謹愼的疑慮：「白話詩的難處，正在他的自由上面」，「白話詩是一個『有法無法』的東西……可惜掉了底下一個字」；關於新詩的發展走向，相異於胡適的格外重視形式，俞平伯明確提出：「新詩和古詩的不同，不僅在於音節結構上面，他倆的精神，顯然大有差別。我們做詩的人，也決不能就形式上的革新以爲滿足；我們必定要求精神和形式兩面的革新」〔註40〕。雖然俞平伯的討論仍基於「新－舊」對峙的格局，且其支持白話詩生存權利的態度非常果決，但俞文所體現的冷靜、理性的辯證觀念和開闊視野，彰顯出早期新詩界聲音的錯雜。這種細小的差別，令人想到胡適那篇揭櫫了新文學革命大旗的《文學改良芻議》，同稍後的劉半農《我之文學改良觀》之間的微妙差異，二者雖同爲「文學改良」，但一破、一立的旨趣已見分曉：胡文的「八事」多以否定（「不」）作論，劉文則著眼於肯定性的構建，如「破壞舊韻重造新韻」、「增多詩體」、「提高戲曲對於文學上之位置」等，並認爲，「文言白話可暫處於對待的地位。何以故？曰：以二者各有所長、各有不相及處、未能偏廢故」〔註41〕，可謂洶湧的白話浪潮中的「不和

〔註38〕以上引文均見康白情《新詩底我見》，載 1920 年 3 月《少年中國》第 1 卷第 9 期。

〔註39〕宗白華《新詩略談》，載 1920 年 2 月《少年中國》第 1 卷第 8 期。

〔註40〕俞平伯《社會上對於新詩的各種心理觀》，載 1919 年 10 月《新潮》第 3 卷第 1 號。

〔註41〕劉半農《我之文學改良觀》，載 1917 年 5 月《新青年》第 3 卷第 3 號。

諧」音，其補充、糾偏之功自不待言。

　　像上述康白情、宗白華那樣從詩本體角度探討新詩，在早期新詩界並非少數，而是相當一部分詩人樂於採用的方式。比如王統照在一篇談論詩歌批評的文章中便以自己對詩的見解作爲前提：「詩在文學上的地位，與什麼是詩？是互相爲因果的。……不過詩與一切的散文——散文詩不在內——所以相異，而且必須在文學的領域上，劃出詩的境界來的原因，我的淺見以爲：（一）則以文體的形式不同。（二）則最大的分別，乃是詩有韻律的節奏的自然，由熱情中衝發而出，更多音樂化的妙用；與感人的想念的」〔註 42〕。這種想「劃出詩的境界」的做法，顯示了在舊詩的整體危機的背景下，一些新詩人試圖全方位勾畫「新」「詩」圖景的努力。這些構想是否脫離了對舊詩的參照，且在多大程度上具有現代意義的詩學元素，似乎並不爲他們所看重。也許在他們看來，「劃出詩的境界」的任務比將新詩從舊詩中剝離出來更爲緊迫。於是，以詩本體作爲標準和以白話詩作爲標準，在評價具體的詩人和作品時必然會發生分歧。

　　例如，對於康白情的《草兒》，胡適在爲這部詩集所寫的書評中稱讚康氏「解放的成績最大」，認爲「占《草兒》八十四頁的《廬山紀遊》三十七首，自然是中國詩史上一件很偉大的作物」〔註 43〕，但是梁實秋卻不以爲然，譏刺《草兒》「只有一半算得是詩，其餘一半直算不得詩」。當胡適爲詩的「解放」歡呼之際，梁實秋重視的是詩的想像、詩人的胸襟等問題，他認爲：

　　　　世界上的事物，本有許多是可以入詩，而同時就有一部分是不美的，不美的當然是非詩的。於是詩人往往把一切自然人爲的事物加以剪裁的工夫，而想像就是他的武器。憑著想像，創作出美來，這是一切藝術美的原則，詩當然逃不出這個例去。〔註 44〕

梁實秋的評《草兒》與同期聞一多的評《冬夜》多有呼應之處，當時就有人指出：「《〈冬夜〉〈草兒〉評論》的功用就在指示給大眾什麼是詩，什麼不是詩。……看過此書的人，都知道他那廓清新詩壇中積弊的力量，是不小的」

〔註 42〕王統照《對於詩壇批評者的我見》，載 1922 年 5 月《詩》第 1 卷第 3 號。
〔註 43〕胡適《評新詩集〈草兒〉》，載《讀書雜志》1922 年 9 月 3 日。
〔註 44〕梁實秋《〈草兒〉評論》，見聞一多、梁實秋《〈冬夜〉〈草兒〉評論》，清華文學社，1922 年 11 月。康白情《草兒》所遭受的批評也表明了早期新詩壇另一值得尋味的現象：詩人的理論構想與其創作實踐的脫節。

〔註45〕。不過，梁實秋出於美感考慮和對「非詩」的排斥，而提出「革命」、「電報」、「社會改造」、「如廁」等均爲「醜不堪言的字句」〔註46〕所表現出的語言潔癖，則引發了一場不小的爭論〔註47〕，其間涉及的議題除詩與非詩的界限外，尚包括詩的貴族與平民、詩的情感與形式等。

相較於王統照從音韻、梁實秋從美感方面來規劃（規定）詩的邊界，同一時期鄭振鐸的觀點有所不同，他認爲：「詩的主要條件，決不是韻不韻的問題。有韻的文辭不一定就是詩；印度的藥經或關於科學的書或中國的『湯頭歌』、『輿地歌』、『三字經』、『燒餅歌』之類，他們是有韻的，但是決不能算做詩」；他進而提出：

> 在詩裏面，所包含的元素是：
>
> （一）情緒：這是最重要的；抒情詩尤完全以此爲主要的元素。就是史詩，也必須雜了不少的情緒要素在內。
>
> （二）想像：許多人都定詩爲「想像的文字」。
>
> （三）思想：詩中也是含有理性的分子的。
>
> （四）形式：詩是用最能傳達，最美麗的形式，來做傳達詩的情緒與詩的想像與詩的思想的。

在此基礎上，鄭振鐸做出如是判斷：「只管他有沒有詩的情緒與情的想像，不必管他用什麼形式來表現。有詩的本質——詩的情緒與詩的想像——而用散文來表現的是『詩』；沒有詩的本質，而用韻文來表現的，決不是詩。」〔註48〕雖說鄭振鐸言述的出發點是爲「散文詩」立論，其旨趣仍停留在替初期白話詩及其散文化特徵辯護（他極力反駁了「不韻而非詩」的觀點）的層面，但其間蘊涵的「詩的本質」的觀念是明顯的——在鄭振鐸看來，這種「詩的本質」能夠超越詩與散文的文體界限，是詩之爲詩的最終依據。

所有這些表述各異的關於詩本體的見解，與同期冠以「詩學」之名、立

〔註45〕吳景超《讀〈冬夜〉〈草兒〉評論》，載 1922 年 12 月 22 日《清華周刊‧文藝增刊》第 2 期。

〔註46〕梁實秋《讀〈詩底進化的還原論〉》，載 1922 年 5 月 27～29 日《晨報副刊》。

〔註47〕周作人率先反駁，他針鋒相對地提出：「世界上的事物都可以入詩，但其用法應該——任詩人之自由：我們不能規定什麼字句不准入詩，也不能規定什麼字句非用不可」（仲密《醜的字句》，載 1922 年 6 月 2 日《晨報副刊》）。《晨報副刊》隨後發表了梁實秋的回應文章和多篇參與討論的文章。

〔註48〕西諦（鄭振鐸）《論散文詩》，載 1922 年 1 月 1 日《時事新報‧文學旬刊》第 24 號。

足於舊詩的論著對「詩」的詮釋相比，其新穎之處是不言而喻的；另一方面，它們為廓清詩與「非詩」、詩與散文的邊界所作的努力不難察辨，雖然這些與胡適旨在消除詩——文界限（「做詩如作文」）的白話——自由詩觀念構成「商榷」之格局的詩本體見解，或許包含了某種值得檢討的純文學立場或趨向〔註49〕。不過，上述討論尚不能全然歸於純文學立場。毋寧說，它們與白話——自由詩觀念的分野，顯示了新詩誕生之初關於新詩建設「方案」的並不統一。在這些錯雜的討論聲中，《少年中國》詩學探索的獨異性得以凸顯出來。

　　這裏有必要提及的是，《少年中國》作為一份偏重於社會、文化探討的綜合性刊物〔註50〕，其同人們提出和討論詩學問題時往往會帶入某些社會文化理論。事實上，在詩學討論方面甚為用力的田漢、康白情、宗白華、周無、李思純等，經常參與其他領域議題的探討〔註51〕。留意到這一點，就能夠理解為何康白情大談詩的「平民」和「貴族」以及詩的精神，宗白華花較多氣力分析詩人人格養成的幾種途徑；而田漢在討論詩歌的音韻特徵時，是將詩歌與社會思潮、勞動、宗教、人生等問題勾聯在一起的，他不僅感興趣於「象徵主義與主觀經濟學的體系」，而且強調詩歌在人生中的價值：「人幸而戰勝遺傳和境遇、誘惑，卒捉到了真理，便是凱旋之詩，不幸而為他所敗，永不達真理的殿堂，便是敗殘之詩」〔註52〕。身為生物學家的周無如此表明其「詩本體」觀：「詩有獨具的本體，這種本體是自然人生和個人的情意的一種結合」，「今後的詩，變動雖大，進步也大。他的進步，便是學藝，思想，情感，愛戀，種種進步的結晶」〔註53〕。學醫出身的郭沫若在那兩封著名的寫給宗白華的信裏，對孔子和歌德的「博學而無所成名」大為讚賞，稱他們是「人中的至人」，並概括「詩人與哲學家底共通點是在同以宇宙全體為對

〔註49〕姜濤認為，早期新詩中「詩」話語得以出現的動因之一「與『純文學』的某種排斥性機制相關」，同新詩生成的歷史衝動「並不完全一致」。見《〈新詩集〉與中國新詩的發生》，第214頁。

〔註50〕如宗白華較早寫給編輯部同人的信中，將《少年中國》的文章分為三部分：「（一）鼓吹青年（二）研究學理（三）評論社會」，「要學理多而文學少……就是文學，也是要描寫世界一種的真理」。見1919年9月《少年中國》第1卷第3期「會員通訊」。

〔註51〕如田漢《第四階級的婦人運動》、康白情《團結論》、宗白華《說人生觀》、周無《純潔與內心生活》、李思純《信仰與宗教》等等。

〔註52〕田漢《詩人與勞動問題（續）》，載1920年3月《少年中國》第1卷第9期。

〔註53〕周無《詩的將來》，載1920年2月《少年中國》第1卷第8期。

象，以透視萬事萬物底核心爲天職；只是詩人底利器只有純粹的直觀，哲學家的利器更多一種精密的推理」，他進而提出：「直覺是詩胞的 Kern，情緒是Protoplasma，想像是 Zentrosomum，至於詩的形式只是 Zellenmembran，這是從細胞質中分泌出來的東西」〔註 54〕。顯然，這些出自具有多重身份與文化背景的所謂「非專業」詩界人士的言述，都溢出了單純的詩本體或形式的討論。

　　由此可以說，《少年中國》詩人們裏挾著各種社會文化理想和眼光的詩學探索，既沒有表現出對自由詩觀念的簡單的趨附，也不是致力於一般意義的形式規範的確立（如有論者所總結的那樣）。其詩學探索的意義在於，在新詩草創之際，喚起了人們對於新詩形式的期待，並以中西文化、詩學的宏闊視野，爲早期新詩增強了某種異質因素及張力，拓展了新詩形式建設的別樣的空間。

〔註 54〕見 1920 年 3 月《少年中國》第 1 卷第 9 期「會員通訊」。

第六章　古典與現代之辨：新詩的第三條道路——以1940年代淪陷區詩人爲中心

一、「沉重的獨語」的雙重資源

　　在1940年代的特殊歷史境遇下，新詩的創作似乎處於「停滯」狀態，但事實上，遠在昆明的西南聯大校園內，一批詩人（馮至、穆旦等）以一種「新的抒情」方式潛深地推動著新詩的發展。而幾乎與此同時，在北方淪陷區校園裏的一些年輕詩人，以燕京大學的《燕京文學》、《籬樹》、《燕園集》，輔仁大學的《輔仁文苑》，北京大學的《文藝雜誌》、《文學集刊》、《北大文學》等刊物爲陣地，也在堅韌地探索著屬於自己的「新的抒情」的道路。這些詩人，包括先在燕京大學求學、後留校任教的吳興華，以及沈寶基、查顯琳、孫道臨（孫羽）、張秀亞、黃雨等。他們的作品除發表在校內的刊物外，還大量載於《中國文藝》等當時有影響的文藝刊物上。在1930年代開始詩歌創作並成名的詩人，如南星、朱英誕、沈啓無等，也活躍於此際的北方淪陷區文壇，他們的不少詩作也發表在上述刊物上。此外，在已經淪陷的上海，曾積極投身於「現代詩」運動（先後參與《新詩》、《菜花詩刊》、《詩志》的創辦）的詩人路易士，這時又發起成立了「詩領土」社並出版《詩領土》月刊，一度引人注目；《詩領土》吸納了南、北淪陷區部分詩人的作品（如北方的南星、沈寶基等人也在上面發表詩作），實則「在淪陷區現代主義詩風上有某種擎旗

引路之功」〔註1〕。

　　一方面由於淪陷區的特殊環境，另一方面或許與詩人們接受的詩學影響有關，上述各路詩人在創作取向上有一個相當顯明的共同點，那就是：通過向內心開掘，以低沉的充滿哲思的「吟哦」和「沉重的獨語」，展示現代人在嚴酷年代裏所感受到的迷惑與孤苦，他們詩歌的諸多主題與西方「現代派」詩有很多相通之處，從而在淪陷區詩壇掀起了一股不小的現代主義詩潮。朱英誕表述的「詩是精神生活，把眞實生活變化爲更眞實的生活」〔註2〕，大抵可以代表身處淪陷區的詩人們的詩學追求。

　　在古都北京，像沈寶基寫都市荒涼感的「暮色涌來／城市的洪荒／我手足如翅尾／游入水霧彌漫／家家的門相視沉思／多時才由沉思中／閃出一個／心靈的影子」（《夕巷》），沈啓無抒發淡淡憂思的「燈——獨立如鷺之靜／夜是沒有憂愁的／明明如月隱而不見」（《白鷺與風》），孫道臨描摹生命中刹那幻象的「舉著金色火炬的騎隊／快樂的搖著鈴／從我失眠的眼皮上跑過去／我翻一下身，於是他們／就在田野間以激情揮著刀作戰了」（《幻象》），查顯琳借「海」來表達「悒鬱」的「生活裏升起一縷／淡淡憂煩的青烟／於是我奔向萬里雲天／去認識海／悒鬱的海的影子落入我胸懷」（《悒鬱海》），黃雨思索生命的「生命平靜／在深邃的子夜的門外／春潮微透著凝視的脈息／莊嚴若古希臘神座的火炬／城頭隱去了曲終的青山／我們勇敢的孩子／鼓棹去了」（《生命》），以及顧視的長詩《不連貫的故事》和組詩《聽風詩草》等，均以細膩的筆觸寫出了幽微的生命感受。

　　而時在天津一所中學教書的劉榮恩，也加入了這一「吟哦」生命的行列：「經過死亡的幽谷，寂寞得要哭，／鄉間風光，渡過江海，小池塘，／一滴一滴的戀意珠散在去程上，／要帶回去的惦念給我心痛的」（《十四行》），其詩因富於冷峻的哲思，而被作家畢基稱讚爲「他犀利的眼睛透視了浮象的眩輝和囂雜，擺脫了縱橫的光影的交叉錯綜而潛入到單純的哲學體系的觀念裏。他不僅僅是一個忠誠的藝術之作者，攫取了美麗的風景，美麗的情感，織成了他的詩。他更是一個哲學家，他所啓示的是永恒的眞諦」〔註3〕。而遠在上海的路易士，他的詩偏於內在的玄思：「我必須以我之構成諸原子，／我

〔註1〕黃萬華《詩領土詩人群和淪陷區現代派詩歌》，見黃萬華《史述和史論：戰時中國文學研究》，山東大學出版社，2005年版，第700頁。

〔註2〕朱英誕《一場小喜劇》，載《中國文藝》第5卷第5期。

〔註3〕畢基初《〈五十五首詩〉——劉榮恩先生》，《中國文學》1944年第8號。

之微小生命，／以及我之巨型心靈，／完成我之塔形計劃」（《我之塔形計劃》），他走的是智性寫作的路子，這種路子一直延續到他後來的數十年詩歌生涯中。

　　對於現代詩藝的創造，這些詩人有著某種共同的自覺認識：「一方面應當承認新語言與新音節之創造，未臻完成，而努力在這方面進行，這是新詩作者應負的責任。我們另一方面，應當明瞭看不懂的語句，念不上口的音調原是新詩進程中應有的現象」，「新詩中原不妨容納舊的，但必須使人不覺，易言之，也即是容納而出之無意，容納舊的以後依舊不妨礙新詩的風格與體制，那才是成功。新詩中原不妨使之歐化，但必須先有運用母語的能力，必須對於國情先有相當的認識。歐化而不破壞母語的流利，歐化而不使讀者感覺到是否中國的背景，那也是成功」〔註 4〕。可以看到，在詩藝探索上，這些詩人既傾慕於從波德萊爾到里爾克、艾略特、龐德直至奧登等西方「現代派」詩人的作品，並大膽地借鑒這些詩人的某些技巧；又對中國古典詩歌裏的意境、情調乃至語彙等眷戀不已，因而他們的某些作品在氣息上又顯出與古典詩歌相通的一面。這是淪陷區詩歌頗値得玩味的一種現象，其中表現得尤爲突出的詩人有南星、朱英誕、吳興華以及深受廢名影響的黃雨等。

二、「古題新詠」與格律探索

　　在上述詩人中，吳興華的獨特詩學探索與創造無疑具有典型意義。他 16歲入燕京大學西語系就讀時，便在戴望舒主編的《新詩》上發表了 80 行無韻體詩作《森林的沉默》，開始顯露詩的才華。此後他的卓異的詩歌才能逐漸展示出來，曾任燕京大學校園刊物《籬樹》的主編。及至他的一組詩作在《新語》上發表時，該刊編者稱讚《森林的沉默》「意象的豐富，文字的清新，節奏的熟諳」後，如此評介說：「在中國詩壇上，我們都認爲，他可能是一個繼往開來的人」，「從他的作品裏，讀者會看出，他和舊詩，和西洋詩的因緣，但他的詩是一種新的綜合，不論在意境上，在文字上。新詩在新舊氣氛裏摸索了三十餘年，現在一道天才的火花，結晶體形成了」〔註5〕。這段評介文字，一語道破了吳興華在詩藝上尋求對西方現代詩和中國古典詩歌進行「綜合」

〔註 4〕郭紹虞《新詩的前途》，載 1940 年 5 月《燕園集》。
〔註 5〕《介紹吳興華的詩》，《新語》1945 年第 5 期。

和雙重超越的真切景況，似乎也對應著他在詩歌的內蘊和外形兩方面所作的有力探索。

　　這種「綜合」和探索的成果，鮮明體現在吳興華以《絕句》為題的系列短詩中。「絕句」之名本身，顯示了這類寫作與古典詩歌的承續關係，整飭的外形、嚴格的音節、古舊的意象、幽婉的情調是這些詩的顯著特點：「腸斷於深春一曲鷓鴣的聲音／落花辭枝後羞見故山的平林／我本是江南的人來江北作客／不忍想家鄉此時寒雨正紛紛」。不過，這類寫作的局限也是明顯的，由於過分拘泥於「化古」的努力，詩中可能具有的現代感被消泯了。正如卞之琳所分析的：「在一首新詩的有限篇幅裏實在容不下那麼多意象，擁擠了一點，少了一迴旋餘地……少了一點中國詩傳統常見的一種雍容或瀟灑的風姿」〔註6〕。相比之下，吳興華的另一類「古題新詠」的詩，在「化古」的創造性方面表現得更加充分，所做的「綜合」也更為成功。這些詩篇如《柳毅和洞庭龍女》、《吳王夫差女小玉》、《書〈樊川集・杜秋娘詩〉後》、《大梁辭》、《聽〈梅花調・寶玉探病〉》、《褒姒的一笑》等，表面上是對一些古典詩文中的故事的重新演繹，實則包含了非常深刻的現代思緒。它們的形式是嚴整的，甚至帶有一點古典風味，但其中的主題和情致卻現代感十足：

> 當燈光減去，當幕在我眼前垂下，
> 當灰的夜風從大開的窗間流入，
> 當掌聲告別聲響徹黑暗的廳廊，
> 生命開始在喧囂裏對我像如此
> 貧乏而不具有意義，日夕鞭策著
> 有限的心腦向無限距離裏趨行，
> 已經凍冷的永遠不再轉回灼熱。
> 暫時追憶起歧路在淒涼落照中，
> 那一個世界對我已隔絕如夢寐。

—— 《聽〈梅花調・寶玉探病〉》

在這些「古題新詠」的詩篇中，古典故事僅僅被處理為背景性的素材或線索，吳興華所致力的是一種現代感受的呈現，那些片斷式的古典故事背後，隱藏的是詩人對生命、死亡、孤獨、恐懼、虛無乃至時間等極為現代的主題的思索。這種書寫，有著明晰的為西方現代主義詩學所浸潤的印迹。顯然，勻稱

〔註 6〕卞之琳《吳興華的詩與譯詩》，《中國現代文學研究叢刊》1986 年第 2 期。

的外形和整齊的音律，拘囿不了詩中強烈的現代意識：

　　　現在她轉身兩人的視線相接觸
　　　她覺得他的心象要飄到她手裏
　　　霎時間悲愁的空氣向四圍散佈
　　　微笑出現在她唇邊。他閉上眼睛
　　　覺到有死亡的神祇在與他耳語
　　　柔順的卻不含恐怖，他向他傾訴。

　　　　　　　　　　　　　　　──《褒姒的一笑》

這實際上展現了吳興華探索現代詩歌與古典詩歌之關聯的兩種路向：《絕句》
詩因過於倚重古典的資源而造成現代意識被古典圍裏，最終迷失在後者的情
調和氛圍中；「古題新詠」詩借用了不受嚴格節律束縛的「五古」形式，於古
典與現代、嚴整與靈活的交織中形成了更多的張力，因而獲得了更充足的自
主性和創造性，以至後來有人稱讚他「把五古的高瞻遠矚，籠罩一切的氣勢
移植到新詩中來」〔註7〕，開創了現代漢語詩歌的新境界。由於吳興華十分熟
稔於中西詩學，他善於運用現代的眼光勘探古典詩歌礦脈，在對古典詩學資
源的徵引中加入了更具活力的現代聲息，他注重古典與現代詩學的「嫁接」
和真正融合。在此基礎上，吳興華提出了關於詩歌形式的獨特見解，他認為
「所謂『自然』和『不受拘束』是不能獨自存在的；非得有了規律，我們才
能欣賞作者克服了規律的能力，非得有了拘束，我們才能瞭解在拘束之內可
能的各種巧妙表演」，「形式彷彿是詩人與讀者之間一架公有的橋梁」，「固定
的形式在這裏，我覺得，就顯露出它的優點。當你練習純熟以後，你的思想
涌起時，常常會自己落在一個恰好的形式裏，以致一點不自然的扭曲情形都
看不出來」〔註8〕。吳興華發展了自 1920 年代以後陸志韋、聞一多、徐志摩、
孫大雨、林庚等人的現代漢語詩歌形式理念；在他這裏，「最重要的不是傳統
和現代的對立，而是新的傳統的建立……不是格律和自由的對立，而是規律
的自然性和自然的規律性」〔註9〕；對於他而言，形式絕非詩思的禁錮，相反，
它有助於詩意的拓展與凝定。

〔註7〕林以亮《論新詩的形式》，載香港《人人文學》1953 年總第 15 期。
〔註8〕欽江（吳興華）《現在的新詩》，原載 1941 年《燕京文學》第 3 卷第 2 期。
〔註9〕賀麥曉《吳興華、新詩詩學與五零年代臺灣詩壇》，轉引自張松建《「新傳統
　　　的奠基石」──吳興華、新詩、另類現代性》，《新詩評論》2007 年第 1 輯，
　　　北京大學出版社，2007 年 3 月。

　　吳興華以艱苦卓絕的實驗踐行著他的形式觀念。前述的《絕句》、「古題新詠」一類的詩，在用字、音節、腳韻等方面均十分考究，其嚴整性堪與古詩中的律絕相媲美。不過，吳興華詩歌實踐中的形式並不是單純的形式，而是糅入了很多現代感性的元素。例如《長廊上的雨》雖在音節上採用了他常用的五拍，外形顯出吳詩特有的整飭，但西方現代詩中的跨行、語序顛倒、狀語前置等技法得到了嫻熟的運用，使得句法更為靈活、自如：

　　　　突然你的髮拂著我火熱的面頰，
　　　　突然無名的悲戚將我的心充滿，
　　　　在這裏，當夜風吹送潮濕的香氣，
　　　　粗大的雨點把清醒帶來給庭前，
　　　　半卷的蕉葉……
　　　　我想對你說，對你說，
　　　　那自初見面我就掙扎想說出的，
　　　　掙扎想表現，卻又尋不到語言的，
　　　　已經吐露了，又往往半途中迸碎，

這喃喃而出的略顯低回的絮語，同「長廊上的雨」的纏綿節奏保持了一致，把抒情主人公內心的猶疑、哀怨等意緒和盤托出。在此，詩歌的形式是隨充沛的詩思傳達而生成的。囊括了 16 首十四行詩的《西珈》，更是將十四行這種外來詩體植根於純熟的現代漢語之內：「一切溶合在距離裏，不改應赴的定途——／像帆船，時時回首於過去激狂的生命，／雖然已滑行入港裏，不聞巨浪的驚呼」。這組詩在腳韻上既嚴格遵循 ABBAABBA、CDCDCD（意體十四行）的格式，又根據具體情形有所變異（如第一首）；在建行上所用的六拍雖可能會導致卞之琳指出的「冗長」、「滯重」，但作者其實已採取用標點間隔（如第二首中的「她在我身邊，在遠處，看不見我的地方」）、語氣變換（如第十首中的「啊，半嘗試的恐懼，啊，焦急與狂熱！」）等手段盡量避免。這種為每一次詩思尋求貼切形式的努力，也體現在長詩《記憶》的寫作中。這首詩長達百行，卻保持著四行一節、每節為 ABAB 腳韻格式的勻稱外形，格外值得留意的是，該詩各節前三行均為六拍，末節則為三拍（縮進二字），這樣就形成了綿長與短促相間、張弛有度的效果，全詩結構既是一個有機的整體，又富於變化。詩中抒情主人公「記憶」的覺醒、湮滅和復蘇，由這一抑一揚的詩句得以呈現：

啊，希望跟著痛苦涌起，帶著它沉下。

幻象消失了，我卻如獲得舊的幸福，

因為死亡把人類擘開了，卻不能把

溫柔的記憶消除。

三、「晚唐詩風」與象徵詩學

　　遺憾的是，吳興華的詩藝探索並未得到充分的延展便由於種種原因中輟了。在淪陷區，純正的詩歌探索面臨著比其他區域更為嚴峻的考驗。詩人南星陳述自己寫作狀況時的一番話，頗能映現這種境遇：「艱苦的日子接著來了，我幾乎把寫詩的習慣漸漸忘記。但有時候為了生活的緣故也把一些僅有的新作或改抄的舊作送到所謂報紙刊物上去，而可怕的事實便發生了。有的刊載以後永遠沒有消息，有的削去署名換上編輯者以為適當的名字，一個發表了我的許多詩的副刊忽然登了啓事說『奉命』永不再登新詩了，一個已經死去的朋友把我的四篇詩不知怎樣地轉給一個寫章回小說的可憐的人所『編輯』的『雜誌』而作了『補白』，到近來，這一類事似乎已成我們的習俗的一部分了」〔註 10〕。儘管如此，詩人們仍然沒有放棄對詩藝的追求。從當時華北淪陷區的詩歌實績來看，像吳興華那樣探求中國古典詩歌與西方現代詩學的「嫁接」之途，已經成為一種重要的趨勢，其他如朱英誕、南星、沈寶基等的創作也提供了這方面的例證。

　　在大學時代曾自印詩集《無題之秋》的朱英誕，這一時期因以「莊損衣」為筆名在多家刊物發表了數輯「損衣詩抄」，而頗為引人注目。〔註 11〕1930 年代廢名為朱英誕的未刊詩集《小園集》寫序說：「這位少年詩人之詩才，不佞之文絕不能與其相稱也」，他認為朱英誕的詩是「六朝晚唐詩在新詩裏復活」〔註 12〕。1946 年廢名重返北京大學任教時，在其續寫《談新詩》的講義裏，把朱英誕和林庚放在一起談論，認為「朱英誕也與西洋文學不相干，在新詩當中他等於南宋的詞」；他從朱英誕的《無題之秋》裏選出 12 首詩逐一分析，

〔註10〕林栖（南星）《詩作者的命運》，原載 1944 年 1 月《新民聲半月刊》第 1 卷第
　　　　1 期。
〔註11〕據說「損衣詩抄」曾被評為第一屆大東亞文學賞「選外佳作」（1943 年），參
　　　　閱張泉《抗戰時期的華北文學》，貴州教育出版社，2005 年版，第 485 頁。
〔註12〕廢名《〈小園集〉序》，原載 1937 年 1 月《新詩》第 4 期，引自廢名《論新詩
　　　　及其他》，第 213、214 頁，遼寧教育出版社，1998 年版。

並對此解釋說，「為什麼選這麼多呢？當然由於愛惜這些詩思，而且歎息古今的人才真是一般的，讀了朱君的詩，或者一個句子，或者用的一個字，不像是南宋詞人的聰明麼？」〔註13〕

的確，《無題之秋》、《小園集》沾染了普遍存在於 1930 年代現代派詩歌的「晚唐詩風」，柔和的語氣、朦朧的色調、跳躍的意象，是這些詩作的總體特點。不難發現，這兩部詩集是明顯受到林庚及其同代詩人的影響的，如《雷之前後》：「無葉樹開出花來／冬來才有的敦厚之路啊／門外朝行人的足迹／與人以薄命之感」，此處的「敦厚之路」、「薄命之感」即被廢名視為「南宋詞的巧處」；至於像「朱漆的門柱與古意的廊檐／是誰的幸福在友人的窗前／那同樣的天卻各自成一處／越野的一處多蝴蝶的林園」（《過燕大》）這樣的「方塊詩」（廢名語），更直接呼應著林庚「自然詩」的理念與實踐〔註14〕。

誠然，由於廢名談論朱英誕所依據的《無題之秋》等是朱 1930 年代中後期完成的，他對朱英誕詩所做的「南宋詞」的斷語或許並不完全適於評價後者 1940 年代的詩，但事實上進入 1940 年代以後，朱英誕的詩在很大程度上承續了其早期詩的基調，並加進了更多冥想的成分。他的詩，總是於盎然的古意中散溢著奇崛的哲思：

> 細雨的聲音裏我想
>
> 風，應是美人的家門
>
> 而夜色離披的時候
>
> 蜘蛛又曬網在飛檐
>
> 美人有滿月的傘
>
> 為了新晴又換一柄
>
> 傘
>
> 別有洞天
>
> ——《傘》

「風，應是美人的家門」這一精妙的譬喻，無疑會給人驚異之感。他的名篇

〔註13〕廢名《林庚同朱英誕的新詩》，見廢名《論新詩及其他》，第 171、176 頁。

〔註14〕「自然詩」的觀念在林庚 1930 年代的詩學探索中占據突出位置，他認為「自然詩的性質，自然詩的價值是自然，故其外形亦必自然，外形的自然則自由反不如韻律」（林庚《詩的韻律》，見《新詩格律與語言的詩化》，經濟日報出版社，2000 年版，第 15 頁），這使得他放棄早年的自由詩，倡導並「實驗」「韻律」（而不僅僅是格律）寫作，提出了「半逗律」等主張。

《歸》，巧妙地將「溫柔的足音」、「長林的甬道」、「穹門的光亮」等古典意象和「汽車的紅箭」、「晚來的露臺」、「碼頭的長笛」等現代場景並置，有效地呈現了「歸」者千愁百結的複雜情緒；《散文詩》所描繪的情景是靜中有動（「大雪／如一匹快馬／天籟輕輕的／馳過夜間」）、動靜結合（在無葉樹的冷寂的背景下，「孩子們裊裊以竹竿來搖／大雪的散文詩」）的，全篇顯得精巧而富於情趣。正如林庚後來評論說：「他（朱英誕）似乎是一個沉默的冥想者，詩中的聯想往往也很曲折，因此有時不易爲人所理解。」〔註 15〕朱英誕是一位執著於自己詩歌信念的詩人，同他的師輩林庚、廢名一樣，他試圖找到一種融會古今、涵納天地萬物之「自然」的詩歌寫作形式。他曾自編詩集 20 餘卷，囊括了其一生的詩作 3000 餘首。

　　相較於朱英誕，南星的詩歌風格有所不同。他是 1930 年代就在《現代》、《文學季刊》、《水星》、《新詩》等刊物發表詩作，並出版了《石像辭》等詩集的成名詩人，各類著譯成果相當豐厚。他曾自述「內心空漠」，所寫的詩歌「狹窄」而「瑣碎」〔註 16〕；「有一個人喜好坐下沉思，／喜好散步從黃昏到夜，／喜好因窗紙響而歎息，／喜好凝望樹枝或天空」（《遺忘》）可算是他的自畫像。南星的 1930 年代的詩，屬於在戴望舒《我的記憶》影響下的「現代派」的典型風格：採用散文化、口語化的自由句式（常用「呢」、「嗎」、「吧」等語氣詞），較多書寫日常生活中的事物和細微感受，帶著一種淡然而略顯抑鬱的語調。他十分敏感於時間的消逝，如《城中》先分別寫大街上商店、過路人、武裝者、叫賣聲的「年青」，隨後的「夜色遮不住老樹的裂紋」、「只有幾個人影靜立在門外」則勾畫出一幅別樣的情景，藉此顯現「永久與暫時」的「混合」；《河上》通過對「房舍」及其周邊場景的描繪，映襯了歲月的空寂與現實的雕敝，末句的「千百年寂寞之祝福」包含著深長的意味；此外，《訴說》、《黎明》等均以細碎的筆法，寫出了生活中不經意的瞬間。當然，他的詩也不乏「現代派」所特有的隱晦與難解：「門燈的火輝是誘人的麼，／穩定的火焰，無聲的火焰。／那只赤紅的壁虎夜夜來，／燈罩上微薄的溫暖／給它一些秘密的冬天的歡喜。／／到火可望而不可接的時候，／它就要因焦慮而褪色了。／門燈之熄滅是愉快的變更，／不然是何能制止自己呢，／可憐的

〔註 15〕林庚《朱英誕詩選書後》，見朱英誕《冬葉冬花集》，文津出版社，1994 年版，
　　　　第 323 頁。
〔註 16〕南星《石像辭・後記》，上海新詩社 1937 年。

孩子已慣於窺守」(《壁虎》)，堪稱用語奇特、詩思朦朧。

　　在「艱苦的日子」的 1940 年代，南星堅持著此前的寫作習性（散文化的句式、沉思的調子），只不過詩風更加趨於內省，字裏行間平添了幾分「沉憂」的意緒和更多古色古香的詞彙。長詩《沉憂》中的「荒墟的氣息」、「喃喃的怨恨」、「死的國度」等短語表明，作者對嚴酷的現實有了更強烈的關注。組詩《SAPPHICS》採用了古希臘女詩人薩福式的短小詩體，呈現的是幽微的記憶與想像中的一個個片斷。在這時期的詩作中，南星一如既往地使用偏於冷色調的語詞：「寒冷的午夜雨」、「暗色的天空」、「索索」的「棗葉」(《秋晚五章》)，「枯槁的顏色」(《所遇》)，「柔和的」「黑影」(《深院》)等等，將 1930年代「現代派」詩歌的陰鬱色調帶到了淪陷區詩壇。另一方面，他對詩歌形式也講究了不少：

> 細雨撫著不開花的山桃，
> 惺忪的鐘敲了六下七下。
> 披著濕潤的微塵的是你，
> 從聲聲杜鵑啼的郊外來。
>
> 淡紅色的燈光由暗而明，
> 你的讀書聲是非塵世的。
> 我們的絮語停息的時候，
> 曙色中聽幾顆水滴瓢墮。

——《春陰二》

這種嘗試在南星或許只是偶一爲之，但也可窺見詩人們孜孜於詩藝探索之一斑。

　　與朱英誕、南星相比，學法文出身的沈寶基，其詩學來源和作品面貌顯得更駁雜一些。早年他留學法國開始習詩時，受法國象徵主義、超現實主義詩潮的影響很大（這種影響在他後來的寫作裏時有表現），同時他又對中國傳統文化戀戀不已，寫於 1930 年代中期的長詩《西遊記》就表露了這一複雜心態：「老屋西風中／搖震年少的苦悶／古畫無鮮色／靜物太沉默／暗室不如墳墓／……／回去／遺物發古代的幽香／暗室散發淡淡的珠光／風中老屋依然穩固／剝落的門墻抹一層素粉／我感到自豪我感到幸福／惜日欲毀的故居／重作歸人的寄託」；他的詩既經受了自由詩風的薰染，始終保持著長短不一的句式，又努力尋求詩行間的內在格律，如《Intérieur》（1936）：「我是宇宙的一

粒細沙／宇宙卻在我心底幽暗裏／我來幽暗的燈下／展開自己的天地……
／……／這裏的一切於我是親切的／看畫中的舞蹈／聽畫中的笑聲／他們在
時間裏靜止了／而我亦做了畫中人／但明鏡只留近內的影子／鏡中人憶不起
遠外的身世」，其中「沙」與「下」、「裏」與「地」、「聲」與「人」、「子」與
「世」的韻腳關聯看似並非刻意而爲，卻增強了詩句和情緒的節奏感；他既
善於處理現代人稍縱即逝的情思，又喜歡從中國古代傳說和歷史故事中掘取
題材，如《哭城》、《塔下的呻吟》、《出塞》等，這有點類似於吳興華的「古
題新詠」詩。

　　關於現代詩與古典詩的齟齬，沈寶基有一個明確的觀點：「根據詩的本然
而言，無中外之別，無古今之分」〔註 17〕。這似乎可以理解爲何他的詩裏不
時冒出一些古雅的字詞和句法，像《西遊記》中「搖震」、「且喜」、「徒感」、
「重荷」、「猶憶」等詞語，《雨中花》中「縱然是深閉門的黃昏／我似見晨海
的雲霞」，《暖石》中「由枝條疏處／見你飄入流雲／像一聲鳥鳴／啼過青空」，
《雨的故事》中「四海的呼嘯中／果落如急打的雨／大風迴旋／乃魔鬼的舞
蹈」，《姑妄言之》中「千里外見我的人可知誰夢／千里眼的客子時亦心地朦
朧」等句子。應當說，這些用法使其詩思的跳躍性特徵更加突出，使詩句顯
得更幹練、簡潔，並增添了一絲特別的古風。毫無疑問，「象徵」是沈寶基詩
歌一以貫之的核心技法，他並不擔心由此可能引起的「晦澀」問題，他直言
不諱地說：「所謂晦澀，有些因爲靈智，情感，官能，有些不過因爲文學，章
句，典故……而已，表面看來，是矯飾，造作，然而總有眞摯之情。它的產
生是由於合禮的遮蓋的官感，驟然的涌現，是由於羞怯，文雅，尊敬或愉快
的遲疑」〔註 18〕。這一表述從發生學、文句表達和風格的角度解釋了詩歌寫
作中「晦澀」的內涵，在一定意義上回應了中國現代詩歌自 1920 年代「象徵
派」出現以來所遭遇的詩學難題。沈寶基詩歌中的「象徵」糅合了法國象徵
主義觀念和中國古典詩歌的「意境」理念，既有「象徵」所造就的朦朧感，
又不乏清晰可辨的現實情景線索：

　　　　懂得摸索與祈禱
　　　　解得緊密

〔註 17〕沈寶基《藝術家與詩歌》（這是他 1940 年代所做的一次講演），文見《中國詩
　　　　歌研究動態》第 1 輯「紀念沈寶基」專輯，學苑出版社，2005 年版。
〔註 18〕沈寶基《藝術家與詩歌》，同上。

　　　　我的手

　　　　猶有明月的記憶

　　　　晨風裏做了魚鰭

　　　　……

　　　　髮裏放出飛鳥

　　　　衣襟上一些暖

　　　　花枝上幾點閃

　　　　晚睡的人亦應起炊烟了

　　　　　　　　　　——《晨郊》

　　在此，暗喻、幻覺與實景交織在一起。正如沈寶基在《Intérieur》中所描述的，詩人彷彿「一粒細沙」，只有穿越無盡的「幽暗」後才能「展開自己的天地」，雖然「有些夜的寒冷」，但感受的是「孤獨的幸福」。在其後的漫長歲月裏，他始終沒有放棄這種探求。

四、「純詩」：充滿張力的知性

　　值得留意的是，身在北方淪陷區的南星、沈寶基等的相當一部分詩作，是在上海路易士主編的《詩領土》上發表的。南星實際上參與了《詩領土》的創辦，南星、沈寶基被指定為華北地區的稿件收集人。這一南、北淪陷區詩人間密切的詩學關聯表明，紛飛的戰火並沒有阻隔詩人們的交往，也無法湮沒詩人們的詩藝探索。正是這些穿越了嚴酷環境的詩歌活動和創作，為新詩後來不同時期的發展積蓄了必要的養分。

　　路易士是一位熱衷於創辦詩歌刊物的詩人。早在 1930 年代初，施蟄存主編《現代》時路易士就與之過從甚密；隨後，路易士與詩人韓北屏在蘇州組織「菉花詩社」並出版《菉花詩刊》（後改為《詩志》）；不久他又同「現代派」重要詩人戴望舒等合資創辦《新詩》月刊，一度成為「現代派」詩歌的重要陣地〔註19〕。在發起創辦《詩領土》後，路易士延續了此前辦刊的思路，一如既往地標舉「現代派」（西方「現代派」和他曾經置身其間的中國「現代派」）的一些理論主張，聲稱「詩人不是米價的記錄者」（《詩人》），並大力倡導「現代派」的核心理念之一——「純詩」。

〔註19〕1950 年代，已更名紀弦的路易士在臺灣創辦了《現代詩》雜誌（後成立「現代詩社」），成為臺灣詩界 1950～60 年代「現代派」運動的主要力量之一。

　　在路易士看來，所謂「純詩」就是關注詩歌本身，「不談它的內容意識，也不問其形式風格，我的自己批評的原則是這樣的：詩本身的構成如何？換言之，詩情詩意詩境的組成，究竟嚴密與否，完善與否？」〔註 20〕他並不看重詩歌可能引起的公眾效應：「我決不以那些販夫走卒園丁乳母工人農民以及囤貨色炒股票今天天氣哈哈哈的商人市儈老於世故的老狐狸居然讀我的詩爲一種榮幸。我決不以那些全然不知詩爲何物文學是什麼然而偏偏愛談『新詩的厄運』的通俗故事製造者以及平江不肖生或張恨水的愛讀者之居然讀我的詩爲一種榮幸」，而是寄「熱望」於更爲純粹的讀者：「我有我的讀者群，中學生，大學生，二十代的文藝青年，詩人群。他們是更青春的一代」〔註 21〕。在《詩領土》的「同人信條」中更有如此宣言：

　　　　一、在格律反對自由詩擁護的大前提下之各異的個性尊重風格尊重
　　　　　　全新的旋律與節奏之不斷追求不斷創造；
　　　　二、草葉之微宇宙之大經驗表現之多樣題材選擇之無限制；
　　　　三、同人的道義精神嚴守目標一致步伐一致同憎共愛同進退共成敗
　　　　　　決不媚俗諛眾妥協時流背棄同人共同一致的立場。〔註 22〕

路易士的以詩本位和自我爲中心的理論見解及其創作實踐，隨著他的創辦刊物等一系列詩學活動，在上海淪陷區詩壇產生了不小的反響。

　　在當時上海的特殊環境中，路易士這種極端個人化的詩學主張能得到認同，有其複雜的原因。這一方面與路易士含混的政治立場和身份有關，另一方面也受制於當時的政治、文化氣候。正如時有論者在分析華北淪陷區的散文創作時所指出的：「以個人生活爲主，不至於牽涉另外的事情。寫的是自己生活中的瑣事，用不著擔心意外的麻煩」〔註 23〕。這其實也可用於分析淪陷區所有文類創作的情形，對於現實社會的規避一定程度上導致了向寫作內部探掘的可能。在路易士的詩學信念裏，可以說其核心動力就是創新──不斷的創新：「內容形式上兩者都新──這就叫做全新」；所謂「新」，就是「放棄了過去的抒情的田園，來把握現代文明之特點，科學上的結論和數字」〔註 24〕。爲說明創新的重要性，路易士提出了一個名爲「詩素」的概

〔註 20〕路易士《詩集〈出發〉──我的書》，載 1944 年《天地》第 14 期。
〔註 21〕路易士《出發・自序》，上海太平書局，1945 年。
〔註 22〕見 1944 年 6 月《詩領土》第 3 號。
〔註 23〕楚天闊《一九四○年的北方文藝界》，載《中國公論》1941 年第 4 期。
〔註 24〕路易士《什麼是全新的立場》，載 1944 年 12 月《詩領土》第 5 號。

念：「新詩追求新的表現，是以新的『詩素』之認識、發掘與把握其必然之根據的……而新詩與舊詩的區別，可以說主要在於前者的『詩素』是新的而後者是舊的這一點上」〔註25〕。這樣，就從形與質兩方面規定了創新的內涵，確立了新詩之「新」的「現代」性。

　　同他的理論表述一樣，路易士的詩也表現出恣意狂放的張揚之勢，如《我之出現》塑造了一個「十足的 Man」的不羈形象：「一組磁性的音響」，「一匹散步的長頸鹿／一株仁立的棕櫚樹」，這是交織著自信與困頓的現代人形象；《潮》猶如洶涌不息的「潮」：「我們舉杯，／我們呼嘯，／我們洶涌，／如潮，如潮，如潮」，那是「煩憂的潮。苦悶的潮。生命的潮」，上海大都會騷動不寧的氣息躍然紙上。他的很多詩採用了長短不拘的句式，長到極致和短到極致的句子並陳在一起，在一種跨度的張力中揮灑著詩意的激情：

> 而在靜寂了的夜晚，當孤獨的時候，
>
> 聽了！呼著口號嘩然通過我的致命地疲憊了的羼弱的胸部之
>
> 平原
>
> 盆地
>
> 與夫丘陵地帶的
>
> 是一列不可思議的預感。

——《夏天》

路易士的詩歌中不時散落著一些冷僻的譬喻、警句和誇張的議論：「在你的靈魂裏飄海，／我是一艘倒黴的觸礁船」（《觸礁船》）；「大時代的輪子轔轔地輾過去。銅像沉默，而我心碎」（《五月為諸亡友而作》）；「剩下來的只是一支超現實派的手槍／憂鬱地躺在地板上」（《幼小的魚》）；「但我喜歡說六盞：五是平凡的數字，七是太憂鬱了的數字，六才是戀和幸福的象徵」（《燈》）……這使得他的詩表現出明顯的知性，正如路易士在一首詩裏告白的：「詩人亦須學習／置其情操之融金屬於一冷藏庫中，／俟其冷凝，／然後歌唱」（《太陽與詩人》），知性即是感性和理性的高度融合與濃縮，賦予了其詩句以凝練、脆勁的質地。不過，也正是這種句式的凝練和其中「亦」、「之」、「俟」等舊詞的運用，使路易士的詩歌又散發某種古典意味。張愛玲曾評析說：「路易士最

〔註25〕路易士《從廢名的〈街頭〉談起》，載 1945 年 2 月《文藝世紀》第 1 卷第 2 期。

好的句子全是一樣的潔淨、淒清，用色吝惜，有如墨竹。眼界小，然而沒有時間性、地方性，所以是世界的、永久的。」〔註 26〕無論如何，路易士及其推動的「現代派」詩歌運動，成爲淪陷區上海文壇的一道亮色，他的詩提供了一種新鮮的體驗現代生存的方式。

綜上所述，置身於歷史和文化夾縫中的淪陷區詩人們，似乎找到了中國古典詩學與西方現代主義詩藝的契合之處；他們通過孜孜不倦的探求，試圖在古典與現代的融彙、調協中爲新詩開創一條新路。他們的理想和實踐——以古典的嚴整詩形，表達現代人繁複錯雜的情緒體驗，並爲新詩尋索出一種相對穩定的「範式」——構成了 1940 年代歷史烟塵中一道別致而又悲涼的風景。他們的詩學探索與同時期馮至、穆旦等趨於現代主義的詩歌創作遙相呼應，將新詩逐漸導入宏深而開闊的境地。

〔註 26〕張愛玲《詩與胡說》，載 1944 年 8 月《雜誌》第 13 卷第 5 期。

卷 二

第七章　魯迅與中國新詩的境遇

一、小引：從魯迅的評論出發

　　1936 年 5 月，一位名叫埃德加·斯諾的美國人，帶著一份有關中國新文學的問題單採訪了大病初癒的魯迅。這些問題的答案，成為魯迅平生最後一次廣泛系統地闡述對新文學運動許多問題的見解。〔註1〕這位新文化（文學）運動的闖將，當他面對一位來自異域文化的探詢者，重新回顧起新文學運動以來「滄桑」變化時，他的心情一定是複雜的。在談到如何評價中國新詩的成就時，魯迅坦率陳述了看法，說：到目前為止，中國現代詩歌並不成功；他奉勸來訪的美國記者不要浪費時間研究中國詩人，因為他們實在無關緊要，除了他們自己外，沒有人把他們真當一回事；他甚至尖刻指出，「唯提筆不能成文者，便作了詩人……」半個世紀過去了，這份《埃德加·斯諾採訪魯迅的問題單》及《魯迅同斯諾談話整理稿》的珍貴史料翻譯發表後，在學界特別是詩歌界產生了強烈反響，並引發一些詩人的自我反省和重新審視中國新詩數十年的發展歷程。一位老詩人由此呼籲詩人們捫心自問：新詩「真能博得中國有一定文化水平的一般讀者，喜愛古典名詩一樣的由衷喜愛嗎」？〔註2〕

　　魯迅的評論或許有某種「偏激」，但實際情況是：不僅評論者和新詩之外的旁觀者，而且新詩的寫作者們自身，對中國新詩的質疑由來已久，可以說

〔註1〕《埃德加·斯諾採訪魯迅的問題單》、《魯迅同斯諾談話整理稿》，見《新文學史料》1987 年第 3 期。

〔註2〕見《〈魯迅與斯諾談話整理稿〉座談會紀要》中卞之琳的發言，《新文學史料》1988 年第 1 期。

從新詩出現之日至今，關於新詩的種種探討和爭論就從來沒有中斷過（即使異常的年代，也還通過對新詩的極端扭曲來顯示對它的「特別關注」）。彷彿是與生俱來的，「中國新文學自從開始以來……新詩最是命運多舛」〔註3〕。早在新詩草創初始，當時的「嘗試」者胡適即自感所作新詩「像一個纏過腳後放大了的女人……年年的鞋樣上總還帶著纏腳時代的血腥氣」〔註4〕；作為新詩重要寫作者的俞平伯亦已感到「現今白話做詩的苦痛」，他在剖析新詩的各種社會反應後得出結論：「中國現行的白話，不是做詩的絕對適宜的工具」〔註5〕；而康白情等人的「大白話」新詩所招致的譏諷和指責便可想而知了〔註6〕。即使在新詩出現 20 年後仍有人認為，新詩「直到現在還沒有『成形』，這是無用諱言的」〔註7〕。1960 年代更有如是斷言：「用白話寫詩，幾十年來，迄無成功。」〔註8〕或許，詩人們後來的反思不無道理：「白話詩大都枝蔓、懶散……充斥著鈍化，老化的比喻和象徵。」〔註9〕一直到今天，詩人們仍未擺脫「新詩的處境十分窘迫」（鄭敏語）、「還在交倒楣運」（魯迅語）的心理壓力。

與此同時，一個頗有意味的現象便是許多新詩人的「返古」。就拿魯迅本人來說，他儘管力主新詩寫作，並積極參與實踐，但總的來說新詩數量（僅 6首）遠不及舊詩（60 餘首），且不談二者的藝術質量和影響的差別。可以說，舊詩的「回潮」幾乎是與新詩的出現相伴而生的：胡適的諸「嘗試」之作帶有濃重的舊詩詞氣息雖非出於本意，但初期白話詩人康白情、沈尹默等在短暫的新詩寫作後卻是「自覺」向舊體詩詞回歸；曾以《女神》響徹詩壇的郭沫若後來以舊詩頗具詩名，晚年的新詩也多為夾雜著舊詩的歌謠；至於聞一多、臧克家等在新詩史上有著重要地位的詩人，前者沉浸於「唐賢讀破三千紙，勒馬回頭做舊詩」，後者則宣稱「新詩舊詩我都愛」。像這樣兼及舊詩寫

〔註 3〕 馮至語，見《詩刊》1992 年第 9 期。
〔註 4〕 胡適《嘗試集·四版自序》，人民文學出版社影印本，1984 年版，第 5 頁。
〔註 5〕 俞平伯《社會上對於新詩的各種心理觀》，見《中國新文學大系·建設理論集》，上海良友圖書公司，1935 年版，第 353 頁。
〔註 6〕 例如成仿吾就這樣評價道：「他們大抵是一些淺薄無聊的文字……是一些鄙陋的噪音」。見《詩之防禦戰》，1923 年 5 月《創造周報》第 1 號。
〔註 7〕 蕭三《論詩歌的民族形式》，《中國新文學大系（1937～1949）·理論卷二》，上海文藝出版社，1990 年版，第 131 頁。
〔註 8〕 毛澤東致陳毅的信，發表於《詩刊》1978 年第 1 期。
〔註 9〕 卞之琳《今日新詩面臨的藝術問題》，《詩探索》1981 年第 3 輯。

作，甚至終生樂此不彼的新詩人還可列出許多。僅出現 80 餘年的新詩同有著漫長歷史的舊詩相比，無論就影響力還是「生存的權利」來說，一直面臨著嚴峻的挑戰，這的確是一個值得深思的問題。〔註 10〕

縱觀新詩近百年探索（如果從梁、黃等人掀起的「詩界革命」算起）的歷程，我們確然感到它存在著種種缺憾和歷史疑難，它從外部形式到內部特性都極待很好地清理。魯迅作為一位新文化（文學）運動的無可替代的中堅，一位深邃的思想家和小說、雜文大家，同時又是一位「詩人氣質」很濃的詩人；他的小說、雜文隨處閃現著沉鬱的詩意，他本人的新詩創作更是具有開拓者的氣魄；魯迅無時不在關注著新詩的成長，他關於新詩的零星論述，顯示了獨到的歷史眼光，這亦是無可替代的。考察魯迅與中國新詩的某種關聯，不僅是新詩進程中「繞不開」的議題，而且有著特別的意義：他對於新詩所作的鞭闢入裏的剖析，似較一些「個中人」更能讓我們從某些側面窺見新詩在整個新文學（乃至文化）中的境遇，繼而清醒地尋索重建新詩的途徑。

現在的詩人們需要回答的是：他們是否從內心深處真正感受到了自身的困境和重建的焦慮？他們該怎樣回答魯迅等先驅者的質疑和詰難呢？

二、中國詩歌的現代轉型與魯迅的詩觀

每每提及「中國詩歌」，恐怕很多人想到的是中國古典詩歌，即自《詩經》以來延續了二千餘年的「文言」詩歌，而本世紀之初那場轟轟烈烈文學運動中產生的「白話」詩則屬於另一品種，並不能納入「中國詩歌」的範圍之內，它獲得的稱呼只是「中國現代詩歌」或「中國新詩」。在他們看來，近代以來的中國文學（當然包括詩歌）在整個中國文學發展史上，就彷彿韌帶出現斷裂、脫節後生成的「異類」。的確，無論從中國詩歌的歷史進程還是「新詩」自身發展狀況來看，似乎還沒有哪一位新詩人有勇氣將自己的作品自詡為「中國詩歌」。魯迅曾說過，「一切好詩，到唐已被做完」。這是針對古詩而言。應當承認，「中國現代詩歌」或「中國新詩」這一名稱本身，不僅是一個有目共？的文學史實（新文學運動）的必然結果，而且昭示了它必然充滿尷尬和悲劇性的內在命運。也就是說，「中國現代詩歌」從「中國詩歌」中「分蘗」出來，

〔註 10〕近年來詩人鄭敏格外致力於這方面的探討，她較多從語言層面辨析新詩的失誤和取法舊詩詞的可能。

「中國新詩」的由「舊」變「新」，是經歷了和必將繼續經歷巨大陣痛的。誰讓它誕生之際，無可選擇地遭遇那樣不同尋常的歷史境況（或者說，正是那不同尋常的歷史境況促成了它的誕生）？誰讓它幸運又不幸地陪伴著中國文學（文化）轉型的始終呢？但它又是何等與眾相異的文學樣式，它的與語言更爲複雜的關係和更爲纖細的「神經」，使得它在萌生、掙脫母體也體時付出的代價和承受的災難更多。或許，時至今日，中國詩歌的轉型仍處在持續的「陣痛」期，嚴格意義上的「中國新詩」寫作遠未到來？

眾所周知，以反對文言、倡導白話爲重要內容的五四新文學運動，基本上是一場聲勢浩大的語言革命。運動的此一性質，規定並深刻影響著作爲這場運動實驗陣地之一的新詩趨向。新詩最初事實上是被當作新語言（「白話」）與舊語言（「文言」）決絕的重要手段的。一方面，新詩對於新的語言方式的建立與鞏固有著特殊意義，它肩負著「語言」「轉型」的重大使命；另一方面，由於現代中國複雜的歷史遭遇，語言革命和文化變革（在後者，又是人所共知的救亡與啓蒙的「雙重變奏」）匯合在一起，汹涌的文化變革潮流沖刷著人們的思想觀念和語言意識以及文化「調節器」的文學的形態，新詩也被裹挾著，朝著它本不該發展的方向前進。必須指出的是，語言轉型的不徹底和未完成狀態，爲新詩運用語言留下了粗糙、倉促的禍根。因此，新詩從一開始就已經潛伏著一種「被動性」和含混不清的嚴重危機。新詩致命的內在困難首先即是所用語言（「白話」）自身的困難。這一困難未能及時解決，導致了日後思與言分裂，詩與非詩因素相衝突，新詩與舊詩搶奪「生存權利」等等一系列的問題。

魯迅作爲新文化（文學）的倡導者，初始他是認同將新詩當作語言變革的手段的。雖然他一再強調自己「對於新詩是外行」，且「其實是不喜歡做新詩的」，但他還是身體力行，爲草創期的新詩壇供奉了幾首「全然擺脫了舊鐐銬」（朱自清語）的別致的作品。魯迅深知語言變革對於文化變革的重要性，他希望運用「新語言」（白話）的新詩一掃舊詩陳腐的表達方式和老氣的情感格調，而獲得新時代的新境界，因此他極力倡導白話，要求「上下四方尋求，得到一種最黑的咒文，先來詛咒一切反對白話，妨害白話者」〔註11〕。可是，新詩之有助於新語言的確立是一回事，但它自身的形式建設是另一回事。事

〔註11〕引自《二十四孝圖》，《魯迅全集》第2卷，人民文學出版社，1981年版，第251頁。

實上魯迅已經意識到新詩形式方面的問題，他說：「新詩先要有節調」，「沒有節調，沒有韻，它唱不來，唱不來就記不住，記不住，就不能在人們的腦子裏將舊詩擠出，佔了它的地位。」〔註12〕同時他又指出：「詩須有形式，要易記，易懂，易唱，動聽，但格式不要太嚴。要有韻，但不必依舊韻，只要順口就好」。〔註13〕這顯然是一種靈活的辯證的形式觀。因此，他鄙薄呆板的形式主義，並堅決抵制新詩的復古傾向，針對有人作詩必用「選」字，將詩寫成「方塊」的倒退做法，魯迅給予堅決批評：「現在的白話詩，已有人掇用『選』字，或每句字必一定，寫成一長方塊。」〔註14〕這事實上「除掉做新詩的嗜好之外，簡直就如光緒初年的雅人一樣」〔註15〕了。魯迅意識到新詩的語言變革目的和自身形式建設之間的齟齬，以及由此必然遭遇的困難：「白話文要押韻而又自然，是頗不容易的。」〔註16〕他看到了白話處於轉型之際的局限，也預感到了新詩在語言方面將首先遇到的阻遏。

　　魯迅對新詩語言、形式的論述，其實非常精確地指出了新詩向前推進過程中的致命問題。回顧新詩最初的情形，「嘗試」者們由於力圖打破舊詩格律的束縛，尋求詩體的徹底「解放」（胡適的「話怎麼說就怎麼寫」可一直追溯至黃遵憲的「我手寫我口」），卻忽略了音韻、節調等古典詩學問題的轉化，長期受韻、調、頓等形式規範的中國新詩，一下子放得太開，難免跌入散漫無邊的空茫境地，正如俞平伯所指出的，「白話詩的難處，正在他自由上面」。爲約束新詩的泛濫無形「新月派」代表人物聞一多倡導新格律詩，提出新詩的「三美」原則，從「音樂、繪畫、建築」等外在形式重新去規範新詩，結果寫出的大多是「每句字必一定」的「方塊詩」，似乎有再次落入舊詩窠臼的危險（正如魯迅所批評的那樣）。雖然聞一多的「三美」原則在一定程度上起著框正新詩的作用，但其弊端仍顯而易見：「把詩寫得很整齊……但是讀時仍無相當的抑揚頓挫」。〔註17〕而「抑揚頓挫」不僅是詩的外在形式問題，而且更應該成爲新詩的內在要求，這正是郭沫若、戴望舒等人的反駁性意見，戴望舒的著名觀點是：「詩的韻律不在字的抑揚頓挫上，而在詩的情緒的抑揚頓

〔註12〕《致竇隱夫》，《魯迅全集》第 12 卷，第 556 頁。
〔註13〕《致蔡斐君》，《魯迅全集》第 13 卷，第 220 頁。
〔註14〕《致姚克》，《魯迅全集》第 12 卷，第 339 頁。
〔註15〕《重三感舊》，《魯迅全集》第 5 卷，第 324 頁。
〔註16〕《致竇隱夫》，《魯迅全集》第 12 卷，第 556 頁。
〔註17〕梁實秋《新詩的格調及其他》，1931 年 1 月《詩刊》創刊號。

挫上，即在詩情的程度上。」〔註18〕這樣就將新詩的「外形式」與「內形式」區別開來。新詩的內外之別暗含著一種思與言的分裂狀態，這種分裂即是白話「後遺症」的表徵之一。譬如在象徵派詩人李金髮那裏，思與言的分裂尤爲充分：李金髮將某種異域的詩形帶入本土（其設想可能是爲補充不成熟的新詩形式？），他沒有料到的是，西方的表達（話語）方式和母語的運用之間根本無法溶合——當他用中文（尚稚嫩的白話）寫作，當他在詩裏文白相加、中西雜陳之時，新詩事實上悖離了其生成這的根基。與其說李金髮中了「歐化」的毒，不如說他吞噬了漢語轉型未完成的苦果。李金髮的典型性顯示了新詩人的難言之隱：他們用那稚嫩淺白的白話如何言說？回到「死文言」是萬萬不可的，「歐化」的語言一時難以消化吸收，其最終陷入困頓境地便可想而知了。但並不是說，只要皮相地瞭解西方詩的語言方式和形式構造，並隨意沾取舊詩的某些意境，便可製作一種新的詩歌形式。這恰恰是「中西融合」倡導者的理想詩歌模式，這一模式的根本缺陷在於，其詩中過於厚重的古典意緒淹沒了本應支撐和推動新詩發展的現代意識，免不了重蹈「舊瓶裝新酒」的覆轍。不過，越過表象的「中西融合」，戴望舒、卞之琳、馮至、鄭敏、穆旦等人進行了較爲成功的探索，爲尋求在新詩中平衡中西、古今作出了可貴的貢獻。至於後來，「古典」＋「民歌」的模式更被證實了其不宜推廣的偏激性和武斷性：一方面，誠然，舊詩與新詩之間存在著含蓄與淺白、簡潔與拖沓、精緻與粗糙的差別，新詩可以汲取舊詩的有益養分以豐富自己，但新詩所用白話的靈活性、清晰性和對現實生活的貼近與敏感是舊詩無法企及的，新詩出現的內在要求便在於此；另一方面，新詩又如何眞正地取法民間（民歌），如何體現眞正的詩的民間性，是一個有待探討的問題（魯迅將僅限於向民間作格調和「構思取意」的表面借鑒，斥之爲「陳腐的，不能稱是眞正的平民文學」）〔註19〕。

進入當代，新詩的語言、形式作爲一個「經久不衰」的話題被經常提及，詩語言的更新成爲新詩潮流嬗遞的標誌。1970 年代末崛起的「朦朧詩」潮，出於對新詩語言一度板結和僵化的反撥，重新發掘蘊藏在漢語自身的魅力，注重語言的暗示性、模糊性和多義性等等，通過意象疊加和構築整體象徵來折射詩意，以不規則跳躍的句式代替缺乏動感的詩行，從而對新詩進行了較

〔註18〕戴望舒《望舒詩論》，1932 年 11 月《現代》第 2 卷第 1 期。
〔註19〕《革命時代的文學》，《魯迅全集》第 3 卷，第 422 頁。

爲全面的形式更新。「朦朧詩」在語言的運用方面卻被後繼者們認爲是遠未達到充分發揮其表現力的境界：「由於要代替抒情自我進行一種主張式的宣稱，詩歌語言失卻多方位的張力，從而也使得語言自身在文本內整合再生意義的創造能力下降。」〔註 20〕朦朧詩之後，語言意識的進一步甦醒，導致詩人們越來越專注於語言的實驗，在一些頗具聲勢的「實驗」中，詩事實上陷入了兩種困頓：一種是精緻、純粹的語言所營造的自成一體的空間，在那裏，詞與物相分離，看不到來自外面世界的光線，詩人墜入了語言快感或狂歡的「自溺」中；另一種是以一個「以口語入詩」的極端口號表現出的語言行動，要求詩語與口語的一致與對等。值得提醒的是，由於未經將個人語言和日常語言整合成新鮮的詩語言，他們的「口語化」難免在一片生硬、鬆散的語言泥沼中重歷五四「嘗試」者們的尷尬，這些語言實驗最終可能的後果是：「語言的個體化標誌在城頭紛雜拓展，而詩歌切身的感悟卻在炮火中掩埋。」詩在一陣眩惑中迷失了自身。新詩更迭的命運只能如此嗎？

　　問題的癥結或許在於，所有這些對新詩語言、形式的討論還僅僅流於表面，這種表面不但指討論難以伸入語言（漢語）內部，並很大程度上游移於詩之外，而且意味著詩人們沒有從根本上關注新詩文體完善的要求和自身藝術品性的定位（正因爲過於外在地強調語言，詩之爲詩的「詩質」往往被忽略和遮蔽），這也許是更爲致命的。例如，魯迅談及的新詩「蘊含」和「詩美」的喪失問題，便可看作對詩的內在質素的一種考慮，魯迅指出，「詩歌較有永久性」，詩歌的永久性在於它的抒情本質（詩「是可以發抒自己的熱情的」），更在於所抒之情的雋永和持續（「感情正烈的時候，不宜作詩，否則鋒芒太露，能將『詩美』殺掉」）。〔註 21〕「詩美」的被抹殺，無異於抽掉了「詩質」的一個重要因素。當然，「詩質」的內在構成還有其更爲深沉的層面，即詩的精神性骨架。

三、中國新詩的當前困境與魯迅的精神傳統

　　詩與外部現實的關係一直是一個糾纏不清的詩學難題。在舊詩中，它集中地體現爲「言志」與「緣情」二說的本質之辯，和「文（詩）以載道」與

〔註20〕參閱郜積意《「後新詩潮」的論爭及其理論問題》，《南方文壇》1998 年第 3 期。

〔註21〕《兩地書‧三二》，《魯迅全集》第 11 卷，第 97 頁。

「獨抒性靈」的功能分歧。到了新詩這裏，草創期的新詩一方面既尋覓著新的語言（白話）又承擔著新語言確立的歷史使命，另一方面無可選擇地參與了文化轉型的過程並部分地擔當了促進新文化成長的歷史功用。因此，新詩一開始不僅面臨著新語言本身的困難所帶來的語言、形式問題，而且遭受著外部現實（社會、歷史、文化）的功能強化。後一問題尤為嚴重，新詩的探索被認為始終立於詩之外，不能不說與這一癥結的懸而未解有關。

由此看來，當前中國新詩的困境實際上是五四新詩一開始就置身其中的困境的延續，只不過不同的是，在前者當一種新的文化轉型正在或即將到來時，它已不是一片空白中的四處摸索，而是帶著滿目瘡痍和過多的負重或輕盈遠離了文化轉型的大潮，或者被遠遠地拋在了背後，成為游離於時代話語（話題）之外的可有可無的漂浮物。嚴格地說，是新詩的精神性骨架（如果它曾有的話）坍塌了。這是一個個人化極強的時代，但同時又是一個人們在一張生活的巨網中相互依賴得更緊的時代。神經的生理性緊張和精神的無所依託，成為這個時代的重要症候。如果說「正在革命，哪有功夫做詩」（魯迅語）的時代是一個非詩的時代，那麼，在這樣一個平面化、無深度、責任感和價值尺度付之闕如的商品時代，「還有多少人在真正考慮詩的事情」〔註22〕？新詩的位置究竟在哪裏呢？

魯迅說：「詩人究竟不是一株草，還是社會裏的一個人。」〔註23〕也就是說詩人及其作品的存在是與社會、時代相聯著的，這並不由人、也不容避視。對此魯迅又有形象的比喻，他將人比作「進化的長索子上的一個環」，而詩等藝術也在「這長路上盡著環子的任務，助成奮鬥，向上，美化的諸種行動」〔註24〕。他否認完全超於政治等現實生活的所謂「田園詩人」、「山林詩人」的存在，而「完全超出於人間世」的詩人〔註25〕，更是沒有的；對於那些想遁入象牙塔之中做所謂「歸隱派」的詩人，無異於「用自己的手拔著頭髮要離開地球一樣」〔註26〕，完全是不切實際的幻想。魯迅認為「博大的詩

〔註22〕西渡《重提「修遠」》，《鄭州大學學報》1998 年第 1 期。也許首先應該問的是：還有多少人在讀詩？《詩刊》1996 年的調查與魯迅當年所言有驚人的相似：「至於詩稿，卻實在無法售去……」（《致蔡斐君》）。

〔註23〕《看書瑣記（三）》，《魯迅全集》第 5 卷，第 550 頁。

〔註24〕《致唐英偉》，《魯迅全集》第 13 卷，第 163 頁。

〔註25〕《魏晉風度及文章與藥及酒之關係》，《魯迅全集》第 3 卷，第 516 頁。

〔註26〕《論「第三種人」》，《魯迅全集》第 4 卷，第 440 頁。

人」應該能「感得全人間世，而同時又領會天國之極樂和地獄之大苦惱」，其作品也應該具有「山崩地塌般的大波」似的震撼力〔註27〕，這樣才有「共鳴的心弦」〔註28〕。因此，詩與社會的聯繫是通過詩的巨大感染力和「共鳴的心弦」來體現的。在早期論文《摩羅詩力說》中魯迅就主張：「蓋詩人者，攖人心者也。凡人之心，無不有詩，如詩人作詩，詩不為詩人獨有，凡一讀其詩，心即會解者，即無不自有詩人之詩。無之何以能解？惟有而未能言，詩人為之語，則握撥一彈，心弦立應，其聲澈於靈府，令有情皆舉其首，如?曉日，益為之美偉強力高尚發揚，而污濁之平和，以之將破。平和之破，人道蒸也。」〔註29〕詩的價值正在於促動心靈的交流，期待與他人精神的相遇。但詩對人心的撼動不是靠空洞的呼叫去完成的，而是來自生命深處的真情的呼喊。因此魯迅格外看重詩中純真情懷的抒寫（如他專作《反對「含淚」的批評家》一文，抨擊封建遺少對「湖畔派」愛情詩的指責和詆毀），同時他又十分反感詩中偽飾和做作之情（他因「先前虛偽的『花呀』『愛呀』的詩，現在是虛偽的『死呀』『血呀』的詩……頭痛極了」而戲作《我的失戀》加以譏諷）〔註30〕。在魯迅看來，「呼喚血和火的，詠歎酒和女人的，賞味幽林和秋月的，都要有真的神往的心，否則一樣是空洞」〔註31〕。

在這裏，魯迅為我們提供了對於詩的本質和詩與外部現實關係的辯證認識的典範。我們知道，魯迅一生都在致力於對國民劣根性的批判和改造以及民族性格的重塑，作為一個文化啓蒙者，魯迅的文化觀念和文學主張都蘊含著深刻的啓蒙精神，他的眾多詩文浸潤著飽滿的詩的熱情和冷峻的批判意識，但他憂憤深廣的思想情感卻以一種強烈的詩化理性得以呈現。儘管魯迅認為一定歷史境況下詩是「感應的神經」、「攻守的手足」，但他並不主張詩作「猛烈的攻擊」，而往往那些「極鋒利肅殺的詩，其實是沒有意思的，情隨事遷，即味同嚼蠟」〔註32〕。雖然「文藝是國民精神的火光，同時也是引導國民精神的前途的燈火」〔註33〕，但這並不是說「詩人或文學家高於一切人，

〔註27〕《馬上日記之二》，《魯迅全集》第 3 卷，第 343 頁。
〔註28〕《詩歌之敵》，《魯迅全集》第 7 卷，第 238 頁。
〔註29〕見《魯迅全集》第 1 卷，第 68 頁。
〔註30〕《兩地書·三四》，《魯迅全集》第 11 卷，第 100 頁。
〔註31〕《〈十二個〉後記》，《魯迅全集》第 7 卷，第 300 頁。
〔註32〕《兩地書·三二》，《魯迅全集》第 11 卷，第 97 頁。
〔註33〕《論睜了眼看》，《魯迅全集》第 1 卷，第 240 頁。

他底工作比一切工作都高貴」〔註34〕，詩也沒有必要「必須故意做成宣傳文字的樣子」，因爲「口號是口號，詩是詩，如果用進去還是好詩，用亦可，倘是壞詩，即和用不用都無關」〔註35〕。魯迅在另一處將此說得更加直截了當：「『打、打』，『殺、殺』，聽去誠然是英勇的，但不過是一面鼓，即使是鼕鼓，倘若前面無敵軍，後面無我軍，終於不過是一面鼓而已。」〔註36〕

但魯迅終歸倡導一種「介入」詩學，提倡詩的韌性哲學和脊梁精神。詩能否眞正「介入」，關鍵在於怎樣理解「介入」和選擇「介入」的方式。就中國特有的人文傳統和氣質來說，詩人們難以擺脫一種根深蒂固的憂患意識，但如何將這種憂患轉化爲一種自由言說和眞正的「介入」，對很多詩人來說是一個難題。在一些詩人那裏，憂患是一個可以隨時掛在嘴邊又隨時扔掉的「時髦」詞；而在另一些詩人身上，憂患會讓他們不堪重負，最終喪失言說和介入能力。這眞是一個令人痛苦難言的悖論和怪圈。不過，在新詩的歷史進程中，我們偶而也能夠聽見來自憂患的眞正吟詠。以被譽爲繼承了魯迅「路的哲學」〔註37〕的詩人馮至爲例，他在 1940 年代寫的《十四行集》可謂災難歲月裏的最強音，這組十四行詩（共 27 首）完成於戰爭的火光中，卻不是以搖旗吶喊的姿態去充當時代的「戰鼓」或「號角」，而是將詩思的觸角穿越現實的迷烟指向了更爲根本性的生命、存在問題；有著杜甫式憂患的詩人馮至，他沒有讓自己的憂患淹沒作爲詩的本眞言說，而是讓後者在更深地與時代籲求的遇合中得到了保護和遣發。就中國新詩產生和生存的歷史境遇來說，詩人在葆有社會責任感的同時又能堅持對詩的信仰，這無疑是一件幸事。

四、簡單結語：新詩重建的焦慮及其歸宿

以上透過魯迅的零星論述對新詩進行辯析的二個側面最終將合而爲一，因爲語言（形式）和精神實在是詩之爲詩不可分割的兩翼，而語言所造成的困難和詩的精神性骨架的缺失，恰好是中國新詩困境的根源所在，它們夢魘般地纏繞著新詩，這使它多年來裹足不前，因此，當前新詩的重建應該從漢

〔註34〕《對於左翼作家聯盟的意見》，《魯迅全集》第 4 卷，第 234～235 頁。
〔註35〕《致竇隱夫》，《魯迅全集》第 12 卷，第 556 頁。
〔註36〕《革命文學》，《魯迅全集》第 3 卷，第 544 頁。
〔註37〕〔德〕顧彬《路的哲學——論馮至的十四行詩》，《中國現代文學研究叢刊》1993 年第 2 期。

語語言的自審和詩歌精神的恢復兩方面作深入思考。

　　進入 1990 年代以來，在經過了 1980 年代中後期的喧囂熱鬧之後，詩壇漸趨平靜乃至沉寂，詩比其他文學品種更迅速、更徹底地退出公眾的視線之外，而成為一種私人化寫作。這並不是說詩人們已經消除了「給定的生存話語條件與文學的自由表達之間，在寫作的文化承諾、道義責任與個人的自由之間」〔註 38〕的內在緊張，而是以一種避視態度消解了這一緊張關係。因當說，退出公眾視線而回歸個體甚至回到詩本身，這於詩也許是一種進步。但是，詩對現實「介入」和文化參與的拒斥，與對價值判斷和美學批判的逃逸，卻並非利於新詩的重建。如果說 1980 年中期以後詩壇為探索語言的可能性所掀起的一場場運動有著明顯的姿態性和表演性，那麼如今的拒斥和逃逸很難說不是表演性的。一位評論者由此詰問：「喪失了大胸襟和大抱負，那麼，20世紀寄望於中國新詩的，還有什麼呢？」〔註 39〕這代表了逼近世紀末新詩進行自我反省和重建的焦慮和願望。

　　這無疑是沉寂新詩壇的一線生機。也已經有一批詩的寫作者和評論者清醒地意識到新詩的歷史難題和當前困境，開始從內部進行清理：就詩語言來說，他們認清語言並不僅僅是個人性的，還應顯示其社會歷史態度，這也相應地表現為他們努力在詩與現實的關係中尋求個人體驗與普遍意義的平衡。但願這不是「姿態性」的，但願在一個新世紀到來之際，新詩能夠回答魯迅們的質疑和詰難。

〔註38〕王家新《闡釋之外》，《文學評論》1997 年第 2 期。
〔註39〕謝冕《詩歌理想的轉換》，《鄭州大學學報》1998 年第 1 期。

第八章 馮至《十四行集》的存在之思

　　產生於二十世紀四十年代的《十四行集》是詩人馮至供奉給中國現代詩壇的一朵奇葩。這部被譽爲新詩之「中年」（朱自清語）的詩集，以深邃的詩思，探討災難歲月里人的生命、存在等根本性問題，至今讀來，我們仍能感受到它所散發的濃烈詩性和哲性。

　　《十四行集》關於生命、存在的探討集中於對「生命的暫住」的思考，這一思考敞開了這樣一個存在命題：「生命的暫住」也許正是人的存在的全部本質和尊嚴所在。「生命的暫住」昭示人的「非永恒性」的本然處境。應該說，「非永恒性」〔註1〕是人之爲人無可逃避的先天宿命。「非永恒性」意味著，「人的生存證明自己是一種受時間制約的歷史性的生存」，即人稟有時間性和歷史性的雙重局限。〔註2〕「非永恒性」道出了人的現世處身的有限性、轉瞬即逝性和終有一死性。在硝烟彌漫的戰爭年代，人的「非永恒性」的存在境遇更爲鮮明、尖銳地凸現出來，並進入了詩人馮至的詩思領域。沉寂的詩思與早年的經驗相融合，終於結晶爲《十四行集》的雋永詩行。

一、《十四行集》的兩個精神性前提

　　《十四行集》的出現不是偶然的，而是有著深厚的時代背景和詩學淵源，同時也與馮至自身的精神性體驗息息相關。一方面，詩人早期詩作的哲理性構成，在很大程度上暗示著他後來的詩思取向，從而成爲《十四行集》的一

〔註1〕 此一術語源自弗洛伊德《論非永恒性》一文，見《人類困境中的審美精神》，學林出版社，1994年版，第237～240頁。本文沒有追隨弗氏的心理學思路，而只將之作爲一種哲理性命題納入本文所討論的詩學範圍。

〔註2〕 E·雲格爾《死論》，林克譯，上海三聯書店，1995年版，第29頁。

個必不可少的精神來源。另一方面，我們知道，西方現代主義詩人從波德萊爾起經由馬拉美、瓦雷里直至艾略特，一個重要的詩學主題是對人的存在問題的質詢。而在寫作《十四行集》之前，馮至曾長期沉浸於現代主義代表詩人里爾克的精神薰陶，這使得其《十四行集》中的沉思和追問同這一傳統能夠深刻地聯繫起來，西方現代主義（特別是里爾克）歷史性地成為馮至進行思考、寫作的詩學背景和精神前提之一。早年的蓄積終於厚積而薄發，彙聚成詩之思的汪洋，又凝結為厚重的詩的「山嶽」。

（一）

1921 年，年僅 16 歲的馮至寫下了他的第一首詩作《綠衣人》。在詩的末尾，這位少年表達了他對於社會和人生的茫茫無知：

> 在這瘡痍滿目的時代，
> 他手裏拿著多少不幸的消息？
> 當他正在敲人家的門時，
> 誰又留神或想，
> 「這家人可怕的時候到了！」

「綠衣人」舉手敲門的細緻動作，引起了這位少年旁觀者的驚奇和慨歎。在這不是天災就是兵禍的時代，在這灰暗低沉的到處是「貧苦的形象和悲痛的聲音」的深巷，緊閉的黑門裏隱藏著怎樣的生活？「綠衣人」又送來了什麼不幸消息？一連串疑問掀動著少年馮至的神經。在另一首早期詩作《聾者的暗示》（1923）裏，馮至向著「向沒有盡頭的暗森森的巷中走去」的聾者思忖：他暗示了什麼？

最初的發問是相當重要的，這不同尋常的起點本身就隱含著一種沉思姿態，預示了今後馮至詩的命意和走向。馮至曾自述自己早期不少詩「抒寫的是狹堪的情感、個人的哀愁」〔註3〕。時代的愁緒和個人苦悶使他這一階段的詩風淒迷而幽婉。到《昨日之歌》（1927 年，北新書局）出版時，馮至已明顯地感到某些感傷的無謂，提出要與過去告別，即不僅與「沒有光，沒有花，沒有愛」的生活告別，而且同詩中的「可笑的幼稚」和「荒唐的夢幻」告別。不過，僅就馮至《昨日之歌》時期的詩作來說，我們仍能發掘其內在的哲理性構成（這種哲理性思考在《北遊》時已成為一種自覺）。沒有這些複雜

〔註3〕馮至《詩文自選瑣記（代序）》，見《馮至選集》第一卷，四川文藝出版社，1985 年版，第 12 頁。

而深沉的精神性積纍，《十四行集》詩之思的深度和高度就難以得到合理解釋。〔註4〕

《昨日之歌》時期的馮至是迷惘的，但迷惘的詩人已開始嚴肅而真誠地探求世界與人生的真諦。馮至清醒地意識到自身的處境，也清醒地確認了自己的價值，因此，身處卑污的時代他沒有消沉，而是大聲歌詠愛情，勇敢追求光明：「願有一位女神，／把快要毀滅的星球，／一瓢瓢，用天河的水，／另洗出一種光明」（《狂風中》）；他不斷審視自我的靈魂，在艱難時世中鍛造生的韌性：「我把我的胸懷剖開，／取出血紅的心兒，／捧著它到了人叢處。」（《不能容忍了》）從《綠衣人》起，馮至的許多詩如《暮雨》、《小船》、《在郊原》等都表現出對生命現象的整體性觀照，人生的悲涼與孤獨被視爲人的本然處境予以思考。在他的一些愛情詩（如《我是一條小河》、《蛇》），包括三首關於愛情的敘事詩《吹簫人的故事》、《帷幔》、《蠶馬》之中，美的幻滅、愛情的消亡引發的悲劇感受，被導向一個更高的關於人生命運的沉思，其敘事中的抒情性，其抒情中的哲理性，構成了這些詩冷峻、沉靜的品性。

就在告別《昨日之歌》後不久，馮至踏上了開往雪城哈爾濱的列車——「他逆著凜烈的夜風，上了走向那大而黑暗的都市，即人性和他們的悲痛之所在的艱難的路」〔註5〕。在那裏，馮至的詩發生了一次重大轉變。哈爾濱的現代都市氛圍使馮至更深地切入了生活的真實和人的存在狀態，置身於「地獄」一般的腐朽氣息裏，他感到窒息，胸中鬱結了巨大的塊壘。長詩《北遊》便在這些塊壘如泉涌般的傾吐中產生了。毋寧說這五百餘行詩完成了詩人的一次蛻變，儘管他告別過去而對未來時仍是一片惘然：「我在這樣的情況當中，／可真是和我的過去永久分手？」「何處是我生命的旅程？」

但更爲重要的是，《北遊》意味著：馮至已敏感地思及人的虛無、「匆促」和不可「把定」等存在命題，並將思維的觸角伸向對於生死秘密的探求：「一切的情，一切的愛，／都像風吹江水，來去無蹤。／／生和死，是同樣地秘密，／一個秘密的環把它們套在一起。」生死被連成了一個秘密的巨環（這一主題在《十四行集》裏有進一步發揮）。在一片虛無和不定中，他「拊胸自問」

〔註4〕 孫玉石《中國現代詩國裏的哲人》，載北京大學學報（哲學社會科學版）1994年第4期。
〔註5〕 馮至從魯迅所譯望藹覃《小約翰》中選出這段話作爲《北遊》題記，見《馮至選集》第一卷，第77頁。

以求索人的存在價值：

> 我生命的火焰可曾有幾次燒焚？
>
> 在幾次的燒焚裏，
>
> 可曾有一次燒遍了全身？
>
> 二十年中可有過真正的歡欣？
>
> 可經過一次深沉的苦悶？
>
> 可曾有一刻把人生認定，
>
> 認定了一個方針？
>
> ……
>
> 我可曾真正地認識
>
> 自己是怎樣的一個人？

這是逼進靈魂的自我拷問。這一連串的拷問是真正意義上現代性追問的起端，它表達了詩人對自身境遇的深切關注，同時顯示出對處境的反思和超越。經過這次靈魂洗禮（現實的和詩的），馮至獲得了「新生」──在《北遊》一詩的末尾，他參加了埋葬一切空幻和虛妄的「追悼會」。《北遊》既深化了馮至早年關於愛與美及生命的沉思，又是《十四行集》存在之思的先聲。

（二）

在西方現代主義詩人中，里爾克是頗能昭示詩人天職的一個。正是這位遠在異域的存在歌吟者，給馮至以巨大的精神滋養〔註6〕。在一首詩裏，里爾克這樣唱出詩人的使命：

> 啊，詩人，你說，你做什麼？──我讚美。
>
> 但是那死亡和奇詭
>
> 你是怎樣擔當，怎樣承受？──我讚美。
>
> 但是那無名的、失名的事物，
>
> 詩人，你到底怎樣呼喚？──我讚美。〔註7〕

以「讚美」抗衡這個世界的困厄，進而召喚隱匿的存在意義，是里爾克作為

〔註6〕 在馮至的創作中，有一條清晰的從（德國）浪漫派到現代主義（里爾克）的影響線索。同時他本人的思想深受歌德、尼采、基爾凱郭爾等詩人、哲學家的影響。這裏僅從里爾克對馮至在個人氣質、精神境界等方面的滲透略作縷理。

〔註7〕 里爾克著、馮至譯《啊，詩人，你說你做什麼……》，見《里爾克詩選》，中國文學出版社，1996年版，第69頁。

詩人的一貫姿態。儘管里爾克最重要的感受是喧囂塵世間的孤獨感，他的早期作品充滿夢幻和感傷的娓娓敘述，但是，他「以無情的敏銳把對世界的茫茫陌生感和不可理解感表達出來，把個人存在的整個不穩定感表達出來」，是為了將人引向更高的存在，因為死在人這裏出現了：「這死……是『巨大的死』，是不可重複的個體所完成和做出的一項無法規避的特殊功業。」〔註8〕這樣，里爾克通過對人的死亡本性的思考，構築了一個關於「存在」的神話。在里爾克看來，「挺住」、「撐起」即使無比可怕的毀滅性的東西，從而使其為內心所有，這是他心靈的義務。因此他認為，人的存在只有在內心熱烈地、無限性地進行「體驗」時方有可能。「體驗」意味著，通過「體驗」——通過對一切真實存在物（包括死亡）的觀察和承擔，把它們化為自己身內的血肉，以達到有限生命的無限延伸與敞開。里爾克本人曾這樣描述波德萊爾式的體驗：「他（波德萊爾）的任務是在這可怖的似乎只是令人作嘔而已的東西裏看到存在物，一切存在物中的存在物。」這種通過「體驗」，以生命（存在）在空間上的敞開性來克服超越生命（存在）的有限性的思考方式，是里爾克晚年生命（存在）觀的一大特點。在他自己的時代，里爾克「以他思想勢不可擋的獨特性設計了一個賦予生活以意義的新天地，我們這個時代的人們可以在歷史的激情中面對這敞開的天地躬身自問，探索自身」〔註9〕。

　　馮至正是在對里爾克的逐步閱讀過程中，並在後者敞開的天地面前「躬身自問、探索自身」的。無疑，里爾克成熟的生命（存在）觀作為一種「養分」，慢慢沉澱於馮至內心，最後竟深入「骨髓」，成為左右他思考和寫作的強大動因。馮至最初接觸里爾克的作品，是在 1926 年秋天。一個偶然機會，他讀到里爾克早期名作《旗手克里斯多夫‧里爾克的愛與死之歌》，立即被一種意外的、奇異的感受所捕獲：「色彩的絢爛、音調的鏗鏘，從頭到尾被一種幽鬱而神秘的情調支配著，像一陣深山中的驟雨，又像一片秋夜裏的鐵馬風聲：這是一部神助的作品，我當時想；但哪裏知道，它是在一個風吹雲涌的夜間，那青年詩人倚著窗，凝神望著夜的變化，一氣呵成的呢？」當時馮至以為，里爾克「不過是一個新浪漫派的、充滿了北方氣味的神秘詩人；卻

〔註8〕　參閱劉小楓《詩化哲學》，山東人民出版社，1987 年版，第 168 頁。
〔註9〕　引自霍爾特胡森著、魏育青譯《里爾克》，三聯書店，1988 年版，第 118、251 頁。

不知他在那樹已觀察遍世上的眞實，體味盡人與物的悲歡，後來竟達到了與天地精靈相往還的境地」〔註10〕。馮至同樣沒有料到的是，這位充滿神秘意味的異域歌者，竟會對自己後來的寫作產生重大影響。直到 1930～1935 年留學德國期間，馮至才讀到里爾克的《祈禱書》、《布里格隨筆》、《杜依諾哀歌》和《致奧爾弗斯的十四行詩》等作品，此際馮至本人正經歷一次精神和創作上的「危機」，里爾克的詩和某些思想恰好擊中他的「要害」，使他的心靈受到強烈的震撼〔註11〕。與里爾克再度「相遇」，對馮至來說不啻是一次「因緣」，他終於在「海一樣的寂寞」、「沙漠一樣的荒涼」中找到了精神向導和知音。

歸國後次年（1936 年 11 月），馮至寫下《里爾克──爲十週年祭日作》一文，全面評述了里爾克的成就，並表達了對這位偉大詩人的由衷敬意。我們看到，正是里爾克爲「從生活與內心的衝突裏一躍而入晴朗的諧和的境界」所經歷的巨大沉默與忍耐，像一股強大的衝擊波撞擊著馮至的心靈，並極大地改變了他的世界觀、生活態度和人格境界（我們還將看到，這種滲透、這些改變如何鮮明地體現爲《十四行集》的寫作及其所達到的思想高度）。後來，馮至在《工作而等待》（1943）一文中再次讚揚了里爾克「居於幽暗而自己努力」的忍耐精神，可見影響之深。1930 年到 1941 年，在長達十數年的沉默中，「居於幽暗而自己努力」，不也是馮至本人的寫照麼？

這裏應該特別強調的是里爾克的書簡給予馮至的千絲萬縷的精神浸漫。馮至曾言，里爾克的書簡是他隨身攜帶的「伴侶」（見《里爾克》一文），而他格外偏愛的是《給一個青年詩人的十封信》〔註12〕。馮至在談到「十封信」時說，「當我……第一次讀到這一冊信時，覺得字字都好似從自己心裏流出來，又流回到自己的心裏，感到一種滿足，一種興奮」〔註13〕。顯然，這些信札論及的詩與藝術、兩性與愛、嚴肅與冷嘲、悲哀與懷疑、生活與

〔註10〕 馮至《里爾克──爲十週年祭日作》，見《馮至選集》第二卷，第 155 頁。
〔註11〕 馮至 1931 年 3 月寫給好友楊晦的信中講到自己如何爲里爾克的詩而「顚倒」：「我現在完全沉在 Rainer Maria Rilke 的世界中。上午是他，下午是他，遇到一兩個德國學生談的也是他。……他的詩是人間的精品──沒有一行一字是隨便寫出來的。我在他的著作面前本應慚愧，但他是那樣可愛，他使我增了許多勇氣」。參閱《沉鐘社通訊選》之四、五，載《新文學史料》1988 年第 2、3 期。
〔註12〕 此著馮至於 1931 年陸續譯出，1938 年由長沙商務印書館初版。
〔註13〕 見《給一個青年詩人的十封倩·譯者序》，三聯書店，1994 年版。

職業等問題，正契合馮至所關切的諸種內心問題。可以說，馮至對《給一個
青年詩人的十封信》的苦心翻譯和讀解，是我們窺見里爾克給予馮至精神性
影響的「總綱」，這本信札潛在地構成《十四行集》的哲理性骨架。〔註14〕
不難看出，這些書信顯示出的信託世界、敬慕自然的從容人生態度，深幽、
寂靜、謙遜的內心情懷，以及深入細緻地觀察萬物後進行創作的方法，都
全面陶冶著馮至。在馮至那裏，信託世界、敬慕自然等里爾克式體驗方式，
成爲他立足苦難時代、展開生命（存在）之思的基點；在內心與具體歷史現
實境遇保持精神獨立並超乎其上，構成《十四行集》的形而上品格，而對
物的「原始」觀察則啓發馮至在詩形上的凝斂──從而創造了現代漢語詩的
奇迹。

　　如果說里爾克承續了西方現代主義詩人質詢存在的精神傳統，那麼可不
可以說，馮至的《十四行集》是對這一質詢的東方（中國）式的響應？

（三）

　　《北遊及其他》（1929 年，北平沉鐘社）後的馮至，進入了整個 30 年代
的沉寂期〔註15〕。1935 年馮至從德國歸來，剛一踏上國土，好友楊晦便告
誡他：「不要做夢了，要睜開眼睛看現實，有多少人在戰鬥，在流血，在死
亡。」〔註16〕

　　在時代風雲的驅策下，馮至攜妻帶女，在顛沛流離中抵達戰爭的大後方
──昆明。或許可以說，這是一次更深地沉潛到生活底部，以便更高地思索
存在的蓄積和醞釀？《山水》集裏的那些篇什，《給一個青年詩人的十封信》
的譯筆，《等待》（1930）、《歌》（1934）等詩作向我們表明，詩人怎樣把「居
於幽暗而自己努力」的忍耐同詩之思最終必然地聯結起來。這十數年間，馮
至要做的僅是：更深入地「向內，挖掘自己的靈魂，要發現心靈的眼和喉舌，
來凝視這世界，將眞實和美唱給寂寞的人們」〔註17〕。

〔註14〕有論者在一篇馮至研究綜述中曾將二者細緻對照，找出了某些對應關係。詳
　　　　閱張曉琴《向詩人自身和整體返歸》，見《現代作家研究述評》（非公開出版），
　　　　濟南，1987 年 4 月，第 119～120 頁。

〔註15〕1930～1941 年的十數年間，馮至除發表少數詩文外，主要致力於散文創作
　　　　（後成爲散文集《山水》的大部分篇什）和德語文學的譯介與研究。

〔註16〕《馮至自傳》，見《馮至選集》第二卷「附錄」。

〔註17〕魯迅評價「淺草社」語，見《中國新文學大系・小說二集・導言》，上海良友
　　　　圖書公司，1935 年版。

　　1941 年初的一個下午，在西南中國偏遠的一隅，馮至感到嶄新的詩的時代正在臨近，他走在那窄小的鄉村小路上陷入了沉思。這樣，在「從青春走入中年的路途中」，詩人的內在氣質與那個動蕩歲月所需要的思才真正溝通。他必須領受，必須傾聽，傾聽那存在的聲音。

二、《十四行集》的內在世界

（一）領受

　　在《十四行集》的首篇，馮至提出了詩思的任務和方向。作為整體的《十四行集》，其詩之思便沿此路徑展開：

> 我們準備著深深地領受
> 那些意想不到的奇迹，
> 在漫長的歲月裏忽然有
> 彗星的出現，狂風乍起

在此，詩人關於思的任務的核心語詞是：領受。領受即領會、承受。對於詩人來說，領會就是去聆聽，聆聽大自然的無語的傾訴；也就是去思，以思去追隨存在的踪迹，迎候隱蔽的存在意義之出場。正是領會將人的生存與廣闊而豐饒的存在之域聯繫起來，將人帶入存在的澄明之境。領會是一個凝定的過程，它要求人平心靜氣，聚斂起全部智慧和心性，去與不期然的存在相遇。但這種凝定不是陷於死寂，不是被動等候，而是主動迎接和承擔，亦即承受。只有懍然承受，當「奇迹」出現、「狂風乍起」時，人才不會驚惶無措，而是用整個身心與之相擁，使內心被一種全新的體驗所充滿而豐盈。領受所獲致的最大體驗便是震顫。「那些小昆蟲，／它們經過了一次交媾／或是抵禦了一次危險，／便結束它們美妙的一生。」生的美妙與死的莊嚴在此構成何等輝煌的瞬間，這驚心動魄的一瞬對於詩人無疑會喚起一種震顫。震顫是人的情緒的全面激蕩：幼小生靈以死換生的方式使詩人的靈魂為之悸動，並在對這一方式的認可和體悟中將靈魂昇華至一種神聖境界；這震顫是「體味過多次的最高的愛之奧秘的敏感和瞬息」〔註 18〕，它給予詩人直面存在境遇的勇氣。

　　然而，領受的深意並不僅止於生命奇迹所帶來的令人震顫的靈魂探險，而是更在於，從最微不足道的和最司空見慣的機遇中揭示生命的本真涵意，

〔註18〕劉小楓《拯救與逍遙》，上海人民出版社，1988 年版，第 329 頁。

展示生命的內在深度：

> 我們的生命在這一瞬間，
> 彷彿在第一次的擁抱裏
> 過去的悲歡忽然在眼前
> 凝結成屹然不動的形體

這是思的任務，也是詩人的使命。

詩人曾說：「有些體驗，永遠在我的腦裏再現，有些人物，我不斷地從他們那裏吸收養分，有些自然現象，它們給我許多啓示：我爲什麼不給他們留下一些感謝的紀念呢？……於是從歷史上不朽的人物到無名的村童農婦，從遠方的千古的名城到山坡上的飛蟲小草，從個人的一小段生活到許多人共同的遭遇，凡是和我的生命發生深切的關聯的，對於每件事物我都寫出一首詩……」〔註19〕「紀念」與「關聯」二詞，無疑是對上述思的任務的最好詮釋。後來詩人進一步解說道：

> 我那時進入中年，過著艱苦貧困的生活，但思想活躍，精神旺盛，……從書本裏接受智慧，從現實中體會人生，致使往日的經驗和眼前的感受常常融合在一起，交錯在自己的頭腦裏。這種融合先是模糊不清，後來通過適當的語言安排，漸漸顯現爲看得見、摸得到的形體。〔註20〕

通過領受而進入內心體驗，通過體驗而達乎一種超昇，再轉化爲看得見的「形體」（語言）。這一解說讓我們不由得追溯詩人俯身領命存在之思的姿態和具體情境。

那是人被時代風雲驅策的時刻。1938年10月，馮至攜妻帶女，隨同濟大學師生從江西贛縣出發，經湖南到桂林，又輾轉平樂、柳州等地於兩月後抵達昆明。這一路的顛沛觸發了詩人多年來鬱積心底的萬般感受，無奈的漂泊感因面對「新天地」而化爲豁然開朗的悲喜交加。當時的昆明，尚處在戰爭的大後方，起初天空還是純淨、明朗的，生活也還平靜、安穩。但時過不久，戰爭的硝烟便彌漫進來：物價飛漲、空襲警報、疾病纏身……生之艱辛也接踵而至。〔註21〕這裏，聽不見隆隆炮聲和悲壯的嘶喊，看不見激

〔註19〕　《〈十四行集〉序》，見《馮至選集》第一卷，第256～257頁。

〔註20〕　《我和十四行詩的因緣》，《世界文學》1989年第1期。

〔註21〕　對此馮至回憶道：「幾隻裝肥皂的木箱，一盞泥製的菜油燈，始終如一地陪伴著我們在昆明的生活。」見《昆明往事》，《新文學史料》1986年第1期。

烈的格殺場面和毀滅場景，無法親自觸摸戰爭的殘酷，但誰也不可能避開歷史對人的裏挾；事實上，詩人是以自己（略帶隔離）的方式走進歷史的，也許正是這隔離（方式而非主觀態度），才更有一種冷峻的思考在，有一種「新的意志」產生。這疏離之中的趨近，不能不說體現了一種博大深沉的關懷：

> 你卻不斷地唱著哀歌
>
> 爲了人間壯美的淪亡：
>
> 戰場上健兒的死傷，
>
> 天邊有明星的隕落，
>
> 萬匹馬隨著浮雲消沒……
>
> 你一生是他們的祭享。
>
> ——《十四行集》之十二《杜甫》

對於一介書生來說，與時代發生關聯的最好方式也許是，通過內省、關注保持一份良知，來完成對現實的更深刻的介入；對於詩人來說，只有成爲「祭享」，眞誠吟唱，才能發出對貧乏時代的「詩意提問」（海德格爾語）。

從 1940 年 10 月 1 日起，馮至住進了距昆明城不過十里的林場茅屋，並居於那裏達年餘之久。與惡劣的戰爭環境相對隔膜，與喧囂浮華的市聲相對遠離，這便是林場茅屋所處的位置。時代的風暴和自然的風雨把詩人趕入林場茅屋的窄小蔭庇，那裏的幽靜、安謐卻爲詩人提供了屛息諦聽天籟、領受存在、進行形而上沉思的廣闊空間，正如詩人所說，「我一走近那兩間茅屋，環顧周圍的松林，就被那裏自然界的一切給迷住了」〔註22〕。在那裏，在通往林場茅屋的小路上，馮至沉入了對宇宙、人生、戰爭的思索。

> 我們聽著狂風裏的暴雨，
>
> 我們在這燈光下這樣孤單，
>
> 我們在這小小的茅屋裏
>
> ……
>
> 好像自身也都不能自主。

這首詩（《十四行集》之二十一），眞切地爲我們描繪了詩思展開時詩人所處的具體情景：低矮的茅屋裏，一點燈紅微弱，各種用具像飛鳥「各自東西」；而屋外，「狂風把一切都吹入高空，／暴雨把一切又淋入泥土」，——可是，

〔註22〕馮至《昆明往事》，同上。

「還有什麼時刻比此時此景更適合哲學思考呢？這樣的時候，所有的追問必然地會變得更加單純而富有實質性。這樣的思想產生的成果只能是源始而駿利的。那種把思想訴諸語言的努力，則像高聳的杉樹對抗猛烈的風暴一樣」〔註23〕。在這肆虐的風雨中馮至開始了精神的漫遊，用詩之思去證實「生命的暫住」。

　　的確，詩人的思是以對「生命的暫住」的關注和思考為起點的。作為一種「非永恒性」現象，「生命的暫住」在戰爭年代突兀地體現為生命的悲苦與絕望：「一個村童，或一個農婦／向著無語的晴空啼哭」，他們「整個的生命都嵌在／一個框子裏，在框子外／沒有人生，也沒有世界」，生命的淚水洗淨的是一個被限定的、無望的宇宙（第 6 首）；表現為生命的陌生與未知：「這林裏面還隱藏／許多小路，又深邃、又生疏」，似乎一切都已熟悉，到死時卻「撫摸自己的髮膚／發了疑問：這是誰的身體？」對生之秘密的麻木和缺乏驚覺，必然會造成對自我的陌生感（第 26 首）；表現為生命的無名和不可把捉：「走過無數的山水，／隨時佔有，隨時又放棄」，「彷彿鳥飛翔在空中，／它隨時都管領太空，／隨時都感到一無所有」，生之虛無感在於對生命本真的茫茫無知（第 15 首）。

　　戰爭的火光將生之有限性凸現得愈加顯明，對生之意義的求索也愈加緊迫。但馮至沒有趨時附驚地作一名搖旗吶喊者，其思緒透過現實的迷烟觸到了更為根本性的存在問題。向著茫茫塵囂詩人大聲追問：

　　　　什麼是我們的實在？

　　　　我們從遠方把什麼帶來？

　　　　從面前又把什麼帶走？

（二）追問

　　這一根本性追問進一步將思的任務規定為對存在本質意義的深層求索，而使詩思獲具形而上高度。這一追問是馮至早期長詩《北遊》中自我拷問的延續和深化，顯示了詩思的虔誠和執著。不過，《十四行集》有著更為純粹的超越（現實）性。

　　毫無疑義，任何追問都是一種意義追問。如果說《北遊》中「何處是我生命的旅程？」的疑惑，還只是顯示了詩人對於人生、未來等現實性意義的

〔註23〕引自郜元寶譯《人，詩意地安居——海德格爾語要》，上海遠東出版社，1995年版，第 83 頁。

焦慮，那麼，到了《十四行集》，當詩人質問「誰能把自己的生命把定／對著這茫茫如水的夜色」時，他所思慮的便是一些帶根本性的存在問題了。處在嚴峻的歷史境遇中，「我們的實在」及其依據受到深刻的質疑。上述追問「我們的實在」，即已深入到存在的本眞問題，也關涉存在的處境、存在的終極意義等根本問題。

既然對存在意義的求索由追問而顯得急迫，那麼該如何沿著這一追問進行求索？或者說，既然以追問呼喚意義，即意味著意義的缺失，那麼什麼樣的意義可以填補這一缺失？

馮至認爲，意義在於「發現」。《十四行集》之二十六說：「我們的身邊有多少事物／向我們要求新的發現」。對意義的尋求是通過一系列發現來完成的。人作爲廣闊無垠、不斷變化的宇宙間的一分子，對自身有限性的克服就是在於不斷發現世界的無限性。沒有發現，人甚至對自己也懷著陌生感（第26 首）。這是經由「領受」而來，通過觀察後獲得體驗的發現：發現瞬間的未知和稍縱即逝的美，發現被隱匿的萬物的價值；這是作爲銜接短暫者「鏈條」的發現：發現是向過去告別，以每一次發現爲基點，人不斷「蛻變」而步入新生，從而感受到存在的意義。

「蛻變」意味著否定，有新的發現才有新的否定，在新的否定中又會有新的發現，這恰如人「從沉重的病中換來新的健康，／從絕望的愛裏換來新的營養」（第 13 首）。可以說，「蛻變」（否定）是貫穿《十四行集》的一條重要精神線索：「蛻化的蟬蛾／把殘殼都丟在泥裏土裏」（第 2 首）；「你無時不脫你的殼，／凋零裏只看著你生長」（第 3 首）；「你偉大的驕傲／卻在你的否定裏完成」（第 4 首）；「你知道飛蛾爲什麼投向火焰，／蛇爲什麼脫去舊皮才能生長」（第 13 首）；「看那小小的飛蟲，／在它的飛翔內／時時都是新生」（第 24 首）。甚至別離也意味著一次蛻變後的降生，消去歲月烟塵後的重逢「像初晤面時忽然感到前生」（第 19 首）。人也正是通過不斷蛻變，褪掉身上過往的塵埃，褪掉人生的種種贅累、紛擾和雜蕪，達到對有限性（非永恒性）的超越，獲得自由和純粹的新生。這新生後的純粹，就「像一段歌曲」，

歌聲從音樂的身上脫落，

歸終剩下了音樂的身軀

化作一脈的青山默默。

但是，「從一個階段到另一個階段並不是輕而易舉的，必須要用前一個階段痛

苦的死亡換取後一階段愉快的新生」〔註24〕。在此，「蛻變」涉及到痛苦和死亡。一觸及死，詩思又深進了一步，幾乎抵達存在的核心。（至於詩人如何看待死，如何思考死之苦痛的擔當，後將詳論。）

在馮至看來，對存在意義的追問還在於對存在的「守護」。這是關乎存在的重大命題。就馮至的個人氣質而言，他的平靜溫和的人生態度，他的悲憫寬厚的人格情懷，使他很容易趨向這一命題。《十四行集》中的許多篇什，意在塑造一種守護存在的「聖者」（語出第3首）或「維護人」（語出第11首）形象；不論是在第3首（《有加利樹》）、第4首（《鼠曲草》）中，還是在第10首（《蔡元培》）、第11首（《魯迅》）、第12首（《杜甫》）中，詩人從那些他所景仰的人或物的身上，發掘某種敞開的、樸素的尊崇。

這是以沉靜、嚴肅對抗鼓譟、虛浮來守護存在（意義）的「有加利樹」：「有如一個聖者的身體，／昇華了全城市的喧嘩」。這是以謙恭、靜默成就高貴與潔白的存在之名的「鼠曲草」：「一切的形容、一切喧囂／到你身邊，有的就雕落，／有的化成了你的靜默」。這是暗自保持自己光彩的長庚和啟明——「蔡元培」：「從你寧靜的啟示裏得到／正當的死生」。還有「魯迅」、「杜甫」這些時代的維護人，他們偉大的人格，照亮了一整個時代，引導弱小的人們前行。在第9首中，一個無名戰士以精神的曠遠，超越城市的墮落和愚蠢；在第14首中，「畫家梵呵」以獻身的熱情，拯救冰塊一般的不幸者。

關於這些守護者的意義，我們似乎可用馮至同期的一篇散文作為佐證和說明。當詩人在暮春和初秋的山坡上看到遍野的鼠曲草時，立即領悟到，這些小生命是怎樣鄙棄了一切浮誇，孑然一身擔當著一個大宇宙：「我愛它那從葉子演變成的，有白色茸毛的花朵，謙虛地摻雜在亂草的中間。但是在這謙虛裏沒有卑躬，只有純潔，沒有矜持，只有堅強。」而對於那些在植物叢中高高聳立的有加利樹，詩人這樣說：「我們望著它每瞬間都在生長，彷彿把我們的身體，我們的周圍，甚至全山都帶著生長起來。望久了，自己的靈魂有些擔當不起，感到悚然，好像對著一個崇高的嚴峻的聖者，你若不隨著他走，就得和他離開，中間不容有妥協。」〔註25〕這便是聖者對於存在的守護。每一個時代，第一具體的環境，倘若缺乏神聖和尊嚴的尺度，應允和支撐人的

〔註24〕馮至《論歌德・代序》，上海文藝出版社，1986年版，第4頁。
〔註25〕馮至《一個消逝了的山村》，見《馮至選集》第二卷，第42、43頁。

本真存在，那麼人們往往會被一些無謂的塵囂所迷障，而無法體驗到生的真正涵意。所以守護也是爲了抵禦：既抵禦特定時代語境下對存在的災難性摧殘，又抵禦與生俱來的根本性焦慮和恐懼。守護爲人們築起存在的根基。這時，詩人是給時代提供一份詩意「守護」——那些聖者傲然屹立的，正是詩人的信心。

我們看到，從追問的迫切到聖者的從容，詩思得到了怎樣的深化。如果進一步問，聖者何以如此從容？我們便會發現，聖者的擔當撐開了一片存在的天空。

（三）擔當與決斷

無疑，聖者最沉重的擔當是對於死亡的擔當。在這裏，我們接觸到「非永恒性」存在命題的核心。

死並非馮至偶然關注的現象，早在《北遊》時期他便思及這一主題，後在紀念亡友梁遇春的一首詩（1937年）中，詩人敏銳地警覺到：「反而是那些烏髮朱唇／常常潛伏著死的預感。」在艱苦的戰爭年代，死這一生命（存在）現象無疑是最令人觸目驚心的。對於那個時代的詩人來說，「無論就民族及其文化的命運還是就個人的經歷，無論就集體記憶還是個人記憶而言，死亡都是他們一直親歷，因而是過於熟悉的東西」〔註26〕。死亡主題其實是上述關於「蛻變」的賡續。蛻變已暗含著死，死以更爲極端的形式完成了蛻變。提到死，我們仍然要再次談及：

> ……那些小昆蟲，
>
> 它們經過了一次交媾
>
> 或是抵禦了一次危險
>
> 便結束它們美妙的一生。

美麗生命的結束並不意味著生命的真正終結，而是一次輝煌完成，它預示著新生命的開端。死成爲走向更高的生命的過程。於是，生與死進入生命的循環和交融。

「一切生命的目標乃是死亡」（弗洛伊德語）。這一斷言指出了死的本能性，死作爲一種同生（本能）相抗衡的存在根性與生俱來。無處不在的死亡事件使人產生對死的憂懼和焦慮，處於死亡脅迫下的世人總在尋求對死的逃

〔註26〕唐曉渡《從死亡的方向看》，見《中國詩選》第1期，成都科技大學出版社，1994年版，第421頁。

避。但是，對於現實中的人來說，死總是一個必然降臨的現實難題，他們無法避開自身「生物學意義」上的走向死亡。既然死是人客觀上無法逃避的命運，那麼可不可以主動去迎接、去思考這「本然之物」？

詩人正是稟有詩的天職主動去言說死亡。任何詩人都面臨著雙重死亡的困擾：他自身的死亡和他所言說者——意義的消亡。但詩人必得言說，因為他必須越過終有一死者的事實性界限，以追問、以擔當來完成對死亡憂懼的體恤、拒絕和超越。詩人試圖以此喚醒人的存在勇氣和良知。這裏我們要提到里爾克，這位以言說死亡為己任來體現詩思深度、並對馮至產生巨大影響的詩人。在他那裏，死亡是作為把人引向生命之巔、並使生命第一次具有充分意義的碩大之物出現的：「死背向我們，它是我們光線照不到的生命側面。我們生存在生與死這兩個無限的領域裏，必須努力地克盡從這兩個領域中攝取不盡的養分，這個最廣大的自覺。真正的生命橫跨這兩個領域，貫穿這兩個領域，進行著最大的血液循環。」〔註27〕因此，言說死是要將生與死溶合、銜接，以完成更高更大的生命。

深受里爾克詩風薰染的馮至，無疑沒有避開對死亡的言說。《十四行集》對「生命的暫住」的關切，擴展和深化下去即是言說死亡。在馮至這兒，言說死亡首先是為了憬然面對死亡。馮至通過對「蛻變」的自我理解和深化，已經實現了生死界限的消泯，從而將生與死連成不斷更替、融溶的生命巨環。不僅如此，馮至還更進一步，倡導一種新的生死觀：對死亡的擔當。聖者出現的最深意義即在於，勇於擔當死亡。在馮至看來，對死亡的擔當就是對生命（存在）苦難的承擔，也是對生命（存在）中全部問題的承擔。對死亡的擔當，既顯示了對自身有限性的深刻清醒，又是克服有限性、真正實現超越的自覺姿態。馮至曾言：「界限，是一個很可愛的名詞，由此我們才能感到自由的意義。」（《界限》）這是承認界限、積極主動地承擔界限（死亡）桎梏的慨然表述，其間沒有悲觀，沒有消沉。

正是由於對擔當死亡的強調，馮至才由衷地讚美那些守護存在的聖者；也正因為此，他在鼠曲草默默成就自己死生的靜穆等聖者形象裏，看到了一種「正當的死亡」。死的嚴正性、神聖性啟示著——

> 我們把我們安排給那個
> 未來的死亡，……

〔註27〕林鬱譯《里爾克如是說》，中國友誼出版公司，1993年版，第103頁。

只有對死亡去主動擔當，死之「安排」才顯得如此從容。這是擔當死亡後的融容自得。這種融容自得的姿態將擔當者生命的最後一瞬，定格為最完美的時刻，因為他已「深刻理解了生，卻也聰穎地支配了死」（《忘形》）。

應該指出的是，由於馮至詩思的著眼點是生，所以對死亡的擔當乃是出於對生存的決斷。如果說「擔當」是從死這一維度頂起生命（存在）的沉重，那麼「決斷」則直接進入生的內部，在本體意義的高度體現生命（存在）的莊嚴。

何謂決斷？馮至說：「活，需要決斷，不活，也需要決斷。」〔註28〕生命（存在）個體時時刻刻都要對自我處境作出斷然定奪和擇取。決斷顯示人的存在方式、境界和走向，同時也決定他能否抵達本真存在。在此意義上，決斷的一剎那，危險與意義並存。但是，正是透過決斷的瞬間，生命更嶄露出崇高的旨意。由此決斷也同「蛻變」聯繫起來：決斷之後，人彷彿抖落了一件重負，從晦暗不明的境遇中一下進入豁然開朗的諧和境界。所以，人面對困境時便會摒棄無謂的態度，而是全神貫注地作出決斷。馮至將決斷視作至高之舉：決斷是生之最艱難的課題，是最鄭重的精神行動。決斷的艱難性、嚴肅性與決斷本身所體現的價值對等：越是艱難的決斷，其中含有的意義越重大；越是艱難的決斷，越能體現生命（存在）的珍貴和莊嚴。對此，馮至轉述他所敬重的基爾克郭爾的話說：「選擇（決斷）賦予一個人的本質一種莊嚴，一種永久不會完全失卻的寂靜的尊榮。」我們還要說，決斷與時代境遇中人的信仰深刻相關。可以說，整部《十四行集》都是詩人馮至決斷的反應和結晶，它以詩的方式，宣喻了那樣的時代裏一個詩人怎樣執守信念，怎樣思考存在，怎樣對存在的意義作出決斷。馮至告訴我們，人生在世，必得時時聽到如此雄渾的呼聲：

你要決斷！

這呼聲也許使懦者不敢向前，也使強者懍然生畏，可是在這懍然生畏中含有深沉的、真實的生之意義。〔註29〕

決斷是需要慎重的，作出決斷後，人也如擔當死亡後的從容。作為對追問的回答，擔當與決斷互為依託，共同支撐起生命（存在）的意義。

〔註28〕馮至《決斷》，見《馮至選集》第二卷，第 145～149 頁。
〔註29〕同上。

（四）返回之途

　　1923 年 7 月，經北大教授張鳳舉推薦，馮至的包括《問》、《祈禱》、《綠衣人》在內的 23 首詩，以《歸鄉》爲總題，在《創造季刊》第 2 卷第 1 號上發表。這是馮至第一次發表作品。從此，馮至開始了在詩國的漫長行旅。在《歸鄉》中，一種「不如歸去」、嚮往「新的故鄉」的意緒得到著力渲染：那近鄉情更怯的異樣感覺，那怕回家又要歸鄉的複雜心理，使這個「孤苦的靈魂兒」倍受煎熬。於是他發出呼喊：

> 神啊，引我到那個地方去吧！
>
> 我要狂吻那柔弱的花瓣；
>
> 在花兒身旁休息。

但是，這詩之游子要去向何方？60 年後，馮至在回憶這組稚嫩的初始之作時說：想不到 18 歲青年寫的詩竟說出了一個 78 歲老人的心情。講這番話時，年邁的詩人即將面臨一次詩的「還鄉」〔註30〕。原來，馮至的漫漫詩路跋涉，總是在尋求一種精神的還鄉。

　　精神還鄉，也許是每個有深度體驗的詩人的創作指歸。我們發現，馮至《十四行集》的詩思所完成的正是從外部世界向內心返回的一次「還鄉」。還鄉，不僅是馮至漫漫精神征旅的歸宿所在，也是他的詩思的延伸路徑。在此，詩的主題思路與陳述方式合而爲一。「請走向內心」，馮至曾接受的這句里爾克的忠告，不僅幫助他袪除浮躁的心性而步入沉靜從容，而且教他如何探索詩的根據和表達；「走向內心」，「從自己世界的深處產生出'詩'來」〔註31〕，這既是詩的緣由，又是思的起點。深入內心的詩，不斷鍛造、豐富、成熟著詩人，使他能夠抗拒存在的虛無，潛沉地去思。

　　從外向內凝斂的詩思，使《十四行集》獲具體驗的特徵。正如前述，整部《十四行集》所要回答的是：有限的個體生命如何把握本眞的存在。由此引發的一切領受、追問、擔當、決斷，因體驗而獲具深度。這是承繼里爾克而來的體驗——這種體驗，通過與萬物發生關聯來克服自我處身的非永恒性，以空間的敞開消除時間的有限性，最終回歸到純然之「物」的本原。所

〔註30〕馮至《還「鄉」隨筆》，見《立斜陽集，中國工人出版社，1989 年版》，第 13～14 頁。此處「還鄉」是指兩年後馮至以 80 高齡重新拿起詩筆，續起中止 26 年的詩的吟唱。

〔註31〕里爾克著、馮至譯《給一個青年詩人的十封信·第一封信》，三聯書店，1994 年版，第 3～4 頁。譯文略有改動。

以，體驗顯示了詩之思與生命內在關聯的共生性。

在《十四行集》中，宇宙萬物的生命舊時時處處關聯著的。這些關聯的發生是由於萬物的相互轉化：無邊的遠景由站立的人化成，城市和山川又化成人的生命；生長和憂愁化身爲松樹和濃霧，路與水、風與雲，彼此響應和連接，也化身爲歷史的足迹（第 16 首）。不管是隔著時間的烟塵，還是空間上縱橫萬里，在生命的深處，總有著「意味不盡的關聯」：

> 這裏幾千年前／處處好像已經／有我們的生命；／我們未降生前／／一個歌聲已經／從變幻的天空，／從綠草和青松／唱我們的運命。（第 24 首）

所有經歷的人或事，所有見識過的景或物，都被凝結爲「充滿生命的小路」走向詩人的內心。「生命的小路」是萬物關聯最形象的表述，它的心靈化展開了人與自然、生與死、過去與未來相互溝通的主題。

既有銜接過去和將來的「親密的夜」：那些「親密的夜」彙聚成生命的原野，讓我們認出「一棵樹、一閃湖光、它一望無際／藏著忘卻的過去、隱約的將來」（第 18 首）；又有將記憶中的光明與未來的光明連結起來的「第一次領受光和暖」的經驗：「這一次的經驗／會融入將來的吠聲，／你們在深夜吠出光明」（第 23 首）。因爲生命的關聯，「空氣在身內遊戲，／海鹽在血裏遊戲」，睡夢裏，「天和海向我們呼叫」（第 25 首）；因爲生命的關聯，寂寞的島嶼被水上之橋「結成朋友」，水城威尼斯成爲「人世的象徵」（第 5 首）。這些關聯，是詩人返回內心後在冥思中與萬物進行精神交流（體驗）產生的；這些穿越時空的關聯，克服了個體存在的隔絕性、短暫性。

「原野」是上述心靈化展開的主要領地（第 6 首、7 首、15 首、16 首、17 首、18 首）。原野本身由千萬條交錯的路徑構成，從它那裏又延伸出無數「生命的小路」。原野是個無限開放的場所。原野呈現的是這樣一幅景象：它的空闊曠遠，它散發的粗獷野性的原始氣息，使人產生一種親近感，渴望逃離瑣碎的塵俗生活，而獲得無遮攔的心靈釋放。在巨大的心靈釋放中，本眞的存在得以澄明、敞開。

馮至曾說：「給我們生命的滋養最多的並不是那些石林山洞，而是碧綠的原野。」接著他又說：「那樸質的原野供給我無限的精神食糧，……任何一棵田埂上的小草，任何一棵山坡上的樹木都曾經給予我許多啓示。在寂寞中，在無人可與告語的境況裏，它們始終維繫住了我向上的心情，……我在它們

那裏領悟了什麼是生長，明白了什麼是忍耐。」〔註 32〕可見，原野是何等深入詩人的內心，爲他敞亮了一個精神的世界。這就是馮至後來一再提及的「山水」精神。

在原野所敞開的境界裏，原野上萬物內部奔涌不息的生命之流給詩人以精神的滋養，也被詩人的靈魂觸摸。在此敞開中，「物性」回歸成爲唯一的籲求：「銅爐在嚮往深山的礦苗，／瓷壺在嚮往江邊的陶泥」（第 21 首）。「物性」──物的恢泓、質樸的本性，物所蘊含著的存在的全部奧秘，浸漫進詩人的心靈視野。

正是通過《十四行集》，馮至經返回內心的詩之路途，抵達了自然物性，完成了一次精神還鄉。在這部集中的最後一首（第 27 首）詩裏，詩人表達了這一完成後的泰然：這些詩已穿透世上所有的晦暗不明與變幻未定，而把住了無邊無形、無始無終的存在。

「走向內心！」這眞誠的呼喚是何等強烈呢：

　　給我狹窄的心

　　一個大的宇宙

三、《十四行集》之後：中國現代主義詩的兩條線索

《十四行集》標識著這樣一種分界線：它的出現，意味著中國新詩長久以移植西方現代主義爲途徑來建構中國現代主義詩的嘗試期的眞正結束，從此，中國現代主義詩獲具眞正的現代品性。從歷史的考察來看，中國現代主義詩的先驅人物李金髮由於無法解決中西兩種思考方式和話語方式的悖離，他的詩始終處於痛苦的內在分裂狀態中；其後戴望舒等人試圖融合中西詩學以消弭這一裂痕，結果在現代主義外衣下抒寫著濃重的古典意緒；而卞之琳儘管祛除了戴望舒等人的古典情調成分，以「智性」入詩，卻擺脫不掉傳統「理趣」的束縛，最終也未能完全吸納西方現代主義。只是到了馮至的《十四行集》，理性的形而上之思才純然地顯露出來。

《十四行集》的意義在於實現了中國新詩的現代主義的根本性轉變：它以渾然的詩形消除了李金髮詩的內在分裂，以充滿現代意識的存在之思替代了戴望舒等人的古典情調，將卞之琳止步不前的智性思考深入下去，從而完成了現代主義對漢語詩的全面滲透。重要的是，其詩思方式的確立，直接開

〔註32〕馮至《〈山水〉後記》，見《馮至選集》第二卷，第 66、67 頁。

啟後來眾多詩人（主要是「九葉派」）的現代性探索，並潛深地規範著當代一批更爲年輕的詩人的寫作。在它之後，曾一度斷裂現代主義得到了不同方式的承傳和拓展。

（一）

《十四行集》於 1942 年 5 月由桂林明日社出版後，在大後方產生了「轟動一時」的影響。就在馮至任教的西南聯大校園內，幾位青年詩人正沐浴中國前輩現代主義詩人（馮至、卞之琳等）和西方現代主義詩風（艾略特、奧登等）的雙重薰染，默默地進行著創造。然而直到 1948 年，這批後來部分成爲「九葉派」重鎮的詩人才兀然崛起。從 1942 年到 1948 年這六年間，中國社會和文藝界發生了可謂天翻地覆的變化，詩人們面臨著一次又一次的分化和選擇。〔註33〕

分化和選擇的後果之一，便是中國現代主義詩的一次斷裂。本來，《十四行集》已經確立了現代主義對中國新詩觀念的真正佔領，但由於它過於孤絕，而一些年輕詩人的現代意識也只是零星地潛滋暗長，所以《十四行集》之後，現代主義並沒有得到普遍響應和大面積擴散，而是在強大的現實主義、浪漫主義詩潮的衝擊下陷入衰微。顯然，「九葉派」的崛起，對於中國現代主義詩之思及其精神的承續，具有重要意義。當時「九葉派」面臨著兩個詩學任務：其一，在他們以群體的姿態崛起之際，詩壇正彌漫著一片虛浮的氣息，粗製濫造的作品層出不窮，聽不到來自生活和人性的真誠聲音，因此他們的首要任務是維護詩的純正性，以對抗這股泛濫的詩之逆流；其二，在思索如何進行維護和對抗之時，他們面對著中西兩種現代主義傳統的吸引（他們共同走向現代主義，與這兩種傳統密不可分），具體地說他們所要做的是現代主義（精神）在中國的恢復。這樣，取法現代主義以對抗低劣媚俗的詩之製作，上述兩個任務事實上已合二爲一。

《十四行集》成爲嫁接兩種現代主義傳統的橋梁。擺在「九葉派」面前的是中國現代主義詩人自李金髮以來經過艱難探索後取得的成就，特別是《十四行集》這一現代漢語詩的奇迹，不會不激起這些詩人的巨大熱情。同時，馮至、卞之琳等前輩詩人自身也經受過的西方現代主義詩風，也深深地感染了他們（值得一提的是，「九葉派」重要詩人穆旦、鄭敏、杜運燮、袁可嘉在

〔註33〕有關「九葉派」崛起的具體歷史境況，參閱錢理群《1948：詩人的分化》（《文藝理論研究》1996 年第 4 期）等文。

西南聯大時，曾聆聽西方現代主義詩人奧登、燕卜遜的言傳身教）。因此，「九葉派」後來的一些詩學主張——無論是詩的智性追求，還是新詩戲劇化的倡導——皆打上了上述兩種傳統的烙印。

這兩種現代主義傳統在「九葉派」諸人的接受過程中，獲得了重大變異和拓展。在「九葉派」那裏，現代主義的成熟品格——一個包括政治文化觀念、藝術審美價值、人生意義命題的多元詩學體系，一個由傳統與現代、中國與西方、外部與內部的對立衝突所組成的開放思維空間——得以形成。這是繼承《十四行集》詩之思的現代主義觀念：「必須以血肉似的感情抒說我們的思想的探索……應該把握整個時代的聲音在心裏化爲一片嚴肅……應該有一份渾然的人的時代的風格與歷史的超越的目光，也應該允許有各自貼切的個人的突出與沉潛的深入的個人投擲。」〔註 34〕「九葉派」強調詩之思對時代命脈的深刻把捉，強調對生活和心靈的雙向介入，他們對生命、內心的深入開掘往往同社會歷史和民族文化的廣泛展示糾結在一起，透過現實表象的平面呈現將之升騰爲一種本然的理性存在之思。他們的重要作品《讚美》（穆旦，1941）、《滇緬公路》（杜運燮，1942）、《創造》（陳敬容，1943）、《寂寞》（鄭敏，1943）、《沉鐘》（袁可嘉，1946）、《風景》（辛笛，1948）、《復活的土地》（杭約赫，1948）、《背劍者》（唐湜，1948）、《時間與旗》（唐祈，1948）等便是他們對處在嚴峻現實境況中的自我、歷史、文化深刻反思的藝術結晶。

將《十四行集》之後中國現代主義詩的發展歸結爲兩條線索，這意指：《十四行集》所開啓的現代性探索，是由「九葉派」的兩位詩人——鄭敏和穆旦，以各自個性鮮明的詩風，從兩種迥然有別的思路和向度，來承傳和拓展的。他們將《十四行集》的存在之思和內在精神，清晰地發展爲現代主義的兩條線索，這兩條線索甚至迄今仍時隱時現地延伸著。

（二）

還是在昆明純淨的天空下，就讀於西南聯大哲學系的鄭敏向田野裏「金黃的稻束」表達讚美：

> 肩荷著那偉大的疲倦，你們
> 在這伸向遠遠的一片

〔註34〕唐湜《我們呼喚》，《中國新詩》第一輯，上海，1948 年。

> 秋天的田裏低首沉思，
> 靜默。靜默。歷史也不過是
> 腳下一條流去的小河，
> 而你們，站在那兒，
> 將成爲人類的一個思想。

這是面對「偉大的疲倦」的不絕讚美。偉大的疲倦寄寓著偉大的忍耐和創造，
也寄寓著偉大的收穫，從而它們低首沉思的姿勢獲得了一種靜默之美，這靜
默的美，超越了歷史的局限而成爲永恒。

　　對於鄭敏而言，一開始她就試圖賦予詩一種雕塑的凝重，這一藝術追求
顯然有其緣由。鄭敏無疑親身感受過《十四行集》的薰陶，並在馮至的啓發
下領略了里爾克詩的肅穆風格。《十四行集》肅穆的詩形恰恰是馮至本人曾讚
譽過的里爾克式：「他使音樂的變爲雕塑的，流動的變爲結晶的，從浩無涯涘
的海洋轉向凝重的山嶽。」〔註 35〕很多迹象表明，作爲馮至學生並經由馮至
而深得里爾克詩之眞義的鄭敏，是最爲深刻地領悟了《十四行集》的內在精
神而將之承傳徹底的一個。這主要體現在：二者詩之思內在精神的相通，以
及從容、舒卷自如的詩之氣質上的相似。即使到了後期創作，鄭敏仍沒有（也
許她根本不願意）掙脫《十四行集》的（里爾克式的）深層影響。不過，鄭
敏並非完全沉浸或僅止於這種相似和延續，而是在從承傳到深化的拓展中顯
示了自己的個性。如果說早年鄭敏「彷彿是朵開放在暴風雨前歷史性的寧靜
裏的時間之花」（唐湜語），那麼晚年的鄭敏，則在「極力擺脫內部和外部的
許多暗柵」之後，「從深深的黑色的海底，捕捉到自我和歷史的影像」〔註 36〕。
其間馮至（里爾克）式的靜穆沉思是一以貫之的核心姿態，她對於存在的詩
之思也一步步走向潛深、豐厚。

　　通過對物的關注和觀察，而後凝成雋永詩行，這是鄭敏前期詩獲得肅穆
詩形的途徑。鄭敏本人曾明確表示：「我希望能進入物的世界，靜觀其所含的
深意，……物的雕塑中靜的姿態出現在我們的眼前，但它的靜中是包含著生
命的動的，透視過它的靜的外衣，找到它動的核心，就能理解客觀世界的眞
義……」〔註 37〕對物的觀察不是爲了對物的單純描摹，而是在體驗中抵達物

〔註 35〕 馮至《里爾克——爲十週年祭日作》，見《馮至選集》第一卷，第 156 頁。
〔註 36〕 鄭敏《天外的召喚和深淵的探險》，《世界文學》1989 年第 4 期。
〔註 37〕 鄭敏致袁可嘉的信，引自袁可嘉《西方現代派與九葉詩人》，《文藝研究》1983
　　　　 年第 4 期。

的眞正本質；這抵達之途，即是用心靈去「看」，看那消隱的生命踪迹，用眼睛去「聽」，聽那最強烈的有聲之無聲；只有這種剝離浮華外表的「看」和「聽」，才能領悟物所包含的深意。正是這樣，鄭敏才從千年木乃伊理解了什麼是純淨的眞實，什麼是永在的美。

在這裏，鄭敏詩之思的軌迹是由外向內的凝斂和轉換。經過這種凝斂和轉換，鄭敏將外部的現實課題抽升爲內在的形而上存在之思。這是面向靈魂的詩——在其中，心靈與歷史、自然、萬物自由對話。這內心深處的充滿自審的思，由於除去了現實表象的雜蕪，而顯現爲純粹、寧靜、肅穆的詩形。這些，都與馮至的《十四行集》保持著內在精神的一致性。

那麼，鄭敏的獨特性又在哪裏？我們發現，在鄭敏前期詩中，有一種稱爲「寂寞」之物，被看作世間萬物的本質核心，得到由衷禮贊。這浸透了豐富內心體驗的寂寞，在她筆下被提升到統攝一切的高度而具有生命（存在）本體的意義。寂寞作爲從宇宙眾相和現實人生中抽繹出來的人的根本性存在狀態，由於它是本眞的，反而獲得了一種難以磨滅的美。人是本然寂寞的：人獨自面對這世界，這世界在頃刻間有萬物湮滅，誰能傾聽他人的笑聲、哀泣？誰能觸摸他人內心的恐怖、憧憬？正是寂寞，與人的存在如影隨形（《寂寞》）。但是，鄭敏沒有圍於寂寞的自我返觀與詠歎，而是立足於寂寞，從寂寞裏窺見存在的眞諦：寂寞所引起的對宇宙人生的新鮮感和驚異感，寂寞對人的一切「渺小、可笑、猥瑣」的擯棄，促使人對自身的生命意義和存在方式進行探索。因此，寂寞，又「好像愛人智慧的注視，／自人性的深淵，高貴的熱情／將無限量的意義／啓示給忠勇的理性」。到了鄭敏後期的幾個詩組《心象組詩》（1985）、《不再存在的存在》（1988）、《詩人與死》（1990）等，「成熟」的「寂寞」被衍化爲一種「不在了的存在」，以此爲出發點，鄭敏展開了對於自我「心象」的剖視和生命主題的沉思，試圖發掘隱藏在存在後面的「不存在」，從而以自己的方式展開了一系列關乎存在的命題。在十四行詩組《詩人與死》中，鄭敏將「不在了的存在」同死亡聯繫起來，將死亡稱頌爲：

> 你的最後沉寂
>
> 你無聲的極光
>
> 比我們更自由地嬉戲

——死亡成了進入生之自由境界的儀式。

　　從《詩人與死》回溯到《十四行集》，我們不難看出二者詩形和命意的一脈相承，這是不言而喻的。〔註38〕在此我們驚訝地發現，早年因接受馮至（里爾克）的薰染，所培養的沉思姿態和肅穆詩形，對於鄭敏是何等重要。圍繞著同一母題，鄭敏畢其一生不停地挖掘，生發和擴展，終於彙聚成深不可測的詩之汪洋。

（三）

　　正當鄭敏以青春和沉思表達內心的無限讚美之時，她的同在西南聯大的詩友穆旦，則沉浸在善與惡、讚美與控訴、短暫與永恒的內心搏鬥中不能自拔。他在激烈的內心衝突中努力尋求著自我與世界的平衡，卻從未達到徹底的平衡。這使得穆旦的道路與馮至到鄭敏這條脈絡很不相同。不論是《十四行集》，還是《不再存在的存在》，由現實關懷所引發的心靈體驗，都被提升為一種形而上沉思，並始終保持著這一超越純粹的姿態（和高度）。但在穆旦這裏，被提升後的存在之思又折回來，重重地落在現實大地上，撞擊出奇異的火花。穆旦的詩之思道路是：身受自我──現實衝突和靈──肉分裂這雙重撞擊的穆旦，產生了強烈的生命（存在）焦灼感和悲劇意識，這些感受經體驗而進入一種根本性沉思（純然的現代主義之思），然後此思又更深地返回、投入到生命（存在）的各種矛盾衝突的激流中。

　　考慮到《十四行集》出現之際，穆旦已經形成較為穩定的風格，當我們考察二者的精神絲縷時，便會發現其中的微妙和複雜。穆旦事實上是將現代主義詩之思朝另一向度──一種巨大分裂中深刻溶融的渾然表達，實踐了中國現代主義詩在《十四行集》之後的又一跨越。正如前述，穆旦用現代主義之思，思索的卻是最為切近的現實人生問題，這是十分奇特的。或者說，最富有現實感的穆旦對現實的思考是以極端的「非中國」式的現代主義詩之思來完成的，即一種相當「中國化」的體驗一經表達全然成為「非中國」的了。〔註39〕穆旦的方式是由內向外投射和擴散的方式。但是，穆旦充滿強力的極度擴散（由內向外）與浪漫主義誇張的張揚有著本質上的差異；不僅如此，他的詩表達的分裂也不同於早期現代主義者（如李金髮）的分裂，而是呈現

〔註38〕1993 年 2 月馮至去逝後，鄭敏在一首題為《告別》的十四行詩中寫道：「歲月即使是青山重重／也只能回蕩你的詩歌」。引自周棉《馮至傳》，江蘇文藝出版社，1993 年版，第 455 頁。

〔註39〕李怡《穆旦研究評述》，《詩探索》1996 年第 4 輯。

為更為厚沉的聚斂（由外向內）。這一聚斂的精神底蘊在更高層面上同《十四行集》開啓的存在之思相通。

　　毫無疑問，穆旦同樣經歷過對古今中外文化、詩學傳統的艱難選擇和汲取。眾所周知的是，在這擇取過程中，穆旦對傳統文化和古典詩學（意象、用語）持斷然拒斥的態度，而對來自異域的西方現代主義卻產生了興趣。他為何這般擇取？或更進一步，對「中國式」詩之思的截然背離與全然「中國式」的現實關懷在他為何能如此並行不悖？對此，穆旦曾作過自我解說：

　　……有時覺得抽象而枯燥；有時又覺得這正是我所要的：要排除傳統的陳詞濫調和模糊不清的浪漫詩意，給詩以 hard and clear front（嚴肅而清晰的形象感覺）。〔註40〕

這種打破「中國式」詩之神話的意願同《十四行集》「超然」於現實的姿態如出一轍。也許在穆旦看來，「中國式」苦難的擔當，運用「非中國」的現代主義詩之思更合適。

　　在三千里步行途中，在胡康河谷的森林，在無邊的時代肅殺裏，穆旦保持著作為詩人的敏感度和清醒意識，因為除詩人外，「有誰聽見在周身起伏的／那痛苦的，人士的喧聲」？面對現實的憂患和生存的嚴酷，他自覺承擔起新的苦難時代的詩思使命。穆旦以「自我」生命強力向險惡現實的突進挑戰宿命，抗拒生之虛空和荒蕪，由此來體現生命（存在）的意義。儘管「自我」也是破碎的、不可捉摸的：

　　然而暫刻就是誘惑，從無到有，

　　一個沒有年歲的人站入青春的影子，

　　重新發現自己，在毀滅的火焰之中。

但生命（存在）的意義正是「自我」不斷「希望－幻滅」、「再希望－活下去」的內在循環。穆旦的全部詩之思即以「自我」的劇烈毀棄與新生為基點得以展開。一直到臨近生命的尾聲，穆旦仍在進行「自我」的省問：「我可要為天堂的絕望所拘留？／心呵，你竟要浪迹何方？」（《問》）這是苦難經驗的凝定，其間貯存著時代的良知和精魂，從而頑強地承續了中國現代主義詩之思及其精神。

〔註40〕杜運燮《穆旦詩選·後記》，人民文學出版社，1986 年版，第 151 頁。

（四）

《十四行集》之後，鄭敏和穆旦的承傳和開拓無疑尤具典範意義，沿著《十四行集》所開闢的純然現代主義之思，他們勾畫出的兩條線索構成了一個複雜的輻射面。在這一輻射面的映照下，同一時代的詩人（包括「九葉派」另幾位詩人及其他流派的詩人）所能夠表現出的現代主義取向，儘管詩思和風格各異，卻仍舊沒有能越出這一輻射面，最終一起加深了這兩條線索的印痕。

從《十四行集》到「九葉派」，這是中國現代主義詩的新的精神傳統。我們注意到，當代一批更為年輕的現代主義詩人尋求新的生發點時，事實上已接受了這一新傳統的精神性滲透。從北島（「朦朧詩」）到王家新（「新生代詩」）與上述精神傳統的承續關係是明晰的：北島曾言及讀「九葉派」40 年代詩作所受的強烈震動〔註 41〕；王家新在他的紀念文章《馮至與我們這一代人》（《讀書》1993 年第 5 期）中，更是滿懷敬意地表達了對給予他們這一代人以純然現代主義精神的滋養的前輩的感恩。再如當代詩人昌耀，他的詩中血肉豐滿的語言質感和充滿激烈衝突的靈魂籲求，則顯示了對穆旦的精神回應。

「九葉派」所衍續的現代主義線索，而後又出現過兩次明顯的斷裂。一次是在 40 年代末正當「九葉派」僅是彗星般掠過天際時，在他們同時及之後，一股強勁的藝術風暴洶涌而來——眾所周知，在那不可逆轉的文學轉型時代，中國現代主義詩面臨著悲劇性的挑戰和困境，從此現代主義以沉潛的方式生長。〔註 42〕一次是在八十年代中期以後，來自中國現代主義詩內部的反叛，那似乎一夜之間揭竿而起的種種旗幟和名號，以不可阻攔的喧囂之勢衝擊著已得到恢復的現代主義詩思及精神——當然，這股被稱為「後現代」的詩潮，尚有待歷史的沉澱和詩人們自身的清理和反省。

〔註 41〕 參閱鄭敏《遮蔽與差異》，《詩雙月刊》（香港）1997 年 3 月 1 日。
〔註 42〕 1950 年代現代主義詩在中國大陸基本消失，卻被遷移到海峽另一側的臺灣，
　　　　　1960 年代一度興盛。

第九章　「散文性」：重解廢名的 新詩觀

　　廢名的詩和詩論，無疑是新詩史上一個相當獨特的存在。關於二者，近年來研究界均已作出較爲充分的論述〔註1〕。其中如王澤龍等發現了「禪」理對於廢名詩的意蘊和風格的影響，孫玉石覺察到了廢名新詩觀與古典詩學的關聯等，可以說都是相當有見地的研究。不過，綜觀已有的廢名研究可以發現，儘管研究者通過深入剖析和闡釋，發掘了廢名詩與詩論的詩學內涵，但廢名詩與詩論的某些潛在價值，特別是其詩學觀念之於理解新詩本質的可能意義，並沒有得到透徹的認識。此章將以這一論題爲著眼點，並結合廢名的詩作及 1930 年代的詩學氛圍，重新對廢名的新詩觀作一番申說，以期有助於從另外的角度把握新詩的本質。

一、「詩的內容」與「散文的文字」

　　廢名的新詩觀集中體現在他 1930 年代的講稿《談新詩》〔註2〕中，另外

〔註 1〕王澤龍《廢名的現代禪詩》，載王澤龍《中國現代主義詩潮論》，華中師範大學出版社，1995 年，第 172～182 頁；羅振亞《迷人而難啟的「暗箱」——評廢名的詩》，載羅振亞《中國三十年代現代派詩歌研究》，國際文化出版公司，1997 年；孫玉石《呼喚傳統：新詩現代性的尋求——廢名詩觀及 30 年代現代派「晚唐詩熱」闡釋》，載《現代漢詩：反思與求索》，作家出版社，1998 年，第 131～142 頁；潘頌德《馮文炳的詩論》，載潘頌德《中國現代詩論 40 家》，重慶出版社，1991 年；周良沛《中國新詩庫·廢名卷》「卷首」，載《中國新詩庫》（三集），長江文藝出版社，1993 年，第 749～769 頁。

〔註 2〕《談新詩》初版於 1944 年，係廢名 30 年代在北京大學的講義，共 12 章；1946

還有一些零星的文章和訪談，都是對《談新詩》所體現的詩觀的回應和強調。如所周知，廢名新詩觀的核心便是他自己所概括的「詩的內容、散文的文字」，這一著名論斷不時閃現在他關於新詩的談論中。廢名主要是通過對詩人作品的具體分析和講解，以及將新詩同舊詩進行比照，來闡述他對於新詩的觀點的。整部《談新詩》講稿，基本上是以詩人及其代表性詩集爲單元，作者從每部詩集中挑出他認定爲「好詩」者逐一闡發開去，每一首詩後緊跟著一段或短或長的評析，有時則是點到即止。這種評點式的論述方法，頗有點古代「詩話」的味道。

在《談新詩》的開篇，廢名就將自己的詩觀和盤托出。他在引述胡適關於新詩誕生的「紀事」後說，「我嘗想，舊詩的內容是散文的，其詩的價值正因爲它是散文的。新詩的內容則要是詩的，若同舊詩一樣是散文的內容，徒徒用白話來寫，名之曰新詩，反不成其爲詩」。緊接著他又補充說，「什麼叫做詩的內容，什麼叫做散文的內容，我想以後隨處發揮」。這種關於「詩的內容」的觀念一旦確立以後，廢名在講稿中眞是「隨處發揮」、一以貫之了。後來，廢名再次談到新詩與舊詩的差別時明確提出，新詩「一定要這個詩是詩的內容，而寫這個詩的文字要用散文的文字。……只要有了這個詩的內容，我們就可以大膽的寫我們的新詩，不受一切的束縛，……我們寫的是詩，我們用的文字是散文的文字，就是所謂自由詩」。至此，廢名心目中關於新詩的理念漸漸明朗化了，他將新詩確定爲用「散文的文字」寫出「詩的內容」的「自由詩」。

可以看到，廢名從「內容」和「形式」兩方面勾畫著新詩的概念，而在二者中廢名似乎格外看重「內容」而不是「形式」，他反覆強調說，「我們的新詩首先要看我們的新詩的內容，形式問題還在其次。舊詩都有舊詩的內容，舊詩的形式都是與其內容適應的，至於文字問題在舊詩系統之下是不成問題的，其運用文字的意識是一致的，一貫下來的，所以我總稱之曰舊詩」（《新詩問答》）。當然，這裏廢名對於「內容」與「形式」的態度，還不能等同於

年廢名重新執教北大後，又續寫了 4 章。人民文學出版社於 1984 年出版了《談新詩》的合併本，附有廢名的《新詩問答》一文。本文所據爲遼寧教育出版社，1998 年版的《論新詩及其他》（陳子善編訂），並參照人民文學版的《談新詩》，前者除收有後者的全部內容外，還補錄了初版周作人等人的序跋及廢名 30 年代關於新舊詩的隨筆、通信等。本文所引述的廢名文字，除個別外均不另行作注。

流俗意義上的「內容決定形式」論，因爲對於廢名而言，所謂「內容」乃是一種「詩」的意義上的「內容」，自有其深厚的甚至不可言傳的內涵。

那麼，究竟什麼是廢名所說的「詩的內容」呢？在談到胡適的《嘗試集》時廢名以《蝴蝶》爲例，說：「這詩裏所含的情感，便不是舊詩裏頭所有的，作者因了蝴蝶飛，把他的詩的情緒觸動起來了，在這一刻以前，他是沒有料到他要寫這一首詩的，等到他覺得他有一首詩要寫，這首詩便不寫亦已成功了，因爲這個詩的情緒已自己完成，這樣便是我所謂詩的內容，新詩所裝得下的正是這個詩的內容」。他另舉一首胡適的《四月二十五夜》說，「這首詩同那首《蝴蝶》是一樣，詩之來是忽然而來，即使不寫到紙上而詩已成功了」。由此看來，廢名所謂「詩的內容」即是一種詩情或詩意，或者進一步說，一種「詩」的意義上的情感或意緒。而在廢名看來，「這樣詩的內容不是舊詩所能裝得下的」，「舊詩不但裝不下這個詩的內容，昔日的詩人也很少有人有這個詩的內容，他們做詩我想同我們寫散文一樣，是情生文，文生情的，他們寫詩自然也有所觸發，單把所觸發的一點寫出來未必能成爲一首詩，他們的詩要寫出來以後才成其爲詩，所以舊詩的內容我稱爲散文的內容」。這些表明，從詩的生成機制進而從詩質上來說，新詩在生成過程中是直接以「詩」的方式在思考、而後形成的具有某種「詩的思維」特性的「情緒」，因而獲得了眞正屬於「詩」的「內容」，這種「詩的思維」的「詩情」即「詩的內容」本身就是詩，至於它是否被傳達以及以何種語言、樣態傳達，便顯得不再重要了。而舊詩由於是以「散文」即「情生文，文生情」的方式進行思考的，因此，即使它的傳達樣態顯現出「詩」的「格式」，卻也並不具備「詩的內容」，其「內容」只能是「散文」的。廢名以此將新詩與舊詩的內在品質區分開來。

廢名在別處又對「詩的內容」作了申述。一方面，他稱許沈尹默的詩說，「沈尹默氏是舊詩詞的作家，然而他的幾首新詩反而有著新詩的氣息，簡直是新詩的一種朝氣，因此他的新詩對於以後以迄於今日的新詩說，又可以說是新詩的一點兒古風，這卻是一件有趣的事」，並指出沈尹默的《月夜》和胡適的《湖上》「能見作者的個性」，「各人都是『看來毫不用心，而自具有一種以異乎人的美』」，這裏「詩的內容」似乎暗示著某種特別的「朝氣」和「古風」；另一方面，他在分析冰心、郭沫若的詩時又說，「這時期的新詩人眞是在那裏做詩，他們的面前是他們自己的『詩』……新詩的詩的生命正在這個

時候有一個起點，因其詩情泛濫，乃有詩文字之不中繩墨」，「他們的新詩都表現了第二期新詩的特點，他們做詩已經離開了新舊詩鬥爭的階級，他們自己的詩空氣吹動起來了，他們簡直有了一個詩情的泛濫」，其所謂「詩的內容」則仍然等同於一種泛濫的「詩情」，一種自足的「詩空氣」。

從廢名對「詩的內容」的強調來看，其關於新詩詩質的要求主要體現為兩點：一是詩的「當下」性，一是詩的「完全」性。在廢名看來，由於新詩是以「詩」的方式進行思考的，並且「詩的思維」、「詩情」的促動、催生乃至「泛濫」是「忽然而來」的，因此「詩的內容」便是「當下」完成的；同時，就「詩情」的存在狀態而言，「泛濫」的「詩情」由於其觸發的瞬時性和直接性，也就不會是零碎的，而是完整、充沛以及飽滿的，是一種渾融的「詩」的意緒。廢名強調說，「新詩要寫得好，一定要有當下完全的詩」，即是如此。而對於一首已經寫成的詩來說，「詩情」的完整性似乎尤為重要，例如廢名對馮至的批評（「馮至是有詩的，但他的詩情並不很充足，想借形式的巧而成其新詩」），便表明了他對「詩情」的「完全」的看重。

二、「亂寫」的「詩情」

廢名對「詩的內容」的「當下完全」性的推崇，也體現在他本人的詩歌實踐之中，他在闡述自己的詩作時說，「我的詩是天然的，是偶然的，是整個的不是零星的，不寫而還是詩的」，便充分顯示了某種自信，以創作印證著他的理論。從某種程度上可以說，廢名的詩與詩觀在思維方法、理路上具有明顯的同構性。

廢名自稱其「詩是天然的」並非沒有道理，這首先表明他本人寫詩，應和著他的有關「新詩應該是自由詩」的信條：「因為新詩而脫去了『做』詩的束縛，⋯⋯結果是上下古今亂寫，沒有一毫障礙」。當然，這種「亂寫」的「自由」與其說是對創作章法的捨棄（事實上廢名在評析郭沫若的詩時，委婉地批評了郭詩因過度無序而造成的言辭乾澀），不如說是對一種氣度、狀態的嚮往。在廢名看來，「詩情」的完整一方面應當顯示一種揮灑自如、酣暢淋漓的氣度，另一方面應該呈現為一種渾然天成、不露痕迹的狀態。這很大程度上也就能夠理解，為何廢名格外看重古代溫庭筠、李商隱那種基於巨大想像力的「亂寫」，同時為何在廢名身上又表現出很濃的「禪」的氣質。這些資源從方法論的意義來看，實質都為廢名考慮如何營構新詩、創造新詩體式提

供了靈感。

在談及溫李詩詞與新詩的關聯時，廢名以欽慕的口吻描述了二人的「亂寫」：「溫詞無論一句裏的一個字，一篇裏的一兩句，都不是上下文相生的，都是一個幻想，上天下地，東跳西跳，而他卻寫得文從字順，最合繩墨不過」，「以前的詩是豎寫的，溫庭筠的詞則是橫寫的。以前的詩是一個鏡子，溫庭筠的詞則是玻璃缸的水——要養個金魚兒或插點花兒這裏都行，這裏還可以把天上的雲朵拉進來」。這些無疑促成了廢名關於新詩的設想：「因此我嘗想，在以往的詩文學裏既然有這麼一件事情，我們今日的白話新詩恐怕很有根據，在今日的白話新詩的稿紙上，將真是無有不可以寫進來的東西了」。也就是說，只要心中有了完整的詩意（「詩的內容」），便可以「不受一切的束縛」、任由自己的想像放膽進行創造了。

至於「禪」理，則從另一側面啓示了廢名對於新詩的創構：「禪」所講求的頓悟、渾融，與廢名心目中「詩情」的生發狀態是一致的；對「禪」的熱衷，不但可以解釋廢名詩裏透露出來的那種隱隱約約的氣息，同時更可以理解廢名在新詩創作與觀念上的整體思路。的確，廢名的多數詩作有著「禪」這一「深玄的背景」（朱光潛語），事實上這道「背景」不僅加重了廢名詩作的詩意的蘊含，而且深刻影響了廢名創作時運思的方式。例如，「禪」所追求的超然物外的心境，一方面構成了廢名詩作中悟解塵世生活的主題，另一方面促使他的詩往往一揮而就、自成一個獨立的整體：

> 我學一個摘花高處賭身輕，
> 跑到桃花源岸攀手掐一瓣花兒，
> 於是我把它一口飲了。
> 我害怕我將是一個仙人，
> 大概就跳在水裏淹死了。
> 明月出來弔我，
> 我欣喜我還是一個凡人，
> 此水不現尸首，
> 一天好月照澈一溪哀意。
>
> ——《掐花》

全詩幾乎沒有片刻的停頓，而詩意已經渾然生成。在《十二月十九夜》一詩中，詩句「思想是一個美人，／是家，／是日，／是月，／是燈，／是爐

火，／爐火是墻上的樹影，／是多夜的聲音」，更是隨詩意的流動而一瀉千里，沒有絲毫遮攔，這種整體性也就是廢名所追求的「詩的內容」的「完全」性。

總之，從廢名自身的創作實踐，並參照他對古典詩歌及禪理的偏好可以看出，他是主張詩應該「亂寫」、詩意必須在一氣呵成中達到「完全」的。這些都使得廢名的詩作趨於簡潔、渾樸乃至空靈玄遠，同時也導致其詩作因「空白」太多、跳躍性太大而顯得晦澀難解。1930 年代李健吾曾評價廢名的文字說：「請讀者注意他的句與句間的空白。唯其他用心思索每一句子的完美，而每一完美的句子便各自成爲一個世界，所以他有句與句間最長的空白。他的空白最長，也最耐人尋味。……你可以因而體會他寫作的方法。他從觀念出發，每一個觀念凝成一個結晶的句子，讀者不得不在這裏逗留，因爲它供你過長的思維。」〔註3〕這大概可算作對廢名詩與詩論之關聯最透徹的理解了。

三、探求「詩的思維術」

孫玉石在一篇論文中，將廢名對溫李詩詞的喜愛，同 1930 年代一批現代派詩人掀起的「晚唐詩熱」聯繫起來，認爲廢名的詩論實質是爲後者在理論上張目：「廢名的《談新詩》，對於晚唐詩詞的推崇，可以說是三十年代現代派詩人中存在的這股『晚唐詩熱』的一種理論釋放。而這種理論，又是超越『五四』時代新詩審美觀念，追求新詩現代性創造的一種表現。」他進而指出：「廢名和他的詩友們，在溫李詩詞中存在的楚騷傳統所具有的『興』的感覺方式與傳達手法中，找到了現代派詩人那種詩應該尋找傳達感情的『客觀對應物』的審美方式，找到了詩應該處於『隱藏自己與表現自己之間』的朦朧的神秘美的需求。」〔註4〕孫玉石更多從審美創造的角度，看到了廢名詩觀所暗含的將古典詩學進行現代性轉化的欲念，看到了 1930 年代現代派詩人與古典詩學的一個分支在審美內涵上的契合，以及他們由此契合出發建構現代詩學的願望和可能性。

不過，著眼於審美內涵的挖掘，還只是廢名及 1930 年代現代派詩人對溫

〔註 3〕 見《李健吾批評文集》，珠海出版社，1998 年版，第 133 頁。
〔註 4〕 孫玉石《呼喚傳統：新詩現代性的尋求——廢名詩觀及 30 年代現代派「晚唐詩熱」闡釋》，見《現代漢詩：反思與求索》，作家出版社，1998 年版，第 134、141 頁。

李詩詞興趣的一個方面。正如前述，廢名非常看重溫李在詩詞中天馬橫空式的「亂寫」，他對溫李的重視固然由於其詩裏有可供新詩汲取的「營養」，而更重要的是這種「亂寫」體現出的自由開闊的氣度值得借鑒。他認為，若新詩人有了這種氣度後，便「古今中外的詩人可以旦暮遇之」，「舊詩也換掉了他的敵人面目，反而與新詩有了交情了，這一來做新詩的人乃更是自由，他們固然不做舊詩，但他們做新詩的時候卻儘管採用舊詩的詞句了」。從詩歌精神的自由度來說，溫李這些「當初新文學運動者所排斥的古典派」的創造精神，「正是今日新詩的精神了」；如同「古典派是以典故以辭藻馳騁想像」，「今日的新詩也無非是有想像罷了。今日新詩的生命便是詩人想像的跳動，感覺的靈敏，凡屬現實都是它的材料⋯⋯」。因此，當廢名說，溫李「這一派的詩詞存在的根據或者正有我們今日白話新詩發展的根據」時，他所要求新詩的，並不是簡單地從意象、意境和情調等方面回到古典詩歌中去，而是「學習」和領悟溫李進行詩歌創造的某種「自由」而大膽的「精神」。

在 1930 年代現代派詩人的作品中，一方面其朦朧、雅致的詩風契合了廢名所推崇的溫李詩詞的格調，另一方面恰恰是它們語詞的新鮮組合、詩思的飛躍靈動和意境的深邃純美，所顯示出的奇詭想像和敢於創新的精神等等，合乎廢名關於新詩要大膽構造的設想。當然，1930 年代現代派詩歌的某些美學原則，也並非巧合地在廢名的詩觀中得到了回音。與 1930 年代金克木為現代派詩人直接辯護〔註5〕不同，廢名的講稿裏沒有太多對現代派評價的言辭，但他的論述中所隱含的對兩種詩歌傾向的批評，則極大地與現代派詩人的追求取得了一致。這兩個潛隱的批評對象便是胡適和新月派。

從來源上說，廢名提出按「詩」的方式進行思考的見解，與早期象徵派詩人穆木天的「詩的思維術」之說〔註6〕具有潛在的承續關係。儘管不像穆木天聲稱「胡適是最大的罪人」那樣嚴厲，但廢名對胡適的某些失之輕率的說法也頗有微辭，說：「胡適之先生所謂『第四次的詩體大解放』⋯⋯這個論斷應該是很對了，然而他的前提夾雜不清，他對於以往的詩文學認識得不夠。援引以往的詩文學裏的『白話詩』做我們的新詩前例，便是對於以往的文學認識不夠」；「舊詩向來有兩個趨勢，就是『元白』易懂的一派同『溫李』難

〔註5〕柯可（金克木）《論中國新詩的新途徑》，原載 1937 年 1 月《新詩》第 4 期。
〔註6〕穆木天《譚詩——寄沫若的一封信》，原載 1926 年 3 月《創造月刊》第 1 卷第 1 期。

懂的一派，然而無論那一派，都是在詩的文字之下變戲法。他們的不同大約
是他們的辭彙，總決不是他們的文法。而他們的文法又決不是我們白話文學
的文法。至於他們兩派的詩都是同一的音節，更是不待說了。胡適之先生沒
有看清楚這根本的一點，只是從兩派之中取了自己所接近的一派，而說這一
派是詩的正路，從古以來就做了我們今日白話新詩的同志，其結果我們今日
的白話新詩反而無立足點，元白一派的舊詩也失去其存在的意義了」。廢名對
胡適的反撥，一方面確有爲現代派詩人張目的意圖，因爲他緊接著說，「胡適
之先生所推崇的白話詩，倒或者與我們今日新散文的一派有一點兒關係。反
之，胡適之先生所人物反動派『溫李』的詩，倒似乎有我們今日新詩的趨勢」；
另一方面仍在於強調他的「詩的內容」的新詩觀念，他套用胡適的說法得出
結論：「我們的新詩應該是自由詩，只要有詩的內容然後詩該怎樣做就怎樣
做，不怕旁人說我們不是詩了」。

而廢名對於新月派的批評則尖刻得近乎否定：「我總覺得徐志摩那一派的
人是虛張聲勢，在白話新詩發展的路上，他們走的是一條岔路，卻因爲他們
自己大吹大擂，弄得像煞有介事似的，因而阻礙了別方面的生機」，而「他們
少數人的岔路幾乎成爲整個新詩的一條冤枉路」。廢名之所以極力反對新月
派，是因爲在廢名看來，他們倡導「新格律詩」、要求回覆新詩的音樂性的做
法過於狹隘了，未免限制了新詩朝自由方向的發展：「有一派做新詩的人專門
從主觀上去求詩的音樂，他們不知道新詩的音樂性從新詩的性質上就是有限
制的」，「在新詩的途徑上只管抓著韻律的問題不放，我以爲正是張皇心理的
表現」。在這裏，新月派詩與廢名新詩觀衝突的實質在於：當新月派詩人從外
在的音樂性出發，試圖賦予新詩某種固定的「詩的格式」時，其詩所具有的
「調子」事實上如廢名所說，「不知不覺的同舊詩有一個詩的雷同，彷彿新詩
自然要有一個新詩的格式」，這樣的新詩就落入了舊詩的窠穴，因爲舊詩是有
「調子」的，其長處即在於音樂性，如果新詩學著舊詩一樣，用有「調子」
的「詩的文字」寫成，那麼就不能算是眞正的新詩。

廢名關於新詩音樂性的看法，與現代派領袖人物戴望舒的主張極爲相
似。其實這是新詩的大勢所趨：新詩發展到 1930 年代，已經進入詩藝的調整
和新的探索階段，詩人們開始反省前期新詩的種種不足，從語言本身的特性
和內在的情緒等更高層面上思考新詩的自由表達。戴望舒提出的「詩不能
藉重音樂，它應當去了音樂的成分」及「韻和整齊的字句會妨礙詩情，或使

詩情成爲畸形的」〔註7〕等觀點，代表了 1930 年代現代派詩人的整體追求。值得注意的是，從總體上來說，1930 年代現代派詩人正是在承繼早期象徵派詩歌、在對胡適白話詩和新月派「新格律詩」實現雙重超越的基礎上，發展出一套嶄新的現代詩學原則的。在一定程度上，廢名作了這批詩人的理論代言人。

四、「散文性」：新詩本質的再認識

　　廢名的新詩觀是圍繞「詩的內容、散文的文字」這一核心論斷展開的，不管是他本人的詩創作，還是他對古典詩學的徵引，廢名強調的是「詩的內容」即詩情、詩意的充沛與完整，強調放膽進行創造的自由精神。儘管《談新詩》對舊詩多有評價和讚賞，但其根本立足點在於新詩的確立，這是無疑的；作者在多處以舊詩作爲參照糸進行論述，最終是爲了在「詩」的本體意義上將新詩同舊詩區別開來，從而從概念到內涵確立新詩自身的標準。撇開其中的某些偏激之辭而不論，應該說，廢名的新詩觀對於我們深入認識新詩的本質，具有多重意義。

　　從表面上看，廢名似乎對詩的「形式」不大看重，這一點向來爲人所詬病。他一再地說，「新詩沒有什麼詩的格式」，「新詩的詩的形式並沒有」；「新詩又實在沒有什麼公共的，一定的格式，像舊詩的五言七言近體古體或詞的什麼調什麼調」；「新詩將是溫李一派的發展，因爲這裏無形式，意象必能自己完全，形式有時還是一個障礙了」。即使談到詩的「形式」問題，也顯得十分隨意：「新詩也可以有形式，不過這不是根本的事情」（根本的事情還是「詩的內容」）；新詩「與散文唯一不同的形式是分行」，「中國新詩便只有這個一切詩共同的形式，分行」。他甚至樂觀地說，「舊詩因爲有形式而寬，誰都可以寫；新詩因爲沒有形式而寬，誰都可以寫」；「新詩本不必致力於形式，新詩自然會有形式的」。新詩的形式問題在廢名那裏似乎是自明的，不容討論的。

　　實際上，如果細心觀察一下就會發現，廢名除了有些地方特別強調「詩的內容」而外，更多時候是將「詩的內容、散文的文字」並置在一起提出的，例如：「新詩要別於舊詩而能成立，一定要這個內容是詩的，其文字則是散文的」；「如果要做新詩，一定要這個詩是詩的內容，而寫這個詩的文字要用散

〔註7〕戴望舒《望舒詩論》，原載 1932 年 11 月《現代》第 2 卷第 1 號。

文的文字」；「我們寫的是詩，我們用的文字是散文的文字，就是所謂自由詩」；「白話新詩是用散文的文字自由寫詩」，等等。而談論詩的「文字」，便是把捉到了新詩「形式」問題的重心——語言。廢名對新詩「散文的文字」的同樣注重表明，他以一種十分了然的心態關注了新詩語言即現代漢語的特殊性，並揭示了因此語言特殊性而帶來的新詩既敞開又隱晦的本質特性。由是觀之，廢名的「詩的內容、散文的文字」新詩觀又具有辯證性。

廢名顯然注意到，以白話口語為基礎、作為新詩語言材料的現代漢語，天生就具有一種「散文性」：與古典漢語所具有的簡約、蘊藉、含蓄等特性不同的是，現代漢語更多地沾染了口語的雜蕪、粗糙等性質，從文學的角度來說，現代漢語的日常性、連貫性及流動性等特點，使其更易於敘事和描述而不是詩意的抒情，從而給人留下太多的「反詩歌語言」的印象；因此，當現代漢語入詩時，由於語言本身的限制，新詩不可能是嚴格、整飭且音樂性十足的「詩的文字」，只能呈現為「散文的文字」，即一種具有口語化散文化特點、長短不一而參差錯落的自由句式，而這種「散文的文字」也只有與「詩的內容」結合才真正成為詩。這樣，由於語言的「先天」制約，新詩歷史性地獲得了一種「散文化」的面目和特性，這恰好印證了俞平伯在新詩草創期就指出的，白話的「乾枯淺露」使得新詩注定成為一種「『有法無法』的東西」〔註8〕。正是在此意義上，廢名認為「新詩的音樂性」是「有限制」的，且「新詩又實在沒有什麼公共的，一定的格式」，這是有一定道理的。同時在廢名看來，新詩的「散文化」形式事實上是一種「無形之形」，就如同人們日常生活運用的口語一樣，因為太熟悉了竟可以「視而不見」以至不置一詞，新詩的形式是如此簡單卻又讓人捉摸不透，以致廢名乾脆說，「中國新詩便只有這個一切詩共同的形式，分行」。這大概也是他不太願意將新詩形式問題著重提出的原因。

廢名對新詩語言（現代漢語）「散文性」的覺識，啟示我們更為根本地理解新詩的本質特性。顯然，正是語言的遷移徹底改變了新詩的性質，新詩從詩質到詩形都趨於「內斂」：一方面，新詩已經失去了古典詩歌那種因外在整飭的音韻而具有的「整齊的美」、「抑揚的美」與「迴環的美」（王力語）等美感方式，代之以「追求言語結構的內在節奏與情感起伏變化的同構」和「超

〔註 8〕俞平伯《社會上對於新詩的各種心理觀》，原載 1919 年 10 月《新潮》第 3 卷第 1 號。

語義」的語感美〔註9〕；另一方面，與此相應的是，新詩之詩意的獲得，並不特別倚仗外在的形狀，而主要依靠內部深層結構的營造。可以看到，由於語言的作用，在新詩的「內容」與「形式」之間形成了一種「內緊外鬆」的張力結構，這種結構促成了新詩詩意的生成，詩意就潛藏在語言的「散文化」外表之下。誠然，同有著幾千年歷史和深厚累積的古典詩歌相比，新詩還不具備足夠豐富的音韻、語彙系統以及穩固的程序化的詩歌體式，因而顯得沒有「成型」。但正如廢名所說，新詩要建立某種「成型」的「格式」似乎只是「奢望」。對於未來的新詩而言，如何依據現代漢語本身的浮泛性、多樣化、多變性等特點，在配音（韻）、組詞、結句、建行等方面充分考慮到語言的「非詩化」因素，最大限度地發揮其靈活性自主性優勢，似乎應成為新詩建構的新起點。

〔註 9〕周曉風《現代漢語與現代新詩》，見《現代漢詩：反思與求索》，作家出版社，1998 年版，第 225 頁。

第十章　沈從文新詩中的苗文化因素

　　作爲一位成就卓著的作家，沈從文並不以詩歌聞名於世，他的詩名常被小說、散文之名掩隱。不過，新出版的《沈從文全集》(北嶽文藝出版社，2002年版)單闢一卷收錄了沈從文的全部詩作，其數量相當可觀。其中，新詩約占該卷的一半篇幅，共計 58 首(《箄人謠曲》、《箄人謠曲選》兩組輯錄的民間歌謠除外)，有多首是長達數百行的長詩。可以看到，從 1920 年代中期直至 1940 年代末，沈從文對新詩創作保持著持續的熱情，不同時期屢有新的作品問世。不僅如此，他還十分關注新詩的發展，寫有《我們怎麼樣去讀新詩》、《新詩的舊帳》、《談朗誦詩》等專論和《孫大雨》、《〈劉宇詩選〉序》等評介文章，1930 年代初在上海中國公學開設「新文學研究」課程講授的也是新詩(講義中包含《論徐志摩的詩》、《論聞一多的〈死水〉》、《論朱湘的詩》等 6 篇論文)，在與友朋的通訊中更是經常談論新詩；此外他還在他先後主編的《大公報・文藝副刊》、《益世報・文學周刊》等報刊上推介新詩人，編發新詩作品，爲推動新詩發展不遺餘力。

一

　　沈從文的新詩創作幾乎與他的小說創作同時起步，他早年的不少詩作發表在新月派重要陣地《晨報副刊》上，1931 年出版的《新月詩選》收錄了他的 7 首詩作(在數量上僅次於徐志摩)，他也因此一度被視爲「新月詩人」；《新月詩選》編者陳夢家在《序言》中稱：「沈從文以各樣別名散在各處的詩，極近於法蘭西的風趣，樸質無華的詞藻寫出最動人的情調。我希望讀者

看過了格律謹嚴的詩以後，對此另具一風格近於散文句法的詩，細細賞玩它精巧的想像。」〔註1〕雖是寥寥數語，卻十分準確地點出了沈從文新詩的某些特點。稍後不久，蘇雪林在論及沈從文的小說時，順便提到了鑲嵌在沈從文小說裏的苗族青年男女互相唱和的歌辭，說它們「帶著無窮神秘的美，無窮抒情詩的風味，可以使我們這些久困於文明重壓之下疲乏麻木的靈魂，暫時得到一種解放的快樂」〔註2〕。1940 年代，詩人朱英誕在北京大學講授新詩時對沈從文的新詩推崇備至，他以「沈從文的詩」為專題詳細解析了沈從文被選入《新月詩選》中的幾首詩，並將之與徐志摩、戴望舒的詩進行了比較，認為「沈從文的六首詩真是句句都好，看著念著都很舒服」，「愈看愈覺得引人入勝」，「這裏面詩人的詩感境界（空氣），風趣，氣候一切已經不成問題了」〔註3〕。

　　這些早期的評論不約而同地注意到了沈從文新詩的別致之處。那麼，沈從文何以能夠用「樸質無華的詞藻寫出最動人的情調」，而顯出「無窮抒情詩的風味」呢？朱英誕格外指出：「沈從文是小說家，看了這幾首好詩之後我遂很懂得他何以結果作成小說家，而回頭來說，我又更加佩服幾首這樣的詩，似乎非得這位小說家不能寫了。」〔註4〕朱英誕在此談論的是沈從文作為小說家寫詩給人的「新鮮之感」。誠然，沈從文的新詩大多採用了自由體，有著鮮明的小說或散文的筆法——質樸、率性，這是他的新詩在充分發揮了小說或散文的優長後所獲得的特點。不過，在筆者看來，要探究沈從文新詩的別致、「動人」的緣由，離不開對浸潤於其作品間的深厚湘西文化（很大程度上即是苗文化）底蘊的考察。

　　眾所周知，沈從文的小說在素材、主題、情調等方面均受到了湘西苗文化的薰染。這種薰染，不僅來自他早年在湘西生活的記憶的發酵，而且緣於他以小說家的眼光，「發現」了蘊含於湘西苗文化中的特殊價值。1930 年，沈從文寫信給在美國留學的王際真說：「我將學一點苗文，將來寫文章一定還有趣味，因為好像只要把苗鄉生活平鋪直敘地寫，秩序上不壞，就比寫其他文

〔註1〕 見《新月詩選‧序言》，上海新月書店，1931 年版，第 29～30 頁。
〔註2〕 蘇雪林《沈從文論》，載《文學》1934 年第 3 卷第 3 期。
〔註3〕 廢名、朱英誕《新詩講稿》（陳均編訂），北京大學出版社，2008 年版，第 232 頁以下。
〔註4〕 廢名、朱英誕《新詩講稿》（陳均編訂），北京大學出版社，2008 年版，第 232 頁。

章有味多了的。」〔註5〕可以說，沈從文在小說中對苗文化因素的汲取是一種自覺的、有準備的舉措，因此，針對 1930 年代蘇雪林在評論中指責他虛構苗族生活的觀點，沈從文晚年在訪談中多次予以反駁〔註6〕。沒有人否認，那種出自天性、深入骨髓（沈從文本人有苗族血統）的對苗文化的興趣和運用，正是沈從文能讓小說散發獨特魅力的重要原因。與此相似，沈從文在新詩創作過程中也有意識地調動了沉澱在他血液之中的苗文化資源，使他的新詩作品不時現出苗文化的印迹。

那麼，苗文化因素是如何滲入沈從文的新詩創作的？在其新詩作品中有什麼樣的體現？這裏需要提到沈從文對湘西民間歌謠的收集和整理。1920 年代中期，沈從文數次委託表弟代為搜集、抄錄家鄉鎮筸（即鳳凰縣城）的山歌，並整理後以《筸人謠曲》、《筸人謠曲選》為題，先後連載於《晨報副刊》。這些歌謠發表時，沈從文不僅寫了「前文」，詳細介紹其對歌謠發生興趣及搜集歌謠的過程，而且為每首歌謠配置了長短不一的說明文字。沈從文認為，這些歌謠「類乎芹菜蘿蔔的不值錢的土儀」和「肥壯的」「大紅薯」〔註7〕，包含了豐富的地方風俗和鄉民天然質樸的情感。除搜集、整理民間歌謠外，沈從文甚至計劃，「在一兩年內能得到一點錢，轉身去看看，把我們那地方比歌謠要有趣味的十月間還儺原時酬神的喜劇介紹到外面來。此外還有苗子有趣的習俗，和有價值的苗人的故事。我並且也應把苗話全都學會，好用音譯與直譯的方法，把苗歌介紹一點給世人」〔註8〕。

其實，對民間歌謠的重視是新文學的傳統之一。早在五四時期，北京大學就成立了歌謠徵集處並出版《歌謠》周刊，劉半農、周作人等是積極的倡導者。劉半農的《瓦釜集》即是一部仿歌謠的詩集，他的《揚鞭集》中的部分詩篇也留有歌謠的痕迹。沈從文顯然非常讚賞劉半農等人的倡導和實踐，他在一篇專論中高度評價了劉半農的《揚鞭集》：

> 劉復在詩歌上試驗，有另外的成就……他有長處，為中國十年來新
> 文學作了一個最好的試驗，是他用江陰方言，寫那種方言山歌，用

〔註5〕見《沈從文批評文集》，珠海出版社，1998 年版，第 345 頁。
〔註6〕沈從文《答凌宇問》，《中國現代文學研究叢刊》1980 年第 4 期。
〔註7〕沈從文《筸人謠曲·前文》，見《沈從文全集》第 15 卷，北嶽文藝出版社，2002 年 12 月版，第 19〜20 頁。
〔註8〕沈從文《筸人謠曲·前文》，見《沈從文全集》第 15 卷，北嶽文藝出版社，2002 年 12 月版，第 20 頁。

並不普遍的文字，並不普遍的組織，唱那爲一切成人所能領會的山
歌，他的成就是空前的……用微見憂鬱卻仍然極其健康的調子，唱
出他的愛憎，混合原始民族的單純與近代人的狡猾，按歌謠平靜從
容的節拍，歌熱情鬱怫的心緒，劉半農寫的山歌，比他的其餘詩歌
美麗多了。

藉此，沈從文又舉出一些湘西民間歌謠的例子後認爲：「關於疊字與複韻巧妙
的措置，關於眩目的觀察與節制的描寫，這類山歌，技術方面完成的高點，
並不在其他古詩以下。對於新詩有所寫作，欲從一切形式中去試驗，發現，
完成，使詩可以達到一個理想的標準，這類歌謠可取法處，或較之詞曲爲多
的」〔註9〕。從中不難看出沈從文對民間歌謠的偏好及探求將民間歌謠引入新
詩的思路。

　　沈從文對湘西民間歌謠滿懷熱情的搜集與整理，極大地影響了他的新詩
創作，這種影響主要體現在兩個方面：其一，湘西民間歌謠中濃郁的苗族風
土人情，成爲沈從文新詩的題材、主題乃至情趣的重要來源；其二，沈從文
因受民間歌謠的耳濡目染，其新詩常常借用或轉化歌謠的某些表達方式，從
而形成了一種清新、別致的風格和筆法。

二

　　在初涉寫詩之際，沈從文曾有過茫然與猶疑：「做詩是方便極了，但『夜
鶯』『玫瑰』這類字眼我運用時常感到萬分的困窘，雖有『悲哀』，卻又與『天
鵝絨』異樣，心兒是否當真成了『零零碎碎的片子』也不能知，也從不彈斷
過什麼『心的琴弦』，做詩大概是與我無緣了」〔註10〕。顯然，沈從文並不認
同當時盛行於詩壇的虛浮的低吟淺唱，那些故作高雅、過分「詩意」化的語
詞令他感到「困窘」。好在很快，他就從湘西民間歌謠中發現了某種可能性：
「在讚美裸著樣自然的一切時，用樸質的謠曲較之更文雅一點的詩歌是尤其
適當」〔註11〕，由此算是找到了自己寫詩的依據和一條可靠的路徑。

　　可以看到，沈從文在整理、發表《箟人謠曲》、《箟人謠曲選》的 1925～

〔註 9〕 沈從文《論劉半農〈揚鞭集〉》，載 1931 年 2 月《文藝月刊》第 2 卷第 2 號。
〔註10〕 沈從文《箟人謠曲·前文》，見《沈從文全集》第 15 卷，北嶽文藝出版社，
　　　　2002 年 12 月版，第 19 頁。
〔註11〕 沈從文《箟人謠曲·前文》，見《沈從文全集》第 15 卷，北嶽文藝出版社，
　　　　2002 年 12 月版，第 17 頁。

27 年間所寫的新詩，受民間歌謠的影響最爲明顯。其中，《鄉間的夏》這一「與詩約略相似（一律用中國字，一樣的用了點韻）的東西」〔註12〕，被沈從文命名爲「鎮筸土話」；這首詩和稍後的《鎮筸的歌》一詩，都完全是用方言對鄉村景象和對白的直錄（其間還夾雜著鎮筸山歌）：

> 看到太陽落了坡，
>
> 看到牽牛的代狗走過河。
>
> 看到茅屋頂上白烟起，
>
> 這時的蚱蜢，蟋蟀，——綠蛤蟆，
>
> 一起（眼屎懵懂）唱歌。
>
> ——《鄉間的夏》

對於這些「土話」，沈從文給出的「文學解釋，是：用筆寫出來的比較上新鮮，俏皮，真實的話而已。若因襲而又因襲，文字的生命一天薄弱一天，又那能找出一點起色？因此，我想來做一種新嘗試」〔註13〕。同樣出於「新嘗試」之目的，《春》採用了類於山歌的男女對唱的形式，有些段落即是原汁原味的山歌：「山坡上同一時候原開了千種萬種花，／火竈裏同一時候原烤了千種萬種粑；／用牛肉切成細細絲炒了韭菜吃，／這當看各種味道有各人的愛」；該詩的主體部分，是模擬湘西青年男子的口吻向他鍾情的女子表達愛慕之意的話語，熱烈而動情。此外，《還願》係「擬楚辭之一」，《伐檀章今譯》是用鎮筸「土音」對《詩經·伐檀》的「試譯」，《黃昏》則照搬了苗族男女在黃昏「分手時節對唱的歌」——這些，都是沈從文有意對歌謠的模仿或改寫之作，詩中有不少是對苗人生活風習和場景的原生態的描繪。

　　與上述有意識地對歌謠進行仿寫或改寫相應，沈從文這一時期新詩中的鄉村題材十分突出。沈從文一向自稱「鄉下人」，早年的鄉村生活不僅是他小說素材的「倉庫」，也成爲他詩之思的不竭源泉。例如，《薄暮》以活潑的筆調、富於情趣的畫面，寫月下的鄉野：「一塊綢子，灰灰的天！／貼了小的『亮圓』；——／白紙樣剪成的『亮圓』！／我們據了土堆，／頭上草蟲亂飛」；《月光下》也是對月下鄉村風景的生動刻畫：「月兒穿上雲的衣裳我便不動了，／大家歇歇你不跑時我也不跑：／我同蚱蜢願自來靜靜的接禾上露水，／老頭

〔註12〕沈從文《話後之話》（這是附於《鄉間的夏》一詩後用以說明的短文），載 1925 年《京報·國語周刊》第 5 期。

〔註13〕沈從文《話後之話》，載 1925 年《京報·國語周刊》第 5 期。

兒鷺鷥卻一翅飛去眞是見神見鬼」，詩中的「接禾上露水」、「老頭兒鷺鷥」、「見
神見鬼」等說法給人奇異之感，押韻的長句式和戲謔的語氣無疑沾染了歌謠
的味道；《想——鄉下的雪前雪後》這樣寫鄉村雪後景象：「長的河壩胖了，
／老的碾坊胖了，／水磨學得胖子的脾氣，／唱歌也只是懶聲懶氣的！／／日
頭從雲裏出來時節，／喊著叫著的斑鳩，／是坐在我家正屋背脊上」，各種事
物如童話般的拙樸情態與全詩的質樸語言相映成趣。這些鄉村圖景的勾畫，
與沈從文小說中大量的湘西風物（如吊腳樓、石子船、河街等）的展現保持
了一致。這一方面開拓了詩境，另一方面也豐富了詩歌的表現力。

　　湘西苗族是一個豁達、開朗的民族，因較少傳統宗法禮教的束縛，而仍
然保持著淳樸、狂野的特性。《筸人謠曲》、《筸人謠曲選》所錄的山歌實際上
多爲苗族男女相互表達愛意的情歌，其中不乏苗族青年男女對性愛的率眞、
大膽的表白，其語言粗獷、渾樸，表達方式也隨便、自然。這些去除了造作
和僞飾的性愛話語深得沈從文的讚賞，他格外喜愛《筸人謠曲》中的第一首，
曾在不同場合下多次徵引〔註14〕：

> 大姐走路笑笑底，
> 一對奶子翹翹底，
> 我想用手摩一摩，
> 心裏只是跳跳底。

沈從文認爲，「在歌謠中，連用疊字，從疊字上更其能動人，這一首實爲最好」
〔註15〕；並指出：這首山歌「描寫一個欲望的恣肆，以微帶矜持的又不無諧
趣的神情唱著」〔註16〕。在他看來，這正是「優美，健康，自然，而又不悖
乎人性的人生形式」〔註17〕。

　　由於受這種自然的性道德觀念的引導，沈從文也寫了一些熱烈地表露愛
情的詩篇。如《我歡喜你》：「你的聰明像一隻鹿，／你的別的許多德性又像
一匹羊，／我願意來同羊溫存，／又擔心鹿因此受了虛驚」，巧妙地用「鹿」、

〔註14〕如前面提到的《鄉間的夏》中就照錄了此歌。需要提及的是，《筸人謠曲》裏
的一些歌謠也常見於沈從文的小說和散文中，如《蕭蕭》裏徵引了「天上起
云云重雲，地上埋墳墳重墳；妹妹洗碗碗重碗，嬌妹床上人重人」，《長河》
裏徵引了「嬌家門前一重坡，別人走少郎走多；鐵打草鞋走爛了，不是爲你
爲哪個？」，等等。這自然是其小說、散文的一個特色。

〔註15〕見《沈從文全集》第 15 卷，北嶽文藝出版社，2002 年 12 月版，第 21 頁。

〔註16〕沈從文《論劉半農〈揚鞭集〉》，載 1931 年 2 月《文藝月刊》第 2 卷第 2 號。

〔註17〕沈從文《〈從文小說習作選〉代序》，載《國聞周報》1936 年第 13 卷第 1 期。

「羊」比擬心上人的「聰明」和其他「德性」，「又擔心」一語傳達的是「我」既想靠近、又審慎地保持距離的複雜而微妙的意緒。同樣巧妙而大膽的是《Ｘ》：「妹子，你的一雙眼睛能使人快樂，／我的心依戀在你身邊，比羊在看羊的女人身邊還要老實。／／白白的臉上流著汗水，我是走路倦了的人：／你是那有綠的枝葉的路槐，可以讓我歇憩。／／我如一張離了枝頭日曬風吹的葉子；半死，／但是你嘴唇可以使它潤澤，還有你頸脖同額」，如此表白既隱晦又直接——隱晦的是傾訴者在表情達意時用了多重比喻性的說法（以「羊」、「路槐」、「葉子」作喻），直接的是這種近距離（「我」與「你」）的摯情表露，點出了「眼睛」、「心」、「臉」甚至「嘴唇」、「頸脖」、「額」這樣的字眼。而《頌》堪稱此類愛情詩篇中的絕唱：

> 說是總有那一天，
> 你的身體成了我極熟的地方，
> 那轉彎抹角，那小阜平岡；
> 一草一木我全都知道清清楚楚，
> 雖在黑暗裏我也不至於迷途。
> 如今這一天居然來了。
>
> 我嗅慣著了你身上的香味，
> 如同吃慣了櫻桃的竹雀；
> 辨得出櫻桃的香味。
>
> 櫻桃和桑葚以及地莓味道的不同，
> 雖然這竹雀並不曾吃過
> 桑葚與地莓也明白的。
>
> 你是一枝柳；
> 有風時是動，無風時是動：
> 但在大風搖你撼你一陣過後，
> 你再也不能動了。
> 我思量永遠是風，是你的風。

這首詩將沈從文對生命中自然、原始、「蠻性」力量的禮贊推向了極致。詩中充滿了鮮活的譬喻：首先是借用自然景物對戀人身體的「無遮攔」的展現，給人以親切而柔和的美感，這對接著那種把身體與自然物象勾聯起來的古老隱喻系統；其次，以竹雀對「櫻桃的香味」的「辨得出」（對照「桑椹與地莓」），

來比擬「我」對「你身上的香味」的習慣，用語樸質卻形象鮮明；再次，將「我」與「你」的關係比喻為「風」與「柳」的關係，結尾的「我思量永遠是風，是你的風」，於直接的告白中透出宛轉的韻致。

也是出於對那種自然、原始的情愛的讚賞，沈從文還創作了兩首題旨奇特的長詩：《曙》和《絮絮》。這兩首均長達數百行的詩作，分別以嫖客和妓女的身份與口吻互訴衷腸，二人惺惺相惜、一唱一和，詠歎的是濁世中一份令人顫栗的真純情感：「在你身邊，我已經找到了我所尋求的東西。／你引我進到一個靈魂陶醉的世界，／我得了不曾經的心靈的潤濕，／發了黴的感情已為你洗刷一通」，「在我心中，你永是完人，／我用我弱小的心，／感觸了你人格的偉大」（《曙》）；「過去的生活把我身體毀了，／這靈魂還是好好兒可以容得下／愛情的火來煎它熬它」，「一顆被侮辱揉碎了的心，／在一種愛的親洽下是修理得好的」（《絮絮》）。這兩首詩所表現的以鄉村原始野性的張揚，否定城市文明「閹寺性」的態度，在沈從文那裏是一貫的（如小說《柏子》、《龍朱》、《丈夫》等）。

三

有必要指出，前引沈從文愛情詩中對譬喻（「你的聰明像一隻鹿，／你的別的許多德性又像一匹羊」）的妙用，雖然有《聖經·雅歌》影響的因子〔註18〕，但更多的來自他所痴迷的湘西民間歌謠。

用生活中尋常的事物作喻，藉以表情達意，是《筸人謠曲》所錄歌謠的一個共同的鮮明特徵，如「小小麻雀才出窠，／一翅飛到田落角，／只有麻雀膽子小，／看到穀黃不敢剝」（19首），「因為蘿蔔踵死荽，／因為姐好才起心；／起心不自今日起，／蘿蔔下種到如今」（27首）等。還有沈從文由歌謠改寫而成的《黃昏》也是如此：

> 我不問烏巢河有多少長，
> 我不問螢火蟲有多少光：
> 你要去你莫騎流星去，
> 你有熱你永遠是太陽。

在沈從文的詩裏，他不僅把這些取自日常事物和自然景物的譬喻轉化一種獨

〔註18〕參閱王本朝《20世紀中國文學與基督教文化》，安徽教育出版社，2000年版，第161頁。

特的技法，而且也將之作爲結構詩篇的重要方式。

　　例如，《初戀》一詩中，懵懂的少年將自己設想爲一個陀螺，期待年輕尼姑「亮晃晃底眼睛」如「小鞭子」一樣在他身上「抽來抽去」，以至於「一個夏天的時光都消磨到閻王殿那片三合土的坪上了」；這種構思十分奇特，將「初戀」的某種微妙心理傳達出來了。《覷——瞟》也寫到了眼睛，詩中將戀人的善睞明眸比喻爲「長的柔軟的手臂」、「閃忽不定」的「星兒」、「鋒利」的「刀子」和「尖銳」的「牛茨」，要比「不可捉拿」的「荷面上水珠」「更活更靈」，且「有音樂魔力與檸檬汁鮮味」，極爲傳神地展現了戀者羞怯而渴慕的情態。至於《想——鄉下的雪前雪後》中「像撒鹽，像撒麵，／山坡全是戴了白帽子」這樣的對事物的比喻性鋪陳，則常見於沈從文的新詩作品中。

　　即便在 1940 年代，沈從文的新詩創作（同其小說、散文一樣）因過多的冥思而偏向於抽象的表達，卻也沒有放棄對具體物象的比喻性運用。典型的如《蓮花》和《看虹》這兩首對生命進行沉思的詩：前者雖然重在哲理性玄想，但有多處是富於象徵的具體景物（蓮花）的描繪，正如詩中所說，「我愛抽象，／一片豬耳蓮所能引起我的妄念和幻想」——正是那些可感的物象凝定了「抽象的抒情」；後者的情境色彩更濃些，全詩沒有分節，從「瓦溝中白了頭的狗尾草／在風裏輕輕搖。雨止住了」寫起，至末句「有一片平蕪在眼中青」止，詩中間有大段的對話（也可看作絮語），對話之中及各段對話的銜接部分都有細緻的景物描寫，其間滲透著關於生命的幽思。

　　另一方面，從詩歌形式來說，沈從文新詩在形體上所受到的湘西民間歌謠的薰染也十分明顯：一則，湘西歌謠中不管是「單歌」還是「對歌」，其鮮明的對話特徵似乎可用來解釋沈從文新詩中對話（傾訴）語氣、對話樣式或對話段落經常出現的原因，如前面提到的一些愛情詩，以及《對話》、《看虹》等詩篇。再則，滲透在歌謠中苗族人的自由不拘的天性，使被目爲新月詩派之一員的沈從文「背叛」了這個詩群的規訓，其絕大多數新詩採用的是句式參差不齊的自由體（僅有極少的幾首留有新月詩派「格律謹嚴」的外形，如《愛》、《夢》等）——遍布著散漫的口語化句子，並不講求字句的洗練。

　　不過，倘若細細琢磨沈從文新詩中看似隨意的口語句式，不難悟察到其中某些顯得別致的情調，並發現它正是陳夢家所說的「另具一風格近於散文

句法」的核心。沈從文在其新詩中探索著一種基於口語的小說化、散文化筆法，這與他的人生觀念和寫作觀念是分不開的。沈從文向來將一切寫作視爲「情緒的體操」，認爲「詩應當是一種情緒和思想的綜合，一種出於思想情緒重鑄重範原則的表現」〔註 19〕；「眞正現代詩人得博大一些，才有機會從一個思想家出發，用有韻和無韻作品，成爲一種壓縮於片言隻語中的人生觀照，工作成就慢慢堆積，創造組織出一種新的情緒哲學系統」〔註 20〕。「情緒的體操」最終抵達的是一種「優美，健康，自然」的境界——這既是理想的「人生形式」，也是文字所應遵循的樣式，即某種未經雕琢、接近生命本眞狀態的口語化表達。

值得一提的是，頗能夠體現湘西歌謠之濃郁地域風味的方言，也帶動了沈從文詩中諸多方言詞彙的羼入（如「亮圓」、「不有」、「橫順」、「當到」、「希奇」等），更有像《鄉間的夏》、《鎮筸的歌》這樣的全然方言之作。這令人想到同時期新月詩派其他詩人的某些相似做法，如徐志摩的著名的硤石方言詩系列、蹇先艾早期的帶著較重貴州方言的詩作、聞一多的摻雜著鄂東方言的部分詩作。這些「嘗試」從一個側面（特別是詩歌的語調），補充了當時新月諸人產生了巨大影響的關於新詩格律的討論和實踐，並開啓了其後如卞之琳詩歌中的「戲擬」（parody）等技法。從新詩的歷史來看，一定程度上可以說，「方言」入詩算是一個小小的傳統，而沈從文的新詩堪稱其間值得珍視的一部分。

〔註 19〕 沈從文《新廢郵存底·十七》，見《沈從文文集》第十二卷，花城出版社、三聯書店香港分店，1981 年版，第 51 頁。
〔註 20〕 沈從文《新廢郵存底·二十六》，《沈從文文集》第十二卷，第 76 頁。

第十一章　林庚自然詩理念的生成與意義

　　在 1920 年代之後逐漸展開的新詩格律探討與實踐中，詩人林庚的執著探索應該格外值得深究：1928 年他考入清華大學物理系，兩年後因愛好文學而轉到中文系，不過他最初熱心創作的卻是舊體詩詞，在發表一定數量的舊詩後才轉向新詩創作，並以新詩集《夜》作為畢業論文於 1933 年夏從清華大學畢業，此後其詩作陸續結集為《春野與窗》（1934 年）、《北平情歌》（1936 年）、《冬眠曲及其他》（1936 年）出版；這四部詩集，前二部收錄的是自由體詩，後二部則為他自創的「韻律詩」。另一方面，他先後在北平民國學院、廈門大學、北京大學任教，講授中國文學史課程的同時從事古典文學研究，亦取得了令人矚目的成就且頗具特色，著有《中國文學史》、《詩人屈原及其作品研究》、《詩人李白》、《唐詩綜論》等專書。

　　從創作和研究來說，林庚能夠自如地出入於新詩創作與古典詩歌研究之間，二者並行不悖甚至相得益彰、相互激發；從新詩創作本身來說，林庚兼事自由體詩和格律體詩，其創作大致經歷了從自由詩到格律詩再到自由詩的過程，而最終他提出了一個試圖涵納這兩種體式和概念的範疇——自然詩——並進行了較為全面的闡述。作為一種詩學理念，自然詩在林庚的詩學探索中占據核心位置，它並不執於表面的自由或格律之一端，而是力求在思維和來源上融彙新舊、接納古今，以使自身具有超越一般形式本體的更寬闊的意義。

一、從自由詩到格律詩

　　林庚的新詩創作始於一首題為《夜》的自由詩，他隨後出版的同名詩集標示著他作為新詩人開始引起關注。多年以後，林庚仍然對他步入自由詩創作的情景記憶猶新：

>　　我寫新詩是從自由詩開始的，自由詩使我從舊詩詞中得到一種全新的解放，它至今仍留給我彷彿那童年時代的難忘的歲月。當我第一次寫出《夜》那首詩來時，我的興奮是無法比擬的，我覺得我是在用最原始的語言捕捉了生活中最直接的感受。〔註1〕

詩集《夜》出版後不久，詩人穆木天便寫了一篇專論進行評述，稱該詩集收錄的作品是「象徵主義的詩歌」，認為林庚「是一個嚴格的形式論理學者」，「嘗試著各種自由律的詩形，有時用標點，有時不用標點。這是很值得注意的」〔註2〕。

　　不過，林庚心目中的自由詩，與此前白話詩興起時流行於詩壇的自由詩相去甚遠。在初識自由詩之味的林庚看來，自由詩的出現緣於「傳統的詩的泉源」的「枯竭」和詩人「尋找那新的語言生命」的努力，自由詩「這一個新的詩體既基於感覺到文字表現來源的空虛，於是乃利用了所有語言上的可能性，使得一些新鮮的動詞形容詞副詞得以重新出現，而一切的語法也得到無窮的變化；通過這些，因而追求到了從前所不易親切抓到的一些感覺和情調」；「自由詩……是借著許多的人事來述說捕捉著一些新的情調與感覺；它是啟示著人類情感中以前所不曾察覺的一切；且其所追求的範圍是如此的深而且廣，其文字之必須有極大的容量乃是無可奈何的事，而文字不夠用的感覺所以便在這裏才會覺到，至於形式之必須極量的要求自由，在文字尚且如此時自更是當然的事了」〔註3〕。他還認為：「自由詩可以說不像任何舊有的詩體，所以便不受任何舊詩體中習慣氣氛的影響；這充分自由的天地中沒有形式的問題，每首詩的內容是自己完成了他們的形式。」〔註4〕這些觀點顯然迥乎於早期新詩中盛行一時的認為自由詩就是以白話入詩或放開詩歌體式的

〔註1〕林庚《問路集·自序》，北京大學出版社，1984年版，第1頁。
〔註2〕穆木天《林庚的〈夜〉》，1934年5月《現代》第5卷第1期。
〔註3〕林庚《詩與自由詩》，原載1934年11月《現代》第6卷第1期，引自林庚《新詩格律與語言的詩化》，經濟日報出版社，2000年版，第9頁。
〔註4〕林庚《詩的韻律》，原載1935年4月《文飯小品》第3期，引自《新詩格律與語言的詩化》，第14頁。

簡單化想法。

實際上，這些見解從一開始就成爲林庚詩觀的核心理念的一部分，當他後來著力試驗四行詩等韻律詩、提出「自然詩」的概念，上述最初的見解構成了後者的基石並融入其觀念的總體。甚至林庚晚年在回顧自己的詩藝歷程時，對自由詩依然保持著如此認識：（自由詩）「以拉大語言的跨度爲手段凝聚爲尖端的突破」，「迫使思維必須主動地凝聚力量去跳⋯⋯可能喚起我們埋藏在平日習慣之下的一些分散的潛在的意識和印象；這些被淹埋的感受在一步一個腳印的語言方式之下是很難自由出現的，這時在忽然出現的大跨度空間面前，不免猛吃一驚，彷彿如夢初醒，於是展開了想像的翅膀，凝聚組合、自在地翱翔，這乃正是一種思維上天眞的解放」〔註5〕。這表明，林庚留意的是自由詩的「自由空間的存在與想像的新鮮氣氛」。在林庚這裏，自由詩顯示的語言與思維的雙重解放——「通過詩歌語言跨度上的自由，解放了詩人的冥想力與思維敏感的觸角，因而又重新獲得詩歌語言的飛躍性、交織性、萌發性」〔註6〕——實則是所有詩應保持的一種普泛特性。誠如有研究者分析的：林庚「沒有局限於中國新詩的形式變革，而是非常鮮明地強調了詩歌感覺方式和情感方式等內在因素的重要性。在這個角度上，林庚顯然與同時期很多以語言和形式的自由爲出發點的詩人詩評家有所不同，他看重的是詩歌內在品格與本質性特徵」〔註7〕。難怪林庚的《春野與窗》得到了詩人朱英誕的如此評價：「自然高妙」、「清不可及」，有「秋高氣爽的神情」，「文字與興會經驗不知怎麼配和得那麼錯綜而又令人感覺著勻淨」；朱英誕還認爲：「李金髮的新是海外的新，林庚的新是中國的新，詩的空氣是這樣明顯，因此很有意趣，也很有意義了」〔註8〕。

可以看到，正是借助於對自由詩的獨特理解，林庚勾畫了他詩學觀念的某些重要向度。另一方面，林庚意識到了自由詩可能的「偏激」之處，但其論斷也與當時對自由詩的泛泛指責有所不同：「自由詩好比衝鋒陷陣的戰士，

〔註5〕　林庚《從自由詩到九言詩》，《文史哲》1999 年第 3 期。

〔註6〕　《我們需要「盛唐氣象」、「少年精神」》，見《新詩格律與語言的詩化》，第 170 頁。

〔註7〕　張潔宇《格律的美麗——論林庚的詩學觀念》，見《荒原上的丁香——20 世紀 30 年代北平「前線詩人」詩歌研究》，中國人民大學出版社，2003 年版，第 321 頁。

〔註8〕　廢名、朱英誕《新詩講稿》，北京大學出版社，2008 年版，第 306、311 頁。

一面衝開了舊詩的約束，一面則抓到一些新的進展；然而在這新進展中一切是尖銳的，一切是深入但是偏激的；故自由詩所代表的永遠是這警絕的一面。然而人則永遠不能滿足於只得到一面的……而且尖銳的，深入的，偏激的方式，若一直走下去必有陷於『狹』的趨勢。」〔註9〕出於對這種「偏激」的擔憂，同時因對當時詩歌狀況不滿而面臨著詩路選擇的「困境」〔註10〕，林庚在剛剛以自由詩寫作受到矚目後，很快就轉向了令不少人感到疑惑、招致重重誤解的對新詩韻律的探討和實踐。

在鄭重提出詩的韻律問題時，林庚首先考慮的是重新檢討聞一多等人倡導的新格律詩的失誤。在林庚看來，「以前追求新詩形式的失敗，即在把形式看得太重要；以為今日詩所缺乏的只是形式，形式一有便萬事亨通了。故商籟體，豆腐乾式等等盛極一時，而結果都無聲無聞了。」他不太贊成聞一多等從西詩中借鑒來的 metre（「音步」、「音尺」）等觀念，因為「音步的生命是產生在輕重音不斷重複的均勻起伏上的，彷彿均勻的呼吸與催眠的節奏，給人以一種思維解放的動力，反之若沒有這種均勻的起伏也就失去了這種魅力的生命」〔註11〕，然而「中國文字上並無含有顯著輕重音的復音字，而復音字的數量又少，且只限於雙音字，這些都使得憑藉復音字構成的 metre式的詩行無從建立」〔註12〕。基於此林庚追問道：「詩的韻律在過去的試驗中彷彿是失敗了，因此今日的詩壇便只有自由詩在活躍著。詩果真不應當要韻律嗎？」

林庚從自由詩和格律詩之辯證關係的角度，闡述了在新詩中重建韻律的必要性和緊迫性，認為「這二種詩體中無論哪一種，其單獨的發展結果則前者必流於『狹』，後者必流於『空』，都是衰亡的死路」，「韻律不是詩主要的因素，即是說詩並非有了韻律便能成詩，也不是沒有韻律便不成的」。〔註13〕在他的意識裏，自由詩「不是天生與格律詩成為對頭的。格律詩所想保證的

〔註 9〕 林庚《詩的韻律》，引自《新詩格律與語言的詩化》，第 14 頁。
〔註10〕 林庚在晚年曾談到：「當時作為自由詩寫作者的我自己已陷入困境，其他詩人也出現分途：一路是把詩寫得晦澀，以保持其語言混沌含蓄的詩性特徵，但實際上變成了一種與散文捉迷藏的遊戲；另一路則直接喊口號提倡散文化」。見龍清濤《林庚先生訪談錄》，《詩探索》1995 年第 1 輯。
〔註11〕 林庚《新詩斷想：移植和土壤》，見《新詩格律與語言的詩化》，第 2 頁。
〔註12〕 林庚《新詩能建立一種近於 metre 式的詩行嗎？》，1948 年 4 月 25 日《華北日報・文學》周刊第 17 期。
〔註13〕 林庚《詩的韻律》，引自《新詩格律與語言的詩化》，第 11、12 頁。

正是自由詩所要取得的語言上的自由，而自由詩所喚醒的久經沉睡的語言上
的藝術魅力也正是爲格律詩的建設新詩壇準備下豐富的靈感」〔註 14〕。這意
味著，按照林庚的總體詩學構想，自由詩僅是格律詩的「準備」階段，格律
詩是對自由詩的補充和完善。由此觀之，對於林庚而言，從自由詩到格律詩
不完全是一種突變或轉折，毋寧說是其詩學理想的推進或落實。

二、自然詩：涵納萬物的形式

　　林庚嘗試格律詩的成果便是詩集《北平情歌》、《多眠曲及其他》的出
版。與此前出版的兩部詩集相比，這兩部詩集收錄的作品在形式上出現了一
個非常顯著的變化，那就是：一首詩只有四行，且每行的句式十分整齊。如
一首題爲《北平自由詩》的詩作，所呈現出的樣態卻與其標題形成了鮮明的
反差：

　　　　當玻璃窗子十分明亮的時候
　　　　當談笑聲音十分高朗的時候
　　　　當昨夜颶風吹過山東半島時
　　　　北平有風風雨雨裝飾了屋子

這種「四行詩」被林庚視爲一種「試驗」，他將之稱爲「節奏自由詩」，即「兼
有自由詩與四行詩的好處的詩體」〔註 15〕。在林庚的設想裏，這是一種「得
之渾然」的「有形式的詩」；他認爲一首詩的「形式要整齊，因爲只有如此才
能產生一種 Repetition 的作用而造成韻律；但同時一個形式又要在整齊中有變
化，然後整齊才能不太單調不太呆板」；在其中，「詩的聲韻不只是形式本身
的悅耳，且有時也可輔佐著詩意」〔註 16〕。

　　《北平情歌》出版後，除得到很少的贊許（如周煦良贊之「不但是新詩
音律的勝利，而且也是詩的勝利……《北平情歌》的音律卻是比林庚先生的
詩更廣的一種東西」）〔註 17〕外，更多是一些質疑的聲音。如一位名爲錢獻之
的評論者，說他從該詩集裏聞到了一股「熟稔的氣味」，那是「寄寓在線裝的
古詩裏的東西」；他直截了當地說「那些詩是古詩」，「它們是同一類靈感，同

〔註 14〕林庚《從自由詩到九言詩》，《文史哲》1999 年第 3 期。
〔註 15〕林庚《關於〈北平情歌〉──答錢獻之先生》，1936 年 11 月《新詩》第 2 期。
〔註 16〕林庚《關於四行詩》，1936 年 3 月《文學時代》第 1 卷第 5 期。
〔註 17〕周煦良《〈北平情歌〉──新詩音律的新局面》，1937 年 6 月《文學雜誌》第
　　　　1 卷第 2 期。

一個公式」,「他的題材，他的主觀與客觀，他的氛圍，都是舊詩。他的修辭，與 phraseology（即措詞）與詩的組織，更是屬於被今日中國新詩所離去了的一種格子」；相比之下，他更欣賞《春野與窗》裏的詩，因爲它們「無固定的型式，而造成了它們自己的形式，無固定的韻律，而具有了它們自己的韻律」〔註 18〕。詩人戴望舒的批評更爲嚴厲，他首先區分了自由詩與韻律詩，認爲二者的區別「在於自由詩是不乞援於一般意義的音樂的純詩……而韻律詩則是一般意義的音樂成分和詩的成分併重的混合體」；他斷定四行詩不是「現代的詩」，因爲「從林庚先生的『四行詩』中所放射出來的，是一種古詩的氛圍氣，而這種古詩的氛圍氣，又絕對沒有被『人力車』、『馬路』等現在騷音所破壞了」，所以「只是拿白話寫古詩而已」。爲了說明自己的觀點，戴望舒還把幾首古體詩譯成了林庚式的四行詩，又把林庚的四行詩譯成古體詩，「證明了林庚先生並沒有帶了什麼東西給現代的新詩；反之，舊詩倒給了林庚先生許多幫助」；他得出的結論是：四行詩乃是「新瓶裝舊酒」,「這新瓶實際也只是經過了一次洗刷的舊瓶而已」〔註 19〕。連林庚的同道者廢名也說：「林庚的理想甚好，但事實不可能，他要造一種規律而可以自由歌詠，不必靠詩人的意境，此事連舊詩都做不到，何況新詩呢？故林庚的方塊詩都失敗了，即是自由歌詠不出來」〔註 20〕。

　　針對批評者的質疑，林庚並沒有直接反駁，而是依舊從自由詩與格律詩差異的角度，重申了建立韻律的必要性：「韻律詩大都從容自然，自由詩則來得緊張驚警」,「如果只是形式自由了而仍然抓不到一點詩的感覺，則雖然自由並不能算做新詩。然而反過來如果有新的感覺而形式仍很整齊，則雖在一定的形式中仍然是自由的新詩」〔註 21〕。按照林庚的解釋，自由詩與韻律詩的不同，表現爲「質」與「文」的分別：「『質』可以說是『刹那的新詩』，『文』卻是質在經過刹那之後而變成『一點蘊藏』了」；「詩的重要在『質』，而詩的成功在『文』；文即是不見其追求之痕迹表現出而其蘊藏之所得，故能從容自然，與日常生活打成一片……詩若是有了質而做不到『文』，則只是尚未完成的詩，雖然它乃正是詩的生命」。在林庚眼裏，「自由詩在所有詩中乃是絕對的『質』，這是自由詩之所以有打破舊詩壇開闢新詩路的實力。但詩做到如此

〔註 18〕錢獻之《〈北平情歌〉》，1936 年 10 月《新詩》第 1 期。
〔註 19〕戴望舒《談林庚的詩見和「四行詩」》，1936 年 11 月《新詩》第 2 期。
〔註 20〕廢名《論新詩及其他》，遼寧教育出版社，1998 年版，第 181 頁。
〔註 21〕林庚《關於〈北平情歌〉──答錢獻之先生》，1936 年 11 月《新詩》第 2 期。

只是獲得它的生機而尚未完成。完成的意思並非去『乞援』於形式……『文質彬彬』的『文』是由於質的消化而漸漸成功爲文，乃是不可分的一物，乃是質的再生。亦是詩的自然的結果。凡詩必在漸漸成熟後變成諧和均衡，如宇宙之無所不包，如自然的與人無間；故看去似是無聲無色，那正是如秋收時的安詳」。據此，林庚還認爲：自由詩與格律詩是「一而二二而一的，如此以生命與蘊藏遞變著，且將永遠遞變著，直到詩壇停止了前進或人類不需要詩的一天」〔註22〕。

　　值得留意的是，林庚將自由詩與格律詩的交替即「質」與「文」的此消彼長，看作詩歌自我生長的動力與規律。這一判斷顯然得自「一個普遍主義的『詩』的觀念」，在其中「新詩與舊詩的差異被相對化」〔註23〕，也就是詩的古今之別被消弭了。因此，不能簡單地把林庚的詩學理想和嘗試看作復古，何況他明確表示了對復古的警惕：「在我的詩選班上，有過很多學生，他們本來都會寫新詩，並且都很有希望可以把新詩寫好，讀了一年詩選之後，他們的新詩寫不出來了……原來他們在做舊詩了」，「還有一部分學生他們仍然自命是新詩人，可是詩寫得愈來愈舊，什麼『孤雁』啊，『斷腸』啊……我想他們遲早也是要做舊詩的，正如過去許多寫得非常白話的前輩詩人都漸漸又寫了舊詩一樣，這文化的遺產真有著不祥的魅力，像那希臘神話中所說的Sirens，把遇見她的人都要變成化石嗎？」他期待的是「在新詩與古詩的不同上獲得它們更內在的相同」〔註24〕。最終，林庚提出了一個「自然詩」的概念來統攝自由詩與格律詩。

　　在林庚看來，由於自由詩的「偏激」與「狹」，「需要把許多深入的進展連貫起來，使它向全面發展，成爲一種廣漠的自然的詩體」。作爲一種詩體，「自然詩」從自由詩發展而來且超越了後者：「自由詩有一點不大自然……自然詩用了一個十分合乎語法的字面，而自由詩沒有。也就是因此自然詩才可以與日常生活打成一片，而自由詩卻兀自獨立在那裏」〔註25〕；「假如自由詩可以說是代表著人對宇宙的瞭解，那麼自然詩所代表的便有如宇宙的自身，它是萬有的，表現著人與宇宙的合一……自然詩的性質，自然詩的價值是自

〔註22〕林庚《質與文──答戴望舒先生》，1937年1月《新詩》第4期。
〔註23〕冷霜《分叉的想像──重讀林庚1930年代的新詩格律思想》，《新詩評論》2006年第2輯。
〔註24〕林庚《漫話詩選課》，1943年3月《宇宙風》第130期。
〔註25〕林庚《什麼是自然詩》，1937年4月《新詩》第2卷第1期。

然，故其外形亦必自然，外形的自然則自由反不如韻律」〔註26〕。

林庚雖然聲稱「自然與不自然並不含有價值的褒貶」，但他無疑將詩歌創造過程及其形式的「自然性」視爲詩歌的最高準則，認爲「自然詩」「如宇宙之無言而含有了一切，也便如宇宙之均匀的，從容的，有一個自然的，諧和的形體；於是詩乃漸漸的在其間自己產生了一個普遍的形式」〔註27〕。林庚把詩的本質屬性與某種宇宙意識聯繫起來的思路，在他稍早於此的一篇談論「極端的詩」的文章中就有所體現。在該文中，林庚認爲「極端的詩」是「在人們心上蕩漾得次數最多，在宇宙間流傳得最廣，而與人性靈上以不自覺的永久的教化」，「宇宙永遠是無言的，宇宙卻又在無言中啓示了人們……而詩的彌漫乃也正像宇宙是在每一個人的心上」；在林庚看來，詩歌的特性在於：「詩是宇宙的代言人，它不討論什麼，不解決什麼；它只如宇宙之有著一切，而輕輕的把智慧的鑰匙遞給了人們，能接受的便會走進那珍貴的園地的門裏去」，「智慧原是對宇宙的一種認識，但詩中即使有智慧也必是已變成了感情的；以理智來分析宇宙中的一切，則成平常的認識，在詩卻是用直覺去探求的」。〔註28〕

依照林庚的理解，「自然詩」的根本特性在於其形式的渾然不覺，化有形爲無形。他舉例說：

> 假如我們看電影時，那銀幕不一定是方的；有時圓，有時尖，有時三角，有時橫而長，有時狹而高……則我們必可利用之得到一些有力的表現；然而卻因此我們也就忘不了那有力的圓、尖、三角、橫而長、狹而高……的形式。這乃是自由詩的風度；它正是這樣有力的把宇宙啓示給我們；然而大自然卻是不要我們覺得有什麼形式的，它是要我們簡直不知這麼的就接受了它；自然詩像它，乃也要一個使人不覺得的外形。

而韻律恰好承擔了這一職責：「自然的詩爲使其外形『雖有若無』，於是採用一個一致的有韻的形式；輕車熟路，走過時便自然一點也不覺得了」〔註29〕。可見，由於韻律的存在，自然詩反而比自由詩在形式上更具「自然性」。

這裏倘若把林庚與廢名的詩觀略作對比，或許有助於瞭解林庚自然詩理

〔註26〕林庚《詩的韻律》，引自《新詩格律與語言的詩化》，第 15 頁。
〔註27〕林庚《詩的韻律》，引自《新詩格律與語言的詩化》，第 15 頁。
〔註28〕林庚《極端的詩》，1935 年 2 月《國聞周報》第 12 卷第 7 期。
〔註29〕林庚《詩的韻律》，引自《新詩格律與語言的詩化》，第 15、16 頁。

念的獨異性。「自然」的觀念在廢名那裏也很突出，不過他推崇的是一種形式的自然，極力反對那些通過格律來強化詩歌形式的做法，所以他對新月派詩人的新格律詩頗有微辭，批評馮至的十四行體「詩情並不充足，想借形式的巧而成其新詩」〔註30〕。可以說，正是在如何看待格律的問題上，廢名與林庚發生了分歧。廢名拒絕包括格律在內的一切形式（由此他指出林庚四行詩「失敗」了，大概認爲林庚走的是新月派的舊路），林庚則提出詩歌能夠並且必須經由格律而臻於「自然」，「熟則成自然」。

實際上，通過上述分析不難發現，林庚在談到詩的「自然」時，懷抱著一個極爲開闊、宏大的理念，即他強調的乃是指向寫作本身、包容天地萬物的「自然」——除形式外，詩歌的內涵、寫作狀態的「自然」也是十分重要的。在林庚看來，只要堅持「自然」的原則，就不必在乎「自由」與否，詩的「韻律」也就「自然而然」生成了。因此，林庚所說的「自然詩」，是一種超越了自由與格律的表面對立、囊括了多種因素的詩體，而作爲「自然詩」之核心的「韻律」，則是一個既包含外形、同時更具內質的範疇，「這韻律是只要我們努力於自由詩，則全新的詩歌語言中自會產生出新的韻律來」〔註31〕。

三、語言詩化與詩的新原質

在林庚的全部詩學表述中，語言無疑是其關注的核心要素之一。比如，林庚在總結自由詩特點時便著眼於「尋找那新的語言生命」，認爲自由詩是以「拉大語言的跨度」帶動感覺方式的變化；而韻律的必要性則在於，「一個完美的詩歌形式卻可以有助於藝術語言的充分解放與涌現」。因此，林庚將自己的探討集中在兩個方面：「一方面致力於把握現代生活語言中全新的節奏，因爲它正是構成新詩行的物質基礎；一方面則追溯中國民族詩歌形式發展的歷史經驗和規律」〔註32〕。在林庚60餘年的詩學探索裏，對詩歌語言有著一以貫之的見解。在他看來，詩的本質即是語言藝術性能的充分發揮，「首先就表現在詩歌語言的要求飛躍性上，也就是需要有節奏。節是制約，奏是進行，這乃是意味著一種起跳的動作，我們每當想要跳得更有力些就自然會先行停

〔註30〕廢名《論新詩及其他》，第188頁。
〔註31〕林庚《詩的韻律》，引自《新詩格律與語言的詩化》，第17頁。
〔註32〕林庚《問路集·自序》，第2頁。

頓一下；這也就正是詩歌語言與散文語言的區別之處」〔註33〕。

顯然，林庚留意到了詩歌語言同散文語言、日常語言之間的差別，指出：在詩歌中，「分行也好，節奏也好，都是爲了有利於擺脫散文與生俱來的邏輯性和連續性，使語言中感性的因素得以自由地浮現出來，這也就是詩歌語言的飛躍性。節奏是富於跳躍感的，它有利於詩歌語言的飛躍，從日常的語言萌發出特殊的語言，捕捉到我們日常語言中所難以捕捉到的新鮮感受」〔註34〕。林庚強調詩歌語言在所有語言中的特殊性，認爲「詩歌作爲語言的藝術，既不能捨棄語言，又不應被概念和邏輯性所局限，這就要有特殊的處理辦法，詩歌因此又是一種特殊的語言」〔註35〕；由於「詩是一種不平常的語言……所以它成爲一種獨特的文體，它有它獨特的形式——獨特的語言形式」〔註36〕。那麼，詩歌語言的獨特性如何得以體現呢？依林庚的說法，詩歌語言是「一種富於靈活性、旋律性的語言，以便於豐富的想像與清醒的理性，直覺的感性與明晰的概念之間的反覆辯證交織；一種彷彿帶有立體感的語言，明朗不盡，而不是簡單明瞭。也正是這內在的要求，才形成它外部完整統一而有節奏感的形式」〔註37〕。

「飛躍性」是林庚在描述詩歌語言的特殊性時提煉出的一個關鍵詞，而在他那裏，這種「飛躍性」又常常與某種獨特的詩的感覺聯繫在一起。林庚解釋說，感覺是「怎樣會叫一個情緒落在某一件事物上，或者說怎樣會叫一件事物產生了某種情緒的關鍵」；正是感覺的變化推動了詩歌語言的演進，新詩中鮮活的語言之所以是必須的，是因爲舊詩中富有感染力的字眼在新詩中失去了「特殊的敏感性」。林庚借用「瓶」與「酒」的關係來展現詩歌語言與感覺的相互依存和促進，他主張：「新詩還必須在創造中凝成自身魅力的敏感性，這也就是新酒。新酒是用新的生活語言寫成的詩，新瓶因此也就必須是符合於這新酒的生活語言」〔註38〕。這意味著，詩歌應該始終保持對事物的新鮮感覺，並以此促動語言的更新。由於詩歌的語言與感覺的緊密關聯，「感

〔註33〕林庚《從自由詩到九言詩》，《文史哲》1999 年第 3 期。
〔註34〕林庚《漫談中國古典詩歌的藝術借鑒——詩的國度與詩的語言》，《社會科學戰線》1985 年第 4 期。
〔註35〕林庚《漫談中國古典詩歌的藝術借鑒——詩的國度與詩的語言》，《社會科學戰線》1985 年第 4 期。
〔註36〕林庚《詩的語言》，1948 年 2 月 28 日《益世報》「文學周刊」第 80 期。
〔註37〕林庚《唐詩的語言》，《文學評論》1964 年第 2 期。
〔註38〕林庚《詩的韻律》，引自《新詩格律與語言的詩化》，第 13～14 頁。

受是瞬息萬變的，詩的語言也必須具備這種飛躍性」；而「語言的飛躍帶來的感性上的豐富交織，使之在藝術上連成一片」，「若沒有感性潛在的交織性，語言上的飛躍就無所憑藉，沒有飛躍性的語言突破，感性也就無由交織。詩人的創造性正是從捕捉新鮮的感受中鍛鍊語言的飛躍能力，從語言的飛躍中加深自己的感受能力，總之，一切都統一在新鮮感受的飛躍交織之中」；在那些渾然天成的詩句中，「豐富的感受，頃刻間凝成，彷彿是透明的結晶，使得單線平鋪的語言乃煥發出一種立體感，而我們原是生活在立體世界中，這也正是詩歌語言的鮮明性和藝術上的真實感。詩的語言因此不是徒具形式，而是要在飛躍的交織中創造出彷彿是立體的語言」〔註39〕。由此可見，「飛躍性」構成了詩歌的內在規定性。

爲了展現「語言的飛躍所帶給人的新鮮印象與無盡的言說」，林庚以柳宗元《漁翁》的兩句詩「烟消日出不見人，欸乃一聲山水綠」爲例，對之進行了分析：「山水本來是綠的，不『欸乃』也是綠的，但在這『欸乃一聲』中，這綠色就彷彿是第一次在我們的感覺中出現，綠得不同尋常」；藉此他進一步申說：「生活中的感覺是日常的、習慣性的，藝術則使人又恢復了新鮮的感受。就藝術來說，它本來就是要喚起新鮮的感受。這種感受是生命的原始力量，而在日常生活中，它往往被習慣所淹沒了」。因此，林庚提出「敏感正是藝術的素質」，「藝術並不是生活的裝飾品，而是生命的醒覺；藝術語言並不是爲了更典雅，而是爲了更原始，彷彿那語言第一次誕生」〔註40〕。這令人想到德國哲學家海德格爾所作的詩是「原初語言」、暗含著對物的命名與喚醒的經典表述。

通過考察中國詩歌語言演變的歷程，林庚提出詩歌語言的「飛躍性」是語言經過詩化的結果。語言的「詩化」被林庚視爲詩歌語言嬗變的根本動力：一方面，「語言的詩化，具體的表現在詩歌從一般語言的基礎上，形成了它自己的特殊語言」（如虛字、連接詞的省略，語法、句式的變化）；另一方面，「詩歌語言詩化的過程，不止是語言的精鍊靈活而已，更重要的是形象性的豐富。展開對於形象的捕捉，活躍詩人們的形象思維，最廣闊的天地便是大自然界的景物，這也就是大自然的對象化」。不過，在林庚看來，雖然詩歌

〔註39〕　林庚《漫談中國古典詩歌的藝術借鑒——詩的國度與詩的語言》，《社會科學戰線》1985 年第 4 期。

〔註40〕　林庚《漫談中國古典詩歌的藝術借鑒——詩的國度與詩的語言》，《社會科學戰線》1985 年第 4 期。

語言是從日常語言中脫胎而出，但語言的詩化並不意味著詩歌語言應該遠離日常生活，而是恰好相反，詩歌語言必須保持與現實生活的密切聯繫。他舉例說：「唐詩語言是高度詩化的，又是日常生活的；這種語言的更深的基礎，則是唐人的現實生活……一種生活的信念，高瞻遠矚的氣概，青春的旋律，少年人的精神，朝氣蓬勃的展現在眼前」，因爲詩歌的全部法則「是建立在日常語言的現實基礎上的」〔註 41〕。林庚強調的是「詩化」過程中語言與精神氣質的契合。

毫無疑問，對於林庚來說，「詩化」後的語言「更靈活、更有彈性，一瞬間便能捕捉住新鮮的印象」。而所謂「更靈活、更有彈性」「也就是一種解放的獲得」，「善於寫詩的人，在那語言上也必然形成一種解放」。林庚在分析杜甫詩句「無邊落木蕭蕭下」時認爲：「『木』字徑作『葉』字講本來是不合邏輯，而詩的語言則正是要犧牲一部分邏輯而換取更多的暗示……人類的可貴即在於能規定也能解放，而不至落於作繭自縛；詩正因爲這一個解放，才獲得更豐富更活潑的表現力。詩的語言因此如同是語言的源頭……是未有語言之先的語言」，所以顯得「最自由天眞」〔註 42〕。就此而言，語言的詩化其實是對某種邏輯化、概念化束縛的擺脫，使「詩的語言的飛躍性突破了一般概念的局限而翱翔於感性交織的天地」，從而達到「意無窮」的效果〔註 43〕。

語言的詩化無疑是林庚的一個富於洞見的詩學發現，與此相應的他的另一個詩學發現，則是「詩的原質」問題的提出與論述。按照林庚的看法，詩的「原質」是引發或提示詩意更迭、轉換的標識，比如在古典詩歌中，「『琴』是伴隨著五言的，『笛』便更是七言的知音了，它非特是一個新形式，新事物，而且正是一個新感情。它的出現的時候，往往也便是詩意出現的時候，它與詩是一而二、二而一的，它所以正是詩的一個原質」，而「每發現一個新的原質，就等於寫了一句詩的新的歷史」。林庚認爲，人類創造歷史與宇宙創造宇宙的歷史「都需要一個力量」，即「詩的活力」，「詩的活力是一個全部歷史的創造，必須從那最平凡的做起而直達到那最崇高的」；從人類歷史進程來看，詩的獨特之處在於，「任何的歷史不過歷史自身中的一段，然而一本偉大的故事卻就是一個完成。它所以是完整的而且獨立的。詩如果無妨說是最短的故

〔註 41〕林庚《唐詩的語言》，《文學評論》1964 年第 2 期。

〔註 42〕林庚《詩的語言》，1948 年 2 月 28 日《益世報》「文學周刊」第 80 期。

〔註 43〕林庚《漫談中國古典詩歌的藝術借鑒——詩的國度與詩的語言》，《社會科學戰線》1985 年第 4 期。

事，那麼也無妨說詩就是那最完全的歷史」；因此，詩「是一種生命的呼喚，使一切缺少生命的都獲得那生命的源泉，在一切最無情趣的地方喚醒那生命的感情」〔註44〕。這樣，林庚借助於對「詩的原質」的闡述，把詩的獨特性與歷史創造、生命體驗勾聯起來了。

四、「半逗律」和典型詩行的建立

從嘗試「四行詩」的1930年代中期，到孜孜於「九言詩」之理論與實踐的晚年，林庚始終未曾放棄對包括韻律等在內的詩歌形式的探求。在他看來，「詩的形式正是詩的明朗性，它本不是一種悅耳的裝飾。詩的明朗性是詩的一種美德，這所謂明朗自然並非簡單，簡單是『一覽無餘』，而明朗是可以『一覽』卻依然『有餘』」，而「詩的明朗性應當是隨著形式的普遍性而來的」。因此，林庚主張：「詩的形式真正的命意，在於在一切語言形式上獲取最普遍的形式……從一切形式上獲取這普遍的形式，我們也就是從一切特殊的形式裏解放出來」；「我們如果想接近於大眾而不流於淺，獲得詩的表現而不落於深；我們要打通這由深到淺的一條通路，就必須有一個橋梁，那便是詩的普遍形式」〔註45〕。這也是林庚體會到的：「詩歌形式的真正意義，本來是一種語言的解放，它的規律性、統一性、節奏性，乃是屬於一種掌握法則後的真正自由」〔註46〕。

在此，林庚強調詩的形式的普遍性，認為詩歌只有具有形式的普遍性後，才達致真正的自由狀態。而這種具有普遍性的詩的形式「要從自然的語吻上獲得，從文字的普遍性上尋求」〔註47〕。可是，這種對普遍性的尋求怎樣落實到創作實踐上呢？林庚提出寫詩的首要任務便是建立詩行，認為「詩歌的形式問題或格律問題，首先是建立詩行的問題」，亦即對一首詩而言，「基本的問題必須先建立詩行」〔註48〕。在林庚的觀念裏，詩行的重要性更甚於詩中的韻腳：如果說韻腳在詩中「有規律的均勻的起伏，彷彿大海的波浪，人身的脈搏，第一個節拍出現之後就會預期著第二個節拍的出現，這預期之感具有一種極為自然的魅力」的話，那麼，「詩行之所以重要，不僅由於它是作

〔註44〕林庚《詩的活力與詩的新原質》，1948年2月《文學雜誌》第2卷第9期。
〔註45〕林庚《再論新詩的形式》，1948年8月《文學雜誌》第3卷第3期。
〔註46〕林庚《唐詩的語言》，《文學評論》1964年第2期。
〔註47〕林庚《再論新詩的形式》，1948年8月《文學雜誌》第3卷第3期。
〔註48〕林庚《新詩的「建行」問題》，1950年3月《文藝報》第1卷第12期。

為韻腳之間的距離而已，而其本身就是一個比韻腳更為有力的節奏」〔註49〕。當然，對於林庚來說，建立詩行的目的還是為了完成一種典型的詩行，既然「典型是使詩行富於普遍性的關鍵」：

> 一個理想的詩行它必須是特殊的又是普遍的，它集中了詩歌語言上的最大可能性；這就是典型的詩行。它不是偶然的能夠寫出了一句詩或一首詩，而是通過它能夠寫出億萬行詩、億萬首詩；這樣的詩行，當第一個詩行出現的時候，就意味著億萬個同樣的詩行的行將出現。〔註50〕

在探討如何建立典型詩行時，林庚首先考慮到了「節奏音組」在一行詩中的重要性，認為典型詩行與「節奏音組」不可分割，後者決定著詩行的性質。比如在古詩中，五言詩行只能是「二‧三」而不能是「三‧二」，七言詩行只能是「四‧三」而不能是「三‧四」，是因為它們均為「三字音組」。林庚提出，由於用來寫新詩的現代漢語「句式上的變長」，新詩的典型詩行「必須建立在比三字音組更長些的新音組上」，「詩能夠掌握語言上的新音組，詩才能有全新的普遍的語言，詩行才能成為一個明朗不盡的形式」；他設想，「五字音組可能是新音組中最近於自然和普遍的」〔註51〕。經過統計後林庚發現，在新詩中，「五字音組」確實「居於絕對的多數」而可被當作「節奏單位」：「凡是念得上口的詩行，其中多含有以五個字為基礎的音組」，「讓詩行的下半段須是五個字，換句話也就是說，在節奏上看來，一個詩行的下半段是更有重要性的」〔註52〕。

自1935年到1950年的十五年間，林庚用「五字音組」先後試驗了從「三‧五」直至「十‧五」的詩行，一度確定十言（五‧五）、十一言（六‧五）是最可取的典型詩行。後來，林庚意識到由於書面語與口語的不同（後者比前者更簡短），且「用更接近口語的音組做詩行的節奏音組」「更近於民族形式」，於是，他「把五五體詩行的下半個五換成了四……詩行下半段既以四字音組掌握了全行的節奏，就同時有讓上半段是五字音組的必要；這樣就構成了五四體」〔註53〕，也就是他後來長期試驗的「九言詩」。此外，林庚還提

〔註49〕林庚《關於新詩形式的問題和建議》，《新建設》1957年第5期。
〔註50〕林庚《再談新詩的「建行」問題》，1959年12月27日《文匯報》。
〔註51〕林庚《再論新詩的形式》，1948年8月《文學雜誌》第3卷第3期。
〔註52〕林庚《九言詩的「五四體」》，1950年7月12日《光明日報》。
〔註53〕林庚《九言詩的「五四體」》，1950年7月12日《光明日報》。

出：應該「警惕『五字節奏音組』的三字尾」，這是因爲，「三字尾」「容易造成格律詩逐漸地文言化」，而「要保持新格律詩語言的新鮮活潑就必須從各方面警惕文言化的復活。這也正是新詩格律成敗的關鍵和標誌」〔註54〕。

那麼，這種以「節奏音組」建立典型詩行的依據何在呢？林庚提出了一個他極爲重視的概念──「半豆律」。在他看來，「『半豆律』乃是中國詩行基於自己的語言特徵所遵循的基本規律，這也就是中國詩歌民族形式上的普遍特徵」〔註55〕；「這規律要求將詩行分爲相對平衡的上下兩半，從而在半行上形成一個堅定不變的節奏點」，「節奏點乃是由『半逗律』與『節奏音組』共同形成的，不同的『節奏音組』決定著不同詩行的性質，也形成不同的節奏點。換句話說，既然『半豆律』要求詩行分爲相對平衡的上下兩半，這兩半之間自然就會出現一個間歇點，這也就是這個詩行的節奏點，它乃是普遍的『半豆律』與特殊的『節奏音組』結成的鮮明標誌，它的位置是固定不變的，因爲它所從屬的『音組節奏』乃是固定不變的」；總之，建立典型詩行離不開兩個關鍵要素：「一是『節奏音組』的決定性，二是『半逗律』的普遍性」，而「典型詩行、節奏音組、節奏點，乃是三位一體，存則俱存，亡則俱亡的」〔註56〕。

至於其他一些常被論者提及並討論的格律要素，如平仄、輕重音等，並不爲林庚所看重。他認爲，「平仄在詩歌形式上」「沒有決定性」，「不是獨立存在的」；而輕重長短音也不能作爲建立典型詩行的基礎，其「原因之一，是由於中國語言文字中這些因素不太明顯，而且往往隨著語氣而有所改變，因此它又是不確定的，這就不符於基本規律所要求的既簡單又嚴格的明確性」〔註57〕。林庚的這種看法顯然是基於他對現代漢語特性的體認。當然，林庚對典型詩行建立過程的漫長與艱辛有著清醒的覺識：比如他發現古典詩歌從四言到五言經過了數百年，「採用一種新的詩行，則需要經過長期的熟悉」，要在新詩中建立一種全新的典型詩行更是如此。所以，林庚提出了「一種走向典型詩行的過渡形式」──「節奏自由詩」，該形式「只遵循『半豆律』先取得基本節奏，建立起一般的節奏詩行來」，「『半豆律』是主要的，而『幾言』上還是次要的」，其中具有的「節奏感將會有助於從自由詩發展而成格律

〔註54〕林庚《從自由詩到九言詩》，《文史哲》1999 年第 3 期。
〔註55〕林庚《關於新詩形式的問題和建議》，《新建設》1957 年第 5 期。
〔註56〕林庚《從自由詩到九言詩》，《文史哲》1999 年第 3 期。
〔註57〕林庚《再談新詩的「建行」問題》，1959 年 12 月 27 日《文匯報》。

詩」〔註58〕。

　　有必要指出的是，林庚所關切的詩的韻律、形式，並非僅僅形式本身的問題，而是還關聯著人的生命氣象、生活態度等多方面議題。他曾坦陳：「我們必須讓這世界上一切的事物都有著生命上共同的呼吸，這樣我們才不因為物質的文明而落於機械式的煩躁無味……我們應當如何讓人生中常有新的感情，常因為那情緒的潮汐而充沛」〔註59〕，而這正是詩歌的獨特功用和需要面對的主題；在他心目中，「詩是我們生活園地的擴大……是在我們生活之外追求一個更大的生活，這生活我們無以名之，姑即名之曰靈魂的生活」〔註60〕。雖然從形式本身來看，林庚的詩學見解存在著因過於「執迷」而帶來的某些「偏誤」〔註61〕，但其融彙了語言、生命、歷史的高度綜合的格律詩觀，對後來的實踐者無疑頗具啟示意義。在1930～40年代的語境中，因受制於當時的總體歷史情勢和詩學趨向，林庚以及同時期的金克木、梁宗岱、葉公超、吳興華等的倡導和試驗格律詩的努力在一定程度上被遮蔽了。在當時的現實主義詩歌（由中國詩歌會推動）和「現代派」詩歌的雙重擠壓下，這些詩人的詩學探索不免顯得有些落寞、孤單而零星。他們試圖在「大眾化」與「純詩」、自由與格律、現代與古典的對峙格局中「另闢蹊徑」的詩學構想，在相當長時間裏似乎未得到清晰的呈現，因而也沒能受到應有的重視。

〔註58〕 林庚《關於新詩形式的問題和建議》，《新建設》1957年第5期。

〔註59〕 林庚《詩的活力與詩的新原質》，1948年2月《文學雜誌》第2卷第9期。

〔註60〕 林庚《歌謠不是樂府亦不是詩》，1936年6月13日《歌謠》周刊第2卷第11期。

〔註61〕 參閱解志熙《林庚的洞見與執迷》，見解志熙《考文敘事錄——中國現代文學文獻校讀論叢》，第139頁以下，中華書局，2009年版。

第十二章　穆旦「新的抒情」與 「中國性」

　　自穆旦的兩篇重要佚文被發現後〔註1〕，「新的抒情」就成爲分析穆旦詩歌的一個新的視角，它同「受難」、「被圍者」、「自我分裂」、「豐富的痛苦」等語彙一道，構成理解穆旦詩歌特質的關鍵詞。研究者認爲，作爲一種詩學理念，「新的抒情」體現的是穆旦試圖超越以往詩歌抒情和想像方式、爲中國新詩注入新質的努力，是新詩在上世紀 40 年代特殊歷史語境下的一種策略選擇，並在穆旦本人的寫作實踐中得到了相當突出的展示。〔註2〕應該說，「新的抒情」的探討打開了穆旦研究的新的視閾。更爲重要的是，隨著討論的深入，「新的抒情」逐漸被納入 40 年代袁可嘉等人提出的「新詩現代化」及「現實、象徵、玄學的新的綜合傳統」等系列詩學命題中，從而成爲 40 年代「現代性」詩學的一部分。這無疑有助於深化對三四十年代新詩複雜流向

〔註 1〕 穆旦《〈他死在第二次〉》、《〈慰勞信集〉——從〈魚目集〉說起》（1940）這兩篇文章較早被提及，是在蘇光文《抗戰詩歌史稿・抗戰詩歌記事》（見該著第 308 頁，四川教育出版社，1991 年版）、李方《穆旦（查良錚）年譜簡編》（見《穆旦詩全集》，中國文學出版社，1996 年版，第 374 頁）中；後被收入《穆旦代表作》（夢晨編選），華夏出版社，1999 年版，第 156～166 頁；另見姚丹《「第三條抒情的路」——新發現的幾篇穆旦詩文》「附錄」，《中國現代文學研究叢刊》1999 年第 3 期。
〔註 2〕 王光明《現代漢詩的百年演變》，河北人民出版社，2003 年版，第 297 頁以下；子張《「新的抒情」與穆旦抗戰時期的詩學主張》，《山東師範大學學報》2003 年第 6 期；陳彥《穆旦「新的抒情」實踐及其詩學意義》，《上海師範大學學報》2005 年第 4 期。

的理解。

另一方面，在近幾年的穆旦研究中，穆旦詩歌的濃烈的「西方」色彩以及與此相應的對中國古典詩歌的明確拒斥，引起了較多的批評。在一些批評者那裏，王佐良關於穆旦的經典論斷──「穆旦的真正的謎卻是：他一方面最善於表達中國知識分子的受折磨而又折磨人的心情，另一方面他的最好的品質卻全然是非中國的」──恰好成了穆旦詩歌應該遭受指責的口實。批評者認為：「他過於仰賴外來的資源，因為他並不佔有本土的資源。穆旦未能借助本民族的文化傳統以構築起自身的主體，這使得他面對外來的影響即使想作創造性的轉化也不再可能。」〔註3〕在此，過於「西化」和背離「傳統」構成一枚硬幣的兩面，被視為穆旦詩歌「非中國性」的根本原因。尤其是，批評者藉此得出的「現代即意味著西方，西方即意味著現代，這是二十世紀中國最深隱的迷思」的結論，觸及了「傳統－現代」框架下中國新詩的資源、性質、取向等深層命題，似乎有必要重新予以辨析。

這裏，穆旦研究是一個頗能映照當前新詩研究境況的典型個案，由此彰顯出新詩研究中概念和理路雙重本質化的傾向。研究者早就意識到，「一位優秀的詩人僅僅只能由他的同學、詩友們來撰文評述，這似乎也是不夠正常的」〔註4〕，前引王佐良的論斷常常被作為評價穆旦的依據（認同或反駁），便是鮮明的例子；與此同時，圍繞穆旦詩歌所做的「現代主義」判定及其衍生的概念（群），在新的研究中已漸漸喪失其有效性和活力──倘若不重新設置提問的角度、不將那些概念放回到其所產生的歷史語境並與其他因素相互勾聯的話。本文即打算從考察穆旦「新的抒情」得以出現的錯雜語境入手，通過分析這一主張的意向及其在 1940 年代文本實踐中的具體情形，探討它所包蘊的現實性和「中國性」，指出在新詩中並不存在先驗的本質化的「中國性」，只有不斷豐富、拓展因而變化的「中國性」；穆旦的探索表明，新詩的「中國性」絕非與「西方」、「現代」相對，在討論相關問題時值得警惕的恰恰是二元思維引導下的對「本土」、「傳統」的強調。進而言之，所謂中國新詩的「主體性」，其來源也不僅僅限於單一的「本民族的文化傳統」，而是充滿了諸多駁雜的異質因素。

〔註3〕江弱水《偽奧登風與非中國性：重估穆旦》，《外國文學評論》2002 年第 3 期。

〔註4〕李怡《穆旦研究評述》，《詩探索》1996 年第 4 輯。

一、對「抒情」的「放逐」：一段問題史

　　顯然，穆旦「新的抒情」的提出有其特殊的詩學背景，人們常常把它與稍前於此的徐遲的「抒情的放逐」相提並論，認爲二者都是根據當時的歷史條件，爲新詩的「抒情」重設了一種可能性。實際上，從整個新詩歷史進程來看，「抒情」無論作爲一個理論話題還是一種實踐技巧，都以其富於戲劇性的命運得到重視和談論。何謂「抒情」？誰能夠「抒情」？爲什麼「抒情」？何時、何地「抒情」？怎樣「抒情」？這些看似簡單的問題實則隱含著許多糾纏不清的觀念衝突。誠如姜濤在一篇短文中所指出的：「在很多時候，對『抒情』問題的探討又不可避免地捲入時間、歷史的漩渦中，與某種風尙性的整體寫作趨向牽扯在一起。『抒情』不再僅僅是一項微觀寫作現實，一種可以辨識的風格特徵，而是被轉移、變形、提升爲尺度乃至原則，在不同的時段，產生不同的震蕩，複雜地糾結於現代性主體的建構，意識形態的基本詭計以及對新詩道路的種種想像之中」〔註 5〕。在此意義上，「抒情」被賦予的內涵其實是變動不居的。也許，新詩人們顯得矛盾重重的「抒情」衝動和表現，源於那種悠遠亘古的抒情傳統與現代的革命、解放、民族等主題的相交織。透過「抒情」（還有多少與之相對的另一範疇「敘事」）在不同歷史時期獲得的解釋和運用，透過它們的內涵與外延在新詩調色板上不斷被擴縮、增減甚至置換的情景，可以窺測到新詩的某些癥結性難題。

　　不管從何種角度來說，郭沫若都可算作新詩史上開闢了某一抒情路向的詩人。這位終其一生認定「詩的本職專在抒情」，極力宣揚「詩的感興自由流露」的歌者，在《女神》中以「力的律呂」的高調而激烈的浪漫抒情風格，影響了其後數十年詩歌的抒情方式；雖然後來郭沫若詩歌的主題幾經變換，詩中「天狗」般的「自我」也已爲眾多政治話語所淹沒，但其狂放的抒情語勢並沒有因此而衰竭。〔註 6〕郭沫若的「抒情」言述和實踐（尤其是早期）所隱含的「自我表現」、「形式絕端自由」等觀念，體現的是新詩在草創之初「詩體大解放」的期待和趨向，一旦「解放」的使命完成、建構的籲

〔註 5〕　姜濤《一篇札記：從「抒情的放逐」談起》，見《中國詩歌評論：從最小的可能性開始》（蕭開愚、臧棣、孫文波編），人民文學出版社，2000 年版，第 321 頁。

〔註 6〕　南帆《抒情話語與抒情詩》，見《現代漢詩：反思與求索》，作家出版社，1998 年版，第 276、279 頁。有必要指出，僅就風格而言，郭詩也有沉靜和陰柔的一面。

求開始凸顯，這些觀念及其實踐便遭致了來自不同方面的批評與反撥。譬如，曾經對郭沫若《女神》的「動的」精神大加讚賞的聞一多，在《律詩底研究》（1922）中則認為，「抒情之詩旨在言情，非為炫耀邊幅，故寧略詞以濃其情」，因為「熱烈之情感，不能持久，久則未有不變冷者」；於是他大為推崇律詩——「一種短煉，緊湊，整齊，精嚴的抒情體」，稱讚「律詩實是最合藝術原理的抒情詩體」〔註7〕，這為他數年後倡導「詩的格律」確立了基調。同時，聞一多極力反對初期新詩的「自然的音節」觀，提出「鎔鑄詞曲的音節」於詩中，既然「詩是被熱烈的情感蒸發了的水氣之凝結，所以能將這種潛伏的美十足的充分的表現出來」〔註8〕；在著名的《詩的格律》（1926）中，他毫不含糊地批評了「打著浪漫主義的旗幟來向格律下攻擊令的人」〔註9〕：

> 顧影自憐的青年們一個個都以為自身的人格是再美沒有的，只要把這個赤裸裸的和盤托出，便是藝術的打成功了。你沒有聽見他們天天唱道「自我的表現」嗎？他們確乎只認識了文藝的原料，沒有認識那將原料變成文藝所必須的工具。

在此，聞一多提供了一種與郭沫若等初期新詩人不一樣的「抒情」理念，即講求文字的凝練、簡約和對所抒之情的抑制。〔註10〕

不難發現，在郭沫若之後，一種「節制」的詩學似乎漸成趨勢。與聞一多同為新月學人的梁實秋，也十分反感當時「到處情感橫溢」的「抒情主義」，指責「情感不但是做了文學原料，簡直的就是文學。在抒情詩裏，當然是作者自訴衷腸，其表情的方法則多流放不羈，寫的時候，既是叫囂不堪，讀的時候亦必為之氣喘交迫。見著雨，喊他是淚；見雲，喊他是船；見著蝴蝶，喊他做姊姊；見著花，喊他做情人」〔註11〕。這些論斷的指向不言而喻，最終是為了引出他的「以理性駕馭情感，以理性節制想像」主張。同一時期，魯迅的「感情正烈的時候，不宜作詩，否則鋒芒太露，能將『詩美』

〔註7〕見《聞一多選集》第一卷，四川文藝出版社，1987年版，第309、308、277、314頁。

〔註8〕聞一多《〈冬夜〉評論》，見《聞一多選集》第一卷，第221頁。

〔註9〕見《聞一多選集》第一卷，第333頁。

〔註10〕不過，聞一多三四十年代的詩學旨趣發生了重大變化，基本上放棄了這種「純詩」理念。詳見下文。

〔註11〕梁實秋《現代中國文學之浪漫的趨勢》，見《梁實秋批評文集》（徐靜波編），珠海出版社，1998年版，第41頁。

殺掉」〔註12〕，表達的正是與這種「節制」主張相近的看法。及至 1930 年代，據杜衡的《望舒草·序》（1933）透露，對郭沫若浪漫詩學的「反叛」也是「現代派」詩人群興起的某種動因：「當時通行著一種自我表現的說法，做詩通行狂叫，通行直說，以坦白奔放爲標榜。我們對於這種傾向私心裏反叛著」〔註13〕——雖然，戴望舒同樣對聞一多的「格律」籲求提出了批評，認爲「詩的情緒的抑揚頓挫」勝於「字的抑揚頓挫」。按照金克木的觀點，理性（智性）正是 1930 年代「新起的詩」的一個重要特徵；他敏銳地留意到，在戴望舒「新的詩應該有新的情緒和表現這情緒的形式」〔註14〕的鼓動下，「新起的詩」的確出現了某些新的動向，他將之歸結爲「智的」、「情的」和「感覺的」三種看似有別實則合一的類型，認爲：「向來的詩，一般人所提及想到的詩，大都是以情爲主的。其間自然有吟風弄月以至於排山倒海的不同，但在發抒自己的感情以鼓動人家的感情一方面是一致的。新的智慧詩卻恰恰相反，以不使人動情而使人深思爲特點。這種詩人也許本質上是感傷的重情的人，但或者正是因爲這樣，他的詩才極力避免感情的發泄而追求智慧的凝聚」；即便是那些「以情爲主的詩」，也有別於以往詩歌「即興偶成的做法」，而是格外注重「感情的鍛鍊」和「技巧的鍛鍊」，使感情「不虛發，不輕發，不妄發，不發而不可收」，故「這種詩因爲依據於平常的感情，卻又不是平常的感情的直接出現，便能夠暗示並提醒讀者也再度經歷自己已有的詩的境界」〔註15〕。這種「極力避免感情的發泄而追求智慧的凝聚」的做法，在卞之琳那裏臻於極致，他借助於「戲擬」等手段以實現「詩的非個人化」，徹底擯除了此前詩歌的浪漫的餘緒，所以穆旦也斷定說，「自『五四』以來的抒情成分，到《魚目集》作者的手下才眞正消失了」〔註16〕。

上述「節制」詩學可被看作一種對「抒情」的「放逐」。當然，這並非一般意義的放逐，毋寧說它開闢了另一「抒情」路向。這樣，從 1920 年代起，新詩中就生發出了「張揚」與「內斂」兩種相異的抒情路向和風格，並各自

〔註12〕《兩地書·三二》，見《魯迅全集》第 11 卷，人民文學出版社，1981 年版，第 97 頁。
〔註13〕見《戴望舒詩全編》（梁仁編），浙江文藝出版社，1989 年版，第 50 頁。
〔註14〕《望舒詩論》，見《現代》第 2 卷第 1 期（1932 年）。
〔註15〕柯可（金克木）《論中國新詩的新途徑》，原載《新詩》第 4 期（1937 年 1 月）。
〔註16〕穆旦《〈慰勞信集〉——從〈魚目集〉說起》，見《穆旦代表作》（夢晨編選），第 161 頁。

有著承傳和轉換的路徑。然而，這種分野（及其線索的賡續）還只是表面現象，其深層潛藏著種種交錯的關於「抒情」的不同理解與實踐。首先，郭沫若開啓的「張揚」抒情路向經歷了一個枝蔓叢生的衍變過程：在一定程度上，1920 年代蔣光慈等人的革命詩歌、30 年代中國詩歌會提倡的大眾化詩歌、50年代以後的「政治抒情詩」乃至 80 年代的青年政治抒情詩（包括部分「朦朧詩」），都承續了郭詩的抒情路向；不過，這種承續關係（以及郭沫若本人的從《女神》到《前茅》、《恢復》的邅變）十分複雜，其間某些要素（如個體意識）的減弱和另一些要素（如現實性）的增強，是格外值得考索的。事實上，郭沫若早期「抒情」表現的突出之處，不僅在於其裹挾著時代喧囂的磅礴氣勢，而更在於其確立了一種「現代」的詩思方式——從自我出發的向外宣泄。這種全然顛覆了古典詩歌抒情路向（以「無我」爲至高境界）的詩思方式，在郭沫若的後繼者那裏卻慢慢發生了逆轉，其響亮的吶喊聲中自我的力量已然消退。其次，在「張揚」與「內斂」兩種抒情路向之間隱含著一種「變」與「不變」：表面上，聞一多等新月諸子通過批評郭氏「自我的表現」的泛濫而推行「節制」詩學，但他們的寫作並未否定「自我」本身，在注重個人情懷的抒發這一方面，他們與郭沫若保持了相當的一致（這在徐志摩詩中最爲明顯），其「節制」詩學更多地體現爲字句的凝練和情緒的濃縮，以及個人音調的降低和變輕。再次，作爲「內斂」抒情路向的兩支力量，「極力避免感情的發泄而追求智慧的凝聚」的「現代派」詩人與提倡「節制」的新月諸子在詩思方式上的差異是明顯的，前者主要沿襲了穆木天等人的「暗示」觀念和對晚唐詩詞的認同；他們婉轉的自我籲歎雖然回蕩著新月諸子的餘音，卻不過是「以敏銳的感覺爲抒情的骨子」〔註17〕。眞正做到另闢蹊徑的，也許僅有卞之琳的「非個人化」寫作——但從詩思方式來說，這多少顯示了與古典詩學「無我」狀態的契合之處。

　　一直到 1930 年代後期，新詩的「抒情」都是在一種心照不宣的實踐中展開的，譬如在新月諸子那裏，「抒情」被理所當然地指認爲「情感橫溢」。而當徐遲大聲疾呼「抒情的放逐」時，一個蘊涵於「抒情」理解中的普遍而不言自明的取向突現了出來：「抒情」就是一種「輕」的、軟性的個人感興，是一種「輕歌曼舞」或「風花雪月」式的書寫。正由於此，新月諸子和現代派詩人的「內斂」型寫作沒有持續太久，便都被納入「放逐」之列：「這時代

〔註17〕朱自清《詩與哲理》，見《新詩雜話》，三聯書店，1984 年版，第 24 頁。

應有最敏感的感應的詩人，如果現在還抱住了抒情小唱而不肯放手，這個詩人又是近代詩的罪人」，「戰爭的範圍與程度之廣大而猛烈，再三再四地逼死了我們的抒情的興致」，「轟炸已炸死了許多人，又炸死了抒情」〔註18〕。值得一提的是，卞之琳的「非個人化」寫作與徐遲的「抒情的放逐」分享著相同的理論資源，即艾略特等的詩學理論。可是，徐遲提出「抒情的放逐」的實質和目的是：「拋棄純詩（Pure Poetry），相信詩歌是人民的武器」，最終「拋棄了印刷品詩，相信必須傳達，朗誦」〔註19〕。這其實是另一種「非個人化」，它要求個人的絮語融入集體的合唱，從而使詩歌的聲音變得更為響亮。徐遲沒曾料到，他的「抒情的放逐」口號落實到1940年代的寫作實踐，其實並未真正地「放逐」「抒情」，反而催生了一種「抒情」性極濃的詩歌樣式。〔註20〕

二、1940年代詩學場域中的「新的抒情」

「抒情的放逐」引出了新詩「抒情」問題的癥結所在：詩歌究竟是抒「個人」之情還是「集體」之情？借用1940年代一位論者的表述，「在抒情詩裏面為害的不是單純的『我』的問題，它的根源還在於我怎樣生活，從生活中出來的『我』又是怎樣的一個『我』，在這裏，一個人氣質上的不同使同樣的生活產生不同樣的『我』。……但那些不同的『我』，不可避免的將有一個相同之處：它會是一個集體，它的聲音將不只是一個人所獨有，而成為眾人的邏輯，甚至於是歷史的語言」〔註21〕。在40年代以前，新詩中個人書寫與集體表達的爭執，部分地被情緒的宣泄與節制、詩形的放縱與規約等詩歌「內部」的問題所掩蓋。只有到了40年代，在戰爭統攝下的複雜的文學環境中，當「抒情」被理解為不合時宜的個人的低吟淺唱，這一「個人－集體」

〔註18〕徐遲《抒情的放逐》，原載香港《頂點》第1卷第1期（1939年7月）。對此穆旦表示了異議：「假如『抒情』就等於『牧歌情緒』加『自然風景』，那麼詩人卞之琳是早在徐遲先生提出口號以前就把抒情放逐了」。見穆旦《〈慰勞信集〉——從〈魚目集〉說起》，《穆旦代表作》（夢晨編選），第161頁。
〔註19〕徐遲《〈最強音〉增訂本跋》，原載桂林《詩》第3卷第3期（1942年8月）。
〔註20〕姜濤論述道：「在某種意義上，四十年代詩歌的抒情性非但沒有減弱，反而高亢了起來，一種新型的政治抒情詩就在此時誕生」。見《一篇札記：從「抒情的放逐」談起》，同前引。
〔註21〕李念群《人的道路——抒情詩與敘事詩》，原載《中原》第1卷第1期（1944年），見《國統區抗戰文學研究叢書·詩歌研究史料選》（龍泉明編選），四川教育出版社，1989年版，第108頁。

的紛爭才顯得格外劇烈：「在這個大時代中，我們要盡量地抒發我們抗戰的感情。但是，那種感情不應是狹隘的個人感情的復活，而應是偉大的民族集體的英勇的情緒」。〔註22〕由此，能否「抒情」、「抒」何種「情」也成爲引人注目的問題被反覆地討論。顯而易見，「抒情」作爲一個顯明的問題在 40 年代新詩中的隆重凸顯，其所關涉的並不僅僅限於一種詩學範疇的「抒情」本身。

關於新詩的發展和進入 1940 年代後的狀況，朱自清曾有一番描述：「從格律詩以後，詩以抒情爲主，回到了它的老家。從象徵詩以後，詩只是抒情，純粹的抒情，可以說鑽進了它的老家。可是這個時代是個散文的時代，中國如此，世界也如此。詩鑽進了老家，訪問的就少了」〔註 23〕。這確乎是新詩在 40 年代的基本境遇。進入 40 年代──一個「散文的時代」以後，一方面，詩歌流向出現了茅盾所概括的「從抒情到敘事」的趨勢，另一方面，更爲重要的是新詩在整個文學格局中的位置發生了顯著變化。對此老舍判斷說：「歷史上世界的文藝潮流，每一個文藝運動，總是抒情詩先出來，因爲它是最易打入人心的。但等問題一深入，抒情詩就不能表現而被別的東西所代替了。中國的『五四』運動先刺激了抒情詩，而後問題深入了，脆弱的抒情詩，就打不過小說和戲劇」〔註 24〕。由於戰爭的催發所導致的文學觀念的轉變，一種對於詩歌的新的要求呼之欲出：「新的時代需要新的情感！……如果仍抱住其『寂寞呀』，『苦惱呀』的個人主義的頹廢抒情詩篇，無疑的，這個人是有意識地朦朧了鐵血的現實，這不僅是近代詩壇上的罪人，而且是中華民族的罪人！」〔註25〕這是對徐遲的上述主張的響應，只不過不是爲了「放逐」「抒情」，而是呼喚一種新的「抒情」。

的確，戰爭構成了 1940 年代新詩一個巨大而無法迴避的「磁場」。在戰

〔註22〕《時調》「編後記」（1937 年 11 月）。當然，這並非說爭執在 1920～30 年代的詩界不存在，例如蔣光慈《自題小像》：「從那群眾的波濤裏，才能涌現出一個眞我」；中國詩歌會的宣言：「中國的詩壇還是這麼的沉寂；一般的人鬧著洋化，一般人又還只是沉醉在風花雪月裏」，體現的正是對「個人」抒情的排斥。

〔註23〕朱自清《抗戰與詩》，見《新詩雜話》，第 38 頁。

〔註24〕這是老舍在 1938 年一次詩歌座談會上的發言，見《我們對於抗戰詩歌的意見》，《國統區抗戰文學研究叢書・詩歌研究史料選》（龍泉明編選），第 10 頁。

〔註25〕陳殘雲《抒情的時代性》，原載《文藝陣地》第 4 卷第 2 期（1939 年）。

爭之初，置身於「鐵血的現實」之中的詩界做出驚人一致的反應：「民族戰爭的號角，已經震響得我們全身的熱血，波濤似的洶湧起來了！……目前最迫切的任務，就是將我們的詩歌，武裝起來……拿起筆來歌唱吧，全世界上我們的同情者，正需要聽我們民族爭自由平等的號叫！」〔註26〕詩歌的面貌也為之改變，正如艾青所總結的：「抗戰四年來的中國新詩，為了充分表現人性的鬥爭的壯麗，和鬥爭生活的美麗與壯麗，他自然地摒棄了裝飾趣味與瑣屑的雕琢的形式；摒棄了任何空想的與虛構的，以及羅曼諦克的內容……他和巴拿斯派的近似凝練了思想感情，與僵死了的木乃伊的格調離別；他也離別了浪漫主義所遺留下來的浮誇與一瀉千里的豪興（這種豪興產生於個人英雄主義的空想的放縱）；他和象徵主義的，神秘主義的，近似精神病患者精神的呼喊，蒼白的囈語，空虛的內省，與帶著顫慄的聲音的獨白絕緣……」〔註27〕與此同時，戰爭也激發了一種廣泛的對於新詩「大展宏圖」的想像與期待，如老舍就說：「新詩遇到了抗戰，這是千載難遇的機會」〔註28〕。不過，在這種表面的「一致」與「普遍」中，穆旦的「新的抒情」顯出與當時詩學場域的既趨近又疏離的交錯關係。

　　這裏值得注意的是，由於受那個時代普遍的「戰爭浪漫主義」情緒的感染，穆旦是在對戰爭表示極大「認同」〔註29〕的前提下提出「新的抒情」的。他在清醒地覺識到戰爭的嚴酷──「我們所生活著的土地本不是草長花開牧歌飄散的牧野」──的同時，也懷抱著通過戰爭來促動國家「新生」的憧憬：「『七七』抗戰使整個中國跳出了一個沉滯的泥沼，一窪『死水』。自然，在現在，她還是不可避免地帶著一些泥污的，然而，只要是不斷地鬥爭下去，她已經站在流動而新鮮的空氣中了，她自然會很快地完全變為壯大而年輕」〔註30〕。正是出於這般期待，穆旦不再滿足於徐遲所說的「抒情的放逐」，鄭重提出：「如果放逐了抒情在當時是最忠實於生活的表現，那麼現在，隨了生活的豐富，我們就應有更多的東西」，「為了表現社會或個人在歷史一定發展

〔註26〕《中國詩人協會抗戰宣言》，原載 1937 年 8 月 30 日《救亡日報》。
〔註27〕艾青《論抗戰以來的中國新詩》，原載《文藝陣地》第 6 卷第 4 期（1942 年）。
〔註28〕老舍《論新詩》，原載 1941 年 5 月 30 日《中央日報》。
〔註29〕參閱段從學《穆旦對抗日戰爭的認同及其詩風的轉變》，《社會科學研究》2005 年第 4 期；姚丹《「第三條抒情的路」──新發現的幾篇穆旦詩文》，《中國現代文學研究叢刊》1999 年第 3 期。
〔註30〕穆旦《〈慰勞信集〉──從〈魚目集〉說起》，見《穆旦代表作》（夢晨編選），第 162 頁。

下普遍地朝著光明面的轉進，為了使詩和這時代成為一個感情的大諧和，我們需要『新的抒情』」。在此，穆旦「新的抒情」的提出呼應著那個熱烈的時代的整體氛圍，表明他試圖讓詩歌彙入當時的歷史「大合唱」之中：「這新的抒情應該是，有理性地鼓舞著人們去爭取那個光明的一種東西」〔註31〕。

從表面上看，穆旦對自己提出的「新的抒情」所做的進一步的闡釋——「強烈的律動，洪大的節奏，歡快的調子，——新生的中國是如此，『新的抒情』自然也該如此」——其中包含的對「強烈」、「洪大」、「歡快」的強調，似乎回到了郭沫若的「力的律呂」的激情詩學（也許正由於此，穆旦指責卞之琳的「麻木了情緒的節奏」的詩集《慰勞信集》裏「『新的抒情』成分太貧乏了」）。然而，這種對「洪大」的追求和上述對歷史「大合唱」的應和，還只是穆旦「新的抒情」的一個方面。另一方面，也是其「新的抒情」更為重要的一個意向，便是對當時詩界熱情有餘、沉著不夠的狀況提出嚴厲批評：「今日的詩壇上，有過多的熱情的詩行，在理智深處沒有任何基點」。在穆旦看來，最能契合他「新的抒情」理想的詩人是艾青，他認為艾青「詩裏充滿著遼闊的陽光和溫暖，和生命的誘惑」〔註32〕；特別是《吹號者》，完全達到了「情緒和意象的健美的糅合」。從艾青的詩裏，穆旦不無欣慰地感到：「我們終於在枯澀呆板的標語口號和貧血的堆砌的詞藻當中，看到了第三條路創試的成功，而這是此後新詩唯一可以憑藉的路子」〔註33〕。顯然，「第三條路」同時對盛行於 1940 年代的兩種詩歌寫作路子（「枯澀呆板的標語口號和貧血的堆砌的詞藻」）進行了質疑和否定，並將艾青詩的「情緒和意象的健美的糅合」認定為「新詩唯一可以憑藉的路子」。

以艾青的《吹號者》為例，穆旦進一步指出：「『新的抒情』應該遵守的，不是幾個意象的範圍，而是詩人生活所給的範圍。也可以應用任何他所熟悉的事物，田野、碼頭、機器，或者花草；而著重點在：從這些意象中，是否他充足地表現出了戰鬥的中國，充足地表現出了她在新生中的蓬勃、痛苦和歡快的激動來了呢？對於每一首刻畫了光明的詩，我們所希望的，正是這樣一種『新的抒情』」〔註34〕。實際上，被穆旦視為新詩「第三條路」的

〔註31〕穆旦《〈慰勞信集〉——從〈魚目集〉說起》，見《穆旦代表作》（夢晨編選），
　　　　第 162 頁。
〔註32〕穆旦《〈他死在第二次〉》，見《穆旦代表作》（夢晨編選），第 156 頁。
〔註33〕穆旦《〈他死在第二次〉》，見《穆旦代表作》（夢晨編選），第 160 頁。
〔註34〕穆旦《〈慰勞信集〉——從〈魚目集〉說起》，見《穆旦代表作》（夢晨編選），

「新的抒情」，特別是其中「健美的糅合」的觀念，其突出貢獻在於把 1940 年代詩歌寫作的關注點，從多數人看重的「寫什麼」轉變到「怎樣寫」的問題。這一轉向得到越來越多詩人的響應，一直到 40 年代後期，不少詩人提出了自己關於新詩建設的方案。譬如沈從文就認爲：「詩應當是一種情緒和思想的綜合，一種出於思想情緒重鑄重範原則的表現」〔註35〕，「眞正現代詩人得博大一些，才有機會從一個思想家出發，用有韻和無韻作品，成爲一種壓縮於片言隻語中的人生觀照，工作成就慢慢堆積，創造組織出一種新的情緒哲學系統」〔註36〕。這些暗含著宏偉抱負的表述，體現了一種漸趨成熟的詩觀。

　　或許是時代生活的繁複和現實境況的駁雜，促使穆旦等一部分詩人做出了「抒情」方式的調整和寫作路向的重新選擇。恰如艾青所分析的：「抗戰以來的中國新詩，由於現實生活的不斷的變化所給予他的新的主題和新的素材，由於他所觸及的生活的幅員之廣，由於他所處理的題材，錯綜複雜，由於他的新的思想和新的感覺的浸潤，他已繁生了無數的新的語彙，新的詞藻，新的樣式和新的風格」〔註37〕。這也很大程度上能夠解釋艾青本人的詩趨於「健美的糅合」、穆旦「新的抒情」強調詩如何包容現實的原因。可以看到，探求詩的包容性、雜糅性成了一些詩人的新的理念，甚至早年具有唯美傾向的聞一多也一反自己的精緻詩學，申明：「要把詩做得不像詩……說得更準確點，不像詩，而像小說戲劇，至少讓它多像點小說戲劇，少像點詩。……這是新詩之所爲『新』的第一也是最主要的理由」〔註38〕。這一呼籲開啓了後來袁可嘉倡導的「新詩戲劇化」和「現實、象徵、玄學的新的綜合傳統」等命題的提出，這些命題直接指向了一種「現代化」的詩學觀念：「現代化的詩

第 163 頁。

〔註35〕沈從文《新廢郵存底・十七》，見《沈從文文集》第十二卷，花城出版社、三聯書店香港分店，1981 年版，第 51 頁。

〔註36〕沈從文《新廢郵存底・二十六》，《沈從文文集》第十二卷，第 76 頁。

〔註37〕艾青《論抗戰以來的中國新詩》，原載《文藝陣地》第 6 卷第 4 期（1942 年）。

〔註38〕聞一多《新詩的前途》，見《國統區抗戰文學研究叢書・詩歌研究史料選》（龍泉明編選），第 153 頁。與聞一多這一觀點堪可形成比照的，是 1990 年代一些詩人的「綜合」意識：「在抒情的、單向度的、歌唱性的詩歌中，異質事物互破或相互進入不可能實現。既然詩歌必須向世界敞開，那麼經驗、矛盾、悖論、噩夢，必須找到一種能夠承擔反諷的表現形式」，以使「詩歌的敘事性、歌唱性、戲劇性熔爲一爐」，「達到創造力的合唱效果」。見西川《大意如此・自序》，湖南文藝出版社，1997 年版，第 2 頁及以下。

是辯證的（作曲線行進），包含的（包含可能溶入詩中的種種經驗），戲劇的（從矛盾到和諧），複雜的（因此有時也就晦澀的），創造的（『詩是象徵的行為』），有機的，現代的」〔註39〕。

應該說，無論是穆旦的「新的抒情」、沈從文的「情緒和思想的綜合」，還是聞一多的「把詩做得不像詩」，抑或是袁可嘉的「新詩戲劇化」，都體現的是一種突破現代詩歌拘囿的努力。這實際上體現了 1940 年代詩人們的困境意識。當卞之琳寫詩「傾向於小說化」，當穆旦等人在詩裏大量運用戲劇性對白，他們其實已經探入到現代詩歌的困境之中，試圖從一個側面、以「不像詩」的因素激活現代詩歌的創造力。頗值得玩味的是，這種「綜合」的文體互滲的想法，在當時不僅存在於詩歌領域，而且也得到一些小說家的青睞，例如汪曾祺就執著地將短篇小說指陳為「一種思索方式」、「一種情感形態」，並「希望短篇小說能夠吸收詩、戲劇、散文一切長處，可仍舊是一個它應當是的東西，一個短篇小說」〔註40〕。汪曾祺以及後來「九葉」詩人令人矚目的文學實踐證明，這些主張都顯出深刻的具有預見性的價值。

三、「新的抒情」的實踐與「中國性」

穆旦「新的抒情」的理念，一方面與 1940 年代的詩學場域相互激蕩，另一方面又顯出其自身的獨異性。這種獨異性更多地通過穆旦不同階段的寫作實踐體現出來。穆旦的詩歌中包蘊著眾多互為異質的元素：極端的「現代」體驗與深厚的現實關懷相糾結，富於理性的自我內省與具有爆發力的情感擴張相疊合，犀利的歷史意識與無限的質疑和探詢相滲透，錯雜的主題意向與高度的形式感相調協；此外，希望與絕望、讚美與控訴、光明與黑暗、創造與毀滅、完成與未知——彷彿無數矛盾交織在一起，這些都形成了穆旦詩歌中無所不在的張力。一方面是個人意志向歷史、時代的強力突入而激起的熱忱歡呼：

> 突進！因為我看見一片新綠從大地的舊根裏熊熊燃燒，
> 我要趕到車站搭一九四〇年的車開向最熾熱的熔爐裏。

——《玫瑰之歌》

〔註39〕袁可嘉《詩與民主——五論新詩現代化》，見袁可嘉《論新詩現代化》，三聯書店，1988 年版，第 43 頁。

〔註40〕汪曾祺《短篇小說的本質》，原載 1947 年 5 月 31 日《益世報·文學周刊》第 33 期。

這呼應著他的熱切期待：「我們這時代現在正開放了美好的精神的花朵……無論是走在大街、田野、或者小鎮上，我們不都會聽到了群眾的洪大的歡唱麼？這正是我們的時代」〔註41〕。另一方面是在現實的強大擠壓下個體的孤獨感和「被圍困」感：「我們已是被圍的一群，／我們消失，乃有一片『無人地帶』」（《被圍者》），「我們做什麼？我們做什麼？／呵，誰該負責這樣的罪行：／一個平凡的人，裏面蘊藏著／無數的暗殺，無數的誕生」（《控訴》）。這導致了穆旦詩歌的主題朝兩個向度展開：一是在對歷史、時代的思索與審視中充滿強烈的民族意識和苦難意識，如《合唱》、《讚美》、《活下去》、《不幸的人們》、《甘地》、《荒村》、《他們死去了》等；一是通過「豐富的痛苦」的展示和自我的反省來完成對社會現實的批判，如《童年》、《從空虛到充實》、《潮汐》、《控訴》、《五月》、《裂紋》、《時感》、《隱現》、《世界》等。當然，那些滿含憂患與悲憤的「讚美」，也帶著屬於穆旦自己的特別的音調：

> 一樣的是這悠久的年代的風，
>
> 一樣的是從這傾圮的屋檐下散開的
>
> 無盡的呻吟和寒冷，
>
> 它歌唱在一片枯槁的樹頂上，
>
> 它吹過了荒蕪的沼澤，蘆葦和蟲鳴，
>
> 一樣的是這飛過的烏鴉的聲音。
>
> 當我走過，站在路上踟躕，
>
> 我踟躕著為了多年恥辱的歷史
>
> 仍在這廣大的山河中等待，
>
> 等待著，我們無言的痛苦是太多了，
>
> 然而一個民族已經起來，
>
> 然而一個民族已經起來。
>
> ——《讚美》

這樣的「讚美」顯然有別於同一時期、有著同樣主題的「口號」詩，它囊括的感情更為質樸、凝重、深邃，因而也更加沉渾有力。此詩中貌似鬆散的長句子，在「風」、「冷」、「鳴」、「音」以及「待」、「來」等韻字的不經意的勾聯下，顯得十分緊湊而綿密，滋生了一種悠遠、深長的節奏，加上「一樣的

〔註41〕穆旦《〈慰勞信集〉——從〈魚目集〉說起》，見《穆旦代表作》（夢晨編選），第 165 頁。

是」、「踟躕」、「等待」等語詞複沓引起的音調上的迴旋與應答，深沉的詩意也由此生成。

不過，更值得注意的是穆旦在表達一個民族「無言的痛苦」時所滲透的個體聲音，亦即穆旦作為現代知識分子在歷史漩渦中的心靈掙扎與搏求。其間的虛無感、荒誕感、易逝感、幻滅感以及懷疑主義等感受是異常強烈的。既有背負著歷史記憶的默默忍耐：「燈下，有誰聽見在周身起伏的／那痛苦的，人世的喧聲？／被沖積在今夜的隅落裏，而我／望著等待我的薔薇花路，沉默」（《童年》）；又有在荒蕪的社會現實面前的內心焦灼與良知拷問：「我們希望我們能有一個希望，／然後再受辱，痛苦，掙扎，死亡，／因為在我們明亮的血裏奔流著勇敢，／可是在勇敢的中心：茫然。／……當多年的苦難以沉默的死結束，／我們期望的只是一句諾言，／然而只有虛空，我們才知道我們仍舊不過是／幸福到來前的人類的祖先，／／還要在無名的黑暗裏開闢新點，／而在這起點裏卻積壓著多年的恥辱：／冷刺著死人的骨頭，就要毀滅我們一生，／我們只希望有一個希望當做報復」（《時感》）；還有處於永恒的生命誘惑中的迷惘與空幻：「然而暫刻就是誘惑，從無到有，／一個沒有年歲的人站入青春的影子，／重新發現自己，在毀滅的火焰之中」（《三十誕辰有感》）。這些詩句中的「痛苦」、「沉默」、「受辱」、「掙扎」、「茫然」、「黑暗」、「報復」、「毀滅」等語詞十分醒目，它們相互纏繞與衝突，給人以閱讀上的緊張之感。《從空虛到充實》在表現個體的虛無感和無所歸依方面頗具代表性，它採用內心獨白的方式，以一個個場景片斷的組接，展示了在時代洪流中顛沛流離的知識分子的心路歷程：「一個更緊的死亡追在後頭，／因為我聽見了洪水，隨著巨風，／從遠而近，在我們的心裏拍打，／吞噬著古舊的血液和骨肉！」正是這種噬心的緊迫感，促使穆旦深刻地寫出了「中國知識分子的受折磨而又折磨人的心情」。

顯然，穆旦在他的詩歌寫作中自覺地踐行著「新的抒情」主張，即通過具有高度「綜合」樣態的詩歌，重新賦予「抒情」以某種堅實的品質。穆旦理想中「情緒和意象的健美的糅合」在他的詩歌中，表現為「用身體思想」（王佐良語）後獲得的沉渾的「肉感」（Sensuality）。這裏，「用身體思想」意指借助於身體的「震顫」和躍動，使無形的思想變得厚沉而有力度，抽象的表達變得具體可感；在「用身體思想」過程中，身體改變了語詞的質地、色澤，使之變得結實、細密、立體而豐盈，並獲得感性的、可觸摸的質感。這種化

無形為有形、於感性中滲透思想的寫法，構成穆旦詩歌的一個顯著特色。其詩歌中大量充滿「肉感」的語詞表明，「穆旦的語言只能是詩人界臨瘋狂邊緣的強烈的痛苦、熱情的化身。它扭曲、多節，內涵幾乎要突破文字，滿載到幾乎超載，然而這正是藝術的協調」〔註42〕。即使那已經被寫得濫俗的「春」，在穆旦的筆下也煥然一新。《春》是一首典型的充滿「肉感」的詩篇。此詩的第一節表面上寫春天的景致，但重點其實在於對春天的感覺：首句「綠色的火焰在草上搖曳」是以動寫靜，以一種強烈的視覺感受和飽滿的色塊，呈現了春草的蓬勃生命力，「火焰」狀「綠色」之盛與逼人眼目，「搖曳」則寫出了「綠色」的活力；隨後，「他渴求著擁抱你，花朵」的「渴求」「擁抱」，準確勾畫了草與花的關係；緊接著的花朵「反抗」土地、從地裏「伸」出來，則將花朵的頑強生長、掙扎的具有動感的形態，生動地展示了出來。此三行通過草、花、土地的描繪，展現了一派生機盎然的春色。與此相承接，詩的第二節表現生命的春天：「緊閉的肉體」突兀地顯示了青春期獨有的特徵，肉體被禁錮而不到施展，與後面「捲曲又捲曲」相呼應。相比之下，「泥土做成的鳥的歌」更形象，一種為沉重感所牽制的輕盈和飛翔的渴望，一種「被點燃」、「卻無處歸依」的無奈、焦慮和迷惘——這些複雜的意緒被準確地傳達出來。「泥土做成的鳥的歌」巧妙地展示了「歌」所負載的雙重力量（輕盈與渾沉）。在此，「緊閉的肉體」與青春期蓬勃的活力、「泥土」的滯重與「鳥的歌」的輕盈以及「點燃」與「無處歸依」等均構成了矛盾，這無疑增強了詩句的張力與密度，拓展了閱讀上的想像空間。這種沉渾的力量構成穆旦「新的抒情」的核心要素之一。

毫無疑問，穆旦的詩歌源自他的獨特生命體驗，同時深深植根於1940年代的歷史語境。他試圖「使詩的形象社會生活化」〔註43〕，他的詩呈現出一種「幾近於抽象的隱喻似的抒情」〔註44〕，從而實現了新詩抒情方式的根本轉變。穆旦對一個民族「無言的痛苦」的深透表達，使得他的詩歌的題材和主題都散發出強烈的「中國性」。那麼，如此明顯的「中國性」抒寫，為何被

〔註42〕鄭敏《詩人與矛盾》，見《一個民族已經起來：懷念詩人、翻譯家穆旦》（杜運燮等編），第33頁，江蘇人民出版社，1987年版。

〔註43〕穆旦《致郭保衛的信（二）》，見《蛇的誘惑》（曹元勇編），珠海出版社，1997年版，第222頁。

〔註44〕唐湜《憶詩人穆旦》，見《一個民族已經起來：懷念詩人、翻譯家穆旦》（杜運燮等編），第153頁。

指認爲一種「非中國性」而遭受指責呢？或許，「他的最好的品質卻全然是非中國的」這句斷語指向的是一種詩歌形式、形式的「非中國」？這裏涉及穆旦詩歌的來源和取向問題。誠然，穆旦不僅汲取了從布萊克到惠特曼等歐美前現代詩人的詩學營養，而且較多地借鑒了 20 世紀西方現代派詩人葉芝、艾略特、奧登等詩歌中的某些因素，譬如他的《從空虛到充實》受到了艾略特詩中戲劇性獨白的影響，而《五月》裏「那概括式的『謀害者』，那工業比喻（『緊握一切無形電力的總樞紐』），那帶有嘲諷的政治筆觸，幾乎像是從奧登翻譯過來的」〔註 45〕。但無可否認的是，穆旦對那些深入骨髓的外來影響進行了恰如其分的改造和成功的轉化，並糅合了深切的自我經驗和豐富的現實場景。正如有研究者指出：「如果說穆旦接受了西方 20 世紀詩歌的『現代性』，那麼也完全是因爲中國新詩發展自身有了創造這種『現代性』的必要，創造才是本質，借鑒不過是心靈的一種溝通方式」〔註 46〕。

由穆旦「新的抒情」寫作所引發的「中國性」質疑和爭議，其實關乎一個貫穿 20 世紀中國新詩發展的重要問題：「歐化」和「本土化」的關係。新詩中某些「對立」和紛爭，如先鋒形式探索同現實主題、「民族形式」籲求以及大眾的理解與接受之間的矛盾，1990 年代所謂「後殖民」與「話語霸權」等命題，都起因於「歐化」和「本土化」的關係問題。此外，1930 年代因現代詩的「晦澀」、1950～60 年代臺灣詩界針對「橫的移植」（紀弦語）、1980 年代由於「朦朧詩」的「不懂」等而展開的爭論，都與對這一問題的含混不清的理解有關。迄今爲止，仍然有不少人認爲新詩進程中出現的種種「失敗」，是詩人們的「食洋不化」即「歐化」或「西化」造成的；與此相應，他們極力強調新詩的「本土化」。事實上，新詩的「歐化」和「本土化」的關係相當複雜，其關鍵是「歐化」或「本土化」在新詩自我建構中的位置。從歷史的考察來看，不僅現代漢語的形成（主要是思維上）得力於「歐化」，而且就新詩生成的情形及其發展的各個階段來說，「歐化」也是不可或缺的。可以說，正是語言思維的「歐化」，促成了漢語詩歌內在結構的最初變動，後來新詩的不斷調整都與西方詩學的薰染不無關聯。因此，「歐化」對新詩語言乃至新詩的整體塑造，其作用都是不應迴避和無可替代的。這在 1940 年代的朱自清那

〔註 45〕王佐良《穆旦：由來與歸宿》，見《一個民族已經起來：懷念詩人、翻譯家穆旦》（杜運燮等編），第 3 頁。

〔註 46〕李怡《論穆旦與中國新詩的現代特徵》，《文學評論》1997 年第 5 期。

裏就已有清醒覺識，他在談到新詩所受的外國影響時說：「這是歐化，但不如說是現代化……現代化是不可避免的。現代化是新路，比舊路短得多；要『迎頭趕上』人家，非走這條新路不可」〔註47〕；他還進一步指出，「新文學運動解放了我們的文字，譯詩才能多給我們創造出新的意境來……不但意境，它還可以給我們新的語感，新的詩體，新的句式，新的隱喻」〔註48〕。朱自清的論述隱含著一種期待，就是以「歐化」促進新詩的「現代性」探尋。穆旦「新的抒情」的理念和實踐正是應和了這樣的期待。通過上述分析已經表明：穆旦詩歌中的現代主義並非一種簡單「移植」的現代主義，其所展現的「中國性」也不是僵化的和本質化的，毋寧說他已經自覺地把這些質素納入了他的「現代性」構想之中，從而豐富了中國新詩自我建構的方式。

〔註47〕朱自清《眞詩》，見《新詩雜話》，第87頁。
〔註48〕朱自清《譯詩》，見《新詩雜話》，第71～72頁。

第十三章　從里爾克到德里達：
　　　　　鄭敏詩學的兩翼

在寫於上世紀 80 年代末的一篇短文裏，鄭敏談到：

> 40 多年前，當我第一次讀到里爾克給青年詩人的信時，我就常常在
> 苦惱時聽到召喚。以後經過很多次的文化衝擊，他仍然是我心靈接
> 近的一位詩人。〔註1〕

其實，在鄭敏長達 60 餘年的詩學探索中，里爾克僅是她諸多西方資源中的一
個。除里爾克之外，鄭敏對多恩、華茲華斯、艾略特、龐德、威廉斯、布萊、
阿胥伯萊等英美詩人有很深的研究，並無形中受到他們的影響；而且自 1980
年代中期以後，法國哲學家德里達越來越頻繁地進入鄭敏的視野並得到大量
論述，從而成為她後期詩學和文化觀念的重要支撐。當然，里爾克對於鄭敏
而言無疑是相當重要的，因為他深刻地影響了鄭敏早期詩歌的風格乃至她的
生命氣質，這種影響是深入骨髓的、不可替代的。可以說，在鄭敏整個的詩
學發展中，早期詩風的形成主要得益於里爾克，後期儘管糅合了眾多英美詩
人（特別是布萊）的詩學滋養，但占據其影響核心的則是德里達。里爾克和
德里達構成了鄭敏詩學資源的兩翼，他們清晰地勾劃了鄭敏詩學的富於啓迪
意味的嬗變軌迹。

一、里爾克：雕塑品質的生成

　　1939 年鄭敏考入西南聯大外文系，後轉入哲學系攻讀西方古典哲學，求

〔註 1〕 鄭敏《天外的召喚和深淵的探險》，《世界文學》1989 年第 4 期。

學期間曾選修詩人馮至講授的德語文學課程。這一經歷對於鄭敏詩歌創作的影響是相當關鍵的。鄭敏後來多次回憶說：「我走的路，其實是受馮至的影響，我跟馮至最接近，他也是先寫詩，他也念哲學，念文學。他教我德文，教我念里爾克，歌德。我也是寫詩和念哲學……」〔註2〕在當時，馮至翻譯的里爾克《給一個青年詩人的十封信》已經面世（長沙商務印書館，1938 年初版）〔註3〕，馮至本人的「轟動一時」的《十四行集》（1942）也已出版。馮至自身的詩歌創作受里爾克的影響很大，有理由相信，接受了馮至言傳身教的鄭敏是能夠深得里爾克詩歌之真義的，在後來的年月中鄭敏曾多次解析里爾克的詩作。馮至概括的里爾克詩歌的品質——「他使音樂的變為雕塑的，流動的變為結晶的，從浩無涯涘的海洋轉向凝重的山嶽」〔註4〕——恰恰是鄭敏從一開始就追求的。她所要做的正是，跟踪自己內心變幻莫測的詩思，通過賦予它靜穆凝重的形體，而使之獲具一種雕塑般的品格。袁可嘉曾恰切地指出：「『雕像』是理解鄭敏詩作的一把鑰匙」，「深受德語詩人里爾克的影響，和西方音樂、繪畫薰陶的鄭敏，善於從客觀事物引起沉思，通過生動豐富的形象，展開浮想聯翩的畫幅，把讀者引入深沉的境界」〔註5〕。這一論斷，確乎點明了一條進入鄭敏 1940 年代詩歌世界的可靠的路徑。

　　正如有論者認為，「在對中國詩人產生影響的過程中，里爾克幾乎消蝕了文化傳統的異質性，或者說輕巧地跨越了通常難以逾越的不同文化傳統之間的鴻溝。……在中國詩人和里爾克之間存在著一種心靈上的默契」〔註6〕。當然，在一定程度上，西方文化語境中的里爾克被中國詩人「簡化」了，不同

〔註 2〕 李潤霞《詩與哲學的起點——鄭敏訪談》，《新詩評論》2005 年第 1 輯，北京大學出版社，2005 年 4 月，第 206 頁。在另一處鄭敏談到：「馮先生在學術方面所走過的歷程與我屬於同一類型。馮先生是先念哲學，後去德國念文學。我在西南聯大時念的也是哲學，而我從中學時代起就開始對文學、詩歌、寫作有興趣。我把我的第一本詩稿請教於馮先生。他看了以後給我很大的鼓勵，這樣，就決定了我此生要走寫作和詩歌創作的道路。」見鄭敏《遮蔽與差異——答王偉明先生十二問》（香港《詩雙月刊》總第 32 期）。

〔註 3〕 鄭敏特別提及：「……讀了馮先生翻譯的里爾克的《給一個青年詩人的十封信》，這些都對我影響非常大。」見《遮蔽與差異——答王偉明先生十二問》，《詩雙月刊》總第 32 期。

〔註 4〕 馮至《里爾克——為十週年祭日作》，見《馮至選集》第一卷，四川文藝出版社，1985 年版，第 156 頁。

〔註 5〕 袁可嘉《〈九葉集〉序》，作家出版社，2000 年版，第 9 頁。

〔註 6〕 臧棣《漢語中的里爾克》，見臧棣編《里爾克詩選》，中國文學出版社，1996 年版，第 2 頁。

詩人之擇取里爾克，也會顯示出各自詩學的側重點。譬如對於 1940 年代的鄭敏而言，里爾克給她印象至爲深刻、並對她詩歌創作造成實質影響的是他的「詠物詩」。據說里爾克受羅丹的告誡「像一個畫家或雕塑家那樣在自然面前工作，頑強地領會和模仿」，意識到藝術家的任務就是把外部現實變成藝術「物」，使其從本身的偶然性、模糊性和時間流變性中解脫出來〔註 7〕，因而學會了如何「觀察」，並完成了一批「詠物詩」，其中最著名的一首是《豹》。鄭敏十分細緻地解析了這首詩：

> 如果我們仔細地讀《豹》，我們就可以理解這種詠物詩的特點。它深刻地描繪了豹的生態，但在這十分客觀的描繪中卻貫穿著詩人的主觀意識。詩人透過自己的主觀意識去認識和解釋物的客觀性。在全詩裏讀者直接接觸到的是對豹所居住的鐵欄、豹的眼神、四肢的「緊張的靜寂」，眼皮的無聲的開閉，「極小的圈中旋轉」的動態與「中心一個偉大的意志昏眩」的靜態形成強烈的對比，等等。但那貫穿在這些客觀的細節的描繪之中的卻是里爾克的主觀的意識和情感，這就是對於一個被關閉在鐵欄後的充滿原始活力的豹，對於這隻失去自由的豹的掙扎、痛苦、絕望的無限同情和惋惜。〔註8〕

顯然，鄭敏是準確地領悟了《豹》及里爾克「詠物詩」的精髓的。在鄭敏看來，里爾克爲自己情緒的表達找到了某種「客觀對應物」，《豹》一詩中沒有情緒的宣泄，詩人的情緒被轉移到「物」（豹）之中而變得客觀化了，最終他的自我意念與他所觀察的對象達到了同一。這種詩思和寫作方式極大地激發了鄭敏，使她開始嘗試著捕捉在心底瞬間流過的情緒的音樂或思想的圖畫，而將之在一刹那定格。詩的雕塑品質便由此生成。這也正是唐湜把鄭敏喻爲「開放在暴風雨前的一刻歷史性的寧靜裏的時間之花」的原因——他以此對鄭敏詩作了堪稱別致的描述：「時時在微笑裏傾聽那在她心頭流過的思想的音樂，時時任自己的生命化入於一幅畫面，一個雕像，或一個意象，讓思想流涌現出一個個圖案，一種默思的象徵，一種觀念的辯證法，豐富，跳蕩，卻又顯現了一種玄秘的靜凝」〔註9〕。

〔註 7〕霍爾特胡森著、魏育青譯《里爾克》「譯者序」，三聯書店，1988 年版。

〔註 8〕鄭敏《英美詩創作中的物我關係》，見鄭敏《詩歌與哲學是近鄰——結構—解構詩論》，第 41 頁，北京大學出版社，1999 年版。

〔註 9〕唐湜《鄭敏靜夜裏的祈禱》，見唐湜《新意度集》，三聯書店，1990 年版，第 143 頁。

　　在鄭敏這裏，詩的雕塑品質並非單單爲了賦予詩的外形的「美」，而更在於，它作爲詩的內在骨架，透射出一種攝人魂魄的「眞」。對應著里爾克的《豹》，鄭敏寫出了屬於自己的「詠物詩」，如《馬》、《鷹》、《池塘》、《樹》、《獸》、《金黃的稻束》等；特別是《馬》，其觀察與詠歎的姿態同《豹》如出一轍：

　　　　這混雄的形態當它靜立

　　　　在只有風和深草的莽野裏

　　　　原是一個奔馳的力的收斂

　　　　藐視了頂上穹蒼的高遠

而里爾克的《詩人之死》、《囚徒》、《精神病人》、《老處女》等寫人之作，在鄭敏的《小漆匠》、《死難者》、《清道夫》、《殘廢者》等詩中留下了印痕。

　　格外值得比照的，是鄭敏盛贊不已的里爾克《古老的阿波羅軀像》和她本人的《垂死的高盧人（The Dying Gaul）》這兩首源於對大理石雕像進行觀察的詩。表面相似的是，二者都採用了格式和韻腳十分整飭的十四行體，都以第三人稱「他」這一顯得客觀的角度來呈現雕像的特徵；從深層來說，這兩首詩表現的詩人對於雕像的觀察，是一種剝離了雕像之浮華外表的「直觀」，這種「直觀」是對於「物」的原始靜觀，超越了「物」的表象的流動性和凌亂感而直抵「物」的核心。這裏所說的「直觀」是詩人的一種內心活動，它需要訴諸詩人的「特殊」感官——用靈魂去「看」，用眼睛去「聽」——藉此詩人獲得了關於雕像的更爲本質的「眞實」。事實上，對於鄭敏而言，一直到 1980 年代，像《豹》、《古老的阿波羅軀像》等作品所蘊含的里爾克式的詩思和寫作方式，仍然滲透在她的詩歌創作過程中，例如她寫於這一時期的《古屍（之一）》：

　　　　葡萄在枝上雖然美麗，

　　　　卻沒有像曬乾的果實

　　　　能抵抗時間的腐蝕，

　　　　白雪的皮膚，流星的雙眸，記憶

　　　　長存，而那血液、皮脂、

　　　　又怎能媲美於這純淨了的眞實

同樣的十四行，同樣的深入本質的「直觀」。通過特殊的「看」和「聽」，詩人從一具乾枯的「古屍」裏「看」出了「純淨」的「眞實」，「聽」到了永在

的美。

　　應該說，上述里爾克式的詩思和寫作方式對鄭敏詩歌的滲透，還只是鄭敏受里爾克影響的一個方面，雖然是相當重要的一個方面。在很多時候，鄭敏從里爾克詩歌裏所感受到的是一種詩歌精神的彌漫和與之心靈上的契合，她強烈地認同後者「深沉的思索和超越的玄遠」。比如在一次應邀談「一首影響最大的詩」時，鄭敏所舉的例子是里爾克的《聖母哀悼基督》，她認爲這首詩「短短的詩行，簡單的語言，卻捕捉到一個說不清的複雜，這裏是不可竭盡的藝術魅力，只有反覆閱讀，才能感受到它的震撼」〔註10〕。正是出於對里爾克詩歌精神氣質的認同，鄭敏對里爾克詩學的汲取才不僅限於詩思技巧的借鑒，而且看重她與這位異域詩人生命體驗的溝通。鄭敏在分析里爾克《古老的阿波羅軀像》時說：「從那大理石的軀體裏里爾克看見的是生命的光輝，像一盞燈樣從軀體的內部將大理石照得通亮，他認爲像的頭部雖神秘的遺失了，但阿波羅的目光卻仍透視著像的軀體」，「對於一尊殘缺的阿波羅石像，里爾克能感覺到這麼強烈的生命力的放射，說明詩人對生命的超常敏感」；她進一步分析里爾克晚年的《杜依諾哀歌》中的生命意識時認爲，「他敏感地領略到生命的崇高和寂寞，深沉的寂寞，使他轉向自然」，這「寂寞」恰好契合她的內心：「寂寞會使詩人突然面對赤裸的世界，驚訝地發現每一件平凡的事物忽然都充滿了異常的意義，寂寞打開心靈深處的眼睛，一些平日視而不見的東西好像放射出神秘的光，和詩人的生命對話」〔註11〕。大概是受這一生命意識的啓示，鄭敏寫出了她自己的《寂寞》：

　　　　我突然跌回世界，

　　　　他的心的頂深處，

　　　　在這兒，我覺得

　　　　他靜靜的圍在我的四周

　　　　像一個下沉著的池塘

而進入 1980 年代以後，里爾克詩歌「羅丹式的早期現代主義中閃爍著沒有熄滅的人類對靈性之美的追求和敢於承受失望的信念，以及在痛苦中存在的虔誠」，對鄭敏越來越猶如「星空外的召喚」，成爲她生命中不可或缺的精神滋

〔註10〕鄭敏《不可竭盡的魅力》，見鄭敏《詩歌與哲學是近鄰——結構－解構詩論》，第 58 頁。

〔註11〕鄭敏《詩和生命》，見鄭敏《詩歌與哲學是近鄰——結構－解構詩論》，第 418、419 頁。

養：「當物質和商業的龐大泥石流向我和我的周圍壓來，想填塞我們心靈的整個空間，我需要保持自己內心島嶼的長綠，這需要大量的氧氣和帶有靈氣的詩歌的潮潤。這時我深深感到里爾克的詩能給我這樣心靈的潮潤。從他的詩中我瞭解到他並不是一位遁世者，不是一位天眞的美感的追求者。他強烈地感受著人類性靈在世紀初受到的衝擊。當他所謂的金錢的繁殖力使他的精神世界受到壓力，人生的一些場景變成庸俗的噪鬧的遊藝場，他的豐富想像能將他帶入一個無人的星空，那裏只有已沉睡的逝者。」〔註12〕

與這種強烈的生命意識相對稱的，是詩歌中的「死亡」主題。在這一點上，鄭敏的早期和後期詩作均受到了里爾克的薰陶。早期如《死》（二首）、《時代與死》、《死難者》、《一九四五年四月十三日的死訊》等作品中所持的「『生』與『死』不就是割裂」，「『死』是最高潮的『生』」的觀念，即來自里爾克。後期寫於1990年的《詩人與死》（十四行組詩，19首），鄭敏自謂「受里爾克的影響很深」。毫無疑問，這種影響不只是「abab cdcd efg efg的里爾克常用的格式」「特別能滿足我對一首詩結尾的要求：或者進入突然絕響的激動，或者有綿延無盡的裊裊餘音中的無限之感」，而且更在於里爾克「將死亡看成生命在完善自己的使命後重歸宇宙這最廣闊的空間，只在那時人才能結束他的狹隘，回歸浩然的天宇」〔註13〕這樣的態度，深深地感染了她。可以看到，雖然鄭敏詩中關於死亡的談論還有某些現實的因子，但其深層更多地打上了里爾克式的形而上超越的烙印。

二、德里達：無意識與解構的蹤蹟

如果說里爾克主要是在詩思方式、生命體驗等方面，爲鄭敏詩風（尤其是早期）的確立起到了不可磨滅的作用的話，那麼，在鄭敏詩學探索後期扮演了非常重要角色的法國哲學家德里達，他的解構思想主要促成了鄭敏在思維模式、文化觀念等方面的轉變。當然，這種轉變還借助於威廉斯、布萊、阿胥伯萊等人的推動和啓發，鄭敏的詩學觀念也糅合了這些美國後現代詩人的影響。所有這一切發生在1980年代中期，在那時鄭敏實現了自己的某種轉向。鄭敏後來解釋說：「於1986年後很自然地從後現代詩學走向後現代的理論核心：解構主義。從那裏我找到了自己當前詩歌寫作的詩歌語言，結束了

〔註12〕鄭敏《天外的召喚和深淵的探險》，《世界文學》1989年第4期。
〔註13〕鄭敏《鄭敏詩集·序》，人民文學出版社，2000年版，第11、4頁。

40 年代的帶有古典後現代主義色彩的里爾克式的詩歌語言」〔註14〕。

　　據鄭敏本人講，她之與德里達的解構理論「相遇」，大約是在 1985～86年。自茲以後，德里達解構理論的「踪迹」便像游絲一般地滲入鄭敏的詩與詩學的言說中，成為她詩與詩學的內在結構和哲學支撐。不難發現，當德里達的解構理論進入鄭敏的期待視野之後，她後期的詩作中就不時地浮現德里達的「踪迹」之痕。例如《「詩的話語在創傷中」》這首詩，詩的副標題赫然寫著一個人名：J·德里達；針對這個人名，詩末有一小注：「見『書寫與歧異』64 頁，德里達轉述詩人 E·賈布語。」這清晰地表明了詩的標題的來源。賈布的「詩的話語在創傷中」這句話無疑深深地觸動了鄭敏，她對此進行了另一番詩的解說：

　　　　造物沒有允諾任何生命長生在

　　　　恒溫與不變的藍天、海洋

　　　　一切生命帶著自己的創傷

　　　　帶著詩的語言行走如飛翔，在大地、天空。

同樣，在《對自己的悼詞》和《早晨，我在雨裏採花》這兩首詩的末尾後，分別寫有「1990 年夏，時讀《書寫與歧異》」和「1990 年 8 月於清華園，時正在讀著德里達的《書寫與歧異》，遇到弗洛依德的話，有所觸動，寫此詩」的說明。而《早晨，我在雨裏採花》標題下所引的弗洛依德的話是：「在夢中字被當成物：words are often treated as things in dreams.」這一點，可以讓人進一步瞭解鄭敏後期詩學的更開闊的來源：經由德里達，鄭敏將閱讀的範圍擴展到弗洛依德、海德格爾、拉康等人；而從弗洛依德到拉康再到德里達，有一條清晰的承傳脈絡——弗氏的「無意識」的幽暗、深邃被改造成德里達的「踪迹」的無形、渾然。在《早晨，我在雨裏採花》一詩中，鄭敏展開了對「弗洛依德－德里達」哲學的詩化詮釋：

　　　　採集來的各種芳香和雨珠

　　　　我不忍將它們和自己一同

　　　　送入那陌生的幽暗，那裏

　　　　無人知曉的空虛浸沉，……

除這些不時閃現的詩意斷片外，更為重要的是，德里達的解構理論促成了鄭敏思維模式和文化觀念的更新。可以看到，從 1980 年代中期開始閱讀德里達

〔註14〕鄭敏《鄭敏詩集·序》，第 14 頁。

的著作起，鄭敏就有意識地把德里達的理論同當前思維、文化的轉變和創新聯繫起來。她首先要做的是對德里達理論的紹介和引入，先後就德里達及其解構主義思想寫了多篇專文，其中重要的有：《自由與深淵：德里達的兩難》、《知其不可而爲之：德里達尋找自由》、《解構思維與文化傳統》、《解構主義與文學批評》等。

在鄭敏看來，德里達對解構理論的奠基性功用體現在其「對西方形而上學的邏格斯中心主義與二元對立思維模式的批判」〔註15〕。德里達提出「多元、歧異、常變和運動」是宇宙萬物的「規律」，「多元」即是對中心論和二元對抗論的否定，前提是「歧異」（「差異」）的存在；而「『差異』這個詞在德里達那裏指的不是一般的差異，不是僅指具體的差異，而是指解構的『差異』，也就是他所說的『trace』（『踪迹』），指的是一種創造的能力，是在不斷運動的，本身無形，但能創造一切的能力。……這種運動就是他所謂的心靈的書寫」〔註16〕——這是一種「無形的、紮根在無意識中」的「心靈書寫（psychic writing）」。

那麼，什麼是解構理論中的「無意識」呢？眾所周知，「無意識」是鄭敏所敬佩的弗洛依德發現的。鄭敏指出，「這個無意識之中，是渾沌一片，沒有邏輯性的，用詩的語言來說，又是一種不存在的存在。它是無形的，而且是不固定的，但它裏邊卻積纍了許多我們的祖先和我們自身的文化積澱、欲望沉澱，任何不屬於我們的邏輯範圍，邏輯所不能包括的東西，都在這裏面。因此它可稱得上一個地下寶藏」，所以「無意識」是「靈感之源」和「語言的故鄉」〔註17〕。按照鄭敏的理解，「無意識」不僅在文化方面的意義十分明顯，而且對於詩歌創作的作用也是巨大的，她甚至以美國詩人布萊爲例，認爲一個「無意識的開拓時代」已經到來：「作家紛紛將他的敏感的觸鬚調向這個心靈黑洞，它時時爆發它的黑子，它是人們心靈中的太陽，包含著極大的原始能量，詩人們實驗著在詩裏捕捉它的輻射，揭開尙未開發的人的深層意識。」〔註18〕也正是在幽深的「無意識」之光的燭照下，語言的本性才嶄露出來：「寂然無語才是眞正的語言。語言的實質不是它的喧囂的表層，而是那深處的無聲，這深處在……混沌的無意識中，在『前語言』階段，在『無』（absence）

<hr />

〔註15〕 鄭敏《解構思維與文化傳統》，《文學評論》1997 年第 2 期。
〔註16〕 鄭敏《遮蔽與差異——答王偉明先生十二問》。
〔註17〕 鄭敏《詩歌與文化》（上、下），《詩探索》1995 年第 1 輯、第 2 輯。
〔註18〕 鄭敏《天外的召喚和深淵的探險》，《世界文學》1989 年第 4 期。

中」〔註19〕。鄭敏的這些論述可謂抓住了弗洛依德以降，以海德格爾、拉康、德里達等爲代表的嶄新語言觀的實質。像海德格爾嚴厲抨擊語言工具論，將語言工具論所掩蓋的語言多層性開發出來，揭示了語言的既顯現又遮蔽的二重性；拉康受到弗洛伊德「無意識」學說的啓發，著力強調語言的被壓制部分；德里達則發揮海德格爾的語言「顯現／遮蔽」論，提出了涵括語言的「在」與「不在」的「踪迹」之說，都是具有解構意義的現代語言觀。

　　不過，鄭敏認爲，雖然德里達極力主張大刀闊斧地進行全方位的解構，但他仍然懷抱著某種終極理想，追求「不可能的可能」。爲此，鄭敏特地寫了一首《詩人德里達的悲哀》：

　　　　德里達、哲學家、詩人
　　　　在玄學的高峰上降落
　　　　如一隻飛倦的山鷹
　　　　對著那永恒的深淵沉思
　　　　誠然，那哲學的他
　　　　拆毀了玄學家們的橋梁
　　　　滾滾的黑水仍在淵中翻騰
　　　　鷹的翅膀不是天使的白羽

　　　　然而飛越的欲望同樣燃燒
　　　　德里達，悲哀的詩人聽見美人魚的歌聲
　　　　扼不住的嚮往，那「不可能的可能」
　　　　仍在彼岸，仍在向他召喚〔註20〕

可以說，在德里達解構思想的洗禮下，鄭敏後期的詩歌創作和詩學言說得到了重新塑造。由此，她早期的「寂寞」「成熟」了：「假如你翻開那寂寞的巨石／你窺見永遠存在的不存在／像赤紅的溶岩／在帶著白雪帽子的額頭下／翻騰，旋轉，思考著的湍流」（《成熟的寂寞》）；這種「成熟的寂寞」被她表述爲一種「不存在的存在」：「只有寂寞是存在著的不存在／或者，不存在的眞正存在」。「不存在的存在」的說法正是解構理論浸染的結果，它指向的是

〔註19〕鄭敏《世紀末的回顧：漢語語言變革與中國新詩創作》，《文學評論》1993 年第 3 期。

〔註20〕鄭敏《自由與深淵：德里達的兩難》，見鄭敏《結構－解構視角：語言‧文化‧評論》，清華大學出版社，1998 年版，第 30 頁。

晦暗的「無意識」和游絲一般的「踪迹」。在鄭敏的後期詩作中，「不存在的存在」是一個十分重要的主題，如組詩《不再存在的存在》（1988）的標題——《梵高的畫船不在了》、《兩把空了的椅子》、《手和頭，鹿特丹街心的無頭塑像》——其中「不在了」、「空了」、「無頭」等語詞彰顯的恰恰是「不再存在的存在」。「不存在的存在」豐富、深化了「寂寞」的內蘊，並大大凸現了「寂寞」這一生命狀態的無形、無所不在和「無意識」特性。〔註21〕

三、西方資源與中國問題

梁實秋說：「我一向以為新文學運動的最大的成因，便是外國文學的影響；新詩，實際就是中文寫的外國詩」〔註22〕。這一70多年前的論斷也許過於直接，但的確道出了中國新詩發生發展的某些實情。不過，正如一位當代詩人所指出的：「中國現代詩人主要是以西方詩人為自我參照的。只不過對此我們大可不必憂慮：『漢語中的里爾克』已不是德語中的那個里爾克。中國詩人並不是在盲目模仿，而是出於自我建構的需要，在對西方詩人進行有意識的、富於創造性的『誤讀』與『改寫』」〔註23〕。倘若以此反觀鄭敏在里爾克、德里達等西方詩哲影響下所進行的詩學探索，便不難發現她的種種努力也是出於自身乃至中國新詩自我建構的目的——儘管在此過程中她不時顯出主體身份的焦慮。值得注意的是，在當前致力於影響研究的文學比較研究中，一種常見的做法是在影響源與被影響者之間尋找一一對應的「比附」關係。本文所作的梳理和辨析稍有不同，主要是力圖通過還原鄭敏與其西方資源的關聯情景，從中尋索出鄭敏在對西方資源的「創造性」轉換中表現出的中國眼光及其閃現的中國問題。

在一份自我陳述中，鄭敏如此描述自己半個多世紀所歷經的「詩的山水」：

> 50多年了，我漫遊在中西古今的詩歌山水間，幼年時聽長者吟誦古典詩歌，驚歎其雄奇典雅迴腸蕩氣。青年時崇拜新文化，開始讀30年代的白話詩，對它的清新如潺潺流水，抒情如林間微風的境界十分神往，40年代在美國攻讀英國詩歌，對16世紀的莎士比亞的濃

〔註21〕詳細論述可參閱拙作《試論鄭敏詩思與詩學言路的共通性》，《詩探索》1999年第1輯。

〔註22〕梁實秋《新詩的格調及其他》，原載《詩刊》創刊號（1931年）。

〔註23〕王家新《中國現代詩歌自我建構諸問題》，《詩探索》1997年第4輯。

　　郁，17 世紀玄學詩的深奧，19 世紀浪漫主義的廣邈天地都目不暇
接。但真正的驚訝和超越卻來自詩中的「畢加索」（艾略特）的「荒
原」與「四個四重奏」，詩中的羅丹（里爾克）的「致奧菲亞斯十四
行組詩」。從那裏我又漫遊入 20 世紀 70 年代開始的當代美國詩，雖
說這裏還沒有成熟的畢加索與羅丹，但那展現在腳下的一片如青藏
高原和戈壁沙漠的令人生畏的荒袤氣勢不能不令我重新認識詩歌的
潛力。〔註 24〕

這形象地勾勒了鄭敏數十年來縱情於「中西古今的詩歌山水間」的情景。那
麼，如何看待她在「中西古今的詩歌山水間」的這番遊歷特別是對西方的借
鏡呢？聯繫鄭敏多次談到的「要在吸收世界一切最新的詩歌理論發現後，站
在先鋒的位勢，重新解讀中華詩歌遺產，從中獲得當代與未來的漢語詩歌創
新的靈感」〔註 25〕，似可初步拈出一些蘊涵於她詩學探索中的「關鍵詞」。越
到生命的晚景，鄭敏「重新解讀」的願望越發強烈。

　　鄭敏曾說：「在骨子裏我的審美觀還是滲透著東西方的玄遠境界」〔註 26〕。
由此看來，東西方詩學中共有的「玄遠境界」是鄭敏所推崇的。基於這一觀
念，鄭敏在汲取西方詩哲的營養時，總是善於發掘它們在中國本土詩學文化
中的落腳點。譬如她偏重於里爾克的「深沉的思索和超越的玄遠」，同時「感
興趣的是如何從東方的哲學角度看德里達」〔註 27〕；她分析說：「德里達認為
語言是一種心靈的書寫，這樣語言所包括的就擴大到你整個心靈的活動，包
括感情的，和感情以外的思維甚至世間萬物的關係，也即老莊所謂的『道』」
〔註 28〕，這樣就把德里達的「心靈的書寫」與老莊「道」勾聯起來。因此，
鄭敏對德里達解構理論的引入，體現出兩個鮮明的向度：一是作為一種開放
的思維，為「重新解讀」中國傳統文化、語言提供某種新的認識方式，以此
勘察其可延續性和生長性；一是作為一種靈活的閱讀視角，激活人們對漢語
固有特性和內蘊的領悟，以期為中國新詩發展提供語言支撐點。

　　正是藉重嶄新的思維方式和語言觀，鄭敏認為，中國古典詩歌與文化雖
然在現實運用中已經退隱，但它們的「踪迹」總是無形地作用於現代、支配

〔註 24〕鄭敏《胡「塗」篇》，《詩探索》1999 年第 1 輯。
〔註 25〕鄭敏《中國詩歌的古典與現代》，《文學評論》1995 年第 6 期。
〔註 26〕鄭敏《鄭敏詩集・序》，第 14 頁。
〔註 27〕鄭敏《遮蔽與差異──答王偉明先生十二問》。
〔註 28〕鄭敏《詩歌與文化》（上、下），《詩探索》1995 年第 1 輯、第 2 輯。

著現代，它們積澱、彌漫在現代的骨髓裏，成爲一種「不在了的存在」；由此她「重新解讀」出中國古典詩歌和漢語的魅力，包括：「興」（「言外有音，言內有比興，興是最深的一種語言」）〔註29〕；「暗喻」（漢語的「全部細微的實質都建立在暗喻的潛層中」）〔註30〕；「漢字」（「漢字的結構不但表現了有形的動作，還通過有形的動作提示不可見的精神哲思、文化」）〔註31〕；「漢語」（「中華漢語文化的哲學，無論老莊儒道都有對模糊真理的包容傾向，雖程度不等，但多少超越狹隘邏輯思維的束縛，因此不追求嚴格語法，使漢語簡約而富彈性，有更開放的解讀空間，信息量豐富多元」）〔註32〕；等等。

「境界」是瞭解鄭敏「重新解讀」之鵠的的「關鍵詞」之一。這鄭敏這裏，作爲沾染了強烈的古老東方色彩的「境界」，是「中國幾千年文化的一種滲透入文史哲的精神追求，它是倫理、美學、知識混合成的對生命的體驗與評價」〔註33〕；「境界」就如同德里達所說的「踪迹」：它是「詩的魂魄，決定詩的精神高度；它本身是非具象的，是一種無形的力量，一種能量，影響著詩篇」；另一方面，它是「一種無形無聲充滿了變的活力的精神狀態和心態。它並不『在場』於每首詩中，而是時時存在於詩人的心靈中，因此只是隱現於作品中」〔註34〕。這顯然是一種融會了中西詩學哲學思想的理想化表述。

當然，對於新詩而言，所謂「中西融合」、「用西方闡釋東方」以及「橫向移植」（西方）和「縱向繼承」（傳統）等，並不是能夠一勞永逸的方案。不管怎麼說，當人們理解了鄭敏「重新解讀」的良苦用心，雖然也許會對她的某些激烈言辭抱有「矯枉過正」之憾，但不能不承認她的探索是富於啓示意義的。

〔註29〕 鄭敏《試論漢詩的傳統藝術特點》，《文藝研究》1998年第4期。
〔註30〕 這是鄭敏轉述美國語言學家範尼洛薩的觀點，見鄭敏《語言觀念必須革新：重新認識漢語的審美功能與詩意價值》（鄭敏《結構─解構視角：語言·文化·評論》，第84頁）。
〔註31〕 鄭敏《語言觀念必須革新：重新認識漢語的審美功能與詩意價值》，見鄭敏《結構─解構視角：語言·文化·評論》，第78頁。
〔註32〕 鄭敏《語言觀念必須革新：重新認識漢語的審美功能與詩意價值》，見鄭敏《結構─解構視角：語言·文化·評論》，第83頁。
〔註33〕 鄭敏《中國詩歌的古典與現代》，《文學評論》1995年第6期。
〔註34〕 鄭敏《試論漢詩的傳統藝術特點》，《文藝研究》1998年第4期。

卷　三

第十四章　宗教與中國現代文學的
　　　　浪漫品態

　　在中國現代文學的發展歷程中，宗教對作家的寫作發生著千絲萬縷的作用。往往，我們會透過中國現代文學的某些宗教書寫，在那片神秘世界裏體察到一種別具一格的浪漫精神。也許，從最根本的意義上說，浪漫精神與宗教具有更為內在的相通性，一種宗教體驗或情懷本質上就是一種飽含著浪漫激情的心理狀態：一方面，就宗教體驗所蘊含的情感特征和這種情感的強烈程度來說，它總是體現出濃烈的浪漫主義氣質；另一方面，就宗教體驗表現的從此岸塵世抵達彼岸世界的超越性特點來說，它又折射著鮮明的浪漫理想化色彩；此外，宗教世界特有的神秘美感，也在外形上與浪漫精神保持了一致。似乎可以說，在涉足宗教的多數中國現代文學作品中，其所顯示的主導意緒和傾向便是浪漫主義。因此，從中國現代文學的宗教書寫即中國現代文學與宗教的關係這一維度，來考察中國現代文學的浪漫品態及其情感質地、言述方式和審美特徵，應該有著特別的意義。

一、浪漫：中國現代文學與宗教的精神遇合

　　在這裏，中國現代作家的宗教感應對象，主要是來自異域的宗教特別是三大世界性宗教——佛教、基督教和伊斯蘭教。眾所周知，這三種宗教傳入中國的歷史並不算短，其中佛教甚至與中國本土文化相結合，形成了一種新的宗教文化「禪宗」，並成為中國傳統文化中的一種較為強勢的文化。但是，在近代以前，這些宗教尤其是基督教在中國文學裏並沒有充分的言述空間，

它們似乎尚未找到與文學相結合的恰當形式〔註1〕。只是到了 20 世紀以後，它們才開始作爲一種新的資源，濃重地進入中國作家的視野。

的確，中國現代文學史上不乏對宗教有所言述的作家。例如，我們所熟知的，分別有豐子愷、俞平伯、廢名、施蟄存等對佛教，冰心、老舍、蕭乾、林語堂等對基督教，霍達、張承志等對伊斯蘭教懷有濃厚的興趣，並大量體現在其文學作品裏。也有像許地山、無名氏等作家，其興趣所及，兼有佛教、基督教等各類宗教，不僅用文學形式予以表現，而且還進行過專門的研究。另外，還有從魯迅、周作人、胡適、郁達夫、張資平到巴金、沈從文、曹禺、穆旦、艾青直至昌耀、海子、北村、史鐵生的眾多作家，他們也與宗教有著或深或淺、或隱或顯的聯繫。至於文字上涉及宗教的作家更是不可勝數，這幾乎貫穿了整個 20 世紀中國文學發展的歷程。

不過，我們首先要弄清的是：在 20 世紀，宗教何以對中國作家產生了一種別樣的吸引力？或者說，中國現代作家及文學與宗教發生關係的歷史動因在哪裏？從 20 世紀文化語境來看，似乎可以說，中國現代作家對於宗教的熱衷和親近，一方面與世界範圍內的價值虛位和文化荒蕪感有關，另一方面也體現了中國文學在邁向「現代」過程中文化資源欠缺的焦慮。顯然，宗教——不管是佛教的所謂「復興」，還是基督教作爲一種現代西方文化的重新涌入，在很大程度上是作爲一種文化「補償」而引起中國作家關注的，它爲處於轉型期的中國文化呈示了新的文化價值的可能性，對於文學而言則是一種新的言說空間的開拓，一種新的意義方式的發現。

然而，通過檢視中國現代作家關於宗教的談論和宗教在作品裏的表現不難看出，他們所依憑於宗教的，不是一種參與實際行動的動力，而更多的是一種個體的精神性資源。因此，從最爲本質的動因來說，中國現代作家希冀在各類宗教那裏尋求的，乃是一種精神的避難所，他們急於解決的是作爲現代個體的信仰危機。當「一切都四散了，再也保不住中心」（葉芝）成爲人類靈魂的普遍生態時，中國現代作家無疑也感受到置身現代世界的精神迷惘，他們最終在宗教的世界裏，發現了一道靈魂苦悶的出口和一處療救精神創傷的栖息之地。就這一點而言，中國現代作家在心理上對宗教的歸依和他們的宗教書寫，便體現出鮮明的浪漫特性，或者說與浪漫主義具有「質」的同屬

〔註 1〕佛教要特別一些，它作爲一種已經「本土化」的文化，在中國古典文學裏有較多的表現。

性——因爲,逃向個人內在的精神或情感世界,用某種精神性的寄託來超越或塡補現實的缺憾,恰恰是浪漫主義的本質特性。可以說,浪漫主義的本質是中國現代文學與宗教發生歷史聯繫的「地平線」(Horizon),也就是說,中國現代文學與宗教在浪漫主義的意義上發生了精神性遇合。

　　同時,從精神資源來說,中國現代作家的宗教書寫,又汲取了富有宗教氣息的西方浪漫主義文學的養分:他們對於宗教感受的執著與痴迷、對於宗教價值在作品中的取向,極大地承續了十九世紀歐洲的宗教浪漫主義文學,例如40年代以建立「大宗教」爲其寫作理想的無名氏,他的作品的主題與思想底色便同德國浪漫派及其後裔(存在主義)有趨近之處,情緒抒發和語詞鋪排的恣肆之勢也並不遜於那些浪漫主義作品。更重要的是,他們以宗教提升個人乃至社會的精神境界的企圖,也與歐洲宗教浪漫主義文學如出一轍;他們在一片籠罩著宗教光環的文學世界裏,試圖以宗教精神的高潔和神聖,震落世俗的塵埃、消除人們心靈的迷惘,這在那些極端強調「清潔的精神」的作家(如張承志)身上表現得格外明顯。可以看到,中國現代文學的宗教書寫者們大都具有強烈的浪漫主義氣質,顯示出浪漫主義所獨有的以心靈爲基座、由內向外(外部現實)進行投射的向度和特性,最終導致文學沿著一架想像乃至冥想的階梯,抵達一片幻化的精神境域。總之,宗教進入中國現代作家的視野後,給文學帶來的是一派空靈的浪漫主義氤氳之氣,和一種超拔的精神動力。

二、宗教與中國現代文學浪漫品態的歷史特徵

　　在中國現代文學歷史上,有一條清晰而駁雜的各類宗教與文學互滲的發展線索。宗教在中國現代文學中的起伏消長的歷程,影響了其浪漫品態和特徵在不同歷史時期的表現。一般說來,宗教於中國現代文學誕生之際便在文學作品中有所表現,雖然20年代中期曾出現一場浩大的「非宗教運動」,但從20年代一直到40年代後期,宗教與中國現代文學都保持著密切聯繫,而在50年代以後,除極少數外中國大陸作家都對宗教諱莫如深,有關宗教的文學談論遷移到海外,直至70年代後期,中國現代文學與宗教的聯繫才漸漸恢復。

　　在20年代,浪漫派文學的重鎮是「創造社」那批以抒寫個人情緒爲宗旨的作家和詩人。值得一提的是,他們中的某些人或許並不認同宗教,但爲了浪漫的渲染而著意刻畫宗教氣氛,例如郁達夫的小說《南遷》由於宗教情景

的設置而更加顯出空蒙迷離的情調和古雅幽靜的詩境〔註2〕，田漢的劇作《靈光》以宗教情懷的鑄塑來構築如夢似幻的意境，王獨清的《聖母像前》等詩篇以對宗教主題的吟詠來烘托個人哀婉、淒清的浪漫意緒等等，這從一個側面反映了 20 年代作家因宗教因素的攝入而趨於浪漫寫作的情形。但在 20 年代作家中顯得十分特別的一個是許地山，他 20 年代的大部分作品如《命命鳥》、《商人婦》、《綴網勞蛛》及散文集《空山靈雨》等，往往因一層或深或淺的宗教情境的鋪設，而從整體上隱隱透出一股眩人眼目的蠱魅之氣，其作品最重要的特點是將宗教作為一種「靈性」的底色，因而呈現出一股清淡的浪漫色調。可以說，在 20 年代眾多吶喊著「為人生」的「血淚文學」的樹杈間，許地山以其充滿靈性的浪漫寫作開出了別樣的一枝。

在從 20 年代向 30 年代的過渡期間，由於受到嚴峻乃至嚴酷的現實環境的驅迫，作家們越來越難以在作品中流露他們的個人意緒、展示他們超然於現實的風姿了。即使一些作家在作品中摻雜著宗教的書寫，他們也更多地希望某種宗教因素的引入，能起到經世致用之功，因此，其間的浪漫氣息被大大削弱了〔註3〕。這方面比較突出的如老舍、巴金和蕭乾，雖然他們的很多作品如《駱駝祥子》、《二馬》、《滅亡》、《憩園》、《皈依》等，在主題和結構方式上都顯示出各類宗教（特別是基督教）資源的影響或與宗教文化的內在關聯，但這種宗教影響的現實指向是明顯的，他們的作品並不能被納入宗教浪漫型寫作〔註4〕。甚至有作家借用宗教題材或宗教的外形，對現實和宗教本身的不合理進行嘲諷與鞭笞，如田漢的戲劇《午飯之前》、胡也頻的詩《悲憤》、臧克家的詩《罪惡的黑手》等等〔註5〕。當然，也不能排除那種通過營造宗教氛圍而寄託浪漫詩性的情形，例如不大為人所注意的曹禺《雷雨》一劇的「序幕」和「尾聲」：「序幕」及「尾聲」的背景設置、場地布局乃至人物表情，無疑具有濃厚的宗教意味——那陰暗靜謐的庭院，那依稀飄渺的「合唱頌主

〔註2〕 參閱朱壽桐《情緒：創造社的詩學宇宙》，上海文藝出版社，1991 年版，第133 頁。

〔註3〕 以許地山為例，他後期的《春桃》等作品雖然滲透著宗教的影響，但總體色調和風格平實了許多。

〔註4〕 同樣，艾青的《一個拿撒勒人的死》、穆旦的《神魔之爭》等作品關於宗教的言述雖不乏浪漫成分，卻不是主要的，這是30～40 年代宗教書寫無可避免的一個趨勢。

〔註5〕 參閱王本朝《20 世紀中國文學與基督教文化》，安徽文藝出版社，2000 年版，第 39 頁以下。

歌同大風琴聲」，共同營造出一個神秘的富有詩意的氛圍；相對於《雷雨》正劇的激烈衝突而言，作者在「序幕」和「尾聲」中呈現的寧靜、舒緩的格調，保持了 20～30 年代文學與宗教浪漫精神的一些絲縷聯繫。

　　而到了 40 年代，時代環境的更趨嚴峻，導致宗教對文學的滲透方式和宗教與文學關係的格局進一步趨於現實化，同時也爲作家關於宗教的書寫注入某些新的質素。當大多數作家對宗教採取實用功利的態度，而在 40 年代文壇上紅極一時的作家徐訏、無名氏等，他們卻在作品中恣肆談論有關宗教的義理，並藉以敞露自己的浪漫意趣，譬如徐訏的《精神病患者的悲歌》、《彼岸》、無名氏的《塔裏的女人》、《無名書初稿》等，在絢爛的宗教色彩和奇幻的愛情故事的交融中，編織著一曲曲極富浪漫情調的「悲歌」。這裏有必要提到 40 年代名不見經傳的年輕作者鹿橋及其長篇代表作《未央歌》〔註6〕，在這部「以情調風格來談人生理想的書」裏，作者雜糅了儒、禪、道的理念及基督教的情調，通過塑造幾個具有濃烈宗教情懷的人物，來探討人生的理想和生命的眞諦。值得注意的是，《未央歌》裏大段哲理性議論和心理鋪敘，以及徐訏、無名氏作品中關於宗教的抽象談論，表明宗教在現代文學中的滲透已經逐步趨於「理念化」。這正是 40 年代文學宗教浪漫的一個特點。

　　進入 50 年代以後，中國文學中關於宗教的談論因特殊歷史境遇的抑制而變得相當稀疏，間或有涉足宗教題材的作品（如穆旦的《感恩節——可恥的債》、綠原的《重讀〈聖經〉》等），其主旨也鮮有許地山式的浪漫詩意和無名氏式的浪漫激情。甚至可以說，50 年代以後中國社會曾一度被人爲地導向一種虛假的信仰泥潭，文學也被一種宗教般狂熱的「僞浪漫主義」所充斥，在那些漫天飛舞的豪言壯語裏，眞正的宗教浪漫精神已經蕩然無存。這其間自然有諸多值得反思的文學本身的經驗。值得注意的是，這種對宗教噤若寒蟬的格局在 70 年代末至 80 年代初被打破後，宗教作爲一種文化資源，如同某些「解禁」後猛烈涌入的西方文學觀念、文藝思潮一樣，表現出迫切與中國文學取得聯繫的情形。這導致了 80 年代後宗教與中國文學的關係一方面顯示出多層次、多樣化的特點，另一方面又呈現極端化和泛化的趨勢，並引導了中國現代文學的浪漫品態朝著多種向度的發展。

　　在 70 年代末 80 年代初較早涉及宗教的有長篇小說《晚霞消失的時候》（禮

〔註 6〕　見《中國現代文學補遺書系・小說卷八》，明天出版社，1990 年版。相關論述參閱馬佳《十字架下的徘徊》，學林出版社，1995 年版，第 103 頁以下。

平）等作品，這些作品延續了 40 年代無名氏等人以宗教玄理的滲透或摻雜哲理性議論來營造獨特氛圍的特點，在較濃郁的宗教底蘊映襯下閃耀著某種理想主義光輝。80 年代以後，更多作家表現出對於宗教的興趣，其寫作也因受到宗教的影響而體現出浪漫的趨向，這種宗教浪漫的趨向在 80 年代的理想主義整體氣候中別有一番韻致。在諸如張承志、史鐵生、北村、霍達的小說和散文，以及海子、昌耀的詩歌裏，生命的意義被詩意地處置爲對某種宗教情懷的追尋，越來越強烈甚至虔敬的宗教感受，通過作家的精心勾畫而獲得了滿懷熱忱的表達，某種企圖超越紛擾的塵世、短暫的此岸的浪漫生趣，在文學裏重新出現了。這樣，中國文學的天地裏又重新泛起了一股由宗教意緒帶來的浪漫氣息。從 80 年代一直到 90 年代初，一些中國作家就在宗教的浸淫中將這股浪漫氣息推向縱深。儘管 90 年代以後，中國社會和文學世俗化的進程逐漸加快、程度日漸加劇，但置身於普遍的商業主義和大眾文化的浮囂中，他們或激憤或高邁的浪漫寫作仍然顯得卓然醒目。

三、宗教與中國現代文學浪漫趨向的複雜性

然而，中國現代文學因受宗教影響而產生的浪漫趨向，呈現出複雜多樣的特點。這是因爲，中國現代作家對宗教的接受和感應有其層次和取向的複雜性。具體表現在：第一，由於作家所關注宗教的類別和作家個體心性的不同，宗教本身的差異和心性的差異都會影響作家及其作品浪漫氣質的表現：或飄逸或激昂、或熱烈或沉靜。前一種情形比較典型的如豐子愷傾向於佛教和曹禺傾向於基督教，導致各自作品中浪漫表現的不同。而對於那些傾向趨同的作家如 80 年代的海子和昌耀（他們熱忱的宗教情懷具有共同的宗教泛化的意味），他們之間的不同儘管與一個借用《聖經》語言和句式（海子《太陽·七部書》）、一個吟詠佛教母題（昌耀《慈航》）有關，但更多地源於他們個體心性的差異。這種個體的差異也就是浪漫主義精神向度的差異。

第二，由於中國本土文化對作爲異質文化的宗教在接受根基上的闕失，更由於特定的歷史時代境遇的限制，對於多數中國現代作家來說，宗教的影響不可能像在西方那樣成爲一種感同身受的東西；這樣，中國現代作家在遭遇某一宗教後，他們的宗教體驗在作品中的呈現難免會發生某種變異，實質上是以漢語表達的特別樣式「過濾」和重新闡釋了宗教。以基督教爲例，在眾多關於基督教的談論中，周作人留意的是基督教之於中國文學（尤其是語

言）的可能意義，沈從文則把基督教情感等同於生命及「美」本身加以贊慕，林語堂運用「二分法」將基督教文化與漢民族情感區分開來以尋求他心目中人文理想的靈感，張資平從基督教找到了與沉淪主題、性愛衝突相對應的諷喻樣式，等等，都表現出對於基督教進行讀解的「本土化」意圖〔註7〕。這種似乎難以避免的「本土化」闡釋，在一定程度上消解了宗教所賦予文學作品的浪漫主義特性。

第三，由於具體的現實環境的牽扯，就大多數中國現代作家而言，其宗教體驗鮮有「超驗」的「終極」追問，宗教更多地被他們視爲一面用以觀照現實、審視自我的「鏡子」，他們掙脫不開沉重的現實肉身，因而遠離了西方宗教形而上和「絕對本體」的原初意義，爲自身的宗教書寫注入了某些現實歷史的情境和意味。這些現實和理性成份的加入，都在中國現代宗教書寫的浪漫模板上留下了一道現實的投影，極大地削弱了其浪漫表現的力度。當然，問題的複雜性還在於，有些宗教書寫者當他試圖以文學圖解、展示宗教義理時，其作品也許絲毫沒有沾染了宗教所應具的浪漫意味；而有些傾向於浪漫寫作的作家，雖然無意於宗教本身的探究，但爲了在作品中渲染某種浪漫的情調或意境，也較多地選用宗教題材或刻畫宗教的神秘氛圍，如前述的郁達夫、田漢等。

中國現代作家宗教接受和感應在層次和取向上的複雜性及其表現，使得中國現代文學在受到宗教影響後展示的浪漫品態，具有了某種自身的邊界。一方面，儘管中國現代作家對宗教的言述和這種言述在作品中的表現是一個顯而易見的歷史現象，並且從總體而言，宗教的滲入總會在這些作家的作品中抹上一層或濃或淡的浪漫色調，但是並非所有作家及其作品都能夠保持其浪漫特色，有些作家囿於現實因素制約而不知不覺地沖淡甚至抹煞了作品中的浪漫色調。另一方面，對於那些少數「眞正」沉醉於宗教體驗的中國現代作家——在他們身上，顯示出宗教浪漫主義獨有的稟賦和氣質，他們的作品並沒有因現實因素的干擾和浸濡而絲毫減退其浪漫色彩——而言，宗教如何作爲一種必要的「元素」介入到他們的寫作中，成爲他們進行文學表達的基本「程序」，他們的宗教體驗又如何浸漫到其作品中，構成了他們作品的浪漫意緒得以呈現的內在質地，則値得予以優先考慮。

〔註7〕　王本朝《20世紀中國文學與基督教文化》，安徽教育出版社，2000年版，第59頁以下。

通過上一節對中國現代文學宗教浪漫品態的歷史考察，結合對中國現代作家的宗教體驗及宗教在他們作品中表現結構和方式的獨異性進行分析，我們發現，在所有中國現代文學的宗教書寫中，大致體現出三個浪漫主義質點：其一，一些作家突出了宗教的「靈性」，他們更多地把宗教作爲文學作品的底色，從而其作品在整體上呈現出情趣和格調上的浪漫詩意（如許地山）；其二，一些作家極力張揚宗教浪漫寫作的「理念化」色彩和空想性質，並著力渲染其浪漫主義的詭異與神秘色彩（如無名氏）；其三，一些作家格外強調的是他們心目中宗教的精神高度，他們試圖以一種「清潔的精神」同其所置身的世俗世界進行對抗（如張承志）。必須指出，靈性、理念化和精神性這三個質點，事實上只是宗教書寫之浪漫品態的不同側面，但體現了中國現代宗教書寫浪漫品態的三個層次、三個階段；它們在涉足宗教的中國現代作家及其作品裏均有所表現，只不過在不同作家那裏側重點和程度不同而已。

四、宗教困境與宗教浪漫寫作的衰微

毫無疑問，宗教對於中國現代文學的影響及其浪漫品態的表現是有其內在局限的。如前所述，投射是中國現代宗教書寫的向度和特性，投射指示了中國現代作家由內向外傾力鋪寫個人情緒、體驗和想像的姿態。他們在靈魂的曠野奔走呼號，期待抵達精神的彼岸。可是，在一個世俗社會裏，宗教（哪怕僅僅作爲一種體驗）難免遭受各種力量的擠壓而趨於萎縮乃至破碎，宗教的處境直接影響了作家關於宗教的談論。同時，對於中國現代作家而言，他們身處的歷史和文化深深地制約著他們，各種世俗經驗的衝擊和現實因素的規限，致使他們的精神性投射或超越最終無法指向某種「終極」，而是重重地返回到現實大地。也就是，某種「超驗」維度的匱乏，導致中國現代宗教書寫最終無法像西方的宗教書寫那樣，將自身心靈世界的精神高度推向「無限」，無法掙脫與現實文化語境相互糾結的關係；而某些宗教書寫表現出的極端排他性，也使得個人內在世界受到偏狹的拘束而難以保持應有的活力，而逐漸陷於枯竭。這些無疑極大地影響了中國現代文學宗教浪漫主義的發展前景。也許，中國現代宗教書寫所體現的浪漫精神會因宗教自身的困境而悲壯地走向末路？

事實上我們已經看到，在整個 20 世紀中國文學中，那些受到宗教文化觀念浸潤的作家無不顯得卓然醒目和獨異（當然，一個作家的獨異還可以通過

其他方式顯示出來）。他們在宗教神性（或神秘）力量的驅使下，難以抑制沉醉迷狂的體驗，也難以掩飾某種超然飄逸的精神氣質，其作品因受到這種體驗和氣質的感染而呈現別樣的型構和質地。顯然地，他們的寫作為中國現代文學注入了浪漫主義新質，並以此在自身與其他寫作（包括浪漫寫作）之間劃出了一條界線。不過，也應當指出，由於身處現代文化的特定境遇，中國作家的宗教書寫在表現出浪漫趨向的同時，又具有明顯的理性特徵，中國作家的宗教選擇實際上包含了很大的理性成分。因此，毋寧說我們在20世紀中國文學場景裏，所觀察到的是一群理性的宗教浪漫主義者。他們作品裏大量充滿激情的宗教議論與感喟所體現的理性浪漫，又映襯出這批作家生存的孤獨──在一個非浪漫化時代裏的堂·吉呵德「荷戟獨徬徨」的孤獨。這也可以說是20世紀中國宗教浪漫寫作的總體形象。

　　不唯90年代以來的世俗化浪潮，中國作家所置身的整體文化處境和他們所依憑的宗教本身的限制，也在很大程度上約束了中國現代宗教書寫的進一步延展和浪漫氣息的散發。以張承志為例，沒有人懷疑張承志宗教信仰的真誠，但一旦當某種宗教偏狹阻滯著交流，淹沒了寫作甚至棄絕了文學本身，宗教浪漫寫作自身所內蘊的自我瓦解因素便體現出來〔註8〕。這樣，這種宗教書寫會無可迴避地走向衰微，最終它所蕩漾的浪漫精神也將消失殆盡。另一方面，自90年代以來甚至更早些時候，包括文學界在內的中國文化知識界一直不乏關於宗教的興趣和言述〔註9〕，他們從事著與宗教有關的種種活動（包括出版等等），人們對宗教的熱忱以另外的形態表現出來，從而顯示出宗教泛化的趨勢，當然他們所做的一切似乎已與宗教的浪漫精神無關。除此以外，在我們看來，中國現代宗教書寫最根本的問題仍然在於某種「超驗」的匱乏──即使像張承志已經皈依了某種宗教，他的個人體驗可以上升到「那比宇宙更遼闊比命運更無常的存在」，但其言述更多地與文化、民族等主題勾連在一起──顯然，這一致命癥結限制了宗教滲透下的中國現代文學浪漫品態的進展。

〔註8〕　參閱顧廣梅《朝聖之旅中的浪漫迷途》，載《小說評論》1998年第3期；鄧曉芒《靈魂之旅：九十年代文學的生存境界》，湖北人民出版社，1998年版，第46～69頁；陳思和等《張承志：作為教徒和小說家的內在衝突如何統一？》，見《理解九十年代》，人民文學出版社，1996年版，第65～84頁。

〔註9〕　劉小楓《「文化」基督徒現象的社會學評注》，見《這一代的怕和愛》，三聯書店，1996年版，第215頁以下。

第十五章　1940 年代文學對苦難的言說

一、時代的苦難主題及其言說

　　20 世紀 40 年代對於中國文學來說，是一個痛苦與詩情相互激蕩、死亡與新生相互交替的時代。一方面，現實將死亡和傷痕突兀地展現在人們面前，戰爭的火光把每一個人的心靈和面影映照得分外清晰：「這次的戰爭已然成為中華民族生死存亡的主要樞紐，它波及到的地方，已不僅限於通都大邑，它已擴大到達乎中國底每一纖微，影響之廣，可以說是歷史所無」〔註1〕；另一方面，置身於這場關係到民族生死存亡和命運前途的戰爭漩渦中，多數作家自覺地承擔起以文學抒寫時代這一嚴峻而緊迫的歷史使命，正如詩人艾青在此際的一則「詩論」中寫道：「在這苦難被我們所熟知，幸福被我們所陌生的時代，好像只有把苦難能喊叫出來是最幸福的事……」為此他向詩人們發出吁請：只有「置身在探求出路的人類當中，共呼吸，共悲歡，共思慮，共生死，那樣才能使自己的歌成為發自人類的最真實的呼聲」〔註2〕。

　　在這樣一個特殊的時代，苦難不僅作為一場人人難以避開的民族遭劫逼進作家們的生活真實，而且成為文學的最慎重和最宏大的主題。隨著北平、上海、南京、武漢等文化中心的相繼陷落和大片國土的沉淪敵手，栖居在這些文化中心的現代作家們，開始了新一輪的不同尋常的分散與聚合。一批作

〔註 1〕　羅蓀《「與抗戰無關」》，1938 年 12 月 6 日重慶《大公報》。
〔註 2〕　分別引自艾青《詩論・服役》（見《詩論》，桂林三戶圖書社，1941 年）、《詩論掇拾》（載《七月》第 3 集第 5 期）。

家紛紛踏上顚沛流離的旅程，向陌生的環境和未來進發，這旅程於他們不啻是一次「煉獄」之行；也有相當一部分作家留守甚或返遷原地，以巨大的韌性和毅力經受著國難家愁的煎熬，對他們來說這經歷簡直就像一場「夢魘」；而一批批新生的文學力量在苦難的土壤中孕育、萌生，懵懂地進入了探尋……在這期間，有人沉默，有人堅持；有人在苦悶裏沉思，有人在奔走中呼號；有人憂鬱深邃，有人激昂慷慨。苦難成爲一道投影，在每一位作家心底烙下了或深或淺的傷痕。

從根本上說，正是苦難更濃重、更直接的加入，才使得作家們離現實社會人生靠得更近，也更能以一種憂患的意緒去思索民族的命運和民眾的生活。但作家們生存境遇、生活視野及寫作旨趣的差異，導致這一時期文學對苦難的書寫呈現出不同的面貌。這體現在他們作品中便是或含蓄、隱逸、凝重，或活潑、明朗、輕快的言說。眾所周知，由於戰爭的原因，整個國土被分割爲三大版塊：淪陷區、國統區（大後方）和以延安爲中心的抗日民主根據地。在我們看來，這三個地區的客觀存在，是影響作家以殊異的文字言說苦難，從而顯示複雜多樣、紛紜變幻形態的重要原因。本文的題旨並不在於，依照一般文學史關於這一時期文學「三大版塊」的論述模式，去考察作家們對於苦難的言說及其表現，而是剖析處身在不同境遇中的作家們，如何立足於這個時代的普遍的苦難意識，展開對於自我（個體）和時代的積極吟唱，如何在這種吟唱中以迥異的方式和風格，顯示出漢語文學所具有的生命強力。在這裏，作家自我（個體）與時代的內在張力，構成了他們以吟唱朝向苦難而使之得以嶄露的驅動力，這一內在張力的強度的不同，則是區別作家們言說方式的重要標識。

實際上，越過對於文學現象的表面考察，「三大版塊」之說不僅爲描述四十年代文學格局提供了便利，而且也的確指向了這一時期文學言說苦難的不同方式：隱忍、沉潛、敞亮。比如，對於那些以堅韌和勇毅留守在沉淪凍土上的作家們來說，他們所能作的只是，通過隱忍、曲折的方式保存住民族文學的命脈，並間接對侵略者顯示出「心理的反抗」。因而苦難意識在淪陷的國土上體現得最爲顯明。不過，由於淪陷時期的不一以及各自現實政治格局和文化類型的差異，淪陷地區的文學從北到南（東北、華北、華東、華中南）顯示出並不相同的形態和發展階段。其中，東北淪陷區的作家們是在殖民者的高壓與懷柔的密網中，懷著沉悶的痛楚和執著的韌性，言說著民

族的深重苦難。華北地區在淪陷之後，文學的脈流因突然的嗆止而頓時中斷，經過令人窒息的凋蔽和沉寂後，在稚嫩的「校園文學」的促動下漸漸復蘇和延展。這裏的文學仍然走著一條在強大政治壓力和文化籠絡下步履維艱的道路，作家們進入了更深的內在生命的「沉潛」，並以此展開對於時代的思考和言說。華東重鎮上海在失陷前有過一段短暫的抗戰文學和特殊的「孤島」文學時期，1941年上海失陷後，圍繞著有愛國進步作家「堡壘掩體」之譽的《萬象》月刊和《文藝春秋叢刊》，一大批優秀的作家繼續從事創作，通過對歷史和傳統文化的反省來敘述國難當頭的內心鬱苦，或以輕鬆自如的日常抒寫來遣發個體靈魂的憂心。這些堅韌的寫作一直持續至「文藝復興」的到來。

而在大後方，處於偏遠一隅的昆明文學顯出與眾不同的個性，此際昆明以它的相對偏僻爲作家們提供了一個歌吟時代苦難的場所，從而爲這一時期的文學供奉了一個朝向苦難在超拔中更深入地去思去介入的典範。儘管身在昆明的沈從文力主作家應遠離政治，要「在作品中鑄造一種博大堅實富於生氣的人格，使異世讀者還可以從作品中取得一點做人的信心和熱忱的工作，使文學作品價值，從普通宣傳品而變爲民族百年立國的經典」〔註3〕，但事實上沈從文以及所有身在昆明的作家詩人們，決非企圖在亂世尋求靈魂的寧靜和超脫，而是以獨特的言說去關注時代、憂心民眾、介入現實的。他們的言說方式顯出幽邃雋永的氣質。這一時期昆明文學的成就，集中體現在西南聯大校園內一群頗具潛力的詩人們的創作中。這個以馮至、卞之琳爲首，集結了穆旦、鄭敏、杜運燮等青年學生的「西南聯大詩人群」，以各自富有個性的言說將他們的獨特聲音彙聚到抗敵禦侮的愛國洪流之中。

雖然戰火沒有涌進延安根據地，但那裏的作家們卻以更大熱情去反映戰爭給民族和人民帶來的災難。在很多來到根據地的作家們眼裏，這裏無疑是洋溢和煦陽光的另一番天地。但自由的空氣並沒有讓他們耽溺於其中而放棄對苦難現實的思考，恰恰相反，根深蒂固於他們內心裏的憂患意識，促使他們更爲直接地抒寫苦難。他們對時代和現實太貼近了，他們太急於表達自己內心的籲求。不過，根據地的特殊環境和文化氛圍要求作家們按照一定的規範進行表達，這就是大眾化通俗化的要求：他們必須面向民眾，以民眾熟悉的方式傾吐民眾的心聲，這使得他們的言說只能是民眾所「喜聞樂見」的。

〔註 3〕沈從文《文學運動的重造》，1942年10月《文藝先鋒》第1卷第2期。

他們所需要的不再是凝重，而是輕快，也不再是消沉，而是樂觀。這便意味著，作家們應該進行角色的自我調整，努力消彌自我與民眾的距離。這正如一位在延安的作家所說的：「要把變動著的人生的多面，描寫在有力的、有趣的、詼諧的、有生氣的形式中，造成我們時代一部風俗史。」〔註4〕然而，對於那些流徙到根據地的作家來說，這種調整與消彌的過程必然夾雜著痛苦與遲緩，最終他們或早或晚地融入了那條純一的大眾化、通俗化道路。

二、隱忍：凍土上的靈魂訴說

可以毫不誇張地說，苦難最為深重的淪陷區的文學，是最能讓人看到一個民族堅韌不屈的心靈掙扎、奮鬥的歷史的，更可以「明瞭人類在廣大的宇宙間是怎樣的生存著，更可以聽見弱者們的低吟是怎樣在垃圾堆上和陰溝打滾」〔註5〕。在沉淪的凍土上，憂患意識普遍地存在於每一位關注民族命運的作家心裏。這期間，尤為難能可貴的，是那些在黑暗的甬道里以默默耕耘、辛勤開拓換來黎明的曙光的先驅們。

縱觀整個淪陷區文學的進程，有兩類明顯相悖的走向並行發展著：一方面，由於戰爭和環境的脅迫，一些作家轉向對自我或個人境遇的關注，他們在對日常生活甚至富有傳奇色彩的想像的描繪中，展開了對於生命、存在的深入思考，這與大後方昆明等地的文學具有一定的共通性；另一方面，一些更具憂患的緊迫感的作家，則立足於苦難時代的現實生活，倡導「正視現實，揭露現實」的「鄉土文學」，他們的倡導又與其他非淪陷區的文學找到了某種遇合。因此，淪陷區文學走著一條在多元悖立中尋求認同和融合的道路。而淪陷區與其他地區文學的相似性也僅限於某些側面，二者之間存在著更多的不言而喻的差異性。並且就作家的整體流向來說，留守淪陷區的作家在後期有向大後方、根據地（解放區）轉移的趨勢，極大地改變了整個戰爭時期的創作格局。

誠然，由於採取隱晦和曲折的表達方式，淪陷區（特別在東北）文學的基調是凝重、沉渾甚至灰暗的。以小說為例，作家們筆下的人物大多是些被侮辱、受損害、遭踐踏以至在死亡線上掙扎的苦難者形象：他們生活在民族災難最為深重的年代裏，或處於飢寒交迫，或被投入監牢，或在哀哀無

〔註4〕周立波「名著選讀」講授提綱。此講稿後由林藍整理，連載於《外國文學研究》1982年第2～4期。
〔註5〕戈白（白朗）《文學的使命》，1934年1月《國際協報·文藝》創刊號。

告的惶惑裏偷生，或在走投無路的絕望裏死去。作家們極為真切地描繪了苦難時代的廣闊無垠的沉淪之境。他們的作品是飽含了憂患的血淚的，因而也顯得陰鬱灰暗，但「這暗裏該是如何隱藏著一束向上的靈魂的痛苦」（山丁語）呢？

「這是命運——它們從毀滅中描畫著一種時代的風貌」〔註6〕。的確，假若沒有這場戰爭的威脅，很多人或許不會更多地留意到「毀滅」。正是在戰火的映照之下，「毀滅」才成為司空見慣的日常事件，才會作為關涉每一個體生存的日常感受，而進入作家們的關注視野。特別是，毀滅之後的新生，失去之後的復得，更令人常常陷入悲喜交加的境地：在這一時刻，過去的不斷消逝的記憶細節，眼前正在延伸的生活場景，都以一種全新的面目出現，激發著作家去「重新」體驗和敘說。這是在經歷了生命的大破壞和大劫難的洗禮之後所獲得的全新感受和眼光。

對於淪陷區的作家來說，這種「脫胎換骨」式的轉換來得格外強烈。毫無疑問，置身於淪陷區的特殊環境中是需要一種「異樣的智慧」的。異族的奴役和壓制無異於「煉獄」的煎熬，作家們彷彿處在沉悶而布滿恐怖的「夢魘」之中。但是，對「夢魘」的對抗性表述不得不是隱晦而曲折的。於是一些作家將目光轉向自我內心，沉入了對於個體生存本原和歸宿的初始性追問：他們或在對自然的親近與在對日常情趣的體味裏，或在對記憶的發掘甚至在對奇詭想像的描繪中，展開苦難時代之中個體苦悶的傾訴；這些傾訴帶著個人抒情的真實性和獨特性，折射出「夢魘」歷史的曲折性和複雜性，感染上了濃重的時代色彩；這些傾訴是融彙了國難家愁與自身苦悶於一體的，從而在「毀滅」的大背景下，通過日常情景的敘述顯示出積極的憂患意識，體現了日常生命的內在深度。

淪陷區（尤其東北、華北）文學有一個值得考究的現象就是，各地的作家「不約而同」地致力於「鄉土文學」的倡導，並使之成為貫穿整個淪陷時期的不可遏止的文學潮流。一般認為，此際「鄉土文學」口號的提出，經歷了起源於臺灣、蔓延於東北、回響於華北的嬗變軌迹。雖然各地對於「鄉土文學」的界說和闡釋並不一致，但都體現出一個鮮明的共通性：對苦難現實的逼進（突進）。應該說，「鄉土文學」的勃興在淪陷地區有其深厚的歷史和現實根基，處於沉淪之中的靈魂往往更渴求「我鄉我土」的撫慰，這是顯然

〔註 6〕柯靈（司徒琴）《遺事》，1942 年 10 月《萬象》第 2 年第 4 期。

的；更重要的是，其鄉土意識總是寄寓了強烈的民族意識和社會意識在其中的。從更深層面來看，「鄉土文學」的意義其實也在於喚起作家們自身的民族良知和民族熱情：「鄉土」所蘊積的沉渾氣息，對於那些在劇烈的民族動蕩中迷失了精神家園的作家來說，無疑是一種摯情的呼喚。事實上各淪陷區的「鄉土文學」相當顯著地，一方面是根據「在現實主義的條件下，暴露現實，分析現實和指導現實」的倡議提出，另一方面也是被用來「克服今日一些悲觀主義和虛無主義的氣氛」的。當然最主要的是創作本身「要正確的認識現實，把握現實，而且在形式和內容上，要徹頭徹尾的現實主義和具備民族底的與國民底的性格」〔註7〕。

值得注意的是，此際「鄉土文學」的崛起，多少與一批帶著濃郁東北鄉土氣息的作家如袁犀、梅娘、山丁等入京有關。當然土生土長的關永吉、聞國新、馬驪等在其間起著關鍵作用。上官箏（關永吉）率先「揭起鄉土文學之旗」（他的同題文章），隨即引發一些刊物展開「鄉土文學」的討論，就將關東的鄉土之火蔓延到華北文學中來了。這場討論最終歸結到文學要「擴展視野，抓取現實」這一點上，從而顯示出強烈的現實主義精神。上海失陷後，一些作家在苦悶的壓制下轉向日常或自我的言述，但更多的作家則執著於對現實生活的體驗和表達，創作出了眾多真切、厚重的精品。這一時期的代表作家有師陀、唐弢等，他們的創作思路連綿著同鄉土的親緣關係：「馬蘭是我們鄉下的一種野草，夏天開青蓮色花⋯⋯它的生命力很頑強，如果不有意挖出來，它是很難死的。」〔註8〕這種與鄉土的內在關聯成為作家開拓新的創作視域的精神性骨架。

正如「越是質樸堅實的土壤中才會生出硬花果」（山丁語），顯而易見，支撐著各淪陷地區「鄉土文學」的是那裏遼闊的地域和人文環境，這一點在東北「鄉土文學」作家群體中表現得格外突出。山丁、秋螢、關沫南等以他們深沉的筆觸，寫出了那塊黑色沃土上的生命的強悍，通過對土地苦難的沉思探入對民族存亡的憂患：東北地域那凍天雪地莽莽荒原的自然原始性、特殊歷史氛圍的拓荒性以及東北民眾天然的集體主義精神，都彙聚在這場民族大災難中，激發著作家們的言說衝動，也極大地影響了他們創作中的人物塑

〔註7〕 上官箏《揭起鄉土文學之旗》，1943 年 7 月《華文大阪每日》第 11 卷第 1 期；《關於鄉土文學諸問題》，1944 年 1 月《中國公論》第 10 卷第 4 期；《鄉土文學的問題》，1943 年 6 月《中國文藝》第 8 卷第 4 期。

〔註8〕 師陀《談〈馬蘭〉的寫成經過》，《百花洲》1982 年第 3 期。

造、情節編構和語彙擇取等，使他們的作品大多躍動著粗獷、野性然而質樸的生命風采和人性意味。這種強悍的關東氣息甚至波及華北文學的鄉土走向。當袁犀、梅娘等（後來還有山丁）遷入舊京重新開始寫作時，他們的腦海裏無疑保留著對於故土的沉渾記憶；他們的作品仍舊鼓蕩著那塊沃土濃烈的高粱醇香，混雜著華北平原上特有的寬闊遼遠的氣象，以及北平都市的古老風味。他們愈來愈遠的文學探索無法擺脫這股鄉土情愫的牽扯。

　　儘管如此，鄉村仍然是所有鄉人難以斬斷的生存之根和精神家園，《落日光》裏那位「有福的」先生，經歷了近半生的漂泊和坎坷後，最終還是宿命般地重歸舊里，在那片故土廢園裏找尋迷失已久的魂魄，安放相隔久遠、早已褪色的情感歸宿。師陀來到上海後，仍將自己保留在心底的鄉村記憶溶入創作當中，寫出了一批圓熟的上乘之作，其中最引人注目的是《果園城記》。這部包含了 18 篇小說的集子，記述的是一座封閉自足的小城裏發生的故事，這座小城被作者看作是「中國一切小城的代表」（見該書「序言」），它的安適和恬靜裏演繹著形形色色的生死和悲歡，全部人生世相盡現其中。這些小說的整體基調是親切裏含著悲涼、慨歎中夾著鞭笞的，處處涌動著遠眺故鄉的思念意緒，閃耀著歷盡滄桑後的感悟靈光，表達了處在災難中的作家對於民族性格、命運的反省和憂憤，顯示出濃厚的鄉土底蘊。

三、沉潛：偏於一隅的生命憂思

　　抗戰初期，戰爭的硝烟還沒有彌漫進尚處在大後方的昆明。此際，昆明的特殊歷史地位就在於，由於它暫沒有遭受戰火的浸染，因而成為許多重要的機構特別是文化機構的避難之所。1938 年春，由原北京大學、清華大學、南開大學於 1937 年 11 月組合而成的長沙臨時大學，因戰爭形勢的進一步惡化，遷到了昆明，在原有基礎上成立西南聯合大學。西南聯大的成立，為處於偏遠一隅的昆明輸入了新鮮的文化和學術空氣，把本屬於北平天津文化傳統的「士大夫氣和『一二・九』精神」（馮至語）一起帶到了昆明。應該說，這是特定歷史境遇賦予昆明的特殊文化機緣和使命。當時，聯大的校舍是簡陋的，生活和教學條件十分艱苦，整個外部環境也相當惡劣，但那片窄小的空間卻雲集了各個領域的精英；人們同甘共苦，為傳播知識、延續真理不辭辛勞，在大的戰爭環境裏營造了一個相對獨立的濃郁的文化和學術氛圍，體現了苦難時代的真正良知和精神。

　　戰爭中的昆明文學，正是在這樣的時代背景下孕育而生的，並在後來的發展中顯示出頑強的生命力，閃耀著眩目的光彩。這裏所說的昆明文學，主要指西南聯大廣大師生積極參與下的文學。因特殊的地理環境所導致的昆明文學的特殊性也由此顯現出來：與戰爭中其他地域的文學有別的是，昆明文學中沒有太多張揚和吶喊的文字，而是以一種冷峻的筆觸展開了對於歷史、時代的沉思，從而折射出鮮明的學院氣息。當然這是從總體而言的，在昆明文學的內部和各個階段，又呈現出各自不同的特點，這是不言而喻的。

　　值得注意的是，昆明文學的這種創作傾向很大程度上得自於西南聯大文學院教師的學術構成的影響。當時文學院下設中文系、哲學系、外文系和歷史系等。哲學系、歷史系中有以文學院長馮友蘭為首的一批著名哲學家和史學家，如馮友蘭、錢穆、吳宓、陳寅恪、金岳霖、賀麟、吳晗、湯用彤、張蔭麟、王憲鈞等等，他們在這個時期出版的一些著作體現了學者們身處戰爭環境的哲學思考。其中，馮友蘭的「貞元三書」(《新理學》、《新事論》、《新世訓》)，顯示了對儒家哲學在新的歷史時代的重新審察，特別《新理學》一書，既開創了他本人理論的新紀元，又以「對於人類精神生活的反思」極大地左右了當時人們的思想觀念。可以說，昆明文學的整體流向和作家們的創作態度，與同一時期哲學思潮的滲透是分不開的。或者說，恰恰是昆明的特殊的時代和地理環境，促成了這一時期有代表性的哲學思潮和文學創作的共同趨向的形成。

　　另一個不容忽視的影響因素是西方現代主義文學思潮的浸漫。當時在聯大中文系任教的教師中，有相當一部分曾留學歐美，他們在異國經受潛移默化後帶回了迥乎從前的創作風尚。而英國詩人燕卜遜常年在聯大任教，講授英國當代詩歌，並將重點放在對艾略特等現代主義詩人作品的解析（他所講解的其中一位著名現代主義詩人奧登則在後來也來到了中國），更是以其言傳身教直接把異域熏香帶入了昆明文學，學生中穆旦、杜運燮、袁可嘉、王佐良等在他的感染下，創作取向很自然地轉向了西方現代主義，其中影響最大的現代主義詩人有里爾克、艾略特、奧登等。因此，昆明文學（詩歌）在藝術上呈現出鮮明的現代主義特色。並且，這一特殊環境下孕育而成的現代主義思潮，給整個現代文學進程提出了一個新的課題，那就是，現代主義作為一種「異質」物，如何真正在中國本土紮下根來並獲得其生命力？昆明文學中的「西南聯大詩人群」的啟示無疑是深遠的。

　　但從總體上看，表現最爲突出的是在馮至、卞之琳的帶動下，影響了一大批青年學生的「西南聯大詩人群」。他們在特定的歷史時代環境中，以自己獨立的思考和言說，表達了對於特定時代中的個體生命、存在的透視，並讓自己的聲音融入到整個民族抗爭的吶喊聲中——也就是說，他們如何將自身的內在氣質與那個動蕩歲月所需要的思眞正溝通起來，從而達到了一個全新的創作高度。正是有了這樣的氛圍和陣地，西南聯大的詩人們被凝聚爲一個富有特色的詩歌群體（儘管是非自覺意義上的）。新詩發展史上佔有重要地位的《十四行集》（馮至，1942年，明日社）、《十年詩草》（卞之琳，1942年，文化生活社）、《慰勞信集》（卞之琳，1940年，明日社）、《探險隊》（穆旦，1945年，文聚社）相繼在這一時期出版，這些都是昆明文學的重大收穫。而從某種意義上說，「西南聯大詩人群」構成的不僅僅是一個地域文學現象，而且更具有整個文學史意義。

　　《十四行集》體現了昆明文人特有的精神氣質和人格情懷。在寂寞的昆明小城和它周圍更爲沉寂的荒野，似乎只有對時代、人生和宇宙的不倦沉思，才更符合知識分子的內在良知。這一點在小說家沈從文身上也表現得非常明顯：當他久久面對自然萬物而「單獨默會它們本身和宇宙的微妙關係」時，「無一不感覺到生命的莊嚴」，於是「因之一部分生命，竟完全消失在對於一切自然的皈依之中」了〔註9〕。當然，在西南聯大校園內，也還有另一類詩歌風景，這就是卞之琳《慰勞信集》作出的嘗試——「用現代主義的詩歌藝術，寫出中國抗戰的現實生活」（唐祈語），從而在另一個側面驗證了圍墙之內的詩人們與時代氣候並不是隔絕的。

　　與此同時，帶著濃郁現代主義詩風的《十四行集》率先在聯大校園內得到了反應。《十四行集》事實上是中國現代新詩走向現代主義的轉折點，它承續二三十年代李金髮、戴望舒、卞之琳等人的現代主義探索，爲現代主義在中國的本土化作出了自己的貢獻，並極大地啓發了後繼者更深入的求索。與二三十年代的現代主義詩比較而言，馮至的詩顯示出更爲純熟的品性，他的詩的內在氣質得到了傳承。這一時期，與馮至同在聯大的一批青年學生，也以飽滿的創作激情彙入到《十四行集》重新開啓的現代主義詩潮中；包括被稱爲「聯大三星」的穆旦、鄭敏、杜運燮以及袁可嘉、王佐良、趙瑞蕻、馬

〔註9〕沈從文《水雲》，見《沈從文文集》第10卷，花城出版社、香港三聯書店，1984年版。

逢華、周定一、羅寄一、林蒲、俞銘傳等在內的這批青年詩人，爲沉寂的西南一隅昆明的文學注入了活力。而穆旦、鄭敏、杜運燮、袁可嘉四人後來成爲「中國新詩派」（也稱「九葉派」，因 1980 年代初出版的《九葉集》而得名）的中堅，他們在「西南聯大詩人群」的成就也十分突出。

馮至及「聯大三星」等詩人對現代主義多樣性的成功嘗試，顯示了現代主義在漢語語境所具有的生命力：他們詩裏的密集意象和超常強度以及由此構築的充滿張力的內在結構，遠較二三十年代的現代主義詩成熟得多；在他們這裏，中國現代主義詩歌觀念和形式發生了很大改變，詩不再是激情的宣泄而是經驗的傳達，不再是氣態的升騰而是固態的凝聚和沉潛，這是將生命的感性與思想的知性融爲一體的現代主義詩形態，即感性與知性融合而成的「詩性哲學」。他們這一時期的寫作積纍促成了日後「中國新詩派」（1948 年）崛起所引起的詩學震動。總的說來，「西南聯大詩人群」作爲特定歷史環境中產生的文學現象，在整個中國現代文學乃至二十世紀文學具有重要地位。他們身處偏遠一隅的西南昆明，忍受著外部艱苦的困擾和內心憂患的煎熬，卻時刻關注時代的變遷，心繫整個民族的命運；他們以獨特的方式表達這種關切和自己對於時代的思考，延續了民族的文學和文化血脈，葆有一個時代的知識分子的良知。

四、敞亮：陽光下的人性呼喚

而在以延安爲中心的抗日民主根據地（解放區），作家們的生活和創作完全是另一番景象。這可以從作家們的歌聲見出：「同志們向太陽向自由，向著那光明的路；你看那黑暗已消滅，萬丈光芒在前頭……」相較於其他地區，延安的政治空氣和文化氛圍顯得相對單一與獨立，這使得延安及環繞著它的其他根據地成了一些作家心目中的理想去處。特別革命聖地延安，無疑是抗戰時期新的文化中心，這裏陸續集結了一批來自全國各地的優秀作家和理論家，從而迅速顯示出不同凡響的氣象。延安的天空是明朗的，在這裏人們呼吸著清新自由的空氣，保持著開闊輕鬆的心境；同時他們也熱切地關注著根據地以外的戰火硝烟的沉淪的國土，思考著民族的前途和命運，開始了對於苦難時代的生命籲求的別一種表達。

從總體上說，以延安爲中心的抗日民主根據地的文學，呈現出鮮明的通俗化和大眾化傾向。這一傾向，不僅與抗戰以來整個文學創作的大趨勢相一

致，而且顯示了延安及根據地自身的特定規範和要求。這也就是說，抗戰以後文學從內容到形式的大面積通俗化，在以延安為中心的抗日民主根據地表現得格外突出。這一方面體現在創作題材上，全然回歸到普通的大眾，描寫他們日常的生存狀態和人生情態，抒發他們的喜怒哀樂；另一方面在於創作手法的通俗化和普及化，作家們走向鄉村和田野，努力接近他們並向他們學習，然後融彙他們的各種藝術形式，以便更好地更準確地去抒寫他們。在這裏，創作和生活已經溶為一體，作家和民眾打成一片，所有的方式和身份的界限都模糊了。作家們踏上了通向文學大眾化的路途：他們通過改造舊有的民間文學樣式，力求生動自然地將這片土地潛藏著的民族生命力和民眾的勃勃生機展示出來。在這一過程中，一個重要的過渡環節是關於「民族形式」的討論。之後，隨著延安文藝座談會的召開和《講話》的發表，抗日民主根據地的文學更加明確而堅定地朝著大眾化的方向邁進。這裏，文學的理論指導思路是：以通俗化為發端，轉入「民族形式」的討論，最後走向了真正的大眾化。

　　延安及所有抗日民主根據地的文學創作，無法脫離開整個戰爭大背景的烘托。沒有這場戰爭的激發，沒有這場戰爭的嚴酷威脅和壓迫，置身在這片不是戰場卻並未阻隔戰爭硝烟彌漫進來的土地上，作家們就不會以種種複雜的言說方式表達他們的痛苦和歡欣。即使在後來，單一的外表下仍夾雜著難以言述的憂傷。只不過，他們選擇的是另一種方式。早在抗戰之初，詩人田間便說：

　　　　假使我們不去打仗，
　　　　敵人用刺刀
　　　　　　殺死了我們，
　　　　　　還要用手指著我們骨頭說：
　　　　　　　　「看，
　　　　　　　　這是奴隸！」

這是民族危難關頭詩人產生的深切憂患，這種憂患意識同樣存在於許多進入延安及其他根據地的作家們的內心裏，並潛在地構成了他們今後繼續創作的心理基石。正是帶著巨大的民族創傷的痛楚，作家們在進入煥然一新的天地後，仍然在很長一段時間裏難以抹掉心底的憂鬱：「叫一個生活在這年代的忠實靈魂不憂鬱，這有如叫一個輾轉在泥色的夢裏的農夫不憂鬱，是一樣屬於

天眞的一種奢望」〔註10〕。憂鬱仍是這一時期全部文學創作的底色。事實上，在異常紛繁熱烈的根據地文學背後，這一底色仍不曾被褪去過。

不過在根據地，顯得最具旺盛生命力的還是在秧歌運動、舊劇改造的基礎上興起的歌劇戲劇創作潮流。他們充分、直接的民族性和時代色彩，最能適應和體現根據地的時代氣候；它們規模龐大的陣勢和熱火朝天的勁頭，將根據地的山野渲染得「分外妖嬈」。以《白毛女》的演出最爲典型。透過《白毛女》去看待新文學中戲劇與農民的關係，進而分析新文學與民眾的關係，是一個頗有意味的話題。應該說，新文學的大眾化始終是一道難題。一般認爲，戲劇本來是一種最具大眾性的藝術形式，但在新文學的發展進程中，也是戲劇與民眾的矛盾關係暴露得最爲突出。實際的情況是：一方面，作家們創作的新戲劇由於過於濃厚的知識分子氣息，長期並不爲廣大民眾所熟知和接受；另一方面，各種原始（舊的）民間戲曲形式在廣闊的鄉村廣泛流傳，起著傳布文化或娛樂消遣的作用。這種隔絕狀態，在以延安爲中心的抗日民主根據地的文化政策和文學創作中引起高度重視，大眾化的理論預設要求不僅文藝內容是朝向大眾的，而且形式也應該是「喜聞樂見」的。這就敦促作家們將目光不僅移向大眾的現實生活，而且要重視大眾自身舊有的形式（對之進行必要的改造）。無疑，這些要求最爲鮮明地體現在戲劇創作中。因爲在根據地，戲劇是「文藝工作各部門中……最有發展的必要與可能」〔註11〕的，而且「群眾藝術無論新舊，戲劇都是主體，而各種形式的歌劇尤易爲群眾所歡迎」〔註12〕。事實上，後來有人評價整個根據地文學時，對戲劇創作的成績是肯定的：「自從『文藝座談會』以來，首先表現出成績來的是戲劇……這方面的收穫最快、最豐富。」〔註13〕

歌劇《白毛女》（1945 年）可謂適時而生。《白毛女》是集體智慧的結晶，這是符合新秧歌劇、新歌劇的群體性特點的。全劇的故事框架來自一個民間傳說：一個被地主迫害的農村少女隻身逃入深山，在山洞裏堅持生活多年，因缺少陽光和鹽而全身毛髮變白，被附近村民稱爲「白毛仙姑」，後來在八路

〔註10〕艾青《詩論·服役》，見《詩論》，桂林三戶圖書社，1941 年版。
〔註11〕中共中央宣傳部《關於執行黨的文藝政策的決定》，1943 年 11 月 7 日《解放日報》。
〔註12〕陝甘寧邊區文教大會《關於發展群眾藝術的決議》，1945 年 1 月 12 日《解放日報》。
〔註13〕陸定一《讀了一首詩》，1946 年 9 月 28 日《解放日報》。

軍的搭救下，得到了解放和新生。這個帶有傳說成份的故事本身在流傳過程
中便具有某種內涵，即人們常說的「舊社會把人逼成『鬼』，新社會把『鬼』
變成人」的主題。但很顯然，經過改編後的歌劇旨意還不僅限於此，它賦予
主人公「白毛女」（喜兒）豐滿的性格而將之塑造爲一個獨具魅力的典型形象，
從而在一定程度上回歸了五四新文學「人的解放」主題。

　　歌劇與傳說之間的重大改變是：劇中的「白毛女」已經不是一個消極被
動的逃亡者，而成了極其主動的反抗者，儘管就其身份來說她仍是受壓迫者。
最初的喜兒是一個單純溫順的姑娘，在受到壓迫和侮辱、特別是爹爹被逼死
後，她的性格一下子變得堅強起來；她帶著頑強的求生意志和堅定的復仇願
望逃往深山，在荒涼的山林裏「隱居」起來，並憑著這股意志和願望艱難地
存活下來。該劇中有一段唱詞顯示了她的反抗性：

　　　　想要逼死我，瞎了你的眼窩！

　　　　舀不乾的水，撲不滅的火！

　　　　我不死，我要活！

　　　　我要復仇，我要活！

正是在經受一系列打擊後，喜兒把她的反抗性推到了至高點。喜兒性格中最
鮮明的便是這種反抗性，和由此而生的可貴的生命意志。這代表了處於苦難
中的民眾的強悍生命力，其警示意義無疑是巨大的。

　　《白毛女》的演出引起了極大轟動，完全可以想見《白毛女》當時在四
方巡迴演出的盛大情景：「每次演出都是滿村空巷，扶老攜幼，屋頂上是人，
墻頭上是人，樹杈上是人，草垛上是人」（出自丁玲的回憶）；「每至精採處，
掌聲雷動，經久不息，每至悲哀處，臺下總是一片唏噓聲，有人甚至從第一
幕至第六幕，眼淚始終未乾⋯⋯」〔註14〕這也正是那一地區、那個時代的文
藝與大眾關係的生動寫照。從某種意義上說，《白毛女》是新文學戲劇廣場化
（走向田野走向民間）的一個表徵。新歌劇演出及前述的新秧歌運動這種半
爲啓蒙半是宣傳的形式，事實上成了「農民的革命狂歡」運動；通過這種
大規模的集體狂歡形式，苦難得到了轉換和遷移。《白毛女》這部歌劇的富有
浪漫主義激情的格調，和後來趙樹理等人的小說「方向」一起，延伸到新的
時代。

〔註14〕見1946年1月3日《晉察冀日報》。

第十六章　「個人」的神話：
《駱駝祥子》與《約伯記》的比較分析

　　當我們將《駱駝祥子》與《約伯記》並置在一起進行比較時，並非僅僅由於注意到了一個顯而易見的歷史事實，即老舍和基督教的某種關聯（1922年夏，老舍受洗入教）。在此不應過分強調老舍與基督教的相關性——誠然，基督教對老舍的創作有著不可忽視的影響，正如已有論者指出的，《聖經》的觀念、敘事乃至語式都潛在地規約著老舍創作的「運思型範」〔註1〕，左右著他眾多小說題材的選取以及人物活動場景的設置。這是針對「文體」方面的影響而言。但就《駱駝祥子》來說，基督教對於老舍在這方面的影響雖說時有發現，卻並不是主要的〔註2〕。或亦可以說，從作品的倫理取向來看，《駱駝祥子》滲透了作者的基督教式的悲天憫人情懷；不過談到悲憫情懷，也可以說它是貫穿老舍作品的情緒主線，並且這種意緒除了基督教的影響而外，顯然還有其他來源（比如中國傳統文化的薰染）〔註3〕。

　　因此，本文不會沿著老舍所受的基督教的「正面」影響這一路徑深入，

〔註1〕宋永毅《老舍與中國文化觀念》，學林出版社，1988年版，第41頁。

〔註2〕這裏，將基督教對《駱駝祥子》的「文體」影響單獨拈出似乎意義不大，儘管《駱駝祥子》和《聖經》多有「相似」處，如《駱駝祥子》：「雨下給富人，也下給窮人；下給義人，也下給不義的人。其實，雨並不公道，因為下落在一個沒有公道的世界上」（《老舍文集》第三卷，第170頁）；《聖經‧新約》：「要愛你們的仇敵，為那逼迫你們的禱告。這樣，就可以作你們天父的兒子。因為他叫日頭照好人，也照歹人；降雨給義人，也給不義的人」（《馬太福音》5：44），等等。

〔註3〕參閱宋永毅《老舍與中國文化觀念》，學林出版社，1988年版。

就《駱駝祥子》和《約伯記》這兩份經典文本作一番比較分析，而是撇開這種明顯的關聯，撇開二者諸多表面的細微的「相似性」——比如它們都以孤獨的個體爲主人公，敘述了一個人怎樣被層層剝去生存的根基直至陷入悲慘境地的故事——從另外的角度來探求對二者進行比較的依據。雖然，本文也會以二者的「相似性」爲基點，進而尋求它們更爲內在的「共通」性，但這裏的「共通」不是指二者諸方面的一致，而恰恰是二者的巨大差異所體現出來的可供相互參照的文化「意味」。在我們看來，從中國近現代文化文學傳統伸發出來的《駱駝祥子》，和從西方基督教——《聖經》思想文化文學傳統衍生出來的《約伯記》，它們立足於各自的歷史語境，都對「個人」的境遇及其歸宿進行了探索，對「個人」觀念的確立與意義作出了強有力的質詢和反思；而它們自成體系的「個人」話語模式，正如我們即將分析的，其出發點、指向和言路是如此迥乎不同，以致我們更有興趣將二者置於中西「個人」觀念的分界處，通過辨析它們醒目的差異和歧義，來省察這種差異的生成原因，從而獲得建立中國「個人」觀念和話語的啓示。

一、確立與否證：「個人」觀念的分野

從表面上看，這兩份經典文本都以人名作爲標題，且將筆墨集中於個人的生活，都是關於個人悲慘遭際的敘述，因此我們不妨均把它們視作對於「個人」的探索。但從更內在的層次說，這種「個人」探索所體現的「個人」理念，因文化的不同而顯示出巨大差異。這兩部作品裏以「個人」身份出現的兩位主人公，有著十分相似的經歷：曾經富足、健康的約伯在逐一被奪去家產和親人後，落得渾身瘡疤、病弱不堪，只能躺在地上撫弄傷口的境地；而祥子在失去他的「命根子」洋車和老婆後，由純樸善良的鄉下青年變成消退了「那股清涼勁兒」的流浪漢，遭受著物質和靈魂的雙重剝蝕。但是，兩人的最終結果卻很不一樣：約伯通過不斷的「怨訴」而重新獲得失去的全部，而祥子則自甘「墮落」，成爲受人唾棄的「末路鬼」。對於單獨的個體而言，看似相近的經歷導向了迥然有別的結局，這顯然與不同文化置入作品裏的迥異的「個人」觀念深刻相關。

我們看到，在《約伯記》裏，約伯在突遭不幸之後，開始以「怨訴」的方式表達著個人對於命運的質疑，這種「怨訴」的程度隨著約伯與其友人的論辯而不斷加深。約伯敢於申訴說，「惟願我的煩惱稱一稱，我的一切災害放

在天平裏，現今都比海沙更重」，最後他甚至疾呼：「我這皮肉滅絕之後，我必在肉體之外得見神。我自己要見他，親眼要看他，並不像外人。」在西方文化傳統中，約伯的申辯和質疑顯然具有重大的文化意義。劉小楓在其論述《約伯記》的文章中指出，「這一行動的意義在於，一個受苦的個人帶著自己切身的體驗尋索自己的上帝」，這使得「個體的、德性的自我意識在受苦經驗中蘇醒，並且拒絕原有的集體信仰對命運的解釋」，因此，「約伯的個體信仰之路是在個體的無辜受苦與傳統的、群體信仰的衝突之中伸展的，這注定了要由個人自己來承負個體信仰的苦楚」〔註4〕。因此，《約伯記》關涉「個人」如何尋索自己的信仰，它本身包含著對「個人」勇於表達自我意識的肯定。《約伯記》所凸顯的「個人性」，特別其中表達的個體要親見上帝的願望，與後來新教的「每個人都直面上帝」的籲求，是一脈承傳的。不妨說，正是這種具有悠久傳統的「個人」觀念，強有力地支撐著約伯的內心，使之捍衛了自己的尊嚴、獲得了自己的權利。

而與此相對照，《駱駝祥子》儘管以同情的筆觸描述了個人的奮鬥歷程，卻全無對於「個人」行為的贊同與肯定，更多的則是一種沉痛的批判：「體面的，要強的，好夢想的，利己的，健壯的，偉大的，祥子，不知陪著人家送了多少回殯；不知道何時何地會埋起他自己來，埋起這墮落的，自私的，不幸的，社會病胎裏的產兒，個人主義的末路鬼！」〔註5〕。全篇中不時閃現出類似的對「個人」（主義）的鞭笞和否定：「他（祥子）是個還有吃的死鬼，個人主義是他的靈魂」，「為個人努力的也知道怎樣毀滅個人，這是個人主義的兩端」，由此表現出對「個人」（主義）的深刻反省。《駱駝祥子》的複雜性在於，作為一部現代文學文本，一方面它是由包括「個人」覺醒（個性解放）在內的中國近現代文化催生而成的，另一方面它反過來表示了對這種「個人」意識的深刻懷疑。可以說，這部小說體現了中國三十年代乃至整個現代文化中「個人」（觀念）的處境。

《約伯記》所透露的強烈「個人性」是不容置疑的，它呈現了西方文化中「個人」觀念得以確立的穩固根基，值得考究的是《駱駝祥子》對「個人」的態度。實際上，在中國現代文學文本中，《駱駝祥子》對於「個人主義」的

〔註4〕劉小楓《〈約伯記〉與古代智慧觀的危機》，見《個體信仰與文化理論》，四川人民出版社，1997年版，第392～393、403頁。
〔註5〕《駱駝祥子》末尾。本文所引《駱駝祥子》文字，均據《老舍文集》第三卷，人民文學出版社，1982年版。

否定具有代表性，它一方面顯示了中國現代作家對於「個人」的複雜心態，另一方面也表明，中國現代的「個人」觀念還很不完善，它有著與身俱來的內在矛盾，因而呈現出搖擺、含混乃至自我衝突的狀態。這自有其特殊的歷史原因。如所周知，在五四時代，針對「只見有家族，有地方，有國家，有其它社會，而不見有個人」的狀況，一批文化先驅者以「高揚個人權利、喚醒自我意識」爲宗旨，提倡「非物質，尊個人」，並倡導以「個人主義的人間本位主義」爲核心的「人的文學」。在整個新文化及文學運動中，「個人」往往是與「新」、「現代」和「先進」等觀念聯繫在一起的，這構成了五四新文化運動的思想框架。但是，近代以來中國的歷史進程，迫使文化個體在中西文化的激烈撞擊中，自覺或不自覺地參與到現代民族國家的構建「工程」，因而這場運動又「成功地把中國傳統及其經典構造成了個人主義和人道主義的對立面，而個人主義的另一個對立面民族國家反倒在很大程度上被接受，成爲個人主義話語的一個合法部分」〔註6〕。也就是說，「個人的解放」成爲「通向群體、社會和國家的真正解放的基本條件」，「它不過是現代性的目的論歷史觀和民族國家理念的獨特的呈現方式」〔註7〕，從而「個人」的觀念「合目的性」地成爲民族國家理論的一部分，「人及其個體性」的命題最終被淹沒在「民族主義」的命題中。所有這些歷史境況表明，中國現代的「個人」觀念並不具備自主性，因而缺乏穩固的生存根基。

中國現代「個人」觀念的基本性質和構架，影響了中國現代文學文本中「個人」的形象和作家對「個人」的態度。20 年代中期以後，隨著五四新文化運動的落潮，「個人」的觀念越發受到挑戰，個人和社會、個人和國家已有的緊張關係得到了強化。在越來越嚴峻的現實面前，甚至早期的新文化運動倡導者也開始顯示對「個人」的深切疑慮，他們發現，在「個性解放」的口號提出多年後，「個人」的解放遠未真正實現；而與此同時，一種以高於個人的階級視點去看待歷史、社會的觀念，得到了迅速發展。這種對「個人」的

〔註 6〕 參閱劉禾《語際書寫：現代思想史寫作批判綱要》，上海三聯書店，1999 年版，第 53 頁。

〔註 7〕 見《汪暉自選集》，廣西師範大學出版社，1997 年版，第 48 頁。汪暉同時指出，由於「個人」與民族、國家相糾結，導致五四時代關於「人」的啟蒙主題十分特殊：它「不是以『人』的名義對各種政治的、宗教的、道德的強制力量的批判與反抗，而是改造『國民性』、改造民族靈魂」，參見汪暉《預言與危機——中國現代歷史中的「五四」啟蒙運動》，《文學評論》1989 年第 4、5 期。

深切疑慮便體現在魯迅的《傷逝》〔註8〕、老舍的《駱駝祥子》等小說中，這些小說一方面表現了對於「個人」觀念的重新審視，另一方面也顯示了「個人」命運的迷惘。在《駱駝祥子》裏，作者不無反諷地說：「個人的希望與努力蒙住了各個人的眼，每個人都覺得赤手空拳可以成家立業，在黑暗中各自摸索個人的路」。老舍在別處還明確提出，「個性解放的口號利少蔽多」，顯然體會到了從「人的發現」到「人的現代化」的艱難，不過，「個人」的真正出路在哪裏，《駱駝祥子》的確是沒有給出答案的〔註9〕。

二、「個人」觀念和決定論

　　可以看到，這兩部均以孤獨的「個人」為主角的經典性文本，由於作家「個人」觀念的不同，導致它們在對個人「命運」的刻畫上大相徑庭。實際上，「命運」是兩部作品的主人公共同面臨的突出問題，與「命運」的抗爭構成了兩部作品共同的基本主題之一。但是由於作家「個人」觀念的分野，個體面對「命運」的強大壓力時亦表現迥異。儘管對於約伯和祥子而言，「命運」的內涵都是某種根深蒂固的決定論——道德因果觀——對個體的鉗制，但《駱駝祥子》中的個人「命運」因具體歷史情景的滲入，而更增添了幾分宿命感和悲劇色彩。

　　在《約伯記》裏，約伯對於個人災難有著與其友人不同的解釋。總的來說，約伯的友人們代表了一種古已有之的因果報應觀，即以利戶所說的「他（上帝）必按人所做的報應人，使各人照所行的得報」。約伯的申辯則顯示了對這種因果觀的質疑，他始終不明白的是：「惡人為何存活，享大壽數，勢力強盛呢？」劉小楓在分析《約伯記》的主題時認為，「在《約伯記》中，古代積極、樂觀的生命智慧觀被一位義人的純屬個體的受苦打上了問號」，這種智慧觀就是「德行業果觀」，即「按照這種智慧觀，善行與幸福，惡行與災禍有因果關係」；因此，「《約伯記》中受苦質詢的新異和尖銳性在於無辜受苦與德行業果觀之間的衝突；它詢問的是，一個敬虔者（而非某先知）切身的受苦為何不能用德行業果觀來解釋」〔註10〕。這樣，約伯的無辜受苦與德行業果

〔註 8〕　在對「個人」觀念的質疑和反省上，魯迅的《傷逝》亦具有代表性。在「我是我自己的，他們誰也沒有干涉我的權利」的「個人」表白與「個人」最終的悲劇性命運之間，映現著中國現代「個人」觀念充滿背謬的尷尬處境。

〔註 9〕　宋永毅《老舍與中國文化觀念》，學林出版社，1988 年版，第 91 頁。

〔註10〕　參閱劉小楓《個體信仰與文化理論》，四川人民出版社，1997 年版，第 371、

觀的緊張關係促成了其個體信仰的轉變，致使個體的自我意識「在受苦經驗中蘇醒」，也就是說，「個人」的觀念在與因果觀的對抗中獲得了進一步確證和穩固。

在西方文化思想史上，約伯對命運的抗爭具有典型性，他曾受到俄國哲學家列夫・舍斯托夫的由衷禮贊，並常被後者用來比擬那些「以流血的頭撞擊絕對理性的鐵門」的哲學家。舍斯托夫的名著《在約伯的天平上》多次引述約伯的呼號「惟願我的煩惱稱一稱」，來印證哲學家們以個體體驗向必然性和自明性進行對抗的姿態〔註11〕。按照劉小楓的說法，約伯的質詢「激勵」後世思想家的不斷追問，「以致形成了『約伯問題』史」。從普羅提諾的「心醉迷狂」、帕斯卡爾的「蘆葦」般思考的個體，到十九世紀批判現實主義作家筆下的苦弱者和二十世紀形形色色的「個人」變種，儘管其間有被理性主義、浪漫主義過分張揚的「個人」以及現代主義扭曲異化的荒誕「個人」等等，但「個人」面對命運所發出的獨立聲音是從未間斷的。

而在《駱駝祥子》中，當「立在人間的最低處，等著一切人一切法一切困苦的擊打」的祥子，在所有的希望破滅、所有的路被堵住後，逐漸被逼入命運的死胡同。這時他開始「投降」及至完全墮落。我們發現，作者在這場「個人」與命運的較量面前表現出複雜的態度：一方面他似乎以為，置身於強大的傳統習俗和社會現實之中，「個人」的力量是多麼渺小，無論個體怎樣掙扎、奮鬥都是無濟於事的，終究逃脫不了毀滅的悲劇，於是他讓祥子完全被命運擊倒了，從而體現出強烈的宿命意味。另一方面他也無法完全認同那種古老的因果觀，他借小馬兒的祖父之口說：「鐵打的人也逃不出咱們這個天羅地網。心眼好？有什麼用呢！善有善報，惡有惡報，並沒有這麼八宗事」；由於傳統期待的因果報應並沒有出現，祥子終於在絕望中明白：「劉四、楊太太、孫偵探——並不能因為他的咒罵就得到了惡報」。同時，在「個人」與命運較量過程的始終，作者對「個人」仍然是不信任的：「他（祥子）是要強的，小福子是要強的，……一領席，埋在亂死崗子，這就是努力一世的下場頭」，「他自己，也不能因為要強就得了好處」。這樣，作者乾脆同時否定了因果觀和「個人」的努力。

---

373 頁。

〔註11〕舍斯托夫《在約伯的天平上》（中譯本，楊德友譯），三聯書店，1992 年版，第 1、339 頁。

由此看來，《駱駝祥子》在處理「個人」與命運的關係時，從整體上顯示出曖昧的氣息，作者既無法掙脫宿命的悲哀，又不能完全相信「個人」的力量。這顯然與作者老舍本人的「個人」觀念──對「個人」的疑慮態度密不可分（這一點已如上述）；另外，深受中國市民文學傳統薰染的老舍，其作品中常留有這一傳統「因果報應」觀念的殘餘〔註 12〕，也是導致《駱駝祥子》既不能認同宿命也無法清晰地爲個人提供出路的原因。《駱駝祥子》表明，中國現代的「個人」觀念受到了一種新的決定論的嚴峻挑戰，而這種新的決定論緣於具體歷史情景在作家視野裏的強行滲入。這就是，中國近現代以來充滿災難的歷史現實，像一道最高律令高懸在作家們的頭上，使他們無法輕易言述「個人」的一己悲歡，即使有所言述，也要越過「個人」去探究國家、民族的命運。正是內憂外患的歷史進程構成了中國現代作家的「宿命」，它逼促著作家們進行內心的乃至行動的選擇：或激憤，或低沉；或積極，或悲觀；或行走呼號，或避讓退縮，等等。這就導致了一種深刻的矛盾：一方面，五四以來「個人的解放」的使命尚未完成，另一方面，持續不斷的憂患又沖淡著這一使命的走向深入。在這種情形下，以「個人」爲本位或中心的觀念難以爲繼，且一直處於捲曲的狀態，也是大勢所趨。而隱隱蘊含著「個人」鬱苦的《駱駝祥子》在表現「個人」兩難處境方面，極具代表性。可以說，《駱駝祥子》所顯示出的對「個人」的猶疑，是特定歷史語境下「個人」觀念與新的決定論之間張力的產物或表徵。

三、「個人」觀念的話語及其結構

在充滿差異的文化背景的支撐下，《駱駝祥子》和《約伯記》立足於不同的「個人」觀念，分別對「個人」的境遇進行了探索和描述。儘管相似的是，兩份文本都採用了寓言式的寫法，即從它們的故事裏都可以抽繹出一個關於個體面對強大群體或更高權威的模式，但它們最終分別指向了中西文化生態中迥然不同的「個人」命運。顯然，這兩種「個人」觀念各自有著獨成體系的話語──言述路徑。也就是，兩份文本的「個人」話語結構在出發

〔註12〕研究者指出，自唐傳奇、宋話本至明代的市民文學中，相信「善人必獲福報，惡人必有禍臨，邪者定遭凶殃，正者終逢吉庇」的因果報應觀念，是一條貫串的思想線；而深受中國市民文學傳統薰染的老舍，在某些作品中顯然還有這一觀念的殘餘，最明顯的是《四世同堂》。參見宋永毅《老舍與中國文化觀念》，學林出版社，1988 年版，第 38 頁以下。

點、指向和言路等方面均有不同。考察這兩種話語結構的本質區別，在二十世紀後半葉以來中西共同所處的後現代式眾聲喧嘩裏〔註13〕，似乎格外具有意義。

在《約伯記》裏，約伯的申訴和辯論具有強烈「個人」話語的特徵，他不屈不撓以一己的追問而終究獲得對方的認可，這是「個人」堅持自身獨立性的表現。作為「個人」的約伯與周圍的群體（其友人）和權威（上帝）之間，雖然也存在一種對壘甚至衝突關係，但並不具備絕對的對抗性質，他們更多地構成了一種包容關係。這種「個人－群體」結構的基本出發點是「個人」，「個人」在堅持獨立的前提下，可以與群體達成充滿張力的和諧，也可將自身投入群體之中而成為其有機的一部分；「個人」與群體處於一種對等的狀態，即使被納入群體中也保持了自身獨立性。這是一條由「個人」抵達群體的言述路徑，「個人」在創造歷史過程中具有主動性。

而《駱駝祥子》則是另一番情形。主人公祥子從肉體到靈魂都遭到了他所置身的社會、文化的戕害，他與環境矛盾衝突的不可調和性導致了其悲劇性的毀滅結局。在強大的群體力量（社會、文化）面前，作為「個人」的祥子哀哀無告，雙方處於明顯的不對等狀態，「個人」最終遭受群體的傾軋也就在所難免。其「個人」的微弱聲音儘管夾雜著無邊的怨忿，但也被淹沒在社會、文化的滾滾洪流中。這是一條群體壓抑、消泯「個人」的言述路徑，「個人」被「合目的性」地裹挾在歷史的進程中。

從《約伯記》和《駱駝祥子》抽繹出的「個人－群體」這一共有的基本模式，可以將它們各自的「個人」話語結構圖示如下：

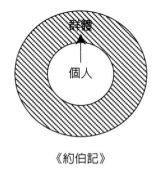

《約伯記》

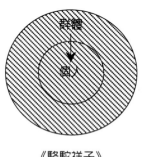

《駱駝祥子》

〔註13〕在二十世紀後半葉以來的後現代背景裏，中西文化一個相似的境遇似乎是「『個人』的消亡」；即使如此，中西「個人」「消亡」的方式和意義仍然是不一樣的。

可以看到，同樣是孤苦無助的弱者，約伯通過抗爭爲「個人」贏得了一份尊嚴、一片獨立的生存空間，而祥子即使付出了艱辛的「個人」奮鬥，也沒能爲自己掙得立足之地，反而陷入了被扼殺的境地；約伯充滿激情的「個人」聲音將永遠回蕩在西方思想文化的長廊，而祥子飽含著哀怨的呻吟也將成爲近現代中國文化的一個象徵。在這裏，祥子陷入的顯然是一個無法跳出的生存怪圈，他遭遇到歷史的弔詭——抹煞一切「個人」印迹而使之成爲無名。《駱駝祥子》中的「個人」處境體現了中國「個人」觀念及其話語建構的艱難。

實際上，從五四開始的中國現代文學文本裏，一直並不乏一種如神話般的「個人」話語，「個人的解放」其實是貫穿其中的綿延不斷的主題，但由於文化本身的限制和歷史語境的逼迫，中國現代「個人」觀念的確立及話語建構變得十分艱難，「個人」在文學中最終成了一個難解之謎。如果說《駱駝祥子》中祥子的遭際代表了中國現代「個人」命運的一種情形——社會、文化對於「個人」的鉗制——的話，那麼，中國現代「個人」命運的另一種情形——國家、民族主題對「個人」主題的覆蓋——則在中國現代文學文本中時有發現。從五四時代隱含著危機的「個人」情緒的迸發（「我便是我呀！／我的我要爆了！」），到三十年代對這種激情式「個人」的雙重質疑（蔣光慈《自題小像》：「從那群眾的波濤裏，／才能涌現出一個真我。」）和五十年代集體對「個人」的完全取代，再到八十年代民族母題對「個人」重新呼喚的阻遏（「我想／我就是紀念碑／……中華民族的歷史有多麼沉重／我就有多少重量」），及至九十年代「個人」的趨於破碎，「個人」始終沒有獲得自主性命運。

可以說迄今爲止，無論對於中國文學還是中國文化來說，一種真正的「個人」觀念和話語還遠未建立，「個人」話語的根基性闕失始終是一個問題。以上從「個人」處境、「個人」命運、「個人」話語結構等方面，對《駱駝祥子》和《約伯記》中「個人」觀念和話語的差異進行了比較分析，其意義顯然在於，如何從某種異質文化獲得關於自身「個人」觀念和話語建構的啓示。也許，文化的鴻溝是永遠難以跨越的，我們所能做的只是爲自身的文化建設作出不懈的努力。

第十七章　「九葉詩派」的歷史形象

　　儘管作爲一種嚴格命名的「九葉詩派」在 1980 年代才被提出，但這一流派不論作爲一個鬆散的詩歌群體，還是他們之中的單個詩人，在他們 40 年代圍聚於《詩創造》、《中國新詩》等報刊之初，就已受到關注和評價。不過，這種關注和評價從 50 年代開始隨著被關注對象的掩沒而消隱。直到「九葉詩派」的稱呼出現以後特別是 90 年代以來，對這一詩歌流派的研究才形成規模，人們開始從整體上和更加宏闊的視野考察這一流派之於中國新詩的意義。雖說迄今爲止關於這一流派並沒有一致的稱呼〔註1〕，但沒有人會懷疑它不僅是中國新詩歷史上的一個亮點，也是新詩研究中的一個熱點。

一、背景：命名的可能

　　也許 40 年代的「九葉」詩人們並未產生強烈的流派意識，但他們的作品

〔註 1〕　在較早的一篇論文中，藍棣之把「九葉詩派」命名爲「四十年代的『現代詩』派」，強調他們對 30 年代「現代派」的承傳，後來他以此爲基調編選了《九葉派詩選》，但他同時把這一流派稱爲「新現代主義浪潮」。分別參閱藍棣之《論四十年代的「現代詩」派》(《中國現代文學研究叢刊》1983 年第 1 期)、《新現代主義浪潮》(收入藍著《現代詩的情感與形式》，華夏出版社，1994 年版)。也有研究者依據「九葉詩派」在 40 年代發表詩作的主要刊物《中國新詩》而將之稱爲「中國新詩派」，比如孫玉石《中國現代主義詩潮史論》(北京大學出版社，1999 年版)就持此提法；錢理群《1948：天地玄黃》(山東教育出版社，1998 年版)和他與溫儒敏、吳福輝合著的《中國現代文學史》(修訂本，北京大學出版社，1998 年版)中也用此提法。另外，還有論者將這一流派稱爲「後期現代派」(蘇光文《抗戰詩歌史稿》，四川教育出版社，1991 年版)或「四十年代的『新生代』」。但總的來說，「九葉詩派」的稱呼最爲普遍。

有著較爲集中的發表陣地，特別是，有關他們作品的評論文字大多出自他們內部和相近的友人之手，因而這些詩人還是顯示出較爲明顯的群體意識。他們相互間的評點、解析與理論上的呼應，以及來自相近友人的評介和他們針對反對者的自我表白，不僅構成了「九葉詩派」進行詩學建構的活動內容，而且也體現出 40 年代「九葉詩派」研究的某些特點。被譽爲「九葉詩派」理論家的袁可嘉、唐湜，在創作之餘積極致力於對「九葉」詩人的評介。格外突出的是唐湜，他在「九葉」詩人以群體姿態崛起於詩壇之初，就先後寫出《論〈手掌集〉》、《杜運燮的〈詩四十首〉》、《陳敬容的〈星雨集〉》、《穆旦論》、《鄭敏的靜夜裏的祈禱》以及《詩的新生代》、《嚴肅的星辰們》、《論〈中國新詩〉》等篇什〔註 2〕，對「九葉」詩人作品逐一進行了精細評析。而袁可嘉在他的「新詩現代化」的系列論文中，就「九葉」詩人的作品多加徵引，將理論建構與具體作品分析結合起來，對「九葉」詩人作出了較爲恰當的定位。此外，默弓（陳敬容）的《眞誠的聲音》（載《詩創造》第 12 期，1948 年）對鄭敏、穆旦、杜運燮的評介，王佐良的《一個中國詩人》〔註3〕（載《文學雜誌》第 2 卷第 2 期，1947 年）、周珏良的《讀穆旦的詩》（載《益世報·文學周刊》1947 年 7 月 12 日）、李瑛的《讀〈穆旦詩集〉》（載《益世報·文學周刊》1947 年 9 月 27 日）對穆旦的評介，朱自清的《詩與建國》對杜運燮《滇緬公路》一詩的分析，臧克家的《〈噩夢錄〉序》、《〈騷動的城〉序》對杭約赫、唐湜的評介等，基本上把捉到了這些詩人的特徵，揭示了這些詩人的某些獨特價值。

　　由於論者與評論對象的接近，早期這些有關「九葉詩派」的評論文字，

〔註 2〕　分別刊於《詩創造》第 9 期（1948）、《文藝復興》第 3 卷第 4 期（1947）、《文藝復興》（1947）、《詩創造》第 3〜4 期（1948）、《意度集》（平原社，1950年）、《詩創造》第 8 期（1948）、《詩創造》第 12 期（1948）、《華美晚報》1948年 9 月 13 日。同時，唐湜還寫了《沉思者馮至》、《生命樹上的果實》等，對與「九葉詩派」關係密切的詩人馮至、莫洛進行評論。這些評論文字先後收入他的《意度集》（平原社，1950 年）、《新意度集》（三聯書店，1990 年）。80 年代以來，他又相繼寫出《「九葉」在閃光》（《新文學史料》1989 年第 4期）、《憶詩人穆旦》、《懷敬容》、《論陳敬容的前期詩歌》（《詩探索》2000 年第 1〜2 輯）、《懷念唐祈》（《詩刊》1990 年第 4 期）、《詩人唐祈在四十年代》（《詩探索》1998 年第 1 輯）、《辛笛：人與詩》（《詩探索》1995 年第 3 輯）等，對部分「九葉」詩人作出了新的闡析。

〔註 3〕　曾發表於倫敦《生活與文學》雜誌（1946 年 6 月號），後作爲附錄見於初版《穆旦詩集（1939〜1945）》（瀋陽，1947）。

最爲顯明的特點之一便是充滿了深濃的感性色彩，擯棄了某些概念的生硬摻入。比如在唐湜對「九葉」詩人的逐一評述中，絲毫看不到他與評論對象在心理上的間隔，這些評述似乎可以看作他同那些詩人在筆下進行的一次次對話，這使得他的評論文字顯得細膩而綿密，卻又蕩漾著傾訴的激情。在評述鄭敏的文章中唐湜寫道：

> 她正彷彿是朵開放在暴風雨前的一刻歷史性的寧靜裏的時間之花：
> 時時在微笑裏傾聽那在她心頭流過的思想的音樂，時時任自己的生
> 命化入於一幅畫面，一個雕像，或一個意象，讓思想流涌現出一個
> 個圖案，一種默思的象徵，一種觀念的辯證法，豐富，跳蕩，卻又
> 顯現了一種玄秘的靜凝……

顯然，這些評論者具有後來研究者所天然欠缺的優勢，即對研究對象「知人論世」般的感性觸摸，但恰恰在這種感性的洞見中有一絲穩固的理念存在。論者往往從具體作品的讀解出發，或伴隨著對研究對象「身世」的認識，進入到詩人思想和文字的內部；他們對研究對象的熟悉致使他們幾乎是沿著後者思維的經脈在遊走，能夠對某一作品進行淋漓盡致的析解，體察到各個作品間細微的風格差別。然而，這樣也帶來了一個致命的問題：論者過於注重對細部的觀察，而流於一種就事論事式的評述，即僅止於一種寬泛的評論而非嚴密的研究。事實上，除了袁可嘉通過對某一詩學現象或問題的探討，有意識地作出系統的理論陳述而外，其他關於「九葉詩派」的評論大都是非體系的；不過，這種感性的、非體系的評述也許恰恰是 40 年代的「九葉詩派」研究者所追求的。

同時，由於評論大多是在相近的詩人中間展開的，對個體研究的偏好便構成了 40 年代「九葉詩派」研究的另一特點。應該說，一些「九葉」詩人能夠「脫穎而出」而受到矚目，與論者傾向於對這些詩人的單個評論是分不開的。以穆旦爲例，在他的《穆旦詩集》出版前後，就連續出現了幾篇有份量的評介文章，其中，王佐良的《一個中國詩人》是最早的關於穆旦的專論，論者敏銳地指出了穆旦詩歌「與眾不同的」「受難的品質」，以及詩人「用身體思想」給人的「肉體的感覺」，認爲「穆旦的真正的謎卻是：他一方面最善於表達中國知識分子的受折磨而又折磨人的心情，另一方面他的最好的品質卻全然是非中國的」，這可謂一語中的；唐湜的《穆旦論》也強調穆旦詩中的「肉感」（Sensuality），爲此他把詩人比喻爲一個「搏求者」，論者通過細密的

作品分析，指出穆旦的長詩《森林之魅》「以其思想的深沉，情感的融和與風格的透明該是中國新詩壇裏的最高成就之一」；另外，還有陳敬容的《真誠的聲音》提到的穆旦「深入到剝皮見血的筆法」，周珏良所說的穆旦「從人人的語言中找到了自己的語言」，李瑛指出的穆旦詩歌「深湛的抒情」，等等，這些論述都準確到位，不乏深透的見解，不僅在當時而且也是迄今為止穆旦研究不可多得的文字。

更重要的是，通過對單個詩人作品的評析與闡發（有時在某種程度上是一種自我闡發），在論者與評論對象之間得以逐步形成某些新的共同的詩學理念——即袁可嘉所概括的「新詩現代化」。這是 40 年代「九葉詩派」研究中的又一顯著特點。正是這一特點使「九葉」詩人作為一個群體的特徵更為突出：由於評論成了一種有針對性的自覺行為，更由於論者與評論對象常常處於一種廣泛、緊密的聯繫中，因而這些評論從整體上顯示了與評論對象相一致的趨向；論者與評論對象在評析中相互發現、相互補充，不斷伸延自己的詩學觀點。這在唐湜、袁可嘉的評論中格外明顯，他們對「九葉」詩人作品所體現的新鮮詩質經過理論提純，最後集合成一些雙方都認同的詩學理念。無疑，這些評論既是後來研究者的起點，又必將成為後來研究者的研究內容之一。

當然，從總體上來看，40 年代關於「九葉詩派」的研究大多拘囿於這一詩人群體內部及其相近的友人中間，他們沒有獲得更大範圍的評價，不能不說是一種局限和缺憾〔註4〕。同時，由於特定的時代氛圍，在普遍的簡單化的關注現實的籲求下，執著於詩藝探索的「九葉詩派」自然無法擺脫被冷落的境遇，這也是他們在 40 年代得不到充分研究的原因之一；並且到了 50 年代以後，他們所具有的「現代化」品質免不了遭受橫加指責，更不用說得到進一步的發掘和闡釋了〔註5〕，直至被淹沒在歷史的烟塵中。

〔註 4〕 李怡在談到 40 年代的穆旦研究時指出，「一位優秀的詩人僅僅只能由他的同學、詩友們來撰文評述，這似乎也是不夠正常的，它表明，穆旦詩歌的價值在 40 年代還沒有得到更廣泛的注意」(《穆旦研究評述》，《詩探索》1996 年第 4 輯)。這實際上可用來評價整個「九葉詩派」在 40 年代的研究狀況。

〔註 5〕 例如，50 年代後期他們受到的指責是：採用「沙龍式的語言」，表現沙龍式的思想情感；是「很典型的西風派」；是「知識分子有氣無力的歎息和幻夢」，等等。參閱洪子誠、劉登翰《中國當代新詩史》，第 60～61 頁。在 50 年代到 80 年代的漫長歲月中，大概只有香港《現代中國詩選》(張曼儀、黃繼持等編，1974 年)「導論」等極少數文獻提及「九葉詩派」的詩學貢獻。

二、命名的美學基點

　　如果說 40 年代來自「九葉詩派」內部和一些相近詩友，對這一詩派的關注和評價主要集中在單個的詩人，那麼 80 年代當他們的流派特徵得到認可後，對這一詩派的研究才趨於宏觀和整體化，而單個的詩人研究也隨之走向繁複與深入。從 80 年代至今二十年間的「九葉詩派」研究，大致呈現為這樣幾個階段：流派確認期、詩學特質探究期、歷史定位和全方位觀照期。在《九葉集》出版後的最初幾年裏，出現了一些就詩集進行評介的文章：《帶向綠色世界的歌》（孫玉石）、《他們歌吟在光明與黑暗交替時》（嚴迪昌）、《春風，又綠了九片葉子》（以衡）、《〈九葉集〉的啓示》（公劉）〔註6〕等。這些文章（連同袁可嘉的《〈九葉集〉序》，它本身是一篇綜合評述文章）著眼於「九葉」詩人的群體特徵和整體性，初步完成了「九葉詩派」作為一個流派的確認。而幾乎與此同時或稍後，從《論四十年代的「現代詩」派》（藍棣之）、《中國新詩中的現代主義———一個回顧》（王佐良）、《西方現代派詩與九葉詩人》（袁可嘉）、《「九葉詩派」對西方詩歌的審美選擇》（王聖思）〔註7〕等文開始，研究者開始深入探究「九葉詩派」的詩學特質，並試圖從較為開闊的背景予以解釋。這一直持續到 80 年代中後期，這時「九葉」詩人基本上各自又出版了新的詩集（袁可嘉、唐湜還出版了他們早年的論文集）〔註8〕；在此帶動下，

〔註6〕　分別載《文藝報》第 24 期（1981）、《文學評論》1981 年第 6 期、《詩探索》1982 年第 1 輯、《花溪》1984 年第 6～8 期。據曹辛之、唐祈所述，《九葉集》出版後的最初幾年裏，各類評論文章共計 41 篇。參閱唐祈《詩歌回憶片斷》，原載《飛天》1984 年第 8 期，見《唐祈詩選》，第 203 頁，人民文學出版社，1990 年版。

〔註7〕　分別載《中國現代文學研究叢刊》1983 年第 1 期、《文藝研究》1983 年第 4 期（王佐良文、袁可嘉文為同一期）、《詩雙月刊》（香港）第 2 期（1989 年）。

〔註8〕　「九葉」詩人各自的新詩集有的收錄了他們 50 年代和 70 年代末以後的詩作：辛笛《辛笛詩稿》，人民文學出版社，1983 年版；陳敬容《老去的是時間》，黑龍江人民出版社，1983 年版；曹辛之（杭約赫）《最初的蜜》，文化藝術出版社，1985 年版；穆旦《穆旦詩選》，人民文學出版社，1986 年版；鄭敏《尋覓集》，四川文藝出版社，1986 年版，《心象》，人民文學出版社，1991 年版；唐湜《幻美之旅》，寧夏人民出版社，1984 年版，《淚瀑》，人民文學出版社，1985 年版，《遐思：詩與美》，灕江出版社，1987 年版；杜運燮《晚稻集》，作家出版社，1988 年版；唐祈《唐祈詩選》，人民文學出版社，1990 年版；袁可嘉《現代派論・英美詩論》，中國社會科學出版社，1985 年版，《論新詩現代化》，三聯書店，1988 年版；唐湜《新意度集》，三聯書店，1990 年版。

一些單個詩人的研究也得到了深化〔註9〕。進入90年代以後，「九葉詩派」的研究漸成熱勢，研究者給予「九葉詩派」更爲明確的文學史定位，對這一流派的詩學來源、特質和貢獻進行了更爲全面的闡述。其中一個顯明的標誌是，一些現代文學史或新詩史論著如《中國現代文學三十年》（修訂本，錢理群等，1998）、《中國現代主義文學史》（朱壽桐等，1998）、《中國現代詩歌史論》（張德厚等，1995）、《中國新詩流變論》（龍泉明，1999）、《中國現代新詩的流變與建構》（林煥標，2000）、《中國當代新詩史》（洪子誠、劉登翰，1994）、《中國現代主義詩潮史論》（孫玉石，1999）、《中國現代主義詩潮論》（王澤龍，1995）、《中國現代主義詩歌流派史》（羅振亞，1993）及《探險的風旗——論20世紀中國現代主義詩潮》（張同道，1998）等，都以專章（節）的形式對「九葉詩派」作出了歷史定位〔註10〕。隨著研究方法的更新、視域的擴大和資料整理的系統化〔註11〕，有關「九葉詩派」的論文逐漸增多，研究角度也趨於深入和繁複，並出現了以此爲論題的學位論文和個人專著〔註12〕。

綜觀近二十年特別是90年代以來的「九葉詩派」研究，可以將研究者的旨趣和建樹歸結爲如下幾個方面。其一，從詩學來源來說，相對於「九葉詩派」與中國古典詩歌的關係而言，更多的研究者探討了「九葉詩派」的西方

〔註 9〕一個最顯著的例子是1987年穆旦逝世十週年時出版的紀念文集《一個民族已經起來》（江蘇人民出版社），雖仍多爲親近詩友所作的懷念和論述文章，但無疑將穆旦研究向前推進了一大步。

〔註10〕錢理群等著的《中國現代文學三十年》的修訂版較其初版（上海文藝出版社，1987年版）而言，明顯地增強了對「九葉詩派」的論述。張同道的《探險的風旗》將「九葉詩派」分爲「西南聯大詩群」和「上海詩人群」進行論述，以顯示其得以聚合的情景和來源。

〔註11〕90年代以來，除《九葉派詩選》（藍棣之編，人民文學出版社，1992年版）、《九葉之樹長青》（王聖思編，華東師範大學出版社，1994年版）、《西南聯大現代詩鈔》（杜運燮、張同道編，中國文學出版社，1997年版）及《「九葉詩人」評論資料選》等合集外，「九葉」詩人出版的個人詩集、論文集計有數十種之多。僅以穆旦爲例，便有《穆旦詩全集》（李方編，中國文學出版社，1996年版）、《蛇的誘惑》（曹元勇編，珠海出版社，1997年版）、《穆旦代表作》（夢晨編，華夏出版社，1999年版）及再版的《穆旦詩集（1939～1945）》（人民文學出版社，2000年版，「百年百種優秀中國文學圖書」之一）等5種，並在穆旦逝世二十週年時出版了紀念文集《豐富和豐富的痛苦》（杜運燮等編，北京師範大學出版社，1997年版）。

〔註12〕張岩泉《九葉詩派綜論》，華中師範大學博士學位論文，1997年；游友基《九葉詩派研究》，福建教育出版社，1997年版；余錚《九葉詩派綜論》，海峽文藝出版社，2000年版等。

淵源，尤其是他們的理論倡導與寫作實踐同西方現代主義詩歌的親緣關係。
比如，研究者普遍注意到了里爾克、艾略特、奧登這三位歐美現代詩人對「九
葉」詩人產生的實質性影響，以及燕卜蓀等在這種影響中的中介作用，認爲：
里爾克「客觀冷靜的詩風帶給了九葉詩人三種品格：靜觀、沉思和哲學化傾
向」，這突出體現在鄭敏、陳敬容的詩中；艾略特的啓示則是「思想知覺化」，
即一方面「追求情感與理智的溶合，最終導向節制、含蓄、深厚的詩境，以
增大情感濃度與情感的思想性」，另一方面「把強烈的情緒濃縮在對客觀事物
的冷靜描寫之中，造成一種感情內斂的外冷內熱的冷漠風格」；而奧登「帶給
九葉的首先就是他的那種輕鬆幽默的詩風，一種具有反諷意味和悲劇感的幽
默方式」，一種「利用機智、聰明及運用文字的特殊才能，依靠語氣和比喻來
傳達詩情」的能力〔註 13〕。由此「九葉」詩人從風格上來說，也相應地被劃
分爲里爾克式（內向型）、艾略特式（綜合型）、奧登式（外向型）三種趨向。
的確，西方「現代主義」詩歌構成了「九葉詩派」進行自我建構的重要資源，
這些論析比較清晰地展示了「九葉詩派」取法「現代主義」的實質和種種表
現，並對此作出了一定合理的解釋。應該說，關於「九葉詩派」詩學資源中
的「現代主義」已經得到了較爲充分的研究。相比之下，他們與其他詩學來
源的關係（例如辛笛、穆旦等與西方浪漫主義詩歌）尚未引起足夠的關注和
研究；同時，他們對於中國古典詩歌的態度，仍然是一個有待深入展開的有
意味的話題〔註 14〕。

〔註 13〕 參見毛迅《論九葉詩派的現代主義背景》，《中國現代文學研究叢刊》1991 年
　　　　第 4 期。在這篇討論「九葉詩派」與西方現代主義詩歌關係的文章裏，作者
　　　　從「動因」、「觀念調整」、「創作」實踐等方面，將「現代主義」指認爲「九
　　　　葉詩派」的詩學來源，這種「現代主義」的取向成爲類似討論「九葉詩派」
　　　　與西方詩歌關係的「範式」。另參閱袁可嘉《西方現代派詩與九葉詩人》、王
　　　　聖思《「九葉詩派」對西方詩歌的審美選擇》、陳維松《論九葉詩派與現代派
　　　　詩歌》（《文學評論》1989 年第 5 期）、陳旭光《嚴肅時代的自覺》（《文學評論》
　　　　1998 年第 5 期）、趙文書《奧登與九葉詩人》（《外國文學評論》1999 年第 2
　　　　期）、蔣登科《西方現代主義詩歌與九葉詩派的流派特徵》（《社會科學研究》
　　　　2000 年第 1 期）、譚桂林《西方影響與九葉詩人的新詩現代化構想》（《文學評
　　　　論》2001 年第 2 期）等。
〔註 14〕 袁可嘉在 40 年代表達的「用新的批評語言對古代詩歌──我們的寶藏──予
　　　　以重新估價」的願望，在「九葉」詩人中均有不同程度的體現。顯然，「九葉
　　　　詩派」對中國古典詩歌的辯證認識應是其詩學建構的一部分，如辛笛（參葉
　　　　維廉《婉轉深曲──與辛笛談詩和語言的藝術》，見辛笛《嫏嬛偶拾》，上海
　　　　教育出版社，1998 年版，第 258 頁以下）、陳敬容（《和方敬談詩》，《詩創造》

　　在單一、孤立的「影響」研究或「關係」研究成爲普遍的情形下，少數研究者從新詩的整體發展脈絡及「九葉詩派」同新詩自身傳統的關係這一角度，就「九葉詩派」對整個新詩的詩學承傳所作的論述和研究，便顯得極爲可貴。不過，在這一方面，研究者還僅止於指出「九葉詩派」與「中國現代主義詩歌」的表層聯繫，沒有從更廣泛和更內在的層面進行梳理。這種貢獻和缺憾都程度不一地體現在上述幾部中國現代主義詩歌史著裏。就此而言，孫玉石在《中國現代主義詩潮史論》中，從人緣關係、理論認同及對於象徵主義的深層接受等三種因素，對「九葉詩派」同 30 年代「現代派」之間看似顯明、實則潛隱的絲縷聯繫所作的細緻分析〔註 15〕，便顯示了其獨到之處。但是，「九葉詩派」如何對新詩自身的詩學積纍，乃至同時代的詩學氛圍作出能動的反應，仍應沿此思路進行開掘和探討。這不僅關涉「九葉詩派」詩學來源的問題，也涉及新詩如何形成自身「詩性」傳統的問題。

　　其二，正因爲似乎有目共睹的西方現代主義詩歌淵源，在對「九葉詩派」的歷史定位和性質規定上，大多數研究者便把「九葉詩派」定性爲一個「現代主義」詩歌流派，視之爲中國「現代主義」詩歌進程中的重要一環。這種「現代主義」的定位幾乎成了很多研究者探討「九葉詩派」詩學特質的一個前提，如藍棣之的《論四十年代的「現代詩」派》、王佐良的《中國新詩中的現代主義——一個回顧》等文，以及上述幾種中國現代主義詩歌史著，其立論的基本出發點即是「九葉詩派」的「現代主義」性質。還有的論者爲了強調其「現代主義」的現實傾向和本土特性，便折衷地將「九葉詩派」稱爲「中國式現代主義」。這一關於「九葉詩派」的「現代主義」定性，其理論貢獻在於：它以一種「反撥」的姿態，釋放了那些受到主流意識形態壓抑，因而長期處於邊緣和「異質」地位的詩歌現象，顯示出詩歌觀念調整和趨於開放的程度，從而拓展了對中國新詩整體面貌的認識。但是，一方面來自異域的「現代主義」概念本身有其複雜性，另一方面「現代主義」的框架滋長了研究惰

　　第 12 期，1948 年）等都對所謂「民族傳統」表示了看法。值得格外注意的是穆旦對中國古典詩歌的拒斥態度——「要排除傳統的陳詞濫調和模糊不清的浪漫詩意」（杜運燮《穆旦詩選・後記》）；假如無法辨清這一態度的實質，那麼王佐良所説的「中國式」情懷與「非中國式」表達如何集於穆旦一身，便眞正成了難解之謎。

〔註15〕孫玉石《中國現代主義詩潮史論》，北京大學出版社，1999 年版，第 313 頁以下。

性，這種「主義」言述在一定程度上束縛了論者從更內在的層面去剖析和理解「九葉詩派」詩學特質的獨特性，而這並沒有引起足夠的重視。

誠如前述，從詩學資源來說，「九葉詩派」無論在創作還是理論倡導上都更多地借鑒了西方「現代主義」，其理論代表人物袁可嘉在 40 年代更是明確提出過「新詩現代化」的主張，但問題在於，很多論者忽視了「現代主義」命名本身的含混性，忽視了「現代主義」、「現代化」乃至「現代性」等概念之間的細微差別，結果在運用中把「現代主義」既作爲一種表現手法，又作爲一種「現代性」品質混爲一談。儘管已有研究者注意到依附於西方「現代主義」的這一概念（以及相關的種種「主義」論述）在使用上的含混性〔註16〕，但仍不能從根本上釐清由此帶來的混亂。其實，從詩質上來說，「九葉詩派」顯示出的是一種詩學的「現代」感應。因此，與其用某種「主義」來框定、描述這種「現代」感應所體現的詩質，不如深入其內部，對「九葉詩派」詩質的「現代」要素進行挖掘和提煉。

其三，關於「九葉詩派」詩學特質的剖析。無疑，袁可嘉的關於「新詩現代化」的理論表述，代表了「九葉詩派」詩學特質的總體趨向，但這一總體趨向之下又包含哪些詩學內質呢？80 年代一些論者對此論題有所觸及，但值得注意的是鄭敏在 80 年代後期對「九葉詩派」詩藝所作的總結，不乏敏銳而透徹的見解：

1. 打破敘述體通常遵循的時空自然秩序，代之以詩的藝術邏輯和藝術時空。
2. 避開純描寫，平鋪直敘，採取突然進入，意外轉折，從擾亂常規所帶給讀者的遲緩感。
3. 在感情色彩上複雜多變，思維多聯想跳躍，情緒複雜，節奏相對加快。
4. 語言結構比早期白話複雜……在語言上不追求清順，在審美上不追求和諧委婉，走向句法複雜語義多重等現代詩語的特點。

〔註16〕王富仁《中國現代文學研究中的「正名」問題》，《北京師範大學學報》1995 年第 1 期。在「主義」論述的框架內，還有少數論者因強調「九葉詩派」關注現實的趨向，而將其規定爲一個「現實主義」流派。與此不同的是，李怡在《論穆旦與中國新詩的現代特徵》（《文學評論》1997 年第 5 期）一文中，運用「現代特徵」來概括穆旦及「九葉詩派」的詩學特徵，從而巧妙地避開了「主義」表述的含混性。

5. 強調在客觀凝聚中發揮主觀的活力……深刻的主觀通過冷靜的客觀放出能量。

6. 離開模仿外形的路子，強調對表現中的客觀進行藝術的解釋，改造，重新組合以表現其深層的實質。〔註17〕

鄭敏的總結敞露了「九葉詩派」在語言、結構等詩藝方面的特點。90 年代以後，研究者對「九葉詩派」詩質的剖解，主要從對其詩學內核的挖掘和詩藝特點的分析兩條路向展開，並從中抽繹出「九葉詩派」趨於「現代」的詩學理念。比如王澤龍在其論著中將「九葉詩派」的詩學主張歸納爲「思想知覺化：知性與感性的統一」、「高度綜合原則：『最大可能量意識活動的收穫』」、「新詩戲劇化：客觀性與間接性表達原則」、「返回本土論：打破感情與信仰的迷信」、「想像邏輯論：用想像邏輯代替概念邏輯」、「意象論：將感情凝結在深沉的意象裏」〔註18〕等六個方面。孫玉石則指出了「九葉詩派」在「現實、象徵、玄學」綜合的詩學原則、以「人民本位」、「心理現實」、「詩化哲學」爲基準的詩學追求中所體現的「超前意識」，和由「意象」建構的「間接性」原則、「客觀對應物」及「新詩戲劇化」的理論與實踐所體現的詩藝特點〔註19〕。此外，游友基從「距離審美與深度模式」、「注重意象與強化知性」、「詩語符碼的日常化與陌生化」〔註20〕等方面，龍泉明從「審美追求：在『平衡』中拓展詩歌新天地」、「主題意向：對於社會人生的苦索」、「表現策略：新詩的戲劇化」〔註21〕等方面，討論了「九葉詩派」的詩藝探索。這些都從不同側面揭示了「九葉詩派」的詩學成就以及其詩學理念趨於「現代」的特性，顯示了對「九葉詩派」詩學內涵和詩藝特點的較爲深穩的把捉。

不過，上述研究更多地體現爲一種理論歸納，諸如「九葉詩派」對於「戲劇化」、「反諷」的運用等，也主要是依據他們自身的表述所作的歸納。因此，似乎還需要引進新的研究方法，對「九葉詩派」創作本身呈現的特點進行分

〔註17〕 鄭敏《回顧中國現代主義新詩的發展，並談當前先鋒派新詩創作》，見《詩歌與哲學是近鄰──結構─解構詩論》，北京大學出版社，1999 年版，第 228 頁。

〔註18〕 王澤龍《中國現代主義詩潮論》，華中師範大學出版社，1995 年版，第 49 頁以下。

〔註19〕 孫玉石《中國現代主義詩潮史論》，北京大學出版社，1999 年版，第 324 頁以下。

〔註20〕 游友基《九葉詩派研究》，福建教育出版社，1997 年版，第 114 頁以下。

〔註21〕 龍泉明《四十年代「新生代」詩歌綜論》，《中國社會科學》2000 年第 1 期。

析。也就是，從一種平面的、輪廓式的勾勒轉入一種立體的、細部的體察。
在這一方面，張同道、姜濤對包括「九葉」詩人在內的 40 年代詩歌在表現上
從「氣態」到「固態」的轉化〔註 22〕和鮮明的「攝影主義」特徵〔註 23〕所作
的研究，便具有啟示性意義。另外，姜濤運用「人稱分析」的方法，就馮至、
穆旦詩歌寫作中的「自我」意識進行了個案分析，指出詩人對其時代「忠實」
的兩難處境：「忠實於時代之中不停流通運作的權威性言說方式還是忠實於自
我心靈之鏡上飄忽破碎的時代影像」〔註 24〕。這種「人稱分析」打開了「九
葉詩派」研究的新的視域，也值得借鑒。

其四，隨著研究視野的擴大，研究者開始從文化學、文學社會學等角度，
考察「九葉詩派」作為一個群體得以形成的具體情形和氛圍，力求逼近歷史
情景的真實。研究者注意到了西南聯大的學院氛圍和《詩創造》、《中國新詩》
及《大公報》等報刊，為「九葉詩派」圍聚與崛起所提供的精神土壤與詩學
上的培育。事實上，關於西南聯大對於「九葉詩派」的特殊歷史功用，40 年
代王佐良的《一個中國詩人》、趙瑞蕻的《回憶燕卜蓀先生》〔註 25〕等文中便
有所涉及，他們除了指出西南聯大的自由、民主氛圍有益於現代詩歌的生長
外，還特別強調了時在西南聯大外文系任教的英國詩人、批評家燕卜蓀，在
西方現代詩學承載和傳播中的巨大作用〔註 26〕；而關於《詩創造》和《中國
新詩》在「九葉詩派」形成過程中的重要陣地作用，在《九葉集》出版後不
久就引起了研究者的興趣，較早的敘述是曹辛之（杭約赫）80 年代初的回憶
文章《面對嚴肅的時辰》〔註 27〕，由於作者本人是這兩份刊物的主要組織者
和一些事件的親歷者，他的文章既是史料又有示範意義。人們對西南聯大和
《詩創造》、《中國新詩》的關注開啟了「九葉詩派」研究的新路向，「一校二
志」成為研究中繞不開的關節點。

〔註 22〕張同道《中國現代詩與西南聯大詩人群》，《中國社會科學》1994 年第 6 期。
〔註 23〕姜濤《四十年代詩歌寫作中的「攝影主義」手法研究》，《中國現代文學研究
　　　　叢刊》1999 年第 4 期。
〔註 24〕姜濤《馮至、穆旦四十年代詩歌寫作的人稱分析》，《中國現代文學研究叢刊》
　　　　1997 年第 4 期。
〔註 25〕趙瑞蕻《回憶燕卜蓀先生》，原載《時與潮文藝》第 1 卷第 2 期（1943 年 5
　　　　月，重慶）。
〔註 26〕這一點，在 80 年代的一些與「九葉」詩人有關的回憶文章（如王佐良《穆旦：
　　　　由來與歸宿》、周珏良《穆旦的詩和譯詩》，均見《一個民族已經起來》）中，
　　　　一再被提及。
〔註 27〕曹辛之《面對嚴肅的時辰》，《讀書》1983 年第 11 期。

這兩方面研究成果的大量出現，還是在資料整理漸成規模的 90 年代以後
〔註 28〕。在上述幾部中國現代主義詩歌史著如孫玉石《中國現代主義詩潮史
論》、張同道《探險的風旗》等著及一些文章中，就已經涉及到「一校二志」
與「九葉詩派」的聯繫。而引人注目的是錢理群在《1948：天地玄黃》（山東
教育出版社，1998 年）、姚丹在《西南聯大歷史情境中的文學活動》（廣西師
範大學出版社，2000 年）中的相關論述。在錢著的第四章「詩人的分化」
裏，論者將「九葉詩派」與《詩創造》、《中國新詩》的關聯置放到 40 年代紛
繁複雜的詩歌場景中，通過梳理、刻劃這種關聯發生的某些細節，呈現了 40
年代相互交錯的詩歌生態之於「九葉詩派」現代詩學觀念形成的意義；而姚
著從題目即已標示了論者關注的是西南聯大校園內的文學情況，該著著眼於
「大學文化與文學」的關係，探討當時活躍的校園文學創造如何促動了後來
「九葉詩派」所代表的新詩現代轉變的完成，其間不乏細緻入微的「情境」
刻劃。值得注意的是，兩部論著有意識地共同運用了論者自稱的「描述式」
方法〔註 29〕，這種方法的要點在於設立一個「以第三人稱出現的歷史敘述者
的視點」，「通過語氣，角度，語言（時代習慣用語、句式的選擇，等等），表
達方式（敘述、描寫、議論）的不斷變換，自由地『出入』於『過去』與『以
後』及『現在』之間，同時又將一種『未來』（『遠方』）視點『隱蔽』其後」
〔註 30〕。這種「描述式」方法顯然不同於以往浮光掠影的概括性敘述，而是
通過歷史細節的刻劃和具體場景的展示來接近文學歷史的真實，具有方法論
意義。

其五，在單個詩人的研究方面，除了一些報刊零星出現的文章外，格外
值得一提的是《詩探索》分別為「九葉」詩人設置的「專欄」研究〔註 31〕，

〔註28〕 資料整理尤其體現在西南聯大文獻的整理上，計有《國立西南聯合大學史料》
（六卷本，雲南教育出版社，1998 年）、《國立西南聯合大學校史》（北京大學
出版社，1996 年）等數種大型史料著作出現。

〔註29〕 姚丹《西南聯大歷史情境中的文學活動‧後記》，廣西師範大學出版社，2000
年版，第 439～442 頁。

〔註30〕 錢理群《1948：天地玄黃‧代後記》，山東教育出版社，1998 年版，第 330
頁。

〔註31〕 杭約赫專欄，1996 年第 1 輯；穆旦專欄，1996 年第 4 輯；唐祈專欄，1998
年第 1 輯；杜運燮專欄，1998 年第 3 輯；鄭敏專欄，1999 年第 1 輯；唐湜專
欄，1999 年第 4 輯；陳敬容專欄，2000 年第 1～2 輯；辛笛專欄，2000 年第
3～4 輯。由於 80 年代以後「九葉詩派」每一單個詩人的研究本身已可獨立做
一篇「述評」，這裏不擬逐一展開討論。

這不僅深化了「九葉詩派」的個體研究，而且極大地豐富和推進了「九葉詩派」的整體研究。事實上，80 年代以來，研究者大多將「九葉詩派」作爲一個群體進行研究，側重於歸納他們所具有的詩學「共性」，因而在一定程度上掩蔽了各自的「個性」（這一點與 40 年代的「九葉詩派」研究形成了鮮明對照）。當然，這並非說 80 年代以後「九葉詩派」單個詩人的研究毫無進展。從上述幾部中國現代主義詩歌史著中有關「九葉詩派」的論述來看，有的研究者還是做到了在對流派的整體觀照中，進入每一位詩人的「個性」世界進行分析〔註 32〕。不過，可以看到，研究者對「九葉」詩人個體的區分，較多地是從風格學意義上進行的，缺少 40 年代的評論中那種深入文字骨髓的讀解。因此，諸如鄭敏、孫玉石等對穆旦《詩八首》的分析〔註 33〕，以及散見於各類出版物的對「九葉」詩人作品的細讀，其必要性在於，它們通過對「九葉」詩人「個性」追求的體察，不同程度地敞亮了各自獨特的「詩學宇宙」。當然，每一位「九葉」詩人的「個性」追求，仍應納入流派所共有的詩學取向和歷史情境中去理解，這是不言而喻的。

三、對話的維度

應該說，迄今爲止的「九葉詩派」研究，一方面從不同側面彰顯了這一流派的詩學成就和獨特貢獻，所有的研究或多或少都與這一流派所潛含的歷史、價值進行著對話，在不斷的回應、辯駁和周旋的過程中出入於這一流派的內在世界，因而既發掘著又構成了「九葉詩派」「詩性」傳統的一部分；但另一方面，由於「對話」本身的不徹底，致使這一流派的某些詩學價值仍然處於被「遮蔽」狀態。

上述的某些成果在方法論上給人的啓示是：必須將「九葉詩派」還原到歷史情境去考察，即既回到當時得以出現的詩學情景和思想氛圍中去，又在整個 20 世紀中國新詩的發展脈絡中去釐定這一流派的特徵、價值和位置。也許，這是進一步思考「九葉詩派」詩學價值的起點。

〔註32〕比較明顯的如張同道《探險的風旗》、游友基《九葉詩派研究》，均以專章節依次對九位詩人進行了論述。但由於每位詩人都自成一個深邃、浩繁的體系，研究者顯然未能做到「平均」使力，不是對每一位詩人都論述得十分深透。

〔註33〕分別見鄭敏《詩人與矛盾·〈詩八首〉分析》（《一個民族已經起來》，第 34 頁以下）和孫玉石《解讀穆旦的〈詩八首〉》（《豐富和豐富的痛苦》，第 20 頁以下）。

可以看到，「九葉詩派」在現有研究中比較普遍地被定位爲一種「現代主義」詩歌流派（這種「主義」論述的意義和局限已如前述）。誠然，對於「現代」的詩學敏感是「九葉詩派」的根本特徵，而事實上，中國新詩的出現和整個發展歷程都是「現代」感應的產物〔註34〕。但如何確立「九葉詩派」的「現代」敏感所達到的詩學深度，如何從各種歷史因素相互交錯的開闊背景上，勾畫這種「現代」敏感之於新詩未來建構的可能意義，則需要不斷重新進入與「九葉詩派」構築的「現代」圖景的對話中。

就「九葉詩派」重新浮出歷史地表的 1980 年代初來說，此際一場被稱爲「朦朧詩」的詩歌運動進入高峰期，或許由於「朦朧詩」運動過於喧響熱烈了，以致人們似乎來不及關注那個顯得沉靜的寫作群體，更不用說細細體味這場詩歌運動同那個群體之間的關聯〔註35〕。應該說，對於這一關聯的領悟和理解，被置身於其間的人們的熱忱大大推遲了。今天，人們有理由相信，「朦朧詩」運動所掀起的那些詩學革新並非從天而降，而是有其深厚的本土資源的——這種資源之一便是「九葉詩派」。雖然，在「朦朧詩」運動掀起之際，其代表性人物也曾留意他們的寫作同 1940 年代這批詩人的趨近性〔註36〕，然而眞正的理解還是發生在 1990 年代，詩人們在經過了時代和詩歌本身的激蕩之後，開始尋求詩歌發展的新的靈感和活力時，他們從半個世紀以前的一些詩歌文本裏發現了眞正屬於詩的品質——而那正是他們所需要的。相對於「朦朧詩」運動同 40 年代詩歌（主要是「九葉詩派」）之間的關聯而言，90 年代一些詩人表現出更多的、更具實質的與這一時代詩歌的親近〔註37〕。不過，

〔註34〕 如臧棣所言：「新詩對現代性的追求——這一宏大的現象本身已自足地構成一種新的詩歌傳統的歷史」，語出臧棣《現代性與新詩的評價》，見《現代漢詩：反思與求索》，作家出版社，1998 年版，第 86 頁。

〔註35〕 《九葉集》出版後，儘管引起了較大關注，但只是零星的。「朦朧詩」論爭的「導火索」之一，爲「九葉」詩人杜運燮寫於 70 年代末的《秋》，這是人們常常提及的「朦朧詩」與「九葉詩派」的表層聯繫。

〔註36〕 據鄭敏回憶，80 年代初「九葉」詩人唐祈在蘭州某大學教書時，北島等去訪問他，「看到 40 年代幾位當時年輕的詩人的詩集，感歎說這種詩正是我們想寫的」。她對此評述說，「如果將 80 年代朦朧詩及其追隨者的詩作與上半個世紀已經產生的新詩各派大師的力作對比，就可以看出朦朧詩實是 40 年代中國新詩庫存的種子在新的歷史階段的重播與收穫」。這是對二者關聯的較爲明確的論斷。參見鄭敏《新詩百年探索與後新詩潮》，《詩歌與哲學是近鄰——結構—解構詩論》，北京大學出版社，1999 年版，第 333、345 頁。

〔註37〕 參閱拙作《論新詩在 40 年代和 90 年代的對應性特徵》，《中國現代文學研究

從新詩整個的流程來看，確認「朦朧詩」與「九葉詩派」之間的關聯，是理解「九葉詩派」詩學價值的前提。

當人們從一個更爲宏闊的角度觀察中國現代文學時，習慣於把 1980 年代初的文學同五四時代的文學相提並論，認爲前者是對後者的回溯與承續。的確，從 80 年代初那種絢爛斑駁的文學景觀來看，它與五四時代的文學在「外觀」上有著很多相似性，或者說具有「代」（generation）的特徵的同構性：就具體的歷史處境來說，二者都處於中西兩種文化形態的衝突中，受到新的文化追尋的驅迫；就文學的主題來說，二者都表達了個人在歷史困境中的自我掙扎，以及個人命運與社會、民族命運的深刻關聯〔註 38〕；更主要的是，80 年代初的文學在很大程度上回覆了五四文學的某些傳統：開放性、多元化，等等。就新詩而言，這一觀察留給人的印象是，在 80 年代初期，「曾經被阻斷的『五四』詩歌建立的寬闊流向的傳統，終於得到接續和重建」〔註 39〕。

誠然如此！然而，眞正的問題或許在於，在 80 年代與五四之間漫長的過渡地帶，詩歌的血脈在何處以及爲何被阻斷了。由於人們過分強調 80 年代與五四在思想和文學形態方面的同構性，因而在一定程度上忽略了從文學的細部考察各個歷史斷代之間的相互承傳與變異。實際上可以看到，由五四開啓的中國現代文學（及新詩），經過短暫的蹣跚起步後，在 20～30 年代顯示出興盛的態勢，一直到 40 年代仍然保持著某種藝術多元化的探索，並逐步臻於成熟；只是，當歷史進入一個新的時期後，這種多元探索被併入一條單一的軌道，新詩漸漸趨於偏狹與萎縮〔註 40〕；直至 70 年代末 80 年代初，新詩的多元探索才得以恢復。在這條發展脈絡中，40 年代是一個重要的中軸點，正是在 40 年代，新詩開闢了一種新的「傳統」———一種「詩性」的「傳統」，儘管那時距離五四不過二十年光景，且這一「傳統」的形成仍然得助於五四

叢刊》2000 年第 4 期。

〔註 38〕 參閱劉小楓《「四五」一代的知識社會學思考札記》，原載《讀書》1989 年第 5 期，見《這一代人的怕和愛》，三聯書店，1996 年版，第 139 頁。

〔註 39〕 洪子誠、劉登翰《中國當代新詩史》，人民文學出版社，1994 年版，第 238 頁。

〔註 40〕 毋庸諱言，50 年代對於新詩而言意味著一種歷史的中斷，50 年代由於解放區詩歌傳統與五四詩歌傳統的人爲對立，「造成了以新詩傳統的一部分經驗，否定另一部分同樣是有價值的藝術積累的情況」（《中國當代新詩史》，第 8 頁）。一個明顯的例子是一些堅持藝術探索的詩人遭到批評。

遺產的一部分。因此，當 80 年代新詩開始涌現一股探索的潮流時，與其說這股潮流接上了五四的源頭，不如說它將根系伸到了 40 年代詩歌那裏，並在那裏指認了自己的「傳統」。

毫無疑問，「九葉詩派」參與了 40 年代新詩「詩性」傳統的建構，其詩學成就成爲其中的核心部分。因此，當《九葉集》在 80 年代初出版時，它以一道沉睡已久的光芒照亮了新詩歷史「中斷」與「接續」的裂痕。應該從下面的意義看待 80 年代初「九葉詩派」的重現：這既是作爲一個歷史事件的「詩性」傳統的回歸與展示，又是一種本體意義的「詩性」傳統的重估和轉化。如果說「傳統」是「一個具有廣闊意義的東西」〔註 41〕，如果說「傳統」意味著「一種可以進入後人理解範圍與精神世界的歷史文化形態」，它「需要不斷的撞擊」、需要「不斷『激活』自己」〔註 42〕才能體現自身的價值，那麼「九葉詩派」所隱含的「詩性」傳統——它的經典內涵和動態意義（「現時性」），正是在與從 80 年代到 90 年代的詩歌的不斷對話和呼應中，得到了逐步呈示。

「九葉」詩人鄭敏曾經這樣談到「九葉詩派」被「遮蔽」後重新發現的情形〔註 43〕：「『九葉』當然是被『遮蔽』了的，……50 年代之後，顯然他們是被埋葬的一批，而在 70 年代末、80 年代初，他們又被挖掘了出來。」她還特別強調：「『遮蔽』這兩個字還不太合適，應該說被埋葬，也可以說是把我們當作舊時代的殉葬品給埋葬了。」在這裏，鄭敏把「九葉詩派」比作「舊時代的殉葬品」，似乎顯得有些悲觀；事實上，毋寧說這是一座被埋藏在歷史深處的豐富礦井，因爲作爲一種「傳統」，「九葉詩派」的詩學價值是不可被埋葬的，而正如唐湜所宣稱的，「不能忽視了他們行將投射於未來的問題的光焰」〔註 44〕——它總會穿過厚重的歷史帷幕，折射出耀眼的詩性光芒。

「九葉詩派」在 40 年代參與了一種新的「詩性」傳統的構造，這種「傳統」之所謂「新」顯然是相對於五四傳統而言，或者更準確地說，這是一種

〔註 41〕艾略特《傳統與個人才能》，《艾略特文學論文集》（李賦寧譯注），百花洲文藝出版社，1994 年版，第 2 頁。

〔註 42〕李怡《論穆旦與中國新詩的現代特徵》，《文學評論》1997 年第 5 期。

〔註 43〕鄭敏《遮蔽與差異》，《詩歌與哲學是近鄰——結構－解構詩論》，北京大學出版社，1999 年版，第 460 頁。

〔註 44〕唐湜《嚴肅的星辰們》，原載《詩創造》第 12 期（1948 年）。

在五四「大傳統」輻射之下的相對獨立的「小傳統」。需要進一步探討的是，新詩如何在 40 年代形成了一種「詩性」傳統？這一新的「傳統」對五四傳統進行了什麼樣的拓展與變異？這一「詩性」傳統的「經典」內涵和「現時」意義是什麼？

後 記

　　我相信，文學研究中「民國」議題的重提，絕非爲匯入時下所謂「懷舊」潮流的趕時髦之舉，而是意在尋求研究思路、方法的拓展與更新。當然，其間也隱含了對於某種民國精神氣質的追念：

> 那時政府也是專制，也有高壓，甚至還有暗殺，但是總體上，知識
> 精英還是保持了氣節和一種價值共識。……1940 年馮友蘭受西南聯
> 大教授委員會的委託給當時教育部長陳立夫寫的那封信最集中體現
> 了這種傳統與現代精神的結合。那件事起因是教育部下達指令，要
> 審核大學的課程和實行統一考試，受到全體教授的抵制，委託馮先
> 生起草回絕函。信是典雅的古文，套用諸葛亮《後出師表》的語氣，
> 内容是據理批駁教育部的指令文件，通篇貫穿現代教育獨立於權勢
> 的理念，擲地有聲。特別指出如果按此規定辦理，大學將等同於教
> 育部高教司的一個科，大學教授在學生心目中將不如科員，受到輕
> 視。結果教育部的指令就此被頂回，學校保持了獨立。(資中筠《知
> 識分子對道統的承載與失落》，《炎黃春秋》2010 年第 9 期)

這是自不待言的。而這種精神氣質今何在，這種精神氣質對當下的我們究竟意味著什麼，以及如何找回這種精神氣質，則值得在文學研究之內和之外反覆追問。

　　在我算不上豐富的閱歷中，有幸遇到一些在我看來很好地承傳了民國精神、洋溢著民國氣質的人，如孫玉石、洪子誠、吳思敬、蘇光文、趙園、朱壽桐、王光明、左東嶺、趙敏俐、張志忠、邱運華、周仁政、賀仲明、汪正龍、李怡、王本朝、西渡、解玉峰、李憲瑜等等先生，我從他們那裏或感受

到言傳身教的風範和人格魅力，或獲得相互砥礪的教益，或得到學術和生活上的直接幫助。近年來對文學中「民國」內涵闡釋最用力者之一的李怡先生，是我交往多年、亦師亦友的學術引路人，他總以充滿睿智的學術見解展現著「民國」情懷的某些側面；承蒙他不棄，這本小書有幸被納入他主持的「民國文化與文學研究」叢書，令人感佩。此外，我還要向為本書部分篇章提供發表機會的王澤龍、解志熙、張中良、王兆勝、程光煒、張潔宇、姜濤、陳漢萍、劉艷、劉潔岷、尹富、葉彤、雍繁星等編輯先生表示謝忱與敬意。

　　感謝梅芳17年來的陪伴。最近，一件纏繞她數年的心事終於了卻。權且把這本小書的面世當作一種紀念和慶賀吧。

作者

2012 年 7 月，京西定慧寺恩濟里